国家林业和草原局普通高等教育"十三五"规划教材

牧草育种学

魏臻武　主编

中国林业出版社
China Forestry Publishing House

内容简介

在新农科大学本科专业建设背景下,《牧草育种学》以牧草定义的内涵和外延为出发点,围绕牧草种质资源特性和遗传特性,分章讲述了牧草育种目标、种质资源、选择育种、杂交育种、诱变育种等牧草育种的概念和方法,增加了植物数量遗传和群体改良、基因组学和分子育种新概念、新技术的介绍,对牧草品种区试及良种繁育规程也做了重点论述。在编写过程中,广泛吸收了国内外植物遗传与育种教学体系的成功经验,通过大量的育种实例介绍,反映了国内牧草育种的最新成就,不仅有利于学生理论联系生产实际,夯实专业知识,满足草学类本科专业的教学需要,也为植物遗传育种研究和牧草种子生产提供有益的参考。

图书在版编目(CIP)数据

牧草育种学 / 魏臻武主编. —北京:中国林业出版社,2023.8

国家林业和草原局普通高等教育"十三五"规划教材

ISBN 978-7-5219-2311-7

Ⅰ.①牧… Ⅱ.①魏… Ⅲ.①牧草-育种方法-高等学校-教材 Ⅳ.①S540.3

中国国家版本馆CIP数据核字(2023)第158871号

策划编辑:肖基浒
责任编辑:李树梅
责任校对:苏 梅
封面设计:北京原色印象文化艺术中心

出版发行:中国林业出版社
　　　　　(100009,北京市西城区刘海胡同7号,电话83223120)
电子邮箱:cfphzbs@163.com
网　址:www.forestry.gov.cn/lycb.html
印　刷:北京中科印刷有限公司
版　次:2023年8月第1版
印　次:2023年8月第1次印刷
开　本:850mm×1168mm　1/16
印　张:20.25
字　数:525千字
定　价:58.00元

《牧草育种学》编写人员

主　编　魏臻武

副主编　赵桂琴

编　者　（以姓氏笔画排序）
　　　　马　啸（四川农业大学）
　　　　马向丽（云南农业大学）
　　　　王玉祥（新疆农业大学）
　　　　王铁梅（北京林业大学）
　　　　丛丽丽（青岛农业大学）
　　　　伏兵哲（宁夏大学）
　　　　杜利霞（山西农业大学）
　　　　闵学阳（扬州大学）
　　　　迟英俊（南京农业大学）
　　　　张　兵（扬州大学）
　　　　赵　彦（内蒙古农业大学）
　　　　赵桂琴（甘肃农业大学）
　　　　柴茂峰（青岛农业大学）
　　　　柴继宽（甘肃农业大学）
　　　　高景慧（西北农林科技大学）
　　　　魏臻武（扬州大学）

主　审　曹致中（甘肃农业大学）
　　　　汪　玺（甘肃农业大学）

前　言

以立德树人为宗旨，解决国家粮食、食品、生态安全和区域协调发展等重大问题为导向的新农科建设，是新时期农林高校教学科研的首要目标。草业作为新兴产业，不仅在保障国家粮食和食品安全中有着至关重要的作用，也是国家生态安全的屏障。产业发展需要新产品研发能力的带动，持续培育高产优质的牧草新品种是草业健康可持续发展的内在需求，在新农科建设背景下牧草育种学课程的教学必须围绕牧草种质资源特性和遗传特性，构建科学的牧草育种学科知识体系，通过"以生为本"的研究性教学和案例教学方式，培养理论扎实、实践能力突出、创新性强的新一代牧草育种人才，提高草业新产品研发能力，为国家草业发展储备人才力量。

《牧草育种学》作为国家林业和草原局普通高等教育"十三五"规划教材，顺应新时期草业发展和种植业多样化趋势，在涵盖传统和现代植物育种主要途径、方法和技术的基础上，通过对牧草适应性和多功能性的诠释，重新明确了牧草的定义，确定了牧草的内涵与外延，将牧草概念的定义涵盖牧草、饲料作物、草坪草和能源草等类别。在内容编排上，以牧草选择育种和杂交育种理论为中心，分章介绍牧草育种目标、种质资源、引种驯化、选择育种、杂交育种、诱变育种、倍性育种等牧草常规育种理论和方法。近年来，随着数量遗传学和基因组学的发展，转基因、分子标记辅助选择、基因编辑等生物技术应用于育种的研究方兴未艾，数量遗传学在动植物育种中的应用更是成为现代育种技术的重要发展方向，因此本书着重增加了植物数量遗传和基因组学等方面的知识内容。同时，为适应牧草产业化和种业发展需要，对牧草品种区试及良种繁育规程也做了重点论述。在教学内容上，通过对不同牧草育种实例的介绍，不仅为案例教学和研究性教学的开展提供了第一手资料，在展示国内育种科研进步的同时也为爱国主义、艰苦奋斗、自力更生等思政教育提供了素材。

本书作者由国内12所高等农林院校中从事牧草育种教学的教师担任，编写分工如下：绪论由魏臻武和赵桂琴编写；第1章由伏兵哲、柴继宽、王铁梅编写；第2、3章由高景慧、马向丽、杜利霞编写；第4章由魏臻武、柴茂峰、王玉祥编写；第5章由赵桂琴、赵彦编写；第6章由迟英俊、赵彦、魏臻武、赵桂琴、丛丽丽、闵学阳编写；第7、8章由伏兵哲、丛丽丽、柴继宽、马啸编写；第9章由柴茂峰、丛丽丽、张兵编写；第10章由魏臻武、赵彦、赵桂琴、杜利霞、闵学阳编写；第11章由赵桂琴、赵彦编写；第12章由马向丽、赵桂琴编写。

本书邀请曹致中教授和汪玺教授为主审人。在教材编写过程中，得到内蒙古农业大学石凤翎教授和兰州大学谢文刚教授的大力支持，以及牧草育种领域的国内外同行以及不同研究方向专家的鼎力帮助。崔佳雯、魏佳、李嘉庆等同学在资料收集、文字校对及后期整理中，付出了辛勤劳动，在此一并表示衷心感谢。

本书遵循教育部高等学校草学类专业教学指导委员会关于草学类教材要适应当前教育改革形势，拓宽学生知识面，提高教学质量和培养农林卓越人才的要求而编写。教学内容既可满足草业科学、草坪科学与管理专业的教学需要，也可为植物遗传育种研究和植物种子生产人员提供有益的参考。

鉴于我国牧草育种学发展历程较短，相关牧草育种的知识储备不足，再加上编写人员水平有限，疏漏之处在所难免，敬请读者提出宝贵意见，以便今后进一步修改和完善。

魏臻武

2021 年 12 月

目 录

前 言

第0章 绪 论 ··· 1
   0.1 牧草的定义与遗传基础 ·· 1
   0.2 品种的概念和良种的作用 ·· 9
   0.3 牧草育种学的概念及其主要内容 ·· 15
   0.4 我国牧草育种工作的回顾与展望 ·· 16
   思考题 ·· 20

第1章 牧草种质资源 ··· 21
   1.1 牧草种质资源的概念和类别 ··· 21
   1.2 牧草种质资源 ·· 23
   1.3 牧草种质资源的收集与保存 ··· 25
   1.4 牧草种质资源的鉴定与评价 ··· 29
   1.5 牧草的引种与驯化 ·· 31
   1.6 种质资源的创新 ··· 36
   思考题 ·· 38

第2章 牧草的繁殖方式与育种 ·· 39
   2.1 牧草的繁殖方式与交配系统 ··· 39
   2.2 牧草的遗传与育种 ·· 42
   2.3 牧草品种的类型及育种特点 ··· 45
   思考题 ·· 49

第3章 牧草的育种目标 ··· 50
   3.1 制定育种目标的意义和原则 ··· 50
   3.2 牧草育种目标的制定依据及其主要目标性状 ························· 52
   思考题 ·· 57

第4章 数量性状与牧草的群体遗传改良 ··································· 58
   4.1 牧草遗传群体及其遗传基础 ··· 58
   4.2 数量性状及其特征 ·· 60
   4.3 遗传力的估算及其应用 ·· 64
   4.4 育种值的实践应用 ·· 68
   4.5 数量性状基因定位 ·· 70
   4.6 牧草的群体改良 ··· 74
   4.7 分子标记辅助选择育种方法与技术 ···································· 83
   思考题 ·· 85

第5章 选择育种 ... 86
5.1 选择的遗传原理 ... 86
5.2 选择育种的方法及程序 ... 90
5.3 加快选择育种进程的措施 ... 95
思考题 ... 96

第6章 杂交育种 ... 97
6.1 杂交育种概述 ... 97
6.2 杂交亲本选配 ... 98
6.3 杂交组合方式与杂交技术 ... 100
6.4 杂种后代的选育和杂交育种程序 ... 103
6.5 杂种优势及其利用 ... 110
6.6 远缘杂交育种 ... 119
6.7 综合品种育种 ... 146
6.8 回交育种 ... 150
思考题 ... 158

第7章 突变育种 ... 160
7.1 突变原理和诱变的方法 ... 160
7.2 诱变育种的方法和程序 ... 169
思考题 ... 171

第8章 倍性育种 ... 172
8.1 单倍体育种 ... 172
8.2 多倍体育种 ... 175
思考题 ... 178

第9章 牧草分子育种 ... 179
9.1 转基因育种 ... 179
9.2 分子标记辅助育种 ... 187
9.3 分子设计育种 ... 191
思考题 ... 199

第10章 豆科牧草育种 ... 200
10.1 豆科牧草种质资源 ... 200
10.2 豆科模式植物遗传基础研究 ... 201
10.3 豆科牧草育种 ... 202
思考题 ... 237

第11章 禾本科牧草育种 ... 238
11.1 禾本科牧草种质资源 ... 238
11.2 禾本科模式植物遗传基础研究 ... 239
11.3 禾本科牧草育种 ... 240
思考题 ... 279

第12章 品种审定与良种繁育 ... 280
12.1 区域试验 ... 280

  12.2 品种审定 …………………………………………………………………… 282
  12.3 牧草良种繁育 ………………………………………………………………… 287
  12.4 品种推广 …………………………………………………………………… 294
  思考题 ……………………………………………………………………………… 297
参考文献 ……………………………………………………………………………… 298
附　录 ………………………………………………………………………………… 306
  附录Ⅰ　常见牧草的染色体数目 ……………………………………………………… 306
  附录Ⅱ　中华人民共和国主要草种目录（2021年） ……………………………………… 308

第 0 章 绪 论

牧草广泛分布于世界各地，无处不在。牧草群落组成的草原，是人类早期文明的发源地。原始人类从狩猎、采摘开始就驯化利用草原上的动物和植物，萌发了放牧业和早期农业，孕育了"五谷丰登、六畜兴旺"的农耕文明。草原和牧草也是宝贵的自然资源库，依托草原资源产生的草业是农业现代化的重要标志。草原和牧草是农牧业发展的基本生产资料，可为人类提供大量的肉、皮、乳、毛、役，改善人类的生活条件。

0.1 牧草的定义与遗传基础

0.1.1 牧草的定义

牧草(forage；forage crop；grass)广义上泛指可用于饲喂家畜的草类植物，包括草本型、藤本型及小灌木、半灌木和灌木等各种类型的栽培或野生植物。

牧草狭义上仅指可供人工栽培生产的饲用草本植物，尤指来自禾本科和豆科的优良牧草。豆科和禾本科这两个科几乎囊括了所有栽培面积较大的主要牧草。藜科、菊科及其他科也有一些牧草，但种类和所占比重极小。在生产中，狭义的牧草与优良牧草是同义词。

王栋先生在1956年主编《牧草学各论》中定义："牧草指可供饲养牲畜用的草类，无论是栽培的草类或野生的草类，只要能用来饲养牲畜，都属于牧草的范围。在农业生产中，牧草这个名词有时可以包括水草及植株较低、茎枝较细、可作饲料用的灌木。"

牧草有许多同义词，包括饲草、饲用植物、饲料、饲草料、青干草等。在草业生产应用中，牧草可以认为是优良牧草的简称，牧草育种学的研究对象就是优良牧草。一些作物，如玉米、高粱、大麦、黑麦、大豆、甜菜、胡萝卜、马铃薯、南瓜等，常冠以饲用二字称为饲用作物或饲料作物，用于家畜饲用，也称饲用玉米、饲用大麦、饲用胡萝卜、饲用南瓜等，属于广义牧草的内涵。由于草的语义丰富，功能多样，还有一些与牧草的概念和意义相近的词汇，包括饲料作物、草坪草、能源草、功能草等。

优良牧草(high quality forage)与优质牧草或优质饲草是同义词，指对某种草食动物有较高营养价值的牧草和饲料作物，有时也指牧草产品。人工栽培的青绿饲草(fresh forage)、青干草(hay)、青贮牧草、全株青贮饲料作物是常用的优质饲草。作物秸秆(straw, roughage, crop residue)通常被认为低劣质饲草或低质粗饲料。优质饲草的概念随饲草种类和畜禽种类有较大变化，通常与特定饲草产品的质量标准有密切联系。以泌乳奶牛为例，紫花苜蓿干草或鲜草、青贮苜蓿是首选的优质饲草。对育肥肉牛而言，更倾向于使用全株青贮玉米，而不是玉米秸秆青贮作为优质饲草。对肉用犊牛和架子牛而言，许多牧草(如苇状羊茅、无芒雀麦、狗牙根、多年生黑麦草、白三叶等)都是优质饲料来源。就某一种草产品，如苜蓿青干草而言，商业中常根据相对饲用价值（relative feeding value，RFV）的大小来评价优劣程度。对泌乳奶牛而言，相对饲用价值大于 103 的二级以上苜蓿干草被认为优质饲草，二级以下的被认为中等或劣质饲草。

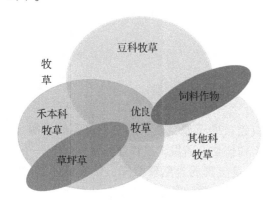

图 0-1 牧草的内涵与外延

优良牧草的范畴很小，正如主粮作物一样，尽管作物的种类繁多，但作为人类主粮的作物仅仅以小麦、玉米、大豆、水稻等为主。作为优良牧草栽培的牧草主要来自豆科蝶形花亚科苜蓿属、三叶草属的牧草，如紫花苜蓿、白三叶、红三叶，以及来自禾本科黑麦草属、羊茅属的牧草等。天然草地中的优良牧草常按禾本科牧草（禾草）、豆科牧草和杂类草（其他科牧草）来大致划分。图 0-1 显示了牧草的内涵与外延。

饲料作物指用于栽培作为家畜饲用的作物，如玉米、大豆、甜菜、南瓜等各类作物。生产中为了与粮食作物区别，常冠以饲用的名称。如饲用大豆、饲用玉米、饲用甜菜等。

草坪草构成草坪的植物，以纤细低矮密植的禾本科牧草为主。草坪（turf）是大面积生长的牧草形成的群落和生态系统。

能源草即草类能源植物，是适宜用作生物质能源生产的草类植物的统称。能源草是生物质能源重要的原料之一，包括芒、柳枝稷、芦竹、荻、䅟草、芨芨草、能源高粱、能源玉米等。从 20 世纪后期开始国内外进行能源植物的研究与开发，草类植物是能源植物的研究热点领域。

功能草即具有特殊类型和用途的功能性草类植物。包括能源用草、药用保健类用草、工业纤维类用草和食用类用草等。

牧草在英文中没有与中文准确对应的词汇。forage、forage crop、grass 均可译成牧草（也译作饲草），包括牧草和饲料作物。grass 是禾本科牧草，legume 是豆科牧草。herb 和 weed 是指草本和杂草，不能与牧草对应。实际上，牧草与饲料作物在概念上难以分清，我国因传统习惯而有此划分，美、欧及日本等国家统称饲用作物（forage crop），甚至干脆归在"作物（crop）"范畴中。

近年来，随着草业的发展及牧草多功能性的体现，牧草的概念往往相应地用草来概括。

草的含义广泛，指代范围很广，科学范围难以界定，草并不是植物科学分类中的一个单元。一般来说，草是对高等植物中除了树木、庄稼、蔬菜以外的茎干柔软的植物的统称。广义的草指茎秆比较柔软的植物，包括庄稼和蔬菜。

《说文解字》曰："草，草斗，栎实也。一曰象斗子。从艸、早声。"

《辞海》中，牧草解释为"人工栽培或野生可供刈草或放牧用的细茎植物。以禾本科和豆科草本植物为主"。

《中国农业百科全书》中，牧草为"供家畜采食的草类，以草本植物为主，包括藤本植物、半灌木和灌木"。

牧草早先用于饲养家畜，继而用于改良农田，后来用于绿化和水土保持，这些功能的深化和发展也反映了牧草与人类生存和发展的关系。牧草的广泛精细栽培是文明社会进步发展的标志之一。

0.1.2 牧草的特点

0.1.2.1 牧草具有多样性丰富的特点

牧草多种多样，是草原的组成部分。草原是世界上面积最大的陆地生态系统，牧草作为植物中数量巨大的群体成为全球生态系统中重要的成员，在世界范围内广泛分布，具有丰富的多样性。草原牧草的物种多样性是生物多样性的核心，维护了全球生物多样性。

牧草的多样性表现为牧草种类的丰富性和牧草分布的广泛性。同时，牧草在长期演化过程中经历了突变、基因交流和生态遗传分化，经自然选择和人工选择而形成丰富的牧草种质资源。

牧草具有丰富的物种多样性，同时，牧草的遗传多样性也十分丰富。遗传多样性(genetic diversity)是生物多样性的一个层次，是种群适应不断变化的环境的方式，在一个牧草种群群落中，如果某些个体具有更适应环境的等位基因变异，就会增强对环境的适应性。遗传多样性是生命进化和物种分化的基础。对于牧草育种而言，遗传多样性越高，可提供环境选择的基因越多，环境适应能力就越强，也越容易保障物种的生存及演化。遗传多样性又称基因多样性。广义的遗传多样性是指地球上生物所携带的各种遗传信息的总和。狭义的遗传多样性主要是指生物种内基因的变化，包括种内显著不同的种群间和同一种群内的遗传变异。

一个牧草种所包含的基因越丰富，它对环境的适应能力越强。遗传多样性是生命进化和物种分化的基础。牧草遗传多样性研究是牧草育种的基础性工作，牧草资源收集保存与评价利用为牧草遗传育种和牧草遗传多样性保护提供了重要的物质基础。

0.1.2.2 牧草具有多功能性的特点

（1）牧草的生产功能是人类发展畜牧业的基础

牧草维护着草地生态系统生产力，是草地畜牧业最基本的生产资料。有史以来，牧草用于饲养家畜，提供了人类赖以生存的物质基础。牧草的生产功能反映了牧草与人类生存和发展的关系。牧草作为草地农业生态系统中的主要成员，在前植物生产、植物生产、动物生产与后生物生产4个生产层发挥重要的作用。牧草所具有的生产功能主要体现在植物生产、动物生产两个方面。欧美等发达国家牧草产业十分发达，如美国20世纪50年代就将紫花苜蓿列入战略物资名录，到2020年苜蓿产业年产值约110亿美元，仅次于玉米和大豆，对奶业贡献率38%。澳大利亚的燕麦草产业、加拿大的猫尾草产业、西班牙的烘干苜蓿产业等都形成了优势产业。当前我国天然草原上已知的饲用植物有6 352种、药用植物达6 000多种，其中200余种饲用植物是我国特有。

丰富的牧草种质资源提供了大量单位面积产量高、营养丰富、适口性好的牧草品种和产品。优良牧草营养价值高，蛋白质、能量、矿物质和维生素含量可以满足家畜的营养需要。在豆科牧草中，苜蓿适应性强、牧草产量高，在世界范围内广泛种植，种植面积约 $3\,300\times 10^4\,hm^2$，有较高的产业化水平。据国家草品种区域试验结果表明，羊草、鸭茅、猫尾草等牧草新品种在我国不同地区年青干草产量分别达到 $13\,517\,kg/hm^2$、$15\,283\,kg/hm^2$ 和 $17\,022\,kg/hm^2$（表0-1）。

表 0-1　优良牧草在我国国家草品种区域试验中的青干草产草量　　　　　　　kg/hm²

草种名称	北京	内蒙古	甘肃	四川	安徽	黑龙江
羊草	13 517	4 240	—	—	—	14 537
鸭茅	14 609	—	—	15 283	3 833	—
猫尾草	—	—	6 007	17 022	—	10 796
多花黑麦草	—	—	—	22 174	—	—
苜蓿	21 232	14 383	24 237	34 771	18 579	21 586

注：引自全国畜牧总站，《国家草品种区域试验十年回顾与进展》，2019。

(2) 牧草具有重要的生态功能

牧草对于维持草原生物多样性和保持草原生态平衡具有十分重要的作用，在防风固沙、涵养水源、水土保持、调节气候等多个方面表现出重要的生态功能。我国草地面积约 $4×10^8$ hm²，占世界草地面积的13%，占国土总面积的41.7%。

我国牧草在发挥生态功能方面，主要用于退化草地、荒漠化土地等生态修复和盐碱地改良、公路边坡绿化等环境治理，草种主要包括羊草、冰草、碱茅、披碱草等。草坪草主要用于城乡绿地建设、运动场草坪建植等，包括草地早熟禾、黑麦草、狗牙根、剪股颖、结缕草、羊茅等。

(3) 牧草是主要的绿肥作物

我国利用绿肥的历史悠久，在传统农业中，种草肥田一直是重要的农艺措施。早在西周和春秋战国时期就开始养草肥田，锄草沤肥，在维持和提高土壤肥力方面发挥了重要作用。苜蓿是最早用作绿肥的牧草。我国常见的绿肥有紫花苜蓿、紫云英、箭筈豌豆、毛苕子、金花菜、沙打旺、草木樨、田菁等。通过豆科牧草根瘤固氮作用，形成高效的生物固氮体系，将大气中游离的氮转化为生物可利用的氮素。与工业固氮相比，生物固氮是可持续性强的固氮方式。据 Vance 等估计，地球上每年被固定到土壤中的氮多达 $1.4×10^8$ t，其中80%源于像苜蓿与根瘤菌这样的生物固氮体系。

(4) 牧草可以作为食品原料

牧草可以为人类提供食物，我国历来有救荒草本和绿色食品的概念。明代早期的著作《救荒本草》是我国历史上最早的一部以救荒为宗旨的农学、植物学专著，书中对植物资源的利用、加工炮制等方面做了全面的总结，对我国植物学、农学、医药学等学科的发展都有一定影响。

可食用的野生和人工培育的牧草非常丰富，包括苜蓿、籽粒苋、菊苣、蒲公英、大麦草等。美国在20世纪50年代开发苜蓿食用，1960年实现牧草芽菜工业化生产，主要产品有苜蓿芽、三叶草芽和芸苔苗等。目前，仅苜蓿芽菜每年产值达10亿美元。日本开发的大麦嫩叶等青汁产品风靡世界。牧草作为食用植物资源包括淀粉植物、蛋白植物、食用油脂植物、维生素植物、饮料植物、野生蔬菜等。

苜蓿是叶蛋白(LPC)的重要资源，作为人类食用蛋白质资源进行开发。苜蓿是所有牧草中含可消化蛋白质最高的牧草，现蕾期之前刈割的苜蓿蛋白质含量在25%以上。以法国大规模生产的苜蓿叶蛋白(ALP)为例，苜蓿叶蛋白产品的蛋白质含量远高于鸡蛋、牛肉等食品，而且富含维生素A、维生素C、钙、铁等营养物质。苜蓿叶蛋白的各种氨基酸种类齐全，组成比例较为平衡。籽粒苋原产于墨西哥和中美洲，是古老的粮食作物。籽粒苋种子蛋白质的质量较高，近年来，为了满足日益增长的世界人口对粮食和新蛋白质来源的需求，籽粒苋又重新受到重视。籽粒苋平均蛋白质含量达18%左右，蛋白质含量和赖氨酸含量远高于一般谷类作物，特别是赖氨酸含量为一般谷物的2~3倍。

(5) 牧草作为工业原料是牧草多功能的体现

牧草丰富的多样性为我们提供了丰富的工业原料。用作工业原料的草产品种类繁多，用途广泛。许多日常用品都是由牧草原料制成的。如芨芨草、芦苇被广泛用于制造优质纸张。

功能草概念的提出和应用，充分体现了牧草的功能性。近年来，以具有高附加值牧草为基础发展起来的特色行业发展迅速，主要包括珍稀药用植物加工业、草原特色食品加工行业等。这种类型行业的出现，使传统的大农业由第一产业功能转化为具有第三产业功能的服务业，也是未来草业经济发展具有高附加值的一个出发点。

(6) 牧草可以作为生物能源

生物能源(biofuel)作为可再生替代能源之一，因其具有减少温室气体排放、利用非粮农作物废料和洁净安全等特点已成为当前最有前景的替代能源。多年生草本植物被认为最符合生物能源生产的要求。牧草作为能源植物具有种质资源丰富、抗逆性强、生产成本低、生物量高、能源品质好、副产品多等优势。建立生物质型牧草生产管理体系，结合牧草种质资源获得高产优质生物质材料，可以为缓解能源危机、改善因传统能源引起的环境污染等问题做出贡献。

0.1.2.3 牧草具有适应性广泛的特点

牧草的适应性(adaptability)是指不同牧草与环境表现相适合的现象，是不同牧草种和品种对一定生态环境条件的适应能力，即牧草在不同生态条件下，通过形态特征、生理和生化过程的变化协调自身生长发育与环境之间关系的能力。牧草在长期的进化过程中，遇到多变的气候环境、土壤环境和生物环境，会调整自己的生存方式，启动不同的基因，产生不同的生理生化代谢系统，以适应环境的变化，确保物种自身的生存与繁衍。适应性是通过长期的自然选择形成的，牧草具有非常广泛的生态适应性。

适应性是物种生存的前提条件，适应性的形成，可分为可遗传的适应性和非遗传的适应性两种状况。牧草的适应性主要是指牧草在逆境条件下的生长发育状况和产量表现，是可遗传的适应性。不同牧草的生物学特性差别较大，在适应环境之后，生态适应性较强的牧草一般生长良好，具有较高的产量，表现出较好的生产性能。牧草的适应性强调的是在不同的生态条件下具有一定的适应性和对逆境的抵抗能力，表现为稳产和高产。

生态型(ecotype)是对地理纬度、自然条件、种植制度及栽培条件的适应而产生的适应类型。牧草在进化和选择的过程中都有许多生态型。在特定的生态区域，必有一定的生态型组能适应其环境和生态条件。

牧草的适应性可以通过牧草对单一生态因子的反应和对复合生态因子的反应进行综合评价。单一生态因子主要包括牧草对光照、温度、水分的反应。在自然条件下，各种生态因子往往是相伴而生、共同作用的，部分生态因子间还存在明显的交互作用。生态因子间较为重要的互作效应有光温互作和水肥耦合等。

每种牧草对环境的适应都不是绝对的、完全的适应，环境条件的不断变化对生物的适应性有很大的影响作用，这就是适应的相对性。虽然生物对环境的适应是多种多样的，但究其根本，都是由遗传物质决定的。适应之所以具有相对性是由于遗传基础的稳定性和环境条件的变化相互作用的结果。

在牧草育种工作中，生态适应性是主要目标性状之一，准确鉴定和评价牧草品种的生态适应性对于亲本选配、后代选择和品种推广均十分重要。通过牧草引种驯化、抗性诱导、品种选育等途径提高牧草的适应性，是提高草地生产能力的重要手段。应用现代的人工环境模拟技术手段，进行组织细胞诱导选择方法，使植物生态适应性能在人工环境下迅速被诱导与筛选，在生产上具有重要的意义。

牧草适应性的研究方法常用牧草栽培区划的方法，通过草原调查规划和栽培草种区划，利用气候土壤条件调查和田间试验的方法，开展牧草适应性的定量化研究。通过确定牧草适应性影响因子和隶属函数，包括光照、温度（积温、年均温、极端温度）、年降水量、相对湿度、海拔、土壤等，进行草种的区域化研究。

0.1.2.4　牧草具有再生性强的特点

牧草的再生性（regrowth）是牧草生长的一个重要特性，牧草的再生性决定了牧草的生存能力和生产价值。刈割或放牧后牧草再生速度、再生产量和再生次数是牧草再生性的直接体现，是确定草原放牧利用强度的依据。牧草再生能力的强弱，主要决定于本身的生物学特性。禾本科牧草具有超强的再生能力。例如，针茅属牧草的再生能力强，它们属于下繁草，刈割后残留的叶片较多，恢复生长也较快。赖草属牧草羊草的地下根茎内贮藏养分较多，因而再生能力强。豆科优良牧草紫花苜蓿被称为牧草之王的一个主要原因就是苜蓿具有很强的再生能力，再生速度快，刈割后能很快恢复生长，从而保持高产。苜蓿生产中刈割期、刈割次数和留茬高度对牧草产量、品质及再生性影响很大。因此，掌握适时的收获技术才能获得高产质优的苜蓿干草。适宜的刈割期、刈割次数和留茬高度选择一般要根据产量、茎叶比、总可消化营养物质含量、对再生草的影响及单位面积获得的总营养物质产量而定。

苜蓿的秋眠性（fall dormancy）是与苜蓿刈割后再生能力有关的概念，根据特定苜蓿品种在秋季刈割后植株再生生长状况，可以作为预测苜蓿生产性能的指标。苜蓿秋眠性是苜蓿进入秋冬季节日照时数变短和温度降低，导致植株形态、生长速度和再生能力发生变化的特性。苜蓿秋眠特性与苜蓿抗寒能力和生产性能有直接的关系，根据苜蓿在秋季刈割后的再生高度把苜蓿品种分为秋眠型苜蓿、半秋眠型苜蓿和非秋眠型苜蓿3种品种类型。

秋眠性是评价苜蓿生产性能，开展品种选择、抗寒性评价、种植区划和适应性评价的重要依据。

草坪草具有强大的再生能力，修剪是草坪最重要和最基本的养护工作之一。科学合理的草坪修剪对促进草坪草分蘖、增加草坪密度和平整度，提高景观效应具有重要作用，也是抑制草坪杂草入侵、控制杂草蔓延的有效手段。修剪频次、修剪高度、修剪时间和修剪质量影响草坪草的再生性从而对草坪景观性、适应性、抗逆性及草坪品质与使用寿命产生影响。

0.1.3　牧草的遗传基础

0.1.3.1　牧草遗传差异大，遗传背景复杂

牧草具有多样性丰富的特点，适应性广，形态特征和生物学特性多样，种间存在着多种遗传差异。为适应各种生态环境的温度、光照等气候因素，牧草形成了丰富多样的表型变异和基因组变异。牧草遗传差异的重要原因是牧草进化过程中的基因组重排。基因组重排能够产生应对环境改变的进化适应性，基因组重排后产生的不同表型能够使牧草在极端恶劣的环境条件下存活下来。

牧草具有广泛而丰富的基因组及表型变异。基因表达作为重要的分子表型之一，联系着基因组的遗传变异和有机体表型变化，是决定生物体外部表型变异的重要影响因子。生物体任何

外部表型或者生理活动变化都需要多个基因的协同调控来完成。苜蓿等牧草被视为植物遗传学研究的模式植物。现代栽培玉米由野生祖先种大刍草驯化而来。经过大约9 000年的驯化后，玉米和大刍草不仅在基因组序列上存在广泛的变异，而且其外部形态和对周围环境的适应性都发生了巨大的变化。

0.1.3.2 牧草繁殖方式多样，遗传结构复杂

生物的繁殖方式很大程度上决定了基因的时空扩散，繁殖方式是决定种群遗传结构的主要因素。大多数多年生牧草既可通过种子进行有性繁殖，又可依赖营养器官进行营养繁殖。牧草通过有性繁殖的种子具有丰富的遗传多样性，进而使牧草种群可以借助外力实现空间上的散布，经受自然选择而生存。同时，牧草的营养繁殖在强烈放牧、刈割等竞争状态下，存在选择上的优势。无性系分株后代数量很少，但存活率比由种子形成的幼苗高得多，在自然选择过程，牧草通过营养繁殖实现种群的繁衍与更新。

不同牧草通过形态、生理和生化的变化，协调自身的生长发育与环境之间的关系的能力，是牧草对自然条件和耕作栽培条件的反应。生态型是牧草对地理纬度、自然条件、种植制度及栽培条件的适应而产生的适应类型。牧草在进化和选择的过程中都有许多生态型。在特定的生态区域，必有一定的生态型组能适应环境和生态条件。

0.1.3.3 牧草种间杂交和多倍化现象普遍

多倍体普遍存于植物界，据估计被子植物中多倍体植物占30%～35%，它是变异发生的重要途径之一，对于物种进化及育种意义极大。作为进化的产物，许多牧草和栽培作物都是自然多倍体。例如，紫花苜蓿（*Medicago sativa*）是同源四倍体（$2n=4X=32$），窄颖赖草（*Leymus angustus*）含84条染色体，为十二倍体。狗牙根（*Cynodon dactylon*）有二倍体、四倍体和六倍体等不同倍性水平。偃麦草（*Elytrigia repens*），含56条染色体，为八倍体。花生（*Arachis hypogaea*）是同源四倍体（$2n=4X=40$）。异源多倍体最著名的例子是六倍体普通小麦（*Triticum aestivum*，$2n=6X=42$），据考证已有8 000年的历史；燕麦（*Avena sativa*）是异源六倍体（$2n=6X=42$）。在全世界28万种被子植物中，已有48 000种进行过染色体计数，其中双子叶植物占80%，即38 400种，根据Lewis(1980)的统计，双子叶植物种内多倍体涉及114科660属，大约2 800种。某些多年生草本占优势的科和属，种内多倍体非常普遍，如毛茛科、蓼科、报春花科、十字花科、蔷薇科、豆科、玄参科和菊科等。

多倍化是生物进化的一个重要过程，通过多倍化可形成新的物种，与其二倍体供体种产生生殖隔离。与其二倍供体物种相比较，多倍体物种能够适应更大范围的生态环境，并能对不稳定环境表现出更强的适应性。例如，在更高的海拔和极端温度条件下多倍物体种的分布比二倍体物种更普遍。生物多倍体化的过程通常伴随着生物基因组的进化，在基因组进化过程中产生的遗传变异导致了生物的多样性。

0.1.4 牧草育种的特点

0.1.4.1 研究对象种类繁多，牧草育种背景复杂

牧草种类繁多，不同牧草的生物学特性差异极大。豆科牧草、禾本科牧草和其他科牧草在形态结构、生长发育、生物产量等方面迥然不同。牧草既有草本，又有灌木、半灌木；既有一年生，又有越年生、多年生；既有种子繁殖，又有营养体繁殖，因此，增加了育种的复杂性，同时也增加了育种的多样性。多数牧草分布区域广，经营水平较低，同时，牧草育种历史短，使得不同牧草种类的育种基础相差较大。在牧草育种过程中，由于牧草生长发育规律不了解、

遗传机理不清等多种原因，大多数情况下并不能定向地改造种质资源进行人工变异。育种选择有赖于育种专家长期积累经验后形成的理性认识。因此，常规育种既是一门科学又是一门艺术。

0.1.4.2 牧草育种目标侧重点不同

无论是植物育种还是动物育种，育种的主要内容一直以来都是以追求产量为中心，植物的抗病虫、抗旱、耐寒等抗性育种也是为了增强抵抗不良环境因素的能力，获得更高的产量为目的。

由于牧草再生性强、利用营养体的特性，相对于作物而言，牧草育种目标在产量构成方面不够具体。对牧草新品种的要求不仅体现在种子产量，更重要的是营养体的高产、优质、适口性好、可消化率高。此外，牧草种植和推广大多是在生态和农业环境比较脆弱的地区，因而更加注重对牧草新品种抗逆性状（抗旱、抗寒、耐热、耐盐碱、抗病虫等）的选育。现代作物育种需要综合多个优良基因，同步改良农作物的产量、品质、抗性水平。通过杂交育种方法，人们可以把分布于不同品种包括野生种中的一些有利基因聚合到一个品系中，培育出高产、优质、多抗的农作物新品种。但是随着育种目标要求越来越高，要培育高产、优质、多抗的农作物新品种，单纯地利用系统育种、单交法杂交育种已难以满足需要，因此要筛选到综合有多个优良性状的品种必须进行多亲本杂交，但由于涉及的基因多，需发生多次的交换重组和选择，因此现代育种的周期较长，工作量较大。现代生物技术育种在加快育种进程方面展现了美好前景。

0.1.4.3 牧草育种方法有所不同

遗传改良就是包括牧草在内的动物和植物的品种改良，牧草和作物从野生植物驯化为栽培植物，就显示出初步的缓慢的遗传改良作用。现有的各种牧草和作物，都是在不同历史时期先后从野生植物驯化而来的。随着遗传学、进化论及有关基础理论的发展和育种效率的提高，植物育种从20世纪二三十年代开始摆脱主要凭经验和技巧的初级状态，逐渐发展为具有系统理论与科学方法的一门应用科学。牧草的繁殖方式和授粉方式也较为复杂多样。大多数牧草是异花授粉植物，其中一部分属于自交不亲和，也有属于无融合生殖的牧草，因而在育种程序、方法和品种类型上有其特殊性。由于牧草多为异交植物，因而育成品种中综合品种和自由授粉品种占有相当比例。大多数多年生牧草能进行无性繁殖，可以栽培利用多年，给牧草品种选育和利用提供了方便。

牧草育种就是研究牧草引种驯化、遗传改良及良种繁育的应用型科学。了解牧草的遗传规律，掌握并运用植物育种学知识，按照人类意愿逐步改造植物并在生产中应用。此外，通过牧草育种，我们将对生物圈和生态平衡有更加深刻且直观的感受，有利于在认识生物多样性和生态稳定性的基础上帮助我们树立生态文明的世界观。

0.1.4.4 牧草良种繁育技术与作物良种繁育技术不同

我国作物品种经过多年的推广更新，使作物产量大幅度提升，良种繁育体系已经实现种子生产专业化、加工机械化、质量标准化、品种布局区域化，良种繁育通过"重复繁育"和"循环选择"的方法，前者是重复过程，后者则是经由选择单株、分系比较、混系繁殖生产用种的循环过程。通过建立株行圃、株系圃、原种圃进行三圃法繁育良种，效果显著。我国草种业存在国产良种供给不足，草种结构又不合理、产业化发展水平较低、草种管理薄弱等亟待解决的问题。一年生草种和多年生草种的产量水平和适应性有较大差别。用于草原生态修复的草种对抗逆性有较高要求。我国牧草育种以基础性、公益性研究为主，重点开展牧草种质资源收集、鉴定、育种材料的改良和创制，完善品种区域试验、生产试验、品种保护测试和引种。

0.1.4.5 牧草育种周期长

大多数牧草具有多年生习性，建植年限长，生育期长，世代交替周期长。多年生牧草进行遗传测定和多世代育种存在较多困难。但由于多年生牧草常年开花结实，选育材料能在较长时期内生长和繁殖利用，并有可能在遗传测定后进行再选择。因此，牧草育种测定普遍采用早期鉴定。在品种选育过程中，性状鉴定、品种比较和区域试验等所用年限长，因而整个育种周期长，培育新品种在时间和经费上需要更多投入。

0.2 品种的概念和良种的作用

0.2.1 种和物种形成

种(species)即物种，是具有一定形态特征、生理特性和自然分布区域的生物类群，是生物分类系统的基本单位。就生物分类的目的而言，物种是生物界可依据表型特征识别和区分的基本单位。而从进化的观点来看，物种是进化的，是在进化中产生的。物种之间具有生殖隔离。野生生物只有种、亚种或变种。

物种是生物分类的基本单位。迈尔(1953)认为，物种是能够(或可能)相互配育的、拥有自然种群的类群，这些类群与其他类群存在着生殖隔离。物种是繁殖单元，由连续且间断的居群组成；物种是进化的单元，是生物系统线上的基本环节，是分类的基本单元。在分类学上，确定一个物种必须同时考虑形态的、地理的、遗传学的特征。也就是说，作为一个物种必须同时具备如下条件：①具有相对稳定的而一致的形态学特征，以便与其他物种相区别。②以种群的形式生活在一定的空间内，占据着一定的地理分布区，并在该区域内生存和繁衍后代。③每个物种具有特定的遗传基因库，同种的不同个体之间可以互相配对和繁殖后代，不同种的个体之间存在着生殖隔离，不能配育或即使杂交也不能产生有繁殖能力的后代。物种是生物进化和自然选择的产物。

在分类学中，种以下除亚种外，还有变种、变型的等级。种以下的分类等级根据该类群与原种性状的差异程度分为亚种、变种和变型。亚种比变种的范围更广泛一些，除了在形态上有显著的区别外，而且在地理分布上有一定的区域性。变种比变型在形态上的差异要大一些。实际分类工作中常根据野外调查的资料和标本的特征经过综合研究分析方能确定。

亚种(subspecies)：一般认为一个种内的类群，在形态上多少有变异，并具有地理分布上、生态上或季节上的隔离，这样的类群即为亚种。属于同种内的两个亚种，分布在不同地理分布区内。

变种(varietas)：是一个种在形态上多少有变异，而变异比较稳定，它的分布范围(或地区)比亚种小得多，并与种内其他变种有共同的分布区。

变型(forma)：是一个种内有细小变异，如花冠或果的颜色、毛被情况等，且无一定分布。

物种形成具有不同的方式，可以划分为渐进式和骤变式。

在物种内部分异之初，外界物理因素起着阻止种群间基因交流的作用，从而促进种群间遗传差异逐渐的、缓慢的增长，通过若干中间阶段，最后达到种群间完全的生殖隔离和新种形成。这就是渐进式物种形成(gradual speciation)。

在物种内一部分个体因遗传机制或随机因素(如显著的突变、遗传漂变等)而相对快速地获得生殖隔离，并形成新种，这就是骤变式物种形成(sudden speciation)。骤变式物种形成过程通常是借助于特殊的遗传突变的发生以及随机因素，从而快速地、直接地造成种群间的生殖隔离。由于新种形成过程中通常不涉及地理隔离因素，即形成新种的个体与种群内其他个体分布在同一地域，所以也被称为同地物种形成或分布区重叠的物种形成。

骤变式物种形成最有代表性的是通过杂交和多倍体形成新物种。杂交现象在自然界中极为广泛。例如，在700种以上的山楂中，大部分是杂交所形成；在柳和蔷薇中也有许多杂交种。多倍体一般是通过两个物种间杂交并使染色体组加倍产生的。多倍体的物种形成虽然只限于一定的生物类群中，主要是在植物界，但它的重要性是不容忽视的。据报道，多倍体植物在双子叶植物中约占43%，在单子叶植物中占58%。由此可见，多倍体在植物的物种形成中起着十分重要的作用。

0.2.2 品种的概念

0.2.2.1 品种

品种(cultivar, variety)指来自同一祖先，经人类选择和培育而成的，具有一定经济价值，遗传性比较稳定，能适应一定的自然条件或栽培条件、性状相对稳定的群体。牧草品种是在一定的生态条件和经济条件下，根据草业生产的需要所选育的某种栽培牧草群体(population)。品种不是植物分类学上的一个单位，而是经济上的类别。品种是由人类采用一定的育种手段，通过选择、隔离和繁育而获得。品种不存在于野生植物中。英文中的术语variety兼具变种和品种的含义，为了避免混淆，国际生物学联合会在1961年制定的《栽培植物国际命名规章》中规定栽培植物的品种，在英语中使用cultivar一词，简作cv.，这个词是cultivated和variety的缩简复合词，专指品种，以区别于变种。

植物品种一般都具有3个基本要求或属性，即特异性(distinctness)、一致性(uniformity)和稳定性(stability)，简称DUS。特异性是指本品种具有一个或多个不同于其他品种的形态、生理生化等特征。一致性是指同一品种群体内个体间植株性状和产品主要经济性状的整齐一致，即要求具有不妨碍使用的整齐程度。稳定性是指繁殖或再组成本品种时，品种的特异性和一致性能保持不变。作为牧草品种的群体具有相对稳定的遗传特性和生物学、形态学及经济性状上的相对一致性，而与同一栽培牧草的其他群体在特征、特性上有所区别。草品种DUS测试是对申请保护的牧草新品种进行特异性、一致性和稳定性的栽培鉴定试验或室内分析测试的过程。

牧草品种的属性还应包括优良(elite)和适应(adaptability)。因此，品种的属性共包括5个方面，简称EADUS。品种的优良性和适应性有其时间性和地区性。在不同地区，由于生态、经济、耕作栽培条件的不同，对品种的要求也不同，即使在同一地区，其生态、经济、耕作栽培条件也在不断发展、变化，因而对品种的要求，也会随之改变。因此，在选育、推广良种时，必须因地、因时制宜。

品种特征特性的一致性很重要。例如，牧草品种的营养成分和品质要均匀一致。棉花品种纤维长度的整齐一致性，对纺织加工有重要意义。许多作物品种的株高、抗逆性和成熟期等的一致性，对产量和机械收获等影响很大。随着草业生产的发展，对牧草品种一致性的要求在不断提高。一致性的要求对不同植物、不同性状和不同育种目的也要区别对待。例如，用于罐藏加工的果蔬品种对成熟期及产品品质一致性的要求高于鲜食品种；某些观赏植物常在保持主要特性稳定遗传的基础上要求花色多样化，以增进观赏价值。植物品种类型不同，在繁殖时保持稳定性的方法也不同。营养系品种虽然遗传上是杂合的，但在用扦插、压条、嫁接及其他方法进行无性繁殖时能保持其遗传的稳定连续。有时针对一些特殊情况，可以在一定程度上放松对稳定性的要求。

草品种 DUS 测试将申请品种与近似品种在相同的生长条件下，从植物的种子、幼苗、开花期、成熟期等各个阶段对多个质量性状、数量性状及抗病性等做出观察记载，并与近似品种进行结果比较，一般要经过 2~3 年的重复观察，才能做出合理、客观的评价。根据特异性、一致性和稳定性的试验结果，判定测试品种是否属于新品种，为植物新品种保护提供可靠的判定依据。1997 年，国务院颁布《中华人民共和国植物新品种保护条例》，明确规定只有通过 DUS 测试的品种才能被认定为可被保护的"新品种"。因此，草品种 DUS 测试是草品种审定的重要依据。

0.2.2.2 优良品种

优良品种是指在一定地区和耕作条件下能符合生产发展要求，并具有较高经济价值的品种。良种是优良品种的简称，指产量高、品质好、抗逆性强、性状稳定和适应一定地区自然条件的优异种质。生产上的良种，应包括具有优良品种品质和优良播种品质的双重含义。良种的优良经济性状遗传必须稳定在 95% 以上。

0.2.2.3 原种

原种是指取自模式种采集地区的并用于栽培生产的野生植物种，以及用于选育种的原始亲本。原种必须具备下列性状：

①具有供种地域该物种的典型表型，无明显的统计学差异。
②具有供种地域中该物种的核型及生化遗传性状。
③具有供种地域中该物种的经济性状。
④符合有关植物的国家标准。

0.2.2.4 种群

种群是指同一物种在某一特定时间内占据某一特定空间的一群个体所组成的群集。

0.2.2.5 品系

品系是指起源于共同祖先的一群个体，性状突出并能稳定地遗传下去的群体。

0.2.2.6 育种

育种又称品种改良，即应用各种遗传学方法，改造生物的遗传结构，以培育出高产优质的新品种。

0.2.3 牧草品种的类型和特点

根据牧草的繁殖方式、种子的生产方法、遗传基础、育种特点和利用形式等，可将牧草品种分为自交系品种、杂交种品种、群体品种和无性系品种 4 种类型。

0.2.3.1 自交系品种

自交系品种(pure line cultivar)又称纯系品种，是对突变或杂合基因型经过连续多代的自交加选择而得到的同质纯合群体。自交系品种实际上包括了自花授粉作物和常异花授粉作物的纯系品种和异花授粉作物的自交系品种。Kempthrone(1957)认为，自交系的理论亲本系数(theoretical coefficient of parentage)达到 0.87 或更高，即具有亲本纯合基因型的后代植株数达到或超过 87%，即为自交系品种。现在我国生产上种植的大多数水稻、小麦、大麦、燕麦等自花授粉作物和牧草的品种都是自交系品种。异花授粉作物中经多代强迫自交加选择而得到的纯系，如玉米的自交系，当作为推广杂交种的亲本使用时，具有生产和经济价值，也属于自交系品种之列。

自花授粉牧草本身靠自交繁殖后代，只要选出具有优良基因型的单株，它的优良性状就可以稳定地遗传给后代。对于纯合基因型中主基因控制的突变性状，只需 1~2 次的单株选择，性状就可稳定下来；对于多对基因杂合的基因型，则需连续多代的单株选择，才能获得性状优良且能稳定遗传的自交系品种。对于异花授粉和常异花授粉作物，可以通过强迫自交加单株选择达到同样的目的。

无论自花授粉还是异花授粉作物的自交系品种，都要求具有优良的综合农艺性状。因此，必须拓宽遗传变异范围，在性状分离的大群体中进行单株选择，按照"多中选优，优中选优"原则，才能选育出具有较多优良性状基因的极端个体。确保最优良的基因型在大群体中得以出现并被选中。

0.2.3.2 杂交种品种

杂交种品种（hybrid cultivar）是在严格选择亲本和控制授粉的条件下生产的各类杂交组合的 F_1 植株群体。它们的基因型是高度杂合的，群体又具有不同程度的同质性，表现出很高的生产力。杂交种品种通常只种植 F_1，即利用 F_1 杂种优势。杂交种品种不能稳定遗传，F_2 将发生基因型分离，杂合度降低，导致产量下降，所以生产上一般不利用。

过去主要在异花授粉作物中利用杂交种品种，现在很多作物相继发现并育成了雄性不育系，解决了大量生产杂交种子的问题，使自花授粉作物和常异花授粉作物也可利用杂交种品种。袁隆平等（1970）发现并育成水稻野败型雄性不育系，1975 年开始推广水稻杂交种品种，1990 年全国种植杂交水稻 1.53×10^7 hm^2，已占全国水稻种植面积的 50%。傅廷栋等（1972）发现并相继育成甘蓝型油菜波里马不育系，李殿荣等（1985）育成甘蓝型杂交油菜品种'秦油 2 号'，累计推广 7.33×10^5 hm^2 以上。我国水稻和甘蓝型油菜杂交种品种的选育和利用，在国际上处于领先地位，这些都证实了自花授粉作物和常异花授粉作物利用杂种优势的可行性。

育种实践表明，自交系间杂交种的杂种优势最强，F_1 的增产潜力最大。而杂种优势的强弱是由亲本自交系间的配合力和遗传力决定的。因此，杂种品种的育种实际上包括两个育种程序：第一个程序是亲本自交系育种，第二个程序是杂交组合育种。贯穿于两个程序中的关键问题是自交系间的配合力测定。配合力测定是杂交品种选育杂种优势利用的主要特点。

杂种品种对影响亲本繁殖和配制杂种产量的性状必须加强选择。杂种品种 F_1 杂交种子生产的难易关系到杂交种的成本，是生产上利用杂种品种的主要限制因素。虽有优良的杂种品种，但不易配制出大量种子，则难以大面积推广。因此，对影响亲本繁殖和配制杂交种产量的性状（如亲本本身的生产力、亲本的花期差距、雄性不育性的稳定性、父本花粉量的大小等），必须加强选择。

杂交种品种的种子常常产量较低，成本较高，生产和经营杂交种具有较大的风险。一旦杂交种品种的种子数量明显供过于求，种子生产者和经营者的利益将受到损失。若种子数量明显不足，则种子用户的利益将因种植面积得不到保证而受损。因此，杂交种品种的推广首先必须有相应的生产体系，包括基地建设和生产的计划性等；其次，目前杂交种的纯度主要依赖异地异季鉴定，种子的发放迟于自交系品种，发放时间短而集中，因此必须有健全的供销体系和网络。

0.2.3.3 群体品种

群体品种（population cultivar）的基本特点是遗传基础比较复杂，群体内植株基因型有一定程度的杂合性或异质性。因牧草种类和组成方式的不同，群体品种包括以下四类。

(1) 异花授粉牧草的自由授粉品种

自由授粉品种在种植时，品种内植株间随机授粉，也常和邻近的异品种授粉。这样由杂交、自交和姊妹交产生的后代，是一种特殊的异质杂合群体，但保持着一些本品种的主要特征特性，可以区别于其他品种。苜蓿、黑麦草等大多数异花授粉牧草的很多地方品种都是自由授粉品种，或称开放授粉品种。

(2) 异花授粉牧草的综合品种(synthetic cultivar)

由一组经过挑选的自交系采用人工控制授粉和在隔离区多代随机授粉组成的遗传平衡群体，称为异花授粉牧草的综合品种。这是一种特殊的异质杂合群体，个体基因型杂合，个体间基因型异质，但有一个或多个代表本品种特征的性状。

(3) 自花授粉牧草的杂交合成群体(composite-cross population)

是用自花授粉牧草的两个以上的自交系品种杂交后繁殖出的、分离的混合群体，将其种植在特殊环境中，主要靠自然选择的作用促使群体发生遗传变异，并期望在后代中这些遗传变异不断加强，逐渐形成一个较稳定的群体。这种群体内个体基因型纯合，个体间基因型存在一定程度的差异，但主要农艺性状的表现型差异较小，是一种特殊的异质纯合群体。'哈兰德'('Harland')大麦和'麦芒拉'('Mezcla')利马豆都是杂交合成群体品种。

(4) 自花授粉牧草的多系品种(multi-line cultivar)

多系品种是若干近等基因系(near-iso-genic lines)的种子混合繁殖而成。由于近等基因系具有相似的遗传背景，只在个别性状上有差异，因此多系品种也可被认为一种特殊的异质纯合群体，它保持了自交系品种的大部分性状，而使个别性状得到改进。利用携有不同抗病基因的近等基因系合成多系品种，具有良好的效果。Borlaug(1959)在墨西哥育成的抗秆锈病的小麦多系品种和美国于1968年在艾奥瓦州发放的抗冠锈病的燕麦多系品种，对减轻病害都是成功的。

群体品种育种的基本目的是使群体品种具有并能够保持广泛的遗传基础和基因型的多样性，以提高产量，增强适应性。根据育种目标，选择若干有明显遗传差异的优良自交系为原始亲本，按一定比例组成原始群体，以提供广泛的遗传基础。为了使群体品种能够保持广泛的遗传基础和基因型的多样性，对后代群体一般不再选择，只以尽可能大的随机样本保存群体。对于异花授粉牧草的群体品种，必须在严格的隔离条件下多代自由授粉，逐步打破不良连锁，充分重组，达到遗传平衡。

0.2.3.4 无性系品种

无性系品种(clonal cultivar)是由一个无性系或几个遗传上近似的无性系经过营养器官繁殖而成的。它们的基因型由母本决定，表现型与母本相同。许多薯类作物和草坪草品种都属于无性系品种。由专性无融合生殖(obligate apomixes)如孤雌生殖、孤雄生殖等产生的种子繁殖的后代，最初得到的种子并未经过两性细胞的受精过程，而是由单性的性细胞或性器官的体细胞发育而成，这样繁殖得到的后代，也是无性系品种。

一些牧草既可进行有性繁殖又可进行无性繁殖。在进行有性繁殖时，有的是异花授粉牧草(如苜蓿)，其无性系品种的基因型是杂合的，但表现型一致。有的是自花授粉牧草(如地三叶、燕麦、金花菜)，其无性系品种多来自自交系间的杂交后代，也是一种特殊的同质杂合群体。由于上述特性，可以采用有性杂交和无性繁殖相结合的育种方法，利用杂交重组丰富遗传变异，在分离的F_1实生苗中选择优良单株(选出优良杂交组合)，利用无性繁殖，迅速固定其优良性状和杂种优势。

无性繁殖牧草的天然变异较多，在芽的分生组织细胞发生的突变称为芽变。选择优良芽变

(bud mutation)是无性系品种育种的有效方法,而淘汰不良芽变则是无性系品种繁殖、保纯的必要措施。

0.2.4 优良品种在草业生产中的作用

近一二百年,农业和农业科技发展中的现代育种技术、化肥和施肥技术、农药合成及灌溉技术对于农业生产发挥了重要作用。人类长期生产实践的经验表明,要发展植物生产,必须掌握密切关联的两个环节:一是选育推广优良品种;二是改进栽培环境和技术。前者是内因,后者是外因。光照、温度、土壤、肥料、水分等外部条件及一切农业技术措施,都要通过品种本身的遗传力才能起作用。推广优良新品种投资少、见效快、耗能低、经济效益高,优良品种在农业技术进步中的地位和作用是任何其他技术措施所无法替代的。据估算,新品种的应用在提高作物产量方面占 40%。1949 年以来,先后培育出 41 种作物的 5 000 多个新品种、新组合,使我国农作物品种更换了 5~6 次,每更换一次,增产 10%~30%。随着生产发展,人类发掘可供食用、饲用、药用及工业原料用的各种植物品种资源的工作在不断地进行,从而使作物品种资源不断得到丰富。

另外,任何品种的优良遗传特性也必须在相应的栽培条件下才能充分表现出来。只有内因和外因相互结合、良种良法配套,才能有效地促进植物生产水平的提高。从世界范围来看,第一次绿色革命的兴起与成功就得益于作物矮秆种质的鉴定及利用。农业新品种的选育与推广仍将是我国 21 世纪现代农业发展的重要方向。

具体而言,牧草品种在草业生产中的作用表现在以下几个方面。

(1)优良牧草品种可以大幅度提高单位面积产量

优良品种的基本特性之一就是具有丰产性,增产潜力较大。优良品种一般都有较大的增产潜力和适应环境胁迫的能力。在同样的生态、生产条件下,选用产量潜力大的良种,比使用传统品种一般可增产 20%~30%,有的可达 40%~50%,甚至成倍增长。高产品种在大面积推广过程中具有保持连续而均衡增产的能力,就是说在推广范围内对不同年份、不同地块的土壤和气候等因素的变化造成的环境胁迫具有较强的适应能力。

(2)优良牧草品种可以改善和提高草产品品质

国内外牧草品种的选育在重视高产牧草品种选育的同时,也注重提高牧草品种的饲用品质。牧草各品种间,不仅产量有高低,其产品品质也有优劣。通过品种改良,一些牧草(如禾本科牧草)的籽粒蛋白质含量及组分、豆科牧草的粗纤维含量和消化率等,都在不同程度上有所改进,反映了牧草优良品种在改进牧草品质、生产高质量牧草产品等促进生产方面具有重要的作用。

(3)优良牧草品种可以提高抗逆性,增强适应性和稳产性

牧草优良品种对常发的病虫害和不良的生长环境具有较强的抗耐性,改良的牧草品种具有较广阔的适应性。在草业生产过程中,常会遇到各种逆境的影响,优良牧草可以在不同条件下保持稳定的产出和较高的品质。在牧草育种工作中,普遍重视牧草抗病虫害能力的提高。选育抗病虫牧草新品种已成为病虫害防治战略中一项重要措施,不仅能保证优良品种的固有特性,还能减轻对生态环境的污染,降低成本。对牧草的抗倒伏性和抗旱耐寒、耐盐碱性等特性的改良,提高品种的抗逆性,增强其外界环境的适应性和稳产性,减轻或避免由于不良生产条件造成的产量损失与品质变劣。

(4)优良牧草品种可以提高草业生产的规范化和标准化,提高草业生产水平

优良新品种的栽培推广,有利于耕作制度改革,规范草业生产,提高复种指数。随着人口

增长与耕地面积逐渐减少，提高复种指数已成为历史发展的必然要求。通过选育出不同成熟期的牧草品种，有利于解决草田轮作中作物茬口安排，大大促进了耕作制度的改革。机械化水平提高是社会发展的必然，实现机械化需要有适合于机械化作业的品种相配合；同时，新品种的选育也促进了农业机械化的发展，提高劳动生产率。目前，我国苜蓿生产中普遍采用机械收获加工技术，生长整齐一致、抗倒伏的苜蓿品种，更有利于提高刈割效率、减少杂质含量，有利于优质草产品的生产。

(5) 优良牧草品种可以改良退化草地，扩大栽培区域

优良品种具有较广的适应性，还具有对某些特殊有害因素的抗耐性，有利于扩大栽培区域和种植面积。我国通过苜蓿秋眠性品种育种，使许多原来不宜生产苜蓿的高纬度地区成为苜蓿高产区。法国由于育成早熟、抗寒、丰产的饲用玉米杂交种，使玉米种植区域由法国南部和西南部扩展至北部和西北部，面积扩大几倍。在草原地区，利用抗逆牧草品种改良退化草地，建设人工饲草料储备基地，对草牧业发展发挥了重要作用。

(6) 防风固沙、保持水土、美化和净化环境

牧草具有强大的生态功能：一是水土保持。牧草能够适应严酷的自然环境，阻止土地荒漠化。二是涵养水源。牧草根系细密且主要分布于土壤表层，比裸露地具有更高的渗透率，草地涵养土壤水分、防止水土流失的能力较强。三是美化环境。牧草形成草坪，作为优良的草坪草，可用于城市、庭院、旅游休闲场所、运动场和公路护坡，对环境的绿化、美化和净化具有极其重要的作用。

0.3 牧草育种学的概念及其主要内容

0.3.1 牧草育种学的概念

牧草育种学是研究牧草的品种选育理论与方法的科学，即根据生产发展的需要，综合应用遗传学及其他自然科学理论与技术，采用适当的育种途径和方法，改良牧草的遗传特性，创造符合生产需要的牧草新品种。

0.3.2 牧草育种学的主要研究内容

牧草育种学的主要研究内容包括：育种目标的制定及实现目标的方法，种质资源的收集和保存，植物繁殖方式与育种的关系，选择的原理和方法，人工创造变异的途径、方法和技术，杂种优势利用的途径，抗性育种，生物技术在牧草育种中的应用，苜蓿、燕麦等主要牧草的育种技术，新品种审定规程等。

0.3.3 牧草育种学与其他学科的关系

牧草育种学要求育种者掌握相关理论基础，综合运用多学科知识，采用先进技术，有针对性和预见性地培育新品种。生物进化论是育种学的理论基础，生物进化的三大要素——变异、遗传和选择是育种工作中创造、选择和稳定优良变异的主要理论依据。遗传学是牧草育种学的重要基础理论，指导和促进育种工作的开展，提高育种的科学性和预见性。此外，牧草育种学还涉及植物分类学、植物生态学、植物生理学、植物保护学、生物统计与试验设计、土壤与肥料学以及动物营养学等领域的知识与研究方法，与牧草栽培学、草产品加工、贮藏及种子学等

也有密切联系,它们是构成牧草生产科学的主要学科。现代植物育种工作在传统育种技术的基础上,大力开拓育种新途径和新技术,包括细胞工程、染色体工程、基因工程等。以上这些新技术的应用涉及生物化学、细胞生物学、细胞遗传学、植物组织培养学、分子生物学、数据处理与统计等方面的知识。

0.4 我国牧草育种工作的回顾与展望

0.4.1 我国牧草育种工作回顾

我国牧草育种工作起步较晚,20世纪三四十年代,我国开始了牧草引种工作,引进草种主要来自苏联、美国和日本等国家。30年代从美国引进了100多份豆科和禾本科牧草,主要有紫花苜蓿、红三叶、杂三叶、绛三叶、百脉根、胡枝子、野豌豆、多花黑麦草、多年生黑麦草、苏丹草等,在南京进行了引种试验。1933—1939年,新疆从苏联引进了猫尾草、红三叶、紫花苜蓿等,分别在乌鲁木齐、伊犁、塔城及布尔津等地区试种。1940年,成都华西大学在云南省试种从缅甸引进的象草。1944年,美国副总统华莱士访问中国,在兰州将92份抗旱性强的牧草种子交给了甘肃省建设厅,在甘肃各地试种。同年王栋教授从英国带回首批红豆草种子在我国试种。1946年,联合国救济总署援助中国21个牧草品种的种子15 t,分配给全国78个农业试验站、畜牧试验场和教育机构,供栽培试验之用。1948年,中央农业实验所又从联合国粮食与农业组织(FAO)引进牧草品种62个,分配给南京市、北平(现北京市)、四川、贵州、云南、甘肃、青海等地区的相关单位进行试验研究。

20世纪50~70年代,我国在引种的同时着重进行地方品种的整理和野生种质的筛选与驯化。1950—1953年,西北农业科学研究所对陕西、甘肃、新疆等地的33个苜蓿地方品种进行了收集整理。张玉发等于1979年开始对175份国内外的苜蓿进行研究,将我国的74个地方品种划分为6个生态类型。同时也陆续出版了一些与之相关著作,如1955年胡先骕、孔醒东主编的《国产牧草植物》和1956年王栋主编的《牧草学各论》等。在此期间,一些科研院所和大专院校开始了系统的选育和杂交育种工作。甘肃农业大学对红豆草进行了筛选,并从1979年开始在甘肃各地推广,但由于当时尚未开展牧草品种审定,直到1990年才审定登记为地方品种'甘肃红豆草'。1974—1975年,李逸民对国内外52个苜蓿品种进行了引种观察,对其成熟性进行了分类。吴青年等对引自美国、在吉林省公主岭栽培了30年的苜蓿进行了整理,在全国牧草品种审定委员会第一届会上通过审定,登记为'公农1号'到'公农2号'。甘肃农业大学曹致中教授在20世纪70年代就开展了紫花苜蓿和黄花苜蓿的杂交工作,对引自国外的9个根蘖型苜蓿品种进行了连续10多年的抗寒性筛选,后期分别育成了'甘农1号'到'甘农8号'系列苜蓿新品种。中国农业科学院草原研究所在20世纪70年代初采集了内蒙古锡林郭勒盟野生的无芒雀麦种子,经过20年的栽培驯化,后期育成了'锡林郭勒无芒雀麦'。中国农业大学1978年从甘肃山丹军马场引入150 g当地野生新麦草,在河北坝上的试验站进行栽培驯化,后期登记为'山丹新麦草'。

20世纪80年代以后,国民经济迅速发展,各项工作全面展开。1980年,中国草原学会成立,1987年全国牧草品种审定委员会成立,2005年更名为全国草品种审定委员会,扩展了草品种审定的范围和内涵。同时,国家颁布了《草品种审定技术规程》,并从2008年开始启动了国家草品种区域试验。这些举措极大地推动了我国牧草育种事业的发展。

"六五"至"九五"期间,全国开展了牧草种质资源的收集、鉴定和保存利用等工作,1997

年成立了全国牧草保种协作组,对全国各类牧草种质资源进行收集、评价和入库保存。开始了苜蓿抗旱耐盐基因工程等高新技术的研究,牧草育种在国家科技攻关项目和重点项目中已占有一席之位,多种牧草的育种在南、北方相继展开,育种的深度和广度上都有了明显发展,先后育成了苜蓿、燕麦、黑麦草、草地早熟禾、高丹草、柱花草等草种的新品种140多个。同时,国家启动了优良牧草原种繁殖基地建设工程,促进了我国优良牧草品种的种子生产。

"十五"至"十三五"期间,国家实施了西部大开发战略,随着生态环境建设的加强、农业产业结构的调整和畜牧业的发展,草业科学进入了快速发展阶段。国家"863"计划、转基因技术专项、"973"基础研究等项目的实施,使牧草育种向高新技术方向发展。一批重点实验室和试验基地得到了进一步建设和完善。在牧草基因工程、分子标记辅助育种、太空育种等技术领域集聚了一批骨干力量进行攻关,在一些重要牧草上取得了突破性成果。传统的选择和杂交育种技术也得到了更扎实的发展。在农业农村部重点项目、公益性行业专项,科技部科技基础专项、科技支撑计划、科技基础条件平台项目及全国牧草种质资源保护利用等项目的多方支持下,通过合作攻关,在我国牧草种质资源的收集保存及资源标准化、信息化建设等方面取得了重要进展,品种选育除了苜蓿、燕麦等主要草种外,对野生资源的栽培驯化、生态草品种选育工作进一步加强,先后育成了'京西远东茇茇草'、'杜尔伯特扁穗冰草'、'腾格里无芒隐子草'、'康巴老芒麦'、'乌拉特毛穗赖草'、'鄂尔多斯草木樨状黄芪'、'陇东达乌里胡枝子'和'同德小花碱茅'等20多个抗性强的品种。

0.4.2 我国牧草育种工作取得的成就

0.4.2.1 牧草种质资源收集、保存、评价与利用

从20世纪50年代起,我国先后开展了温带、亚热带、热带和青藏高原等15个重点省(自治区)牧草资源调查及全国草地资源普查等活动。初步查明,被子植物中饲用牧草有177科1 391属6 262种,其中重点保护草种质资源共36科49属738种。为了长期保存珍贵牧草种质资源,我国在北京建立了国家草种质资源中期库(又称中心库),在呼和浩特建立了国家北方饲草种质资源中期库(又称温带草种质备份库),在海南儋州建立了国家热带牧草中期库(又称热带草种质备份库)。全国10个牧草种质资源保存利用协作组联合攻关,在草种质资源的调查、收集、保存、鉴定、评价和利用方面取得了很大成就。创建了管理、技术、保存利用三位一体的国家草种质资源收集保存体系,形成了以全国畜牧总站为核心、10个生态区域技术协作组为主体、56个协作单位构成的全国草种质资源管理体系,以收集、保存、评价、利用、创新为主要内容的技术体系,建立了1个中心库、2个备份库、17个资源圃、1个数据库及信息管理系统相结合的保存利用体系。截至2021年,共入库保存各类牧草种质资源6.2万份,保存总量居世界第二位。完成了2.5万份种质材料的农艺性状评价,1.1万份种质材料的抗性鉴定,累计分发种质材料0.9万份,创造优异新种质19份,筛选出35份野生材料直接用于生态建设,为牧草育种和生物多样性研究奠定了物质基础。

0.4.2.2 新品种培育与推广应用

新中国成立以来,我国牧草育种专家通过采集野生牧草栽培驯化、收集整理地方品种、引进国外优良品种、选育各类育成品种等途径,在新品种培育方面做出了巨大贡献。1987—2021年,通过全国草品种审定委员会审定登记的牧草品种共619个。其中,育成品种233个,地方品种62个,国外引进品种185个,野生栽培品种139个;包括禾本科草品种321个,豆科草品种246个,其他科草品种52个。育成品种主要集中在苜蓿属、高粱属、燕麦属、狼尾草属、

黄芪属等属植物和小黑麦。近年来，随着草产业的发展和生态建设的需求，一些新品种得到了大面积推广及应用。例如，苜蓿、燕麦及苏丹草等品种，作为草食家畜特别是乳牛的优质饲草，带动了商品草的生产，为草产业发展注入了活力。披碱草属、锦鸡儿属、赖草属及冰草属等的品种主要用于干旱、半干旱地区的"三化"草地改良和人工草地建设以及废弃矿地修复、边坡治理等。此外，黑麦草属、狼尾草属和柱花草属等的新品种也在南方多个省（自治区）大面积推广种植，促进了地方草产业和畜牧养殖业的发展。

0.4.2.3 育种新技术应用及相关理论研究

经过多年的研究和实践，我国牧草育种工作在相关理论研究、育种方法改进和新技术应用上均有较大提高和进步。在牧草远缘杂交、多倍体诱导、雄性不育、花粉培养的研究和利用、牧草抗性（抗寒、耐热、抗病虫害、抗旱、耐盐碱）机制的研究、生物技术的应用等方面均取得了较大进展。

在远缘杂交方面，南京农业大学采用羊茅和黑麦草属间远缘杂交，结合杂种胚培养，育成耐寒、耐湿、耐盐碱、较抗干热的羊茅黑麦草新品种'南农1号'；四川农业大学采用染色体工程合成大刍草代换系，与四倍体多年生大刍草杂交，育成远缘杂交种'玉草1号'杂交大刍草新品种；中国科学院江苏植物研究所利用种间杂交育成'苏植1号'、'苏植3号'杂交结缕草；内蒙古绿帝牧草种业技术开发中心通过野生斜茎黄芪和膜荚黄芪种间杂交，育成'绿帝1号'沙打旺。

另外，甘肃农业大学通过引进种质与国内资源的混合配置与选择，通过抗性筛选育成抗蚜'甘农5号'苜蓿和抗蓟马'甘农9号'苜蓿新品种；内蒙古农业大学利用雄性不育系和种间杂交技术，育成'蒙农青饲3号'苏丹草；江苏省农业科学院利用雄性不育系制种理论，育成产量高、抗性强的远缘杂交种'杂交狼尾草'；河北省农业科学院张家口分院通过花粉培养和染色体加倍，育成早熟燕麦新品种'花早2号'；福建省农业科学院采用光周期诱导技术育成饲用'闽牧101'杂交甘蔗。

在诱变育种领域，中国农业科学院北京畜牧兽医研究所通过航天诱变与传统杂交技术相结合的方法育成'中沙1号'沙打旺，通过卫星搭载空间诱变和人工杂交技术育成'中沙2号'沙打旺新品种，通过卫星搭载、辐射诱变、人工杂交、混合轮回选择育成'中苜6号'紫花苜蓿新品种；中国农业科学院兰州畜牧与兽药研究所采用航天育种技术，育成多叶率高的紫花苜蓿新品种'中天1号'；内蒙古农业大学通过抗蓟马筛选、^{60}Co-γ辐射、多元杂交和轮回选择，育成'草原4号'紫花苜蓿新品种；中国热带农业科学院热带作物品种资源研究所通过空间诱变、抗炭疽病筛选，育成'热研20号'、'热研21号'圭那亚柱花草新品种；福建省农业科学院从国外引进圆叶决明，通过^{60}Co-γ辐照处理，育成'闽育1号'、'闽育2号'圆叶决明新品种。

在新技术的应用方面，中国农业科学院北京畜牧兽医研究所采用组织培养、耐盐细胞筛选和田间选择相结合的方法，育成了耐盐碱的'中苜1号'苜蓿新品种；中国农业科学院兰州畜牧与兽药研究所通过连续多年接种进行抗病性鉴定与筛选，采用多元杂交法育成抗霜霉病的苜蓿新品种'中兰1号'；中国人民解放军军需大学通过组织培养和细胞突变等技术，结合系选育方法，育成抗逆、耐盐野大麦新品种'军需1号'；河北省农业科学院张家口分院通过远缘杂交和胚拯救方法相结合，育成蛋白质含量高的燕麦新品种'远杂1号'；江苏省农业科学院通过幼穗离体培养和秋水仙素诱导体细胞突变技术，育成耐寒耐盐、成坪快、绿期长的'苏农科1号'海滨雀稗新品种，通过幼穗离体培养获得的愈伤组织直接在NaCl胁迫下筛选突变体，育成耐盐性强的'苏牧2号'象草。

基因编辑技术已应用在水稻、小麦、胡萝卜、番茄、油菜等的改良中，相关研究在苜蓿、百脉根、燕麦等牧草上也有报道。2016年，华中农业大学在百脉根中利用CRISPR技术成功实现 $LjLb1$、$LjLb2$ 和 $LjLb3$ 的多基因敲除，导致百脉根产生白色根瘤。2017年，中国农业科学院生物技术研究所利用蒺藜苜蓿特异表达的U6启动子结合密码子优化的Cas9蛋白，建立了一个适用于农杆菌介导的苜蓿CRISPR/Cas9基因组编辑系统，并利用该系统成功对蒺藜苜蓿的内源基因 $MtPDS$ 进行了定点敲除，在 T_0 代得到了10.35%的具有白化表型的蒺藜苜蓿纯合敲除突变体。2019年，内蒙古农业大学构建了乙酰辅酶A羧化酶（ACCase）的CRISPR/Cas9表达载体，编辑燕麦的 $ACCase$ 基因，将关键位点由异亮氨酸突变为亮氨酸，以使燕麦获得对除草剂拿捕净的抗性。结果表明，CRISPR/Cas9基因编辑技术在转基因植株中能成功敲除 $ACCase$ 基因，但未完成靶向敲除。2020年，我国科研人员解析了地方品种'新疆大叶'苜蓿的四倍体基因组，成功将四倍体基因组组装到32条染色体上。在此基础上进一步开发出基于CRISPR/Cas9的高效基因编辑技术体系，成功培育出一批多叶型紫花苜蓿新材料，其杂交后代表现出稳定的多叶性状且不含转基因标记。未来，随着生物技术发展，其在牧草品种改良方面将发挥更大的作用。

在育种理论研究方面，我国在牧草的种质资源研究、雄性不育系筛选及不育机制、抗逆分子机理、相关基因克隆与表达调控、遗传多样性及图谱构建、多倍体物种分子系统学、分子聚合育种等领域开展了大量研究工作，除了发表大量论文，还出版了多部著作。

0.4.3 我国牧草育种工作展望

随着我国生态建设的深入、农业产业结构的调整以及现代草产业的发展，牧草育种事业迎来了前所未有的发展机遇。牧草育种工作者要充分认识面临的挑战和机遇，总结育种工作的经验以及存在的问题和不足，借鉴发达国家的先进经验和技术，与时俱进地推动我国牧草育种工作的开展。

(1) 加强种质资源收集、保护和利用

继续加强国内外种质资源的收集，特别是国内珍稀、濒危、特有种和优异野生种质资源的收集和保存，有计划地对已有材料进行系统鉴定和评价，筛选优异种质，加强种质资源的创新和利用。

(2) 加强育种基础理论的研究

基础理论研究是育种工作的基础，我国牧草育种无论技术手段还是已有成果，均落后于作物育种，其原因之一是基础理论研究比较薄弱。为此，在加强牧草育种技术研究和应用的同时，要有计划地开展相关基础理论研究，用于指导牧草育种实践。

(3) 深入开展育种新技术的研发与应用

常规育种方法是选育新品种的基本途径，随着科学技术尤其是生物技术的迅猛发展，要积极探索各种新技术和新方法，尽快将生物技术领域的最新研究成果应用于牧草育种工作。

(4) 大力发展草种业

我国草种业普遍存在品种选育、种子生产、加工流通等关键环节相互脱节的问题。当前牧草育种的主体仍以科研院所和大专院校为主，缺乏成果转化的条件和动力，草种业公司大多科技创新能力较低、生产规模较小、缺乏竞争能力，种业体制改革已成为草产业发展亟待解决的瓶颈问题。要逐步建立以企业为主体的育种新体制，构建以产业为主导、企业为主体、基地为依托、产学研相结合的"育、繁、推"一体化的现代种业体系。

思考题

1. 什么是牧草？什么是优良牧草？举例说明您对牧草概念内涵与外延的认识。
2. 试论述牧草的特点。
3. 如何理解牧草的多功能性？
4. 牧草的遗传基础和牧草育种有哪些方面的特点？
5. 阐述牧草品种的概念和牧草品种 DUS 测定。
6. 试述牧草品种的类型和特点。
7. 概述优良品种在草业生产中的作用。
8. 我国牧草育种工作取得了哪些方面的成就？

第1章 牧草种质资源

1.1 牧草种质资源的概念和类别

1.1.1 牧草种质资源的概念

育种的原材料是品种培育的基础。用以培育新品种的原材料,主要是利用其内部的遗传物质或种质(germplasm),因而在遗传育种学中,将一切具有一定种质或基因的生物类型统称为种质资源(germplasm resources)。包括品种、生态型、近缘种、亲缘种和野生种的植株、种子、无性繁殖器官、花粉甚至单个细胞。只要具有该物种或品种全套遗传物质,并能繁殖、传递给下一代的一切生物体,均可称为种质。遗传学上也称种质资源为遗传资源(genetic resources)。此外,由于遗传学和育种研究上主要利用某一种质材料的个别或部分基因,所以又将遗传资源称作基因资源(gene resources)。

牧草种质资源是指任何含有遗传功能单位(基因和DNA水平)的材料,是决定牧草各种遗传性状的基因资源。牧草种质资源是我国草原生物多样性正常发展和持续利用的必要保证,是培育优良牧草品种的基本材料和基因来源,对促进畜牧业的可持续发展,加快农业产业结构调整和生态环境治理均有着十分重要的意义。牧草种质资源是人类的宝贵财富,牧草种质资源的收集、保存、鉴定及其开发利用是牧草育种和生物多样性研究的重要基础。丰富的种质资源,对扩大育种原始材料的遗传变异、创造新的变异类型、扩大新品种的遗传基础和选育新品种均有极为重要的作用。制定合理的种质资源保护策略,加强对生物多样性的保护、维持和可持续利用,关系到国民经济发展和社会稳定。

1.1.2 牧草种质资源的作用

牧草种质资源在长期历史演化过程中由于突变、基因交流、隔离和生态遗传分化,蕴藏着丰富的遗传基因。总体而言,牧草种质资源的作用主要表现在以下3个方面。

1.1.2.1 牧草种质资源是改良和培育优良牧草品种的遗传基础

牧草种质资源通过筛选、培育,可驯化和培育成栽培牧草。不少野生牧草已被引种驯化和栽培,并用于畜牧业生产、生态与绿化建设,如沙打旺、天蓝苜蓿、金花菜等。近年来,我国牧草种质资源的培育利用有了很大进展,主要体现在牧草审定登记品种增多。1987—2021年,经全国草品种审定委员会审定的育成品种、地方品种、野生栽培品种和国外引进品种近600个,包括牧草、饲料作物、绿肥作物、水土保持植物和草坪草品种等。

1.1.2.2 牧草种质资源可作为作物改良的抗逆基因来源

披碱草属、鹅观草属、偃麦草属、黑麦属等是小麦族重要的多年生属,它们中的多数物种为草原和草甸的组成成分，既是优良的牧草，同时还具有麦类作物所缺乏但又需要的高产、优质、抗病、抗虫和抗逆等的基因，对培育抗逆性强和抗病虫强的优良作物新品种有重要的育种潜力。这些优良基因可以通过远缘杂交、染色体工程、基因工程等现代遗传和生物技术的方法从野生种类中转移到栽培小麦和大麦的遗传背景中来。例如，牧草中黑麦草属、偃麦草属中的一些种已有一些优良基因成功导入小麦，小麦与冰草、多枝赖草及新麦草等牧草的远缘杂交也获得成功。

1.1.2.3　牧草种质资源是生物多样性的重要组成部分

牧草种质资源是有重要经济价值的部分，同时也是生物多样性保护的重要资源。2021年，国家林业和草原局　农业农村部公布的《国家重点保护野生植物名录》对保护牧草种质资源具有重要意义。

1.1.3　牧草种质资源的类别

根据材料来源进行分类，牧草种质资源主要类别有野生种质资源、栽培种质资源和人工创制的种质资源。

1.1.3.1　野生种质资源

野生种质资源是育种工作中所应用的野生植物类型。该类型是在某一地区的自然条件作用下，由于长期自然选择形成的。它具有一般栽培品种所没有的强抗逆性，对于恶劣的环境条件具有高度适应性。此外，野生植物类型常携带抗病、抗虫、抗旱、抗寒、耐盐碱等优良基因。但是，野生植物类型也常带有若干不良的野生性状和特性，例如，落粒性强、种子休眠期长、裂荚、硬实率高、种子发芽不一致、产量低等，这些不良性状与特性常给栽培与育种工作带来一定的困难。栽培牧草都是从野生草种长期引种驯化和选育而来的，因此野生牧草种质资源是牧草育种最珍贵的原始材料来源，是培育优良栽培牧草新类型的天然基因库。收集野生牧草种质并对其进行分析、鉴定，找出种群遗传结构特点，丰富牧草种质资源，为牧草种质资源的开发利用奠定基础。

1.1.3.2　栽培种质资源

栽培种质资源是经长期自然和人工选择，适应某地区的环境特点的农家品种。栽培种质资源主要来源于当地或引种的地方品种以及适应当地推广的其他牧草品种。栽培种质资源按照来源可以分为本地种质资源和外地种质资源。

在栽培牧草区划中有当家草种的概念。在一个自然气候相对稳定的地区，农家栽培的草种并不很多且长期不变，这种被科学确定为最适合种植的草种称为当地的当家草种。

地方品种是指在当地条件下，经过长期生长和栽培所形成的类型和品种，是当地农牧民在长期使用过程中，有意或无意地人工选择以及自然选择的结果，对本地区的自然条件、生态环境以及栽培利用方式具有最大的适应性。地方品种栽培历史较长，时间通常在30年以上，具有较强适应性。它是一个混杂的群体品种，一致性相对较差，群体内个体遗传类型较丰富，蕴含着较丰富的宝贵基因资源。地方品种虽然有许多优点，但在某些方面还不能满足生产上的要求，例如，产量低、较混杂、不耐肥、易倒伏等，不能适应现代农业技术水平的要求。在杂交育种时，需要与外来的优良品种杂交，以得到既能适应本地区自然条件，又具有外来品种优良性状的新品种。

1.1.3.3　人工创制的种质资源

人工创造的种质资源是指经过人工杂交所获得的杂交组合、人工诱变所获得的变异材料、植物组织培养、原生质体培养及融合，甚至转基因的工程植株。它们携带有好的基因和人工诱导的遗传变异，但这些材料还必须经过一系列的育种过程，才能培育成新的品种。

1.2 牧草种质资源

经全国草地资源调查，我国野生牧草资源 6 700 余种，以豆科、禾本科、菊科为主，包括莎草科、蔷薇科等共计 246 科 1 545 属。其中，仅产于中国的特有种共计有 24 科 171 属 493 种。草原植物中，可作为药用、工业用、食用的常见经济植物有数百种，如甘草、麻黄草、冬虫夏草、肉苁蓉、黄芪、防风、柴胡、知母和黄芩等。

1.2.1 我国牧草种质资源的特点

1.2.1.1 主要栽培牧草的野生祖先分布较多

例如，原产欧亚温带地区的鸭茅，在我国新疆和西南各省份均有自然分布的野生资源；无芒雀麦原产欧亚温带，在我国东北地区有野生资源分布。原产于小亚细亚和欧洲南部的红三叶，在我国新疆、内蒙古和黑龙江等地区也有自然居群。白三叶原产欧洲，在我国华北、东北和西北及西南等地区也有野生资源。此外，大看麦娘、百脉根等世界广泛栽培的牧草在我国均有野生资源分布。

1.2.1.2 栽培牧草的野生近缘种类丰富

我国主要栽培牧草的野生类型 69 种，主要栽培牧草野生近缘植物 295 种。世界著名栽培牧草在我国几乎都有其野生种或野生近缘种。例如，紫花苜蓿在我国的近缘种就有黄花苜蓿、天兰苜蓿、阿拉善苜蓿等 13 种；白车轴草和红车轴草的野生近缘种有野火球等 3 种；无芒雀麦的野生近缘种有沙地雀麦、绿毛雀麦等 25 种；草地羊茅的野生近缘种有帕米尔羊茅、紫羊茅等 23 种；草地早熟禾的野生近缘种有尖颖早熟禾、高株早熟禾等 70 种。鸭茅、狗牙根、草芦等在我国都有其野生种。

1.2.1.3 仅产于我国的特有种遗传资源丰富

我国草原特有饲用植物有 493 种，其中禾本科饲用植物中，我国特有种和地方特有种 182 个；豆科饲用植物中，我国特有种和地方特有种 83 个。其他科饲用植物中，具代表性的有莎草科的截形嵩草、川滇嵩草；藜科的华北驼绒藜、长毛垫状驼绒藜等；还有蓼科的阿拉善沙拐枣、甘肃沙拐枣；菊科的米蒿、紫花冷蒿等。此外，一批我国特有新物种及新记录种在海南岛陆续被发现，如吊罗山薹草等。

1.2.2 我国牧草种质资源评价利用

1.2.2.1 种质资源抗性评价

种质资源抗性评价主要是针对牧草种质资源开展生产性能及抗逆性评价，如产量、抗旱性、抗寒性、抗风沙性、耐盐性、耐瘠薄性和抗病性等。制定统一的鉴定项目、方法和标准，在不同生态类型实验区进行了形态特征及农艺性状的鉴定。

1.2.2.2 种质资源遗传多样性评价

牧草遗传多样性评价的目的是揭示牧草的变异类型、居群遗传结构和进化特点，明确遗传多样性与地理分布、生态环境、气候类型之间的相互关系，从而为牧草的保护和利用提供科学依据。检测牧草遗传多样性的方法随着生物学层次的提高和实验手段的不断改进而逐步发展，从形态学、细胞水平、生化水平直至目前的分子水平。迄今为止，任何一种检测遗传多样性的方法都有各自的优点和局限，还找不到一种可以完全取代其他方法的技术。通过各种遗传多样性检测方法的综合运用，将野外考察、田间测定与实验室分析相结合，可明确种质资源遗传特征，充分挖掘野生牧草资源的优异基因，为牧草种质资源保护、评价和利用提供基础。

1.2.3 牧草种质资源面临的威胁

1.2.3.1 野生牧草种质资源原生生境破坏

目前，我国天然草原"整体开始好转"，但草原多年退化积累的问题依旧存在。草原火灾、鼠虫害、雪灾等自然灾害还十分严重。草原牧区人口增长，也为草原生态带来巨大压力，在人口增长及生产发展的同时，草原超载过牧问题日益突出，野生牧草种质资源原生生境破坏。一些地区草原开垦为耕地，导致草原生物多样性降低，甚至导致部分外来入侵植物侵入，如少花蒺藜草、黄花刺茄等外来入侵植物，严重威胁当地草原生物多样性。

1.2.3.2 野生牧草种质资源乱采滥挖问题严重

草原药用（经济）植物种类多，分布广，储量丰富。其中，蕴藏量大、经济及药用价值高的品种有甘草、麻黄草、肉苁蓉、冬虫夏草、发菜、雪莲、阿魏、紫草、防风、柴胡、芍药等。这些植物资源具有较高的经济价值，成为农牧民采挖的对象，且往往是根部采挖，长期的采挖影响了种群的自我更新繁育能力，导致这些草种资源面临濒危状态。例如，蒙古黄芪、甘草等野生资源近年来迅速减少。

1.2.3.3 野生牧草种质资源家底不清

自 20 世纪 80 年代完成全国草原普查以来，40 余年内尚未开展过草原资源普查，多年来，缺少有效的草原生物多样性监测体系，对牧草遗传资源的动态变化状况不能有效监测，牧草种质资源尤其是草原野生牧草资源的本底情况不清，主要栽培牧草的野生类型及其野生近缘植物种类、地理分布、生态环境、濒危状况等状况不明确。

1.2.3.4 地方草种资源产业化程度薄弱

近 30 年来，尽管我国已审定登记了近 600 个国家草品种、160 多个省级草品种，但草种产能低、创新能力低、单产效益低，从而导致优质草种自给能力不足、严重依赖进口。进口牧草草种的大量引种和推广，导致国产地方品种资源的日益萎缩，一些宝贵的地方品种资源已不复存在。

1.2.4 我国牧草种质资源的保护

牧草种质资源保护的方式主要包括异地保护与原生生境保护两种方式。

1.2.4.1 异地保护

异地保护是将牧草种质资源保存在原产地以外的设施中，这一方式是通过建立种质资源库、资源圃等方式来实现。目前，我国已建成 1 个中心库和 2 个备份库，保存草种质资源超过 5 万份。

1.2.4.2 原生生境保护

原生生境保护是指在物种原生长地就地进行繁育保存种质，主要以设立草原自然保护区的形式保护草原生物多样性。草原保护区的建设对保护我国草原生物多样性保护及其自然资源和改善生态环境发挥了重要作用。

在法律层面也加强了对牧草种质资源保护的法律规范。《中华人民共和国草原法》明确了草原珍稀濒危野生植物和种质资源的保护、管理,《中华人民共和国种子法》《中华人民共和国野生植物保护条例》等法律和条例也是牧草种质资源保护与管理的法律法规依据。在《草种管理办法》中明确规定国家保护草种遗传资源,任何单位和个人不得侵占和破坏。

1.3 牧草种质资源的收集与保存

1.3.1 种质资源收集与保存的意义

牧草种质资源收集(collecting)是指考察人员在野外或田间对某一牧草野生种或栽培品种、群体或野生居群进行调查和取样的过程。在牧草种质资源收集中,在特定环境要对某一牧草野生种或品种选取代表植株果实、种子等生殖器官进行收集,是牧草种质资源研究最为基础的一项工作。牧草种质资源收集的对象主要包括牧草标本、分析样品、繁殖器官(大多数为种子或果实)等。

保存种质资源的目的是维持样本的一定数量与保持各样本的生活力及原有的遗传变异性。种质资源保护目标必须是在每一个物种内保持足够的多样性以保证其遗传潜力在将来完全可用,其意义远远超过某一物种的保护。

1.3.2 野生牧草种质资源的收集程序

牧草种质资源收集程序一般由准备工作、考察收集、初步整理和临时保存 4 部分组成。准备工作包括制订计划、组建考察队与技术培训、物资准备;考察收集包括野外实地调查,种质资源样本、标本及相关信息采集;初步整理与技术总结,包括种质资源样本、标本及数据资料整理和技术总结;临时保存包括收集的种质材料短期保存,编写考察收集名录及建立数据库。

1.3.2.1 考察收集前的准备工作

(1)确定考察地点

考察应优先放在以下 5 类地区。①特有牧草的分布中心。②最大多样性中心。③尚未进行考察的地区。④种质资源损失威胁最大的地区。⑤具有珍稀、濒危种质资源的地区。

(2)制订考察计划

考察收集必须制订详细、周密的工作计划,包括:①考察目的和任务。②考察地区和时间。③考察队人员组成。④考察地点和路线。⑤考察和采集技术方法。⑥样本(标本)的整理和保存。⑦运输和检疫。⑧考察资料建档以及物资准备、经费预算等。

(3)组建考察队与技术培训

对某一地区的综合考察收集,一般组建 10~20 人的考察队。单一牧草的考察收集,可由 2~4 人组成。考察队人员要求业务水平高、知识面广(特别是对拟考察收集的种质资源的识别能力)、身体健康。对考察人员特别是初次参加考察的人员,要进行技术培训。培训内容包括:①考察目的和任务。②拟考察地区的农业生产、自然地理和社会情况、种质资源的分布。③考察方法和注意事项,采集样本和标本的技术。④植物学分类知识等。

(4)物资准备

包括交通工具、采集样(标)本的用品,具体包括:采集箱、样本夹、吸水纸、绳或带、样方框、放大镜、相机、手持式 GPS 定位仪、卷尺、标签、秤、种子袋、镊子、文具、镰刀、指南针、望远镜、笔记本、地图、生活用品以及其他用品等。

1.3.2.2 考察收集的方法

（1）考察收集时间

考察时间应根据牧草种类而定，例如，禾本科牧草的考察，最好在接近成熟期进行（如 8～9 月）；某些豆科植物的考察，最好在 9 月底至 10 月初。

（2）样（标）本的采集

在牧草种质资源样本的采集中，取样策略、取样频率和大小、取样地点的确定是很重要的，应根据种质类型的不同和繁育方式的差异，采集适宜的种质样本。

采集方法 不同材料采取不同采集方法。如地方品种，应在随机取样的基础上，尽可能将各类型采集齐全，使其尽可能代表该品种的基因型。野生近缘植物样本和标本的采集点，根据居群（亚居群）大小、生态环境和繁殖特性而定。分布于同一地区相同生态条件下的采集点的设置，小麦野生近缘植物间隔 50 km 左右；野生大豆间隔 2～10 km。小居群种或伴生种或异交种，小麦野生近缘植物间隔 100～150 km 设一个采集点。分布于同一地区不同生境的采集点的设置，阳坡、阴坡各设一个采集点；土壤有别时各设一个采集点；植被不同时各设一个采集点；湿度差异大时分别设采集点。海拔每升高 100～300 m 设一个采集点。

采集数量 每个采集点采集样本的多少，应根据物种的居群大小、繁殖特性和遗传特点而定。总的原则：在财力允许的前提下，采集的居群、采集的个体越多越好。

现以小麦野生近缘植物、野生大豆等野生植物为例。异花授粉物种和该物种是采集点的大居群种或优势种，应在 500～1 500 m^2 范围内随机采集。小麦的野生近缘植物采集 100 个样本或从 100 个植株上收获种子（每一株取一穗），株间距 10 m 以上。自花授粉植物或该物种是采集点的小居群或伴生种，应在一定范围内随机采集。小麦的野生近缘植物在 500～1 000 m^2 内采集 20 个样本或从 20 个植株上收获种子（每株取一穗），株间距大于 10 m。野生大豆采集 30～100 株的种子，每株的取种量应根据科研需要而定，采种间距 10 m 以上；如果发现半野生型或其他特异类型时，单独采种。

考察收集数据采集表填写 牧草种质资源考察收集数据采集表的项目分为 3 部分。①共性信息，每一份样本必须填写的信息。②特定信息，指特定的种质类型填写的信息。③主要特征特性信息，每一份种质的主要特征特性，根据已掌握的或采集过程中可随即观察、测量的信息填写。

每一份种质材料均要做好以下基本内容记录：①编号。②种名：应尽量在现场定名，否则要采集其标本进行室内鉴定。③采集地：以行政地区、县（市）、乡（村、场）注明地点。④地理位置：方位或用 GPS 仪确定采集点经纬度、海拔高度。⑤草地类型。⑥植物区系。⑦环境条件：土壤类型、水分状况等。⑧采集日期。⑨其他：包括特殊性状、株型以及其他需要说明的事宜。

1.3.2.3 收集材料的整理

每完成一地的考察，均应对获得的样本和资料进行整理和工作初步总结。首先，应将样本对照现场记录，进行初步整理、归类，不漏未定名的种子，发现遗漏和疑问，及时进行复查和补充。其次，对收集的种子及时进行种子清选、称重。如果是多个单位联合考察收集，还需进行分样，分别保存。

1.3.3 种质资源的保存

收集到的种质资源,经整理归类后,必须妥善保存,使之能维持样本的一定数量,保持各样本的生活力和原有的遗传变异性,以供研究和利用。它是种质资源研究工作的重要环节。如果没有好的保存措施,收集到的种质资源就可能会丢失。例如,我国在20世纪50年代征集到的作物种质资源,到20世纪70年代只剩下大约2/3。美国也曾因缺乏保存措施而使收集到的大豆种质资源损失了95%;燕麦损失了80%;三叶草损失了98%。

种质资源保存的材料类型包括种子、植株、花粉、细胞、组织和分生组织培养物、菌株、植物营养器官等,还可建立基因文库保存DNA片段。种质资源的保存可分为原地保存和异地保存。原地保存是指在原来的生态环境中就地进行繁殖保存种质,如建立自然保护区或国家公园等途径保护野生及近缘植物种。异地保存是将牧草种子或营养体保存于该物种原产地以外的地方,如建立植物园、种质资源圃、种子库及试管苗保存等。目前,国际上种质资源保存的主要方式有种植保存、贮藏保存、离体保存和基因文库技术。

1.3.3.1 种植保存

为了保持种质资源的种子或无性繁殖器官的生活力,并不断补充其数量,种质资源材料必须每隔一定时间(如1~5年)播种一次,当种子发芽率降为50%时,必须及时繁殖,否则,种子在丧失活力前,其染色体畸变以及各类遗传变异增大,不易保持原物种的遗传特性。种植保存一般分为就地(原生境地)种植保存与迁地(非生境地)种植保存。就地种植保存是指在植物原来所处自然生态系统种植保存;迁地种植保存是指植物迁出其自然生长地,种植保存在植物园、种质资源圃中。

来自自然条件悬殊地区的种质资源,都在同一地区种植保存,不一定都能适应。因此,宜采取集中与分散保存的原则,把某些种质资源材料分别在不同生态地点种植保存。在种植保存时,每种作物或品种类型的种植条件,应尽可能与原产地相似,以减少由于生态条件的改变而引起的变异和自然选择的影响。在种植过程中应尽可能避免或减少天然杂交和人为混杂的机会,以保持原品种或类型的遗传特点和群体结构。

牧草资源圃种植保存的主要对象:一是无性繁殖的牧草种类;二是有性繁殖困难,不容易收获种子的牧草种类;三是能收获种子,但种子不耐贮藏或短寿命种子的牧草种类;四是特有、珍贵、稀有及濒危的牧草种类。目前,我国在中温带、暖温带、北亚热带、中亚热带、南亚热带、热带等建立起一批多年生牧草资源圃,总面积达 $10\ hm^2$,保存着上百种多年生牧草。

1.3.3.2 贮藏保存

对于数量众多的种质资源,如果年年都要种植保存,必然会投入很大的人力、物力及占用相当的土地面积;而且往往由于人为的差错、天然杂交、生态条件的改变等原因,可能引起保存材料的遗传变异。因而,应特别重视种质资源的贮藏保存方式。贮藏保存是指用控制贮藏条件(温度和相对湿度)的方法保持种质资源的生活力,是种质资源工作的一个重要环节。它要求在贮存若干年后重新种植时仍具有较高的发芽率,并保持原来的遗传特性,保存的时间长,种类和份数多。种子贮藏的理想条件是:①相对湿度为15%,温度为-20℃以下。②空气中氧气少,二氧化碳多。③室内黑暗,没有光照。④放贮藏器的贮藏室尽量避免辐射的损害。⑤种子含水量在4%~6%。其中最关键的是种子含水量和贮藏温度。据Roberts(1972)的研究,贮藏温度与种子寿命呈负相关,即温度高,种子呼吸作用旺盛,其寿命短。在贮藏温度为0~30℃时,每降低5℃,种子寿命约延长1倍。据估计,种子含水量在4%~14%时,含水量每下降 1%，种子寿命可延长 1 倍。

种质保存主要采用以下方法：①短期库(short-term storage)，温度 20℃，相对湿度 45%，牧草种子盛于布袋或纸袋内，可保持生活力 2~5 年。②中期库(medium-term storage)，温度 4℃，相对湿度 45%，牧草种子盛放在密封的铝盒或铝箔袋中，密封，可保持种子生活力 25 年。③长期库(long-term storage)，温度-18℃，相对湿度 30%，牧草种子放入真空、密封的小铝盒内，可保持种子生活力 75 年以上。

在低温种质库中，所有贮藏种子的贮藏条件是相同的。因此，影响种子生活力丧失快慢的因素取决于种子本身的遗传因素和贮藏前的环境条件。不同物种的种子，其贮藏寿命由种子本身的遗传因素所决定，可分为短寿命、中寿命和长寿命 3 种类型。不同品种之间，种子生活力丧失差异也非常大。从繁种到入库贮藏，种子质量可能受到几方面的影响：种子发育和收获时期的恶劣气候及其他不良环境因素；收获后的干燥、脱粒及运输等环节导致种子损伤；入库前处理，如临时存放、加温干燥或发芽检测方法不当等。

1.3.3.3 离体保存

离体保存是将单细胞、原生质体、愈伤组织、悬浮细胞、体细胞胚、试管苗等植物组织培养物储存在使其抑制生长或无生长条件下，达到保存目的的方法。该法具有省时省力，不受自然生态因素影响，便于交流运输等优点。在 20 世纪 70 年代后期和 80 年代早期，组织培养或离体培养技术已经开始在植物生理学研究、营养繁殖、病害根除和遗传操作中产生影响。离体保存技术有以下优点：①在控制环境条件下，离体技术系统可以发掘出很高的无性繁殖率。②简化了种质资源国际交流中的检疫程序。③储存空间小，转存运输轻松。④在理想的组织培养储藏系统中，遗传侵蚀的发生概率为零。⑤借助于花粉和花药培养，可以产生单倍体植株。⑥作为杂交不亲和中胚拯救和受精胚培养的一种方式。⑦与维持大面积的田间收集库相比，减少了劳动和财经花费。离体培养存在以下缺点：①离体培养需要严格控制环境条件，如培养基的构成，而培养条件常常根据不同的种、亚种的培养而调整。②需要时间和劳力高投入用于培养和保存设施的建立。③由于污染或遗失标签造成的损失。④在培养过程中存在微生物感染的风险。⑤体细胞变异所累积的风险以及设备故障所造成的意外损失。

利用离体保存种质资源，可以解决用常规的种子贮藏法所不易保存的某些资源材料，如具有高度杂合性的、不能异地保存的材料，不能产生种子的多倍体材料和无性繁殖植物等，可以大大缩小种质资源保存的空间，节省土地和劳力。另外，用这种方法保存的种质，繁殖速度快，还可避免病虫的危害等。目前，作为保存种质资源的细胞或组织培养物有愈伤组织、悬浮细胞、幼芽生长点、花粉、花药、体细胞、原生质体、幼胚、组织块等。

1.3.3.4 基因文库技术

近年来，面对大量珍贵动、植物死亡灭绝，遗传资源日趋枯竭的状况，DNA 文库技术(DNA library technology)随着分子生物学的发展逐渐成熟完善，成为抢救和长期保存种质资源的另一种有效方法。

文库是指一种全体的集合。基因文库是指某一生物全部基因的集合。这一技术是用人工的方法，从动、植物中抽取大分子质量的 DNA，用限制性内切酶把所抽取的 DNA 切成许多 DNA 片段。再通过一系列的复杂步骤，把这些 DNA 片段连接在载体上，然后通过载体把该 DNA 片段转移到繁殖速度快的大肠杆菌中去，通过大肠杆菌的无性繁殖，产生大量的、生物体中的单拷贝基因。这样当我们需要某个基因时，就可通过某种方法去"钩取"获得。因此，建立某一物种的基因文库，不仅可以长期保存该物种的遗传资源，而且可以通过反复的培养繁殖、筛

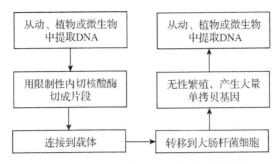

图 1-1　基因文库技术保存种质资源流程

选,来获得各种目的基因(图 1-1)。

种质资源的保存还应包括种质资源的各种资料,每一份种质资源应有一份档案。档案中记录有编号、名称、来源、研究鉴定年度和结果。档案按材料的永久编号顺序排列存放,并随时将有关该材料的试验结果及文献资料登记在档案中,档案资料存入计算机建立数据库。

1.4　牧草种质资源的鉴定与评价

鉴定与评价是牧草种质资源研究的重要手段和利用的基础。通常鉴定与评价是在田间或实验室对形态特征、生物学特性、农艺性状、生理生化指标进行观察和测定。就牧草的特征特性而言,鉴定与评价是了解和认识牧草形态、生理、生化、生物等性状,进而利用有价值的性状的方法和途径。

1.4.1　形态学性状的鉴定与评价

形态学性状是人们最早利用的遗传标记,即肉眼可见的外部形态特征。不同牧草种质植物学性状的观测和描述方法是根据不同牧草种质的形态特点、分类及利用需要,在牧草生殖生长盛期(开花结实期),选择有代表性的植株,对各器官的基本形态参照牧草种质资源形态描述标准和规范术语进行观察、描述和记载。包括对植株的根、茎、叶、花、果实和种子的形态特征进行实地观测记载,一般主要观测各器官的形状、颜色、大小、色泽和表面附属物等性状。通常侧重于鉴定生殖器官,如花、花粉、果实和种子的性状特征与变异,目的是确定种质的分类地位提供依据,同时也为种质资源类群划分、自然变异和优异种质筛选提供依据。

1.4.2　农艺性状和生物学特性鉴定与评价

1.4.2.1　农艺性状鉴定

主要对与牧草栽培生产和品种选育密切相关的性状进行鉴定和评价。一般包括生育期、生长期(青绿期)、株高、牧草产量、种子产量、再生速度、再生草产量、结实率、千粒重等。对田间测定数据采用生物数学方法统计分析,并根据分析结果进行各农艺性状单项和综合评价。

1.4.2.2　生物学特性鉴定

主要测定环境条件、物候期特性、生长发育特性等。通过对测定数据的综合分析,了解种质材料的生长发育规律、生育周期及其对温度、光照、水分、土壤等环境因子的要求和适应能力。

1.4.3 抗逆性鉴定与评价

在植物生长发育期间，常常遇到干旱、水涝、盐碱、热害、寒害、冻害、风沙等不利于生长发育的恶劣环境条件，这些对植物生长发育不利的环境条件统称为逆境。牧草种质抗逆性鉴定就是观测和比较不同牧草种质材料对干旱、盐碱、寒冷等逆境的反应程度。

1.4.4 抗病虫性鉴定与评价

1.4.4.1 抗病性是种质资源抵御病害发生的潜能

抗病性表现在植物各种性状中变异性比较大，它是多种因子相互作用的综合表现，其中生物因子包括寄主和病原物两类。植物抗病性表现受寄主抗病性基因型、病原物致病基因型及寄主植物生存环境的影响。由于异花授粉牧草种质材料之间的差异，同一种质材料不同个体的差异往往造成抗性差异，有时同一植株不同生育期和不同部位抗性也存在差异。病原方面的变异性有菌系间致病力和毒性的差异、数量、繁殖速度和分布的差异。环境方面的变异有气象因子差异、栽培条件差异和人为影响因素的差异。由此可见，在进行抗病性鉴定时要尽可能保持环境条件标准化、接种方法规范化和病原物遗传稳定性等，以消除种质材料以外的因素引起的误差。

1.4.4.2 抗虫性鉴定是牧草抗虫研究的基础

鉴定的准确性和标准性直接影响到种质材料的筛选、品种选育、遗传研究等学科的发展，目前抗虫性鉴定主要是无控制条件下的自然虫源的田间鉴定，鉴定结果的一致性难以保证，而温室条件下，害虫的危害能力有所下降，因此，鉴定结果的准确性也很难得到保证。所以，对牧草的抗虫性应采取控制条件下的标准化精准鉴定，以提高鉴定的一致性和准确性。

1.4.5 牧草品质鉴定与评价

牧草营养品质的优劣影响着家畜的生长发育和畜产品的品质。牧草品质评价包括适口性、营养物质含量、消化率及有害成分含量等。牧草的适口性影响家畜的采食和对牧草的利用率，牧草消化率的高低影响家畜对营养物质的吸收。牧草的营养物质有粗蛋白质、粗纤维、粗脂肪、粗灰分和无氮浸出物。其中，粗蛋白质和粗纤维含量是两项重要指标。提高粗蛋白质含量、降低粗纤维含量是提高牧草营养价值、改善牧草品质的重要内容。

1.4.6 分子标记辅助种质评价

分子标记辅助种质评价(MAGE)目标在于通过分子标记辅助确定种质资源的遗传结构和鉴定、管理与重要经济性状有关的等位基因的种质，以弥补种质资源表型评价的不足。分子标记可以进行基于基因、基因型和基因组水平上的种质鉴定，与经典的表型鉴定相比，分子标记鉴定可以提供更确切的信息。分子标记可以解决种质资源评价中的一致性、重复、遗传多样性、污染和再生植株的完整性等问题。另外，分子标记也是无性繁殖物种的重要基因位点识别的重要工具。分子标记揭示出的很多特点，如独特的基因、基因频率及杂合性等，反映出种质资源在分子水平上的遗传结构。在更深层次上，分子标记信息能指导种质样本中有利基因的鉴定，辅助指导将这些基因转移到新的当家品种中。

目前，分子标记辅助种质评价主要用于以下 4 个方面研究：①研究种质资源考察时取样量的大小、取样点的选择。②保护种质资源遗传完整性的最小繁殖种群体和最小保种量的确定。③核心种质筛选。④种质资源（含亲本材料）的分类。徐云碧指出分子标记可用于以下方面：①分析栽培品种的分化，构建杂种优势群。②鉴定现在种质中存在的冗余种质、隐含基因及遗传缺失类型。③监测种质储藏、繁殖更新、驯化及育种过程中发生的遗传漂变。④筛选种质资源中的新基因或优异基因。⑤构建代表性的次级种质或核心种质样本。

1.5 牧草的引种与驯化

1.5.1 牧草引种与驯化的概念

引种（plant introduction）是指把本地区之外的优良品种、品系、类型或种质资源引入本地，经过试验选择后，作为推广品种或作为育种原始材料而进一步利用的过程。而将野生植物变成栽培植物的过程，称作驯化（plant domestication）。

引种是牧草育种工作的组成部分，具有简单易行、成本低、收效快的特点，是牧草育种工作中一项不可缺少的手段。目前，在我国缺乏适应不同地区、不同利用目的的牧草种和品种，在牧草育种工作又比较薄弱的情况下，引种工作自然成为解决牧草种和品种不足的有效措施。

牧草引种可以直接应用于草业生产，可以丰富和扩大牧草遗传资源，选育牧草新品种。全国牧草品种审定委员会在 2015 年以前审定登记的 498 个牧草品种中，有 30.7%，约 153 个为引种的引入品种。

驯化（domestication）是指外来植物通过改变遗传性状以适应新环境的过程。从广义上讲是指通过人工栽培、自然选择和人工选育使野生植物、外地或国外的植物适应本地自然环境和栽培条件，成为能满足生产需要的栽培牧草。狭义的牧草驯化一般指野生牧草种的栽培驯化。

植物引种驯化是人类有目的的生产活动。通过引种，能迅速应用外地优良品种代替本地不良品种，提高牧草及饲料作物的产量和品质；通过引入某些在当地没有的新牧草及饲料作物种类，可以丰富当地的牧草种质（或品种）资源，扩大育种的原始材料。

引种与驯化二者既有区别又有联系，是一个过程的两个不同阶段。

相同点：两者都是将一种植物从现有的分布区域人为地迁移到其他尚未分布的区域，从而成为该区域的新品种。引种所需的时间短、见效快、投入的人力物力少，因而是最为迅速而经济地丰富本地牧草资源的一种有效方法。

不同点：引种是引种地与原分布区的自然条件差异较小或引种植物本身适应范围较广，只需采用简单的栽培措施就能适应新环境并能正常生长发育；驯化是引种地与原分布区的自然条件差异较大或引种植物本身适应范围较窄，只有通过人工措施改变其遗传组成才能适应新环境，或者必须采用相应的农业措施，使其产生新的生理适应性。

1.5.2 牧草引种的程序与方法

植物引种需要理论与实践相结合，它的成功既要有正确的理论指导，又要有完善的技术措施。在进行引种工作时，要有目的、有计划地按照一定的方法和程序来开展。首先是明确引种的目的和任务，制订可行的引种方案；其次收集引种材料，进行引种试验和引种材料选择；再次对引入材料进行检疫；最后对引种表现好的品种进行繁殖或到原产地调种，以便进行大面积推广。

1.5.2.1 引种方案的制订

与其他育种工作一样，应根据当地生产发展的需要，结合当地自然、经济条件和现有种或品种存在的问题，例如，产品质量低劣、病虫危害、生育期不适应等，确定引种目标。如果为了直接利用，尤其应该注意与当地的生产条件和耕作栽培制度相适应。根据引种目标，开展调查研究。调查研究项目包括：①原分布区或原产地的地理位置、地形地势、气候、土壤、耕作制度、植被类型、植物区系等。②被引种植物的分布情况、栽培历史、主要习性与栽培特点、经济性状与利用价值。③引种地区的自然条件、各种生态因子、栽培植物资源状况与分布。

在调查研究的基础上，需要对资料进行比较分析，然后确定适宜的引种地区和适宜的引种植物种类及品种。我国在这一领域所做工作较多，有许多成功的经验可以借鉴。例如，苏加楷（1990）通过对牧草气候指标的系统分析研究，提出我国牧草引种的适宜区域，具体如下：

①澳大利亚的热带牧草，如豆科的圭亚那柱花草、大翼豆等，禾本科的大黍、非洲狼尾草、毛花雀稗等，可在广东、广西及海南等地引种。热带牧草多数不耐霜冻，有霜冻地区不能越冬或生长不良。

②新西兰、英国、丹麦、荷兰及澳大利亚南部温带地区牧草，如多年生黑麦草、白三叶、红三叶等，引种到长江流域以南的亚热带高海拔山区和云贵高原地区十分适宜。

③美国西北、中北部和加拿大西部干旱半干旱地区的牧草，如扁穗冰草、史氏偃麦草、无芒雀麦及抗寒耐旱的苜蓿品种，可引入西北、华北和东北干旱和半干旱地区栽培。

④俄罗斯、东欧抗寒牧草可引入华北、西北和东北地区栽培。

⑤一些适应性广的种类，如墨西哥玉米属短日照植物，在北京栽培表现出茎叶产量高，但种子难以成熟，可作为青贮饲料。这类草种除了可在南方引种栽培外，也可以北种南繁。例如，串叶松香草（*Silphium perfoliatum*）原产于北美地区，适应性广，作为一种有价值的多年生青贮饲料作物，在我国的东北、西北、华北、华中及华东都可引种栽培；苏丹草对光周期不敏感，适应性也很广泛，在我国南北方均可成功引种。

在上述调查分析的基础之上，制订引种规划与具体实施方案。规划应根据引种目标，提出引种试验、生产推广的规模与范围、土地、设备及各种条件、人员组织、完成年限与取得社会经济效益的预测等，并按规划要求分年度实施，每年制订出实施方案。包括引种植物的种类、数量、时间及引种地点，繁殖材料的收集、繁殖技术与试验内容、观察记载项目等做出详细计划，土地、劳力、技术措施和设备等应在方案中做好安排。

1.5.2.2 引种材料的收集

收集引种材料时，必须掌握有关引种材料的情况，详细了解每个品种的选育历史、光温反应特性、生态类型、遗传性状，以及原产地的生态环境、耕作制度、生产水平等，着重了解牧草生育期间的气候条件，然后通过比较分析本地与原产地之间生态环境的差异程度、牧草生态类型的差异程度，先从生育期方面预测哪些品种类型有适应本地区生态环境和生产要求的可能性，从而确定收集的品种类型和某个品种可引种到哪些地区。如需要或现有条件许可的情况下，可以到原产地现场考察收集，也可以向原产地征集或从有关单位转引。收集材料的过程中，通常需开具相关的证明资料或填写书面申请表。

在同一地区、同一生态类型中尽可能多地收集基因型不同的品种。因为即使来自同一地区、属于同一生态类型的不同品种，其适应性和遗传性状也是有差异的，这些差异往往会决定引种的成败。因此，引种时收集的品种或材料数应尽可能多些，但每份材料的种子数量不宜过多，以能满足初步试验为宜。

1.5.2.3 检疫工作

引种是传播病虫害和杂草的一个重要途径，国内外在这方面都有许多深刻的教训。为了避免随引种材料传入病虫害和杂草，国家已制定了较为完善的进出境种子、种苗检疫相关法规和程序，重要的步骤是要对引种材料进行检疫，特别是从国外引进的材料更应该进行严格的检疫。到原产地直接收集引种材料时，要注意就地取舍和检疫处理，使引进材料中不夹带原产地的病虫和杂草。为了确保安全，对于新引种的材料除进行严格检疫外，还需要通过特设的检疫圃隔离种植。在鉴定过程中如发现有检疫性病虫害或杂草传入，轻者药剂处理，重者要清除或焚烧。

在引种和调运种子时，还必须做好种子的发芽势、发芽率、含水量、纯度及净度等方面的种子检验工作，以确保引入健康纯净的种子供生产试种。

采集来的野生牧草种子或引种来的外地种子，在大规模应用前，先要建立原种圃，通过原种圃的鉴定评价初步筛选出符合育种目标或生产需求的材料，然后按照引种程序逐步进行试验。

引种与驯化是一把双刃剑，有有利的一面，控制不当也有有害的一面。一个物种在原产地有抑制其过剩生长的天敌，一旦盲目引种，将生物链打断，破坏了生态平衡，就会带来难以想象的灾难性后果。飞机草（*Eupatorium odoratum*）和紫茎泽兰（*E. adenophorum*）是多年生菊科植物，原产自中美洲。前者于20世纪五六十年代被引入我国雷州半岛，那时农场大量种植橡胶，需要大量的绿肥，而飞机草高度可达2 m，生长特别迅速，所以被作为一种优良新物种引进繁殖，并迅速推广；后者于20世纪70年代由东南亚传入我国西南地区，由于气候条件适宜，在当地迅速蔓延。这两种植物在其发生区内均以密集成片的单优植物群落出现，大肆排挤本地植物，侵占宜林荒山，并侵入经济林地，严重影响栽培植物生长，给林木生产造成重大损失，同时严重威胁我国生物安全。

大米草（*Spartina anglica*）是我国20世纪60~80年代分别从英国、美国等国家引进的用于保护滩涂的植物。经过40多年人工种植和自然繁殖扩散，在我国北起辽宁锦西、南到广东电白共80多个县(市)的沿海海滩上均有生长。在福建宁德，大面积、高密度的大米草破坏了近海生物栖息环境，海带、紫菜等被争夺营养，产量逐年下降。大米草的蔓延还堵塞航道，给海上渔业、运输业带来不良影响；影响海水交换能力，导致水质下降，并诱发赤潮；与沿海滩涂本地植物竞争生长空间，致使海滩上大片红树林消失；威胁本地生物多样性。因此，引种驯化一定要科学、谨慎，严把检疫关，避免引种不当造成不良后果和难以挽回的损失。

1.5.2.4 引种试验

引种的基本理论和规律只能起一般性的指导作用，所引进的各种材料的实际利用价值还需要根据在本地区种植条件下的具体表现进行评定。以当地具有代表性的优良品种为对照，进行系统的比较观察鉴定，具体内容包括生育期、产量性状、产品品质及抗性等。

试验田的土壤条件需要均匀，耕作水平适当偏高，管理措施力求一致，使引种材料得到公平客观的评价。试验的一般程序如下：

（1）小区试验

对初引进的品种，特别是从生态环境差异较大的地区和国外引进的品种必须在小面积上进行试种观察。可以根据具体情况各种几行或几个小区，初步鉴定其对本地区生态条件的适应性和在生产上的利用价值，并种植当地品种作对照。观察项目中重点要记载越冬(夏)性、生育期、抗病虫能力和丰产性等。试种观察试验最好能在引进地范围内选择几个有代表性的地点同时进行，以便对引进的品种材料在相对不同的条件下做全面的鉴定，从而综合各地点的观察结果，较为准确地评价引种品种的利用价值和推广前途。经过观察，挑选一些综合表现好的材料，选留足够的种子，进一步进行品种比较试验。

(2) 品种比较试验

将通过观察鉴定表现优良的引进品种参加试验区面积较大的、有重复的品种比较试验，进一步做更精确的比较鉴定。品种比较试验需设对照，小区面积一般为 $10\sim20\ m^2$，$3\sim4$ 次重复。经 $2\sim3$ 年品种试验后，将个别表现优异的品种参加区域试验，以测定其适应的地区和范围。引进品种进入这一阶段的试验时，与采用其他方法选育的新品种处于同等地位，以后的生产示范、繁殖、推广也相同。

(3) 栽培试验

对于通过初步试验的引进品种，还需要根据其遗传特性进行栽培试验。因为有一些外来品种在本地区一般品种所适应的栽培措施下不足以充分发挥其增产潜力，所以必须根据所掌握的品种特性联系生态环境进行分析，通过栽培试验，探索关键性的措施，做到良种结合良法，这样才便于推广，并充分发挥引进品种应有的增产潜力。

(4) 引种材料选择与提纯繁殖

引进的牧草品种，在与原产地不同的生态环境下栽培，往往会产生某些变异现象，变异的大小和多少取决于环境变化的程度和品种的稳定性。为了保持原品种种性，应该对引种材料进行选择：①去杂去劣，将杂株和不良变异的植株全部淘汰，保持品种的典型性和一致性。②混合选择，将典型优良的植株混合脱粒、繁殖、参加试验。③单株选择，选出具有突出优良性状的少数植株作为育种原始材料。

在引种过程中，也可根据育种目标的要求，在变异类型中选择优良单株进而育成新品种。

1.5.3 影响牧草引种与驯化的因素

1.5.3.1 温度

不同牧草对温度的要求不同，同种牧草在各个生育期要求的最适温度也不同。一般来说，温度升高能促进生长发育，成熟期提前；温度降低，会延长生育期。牧草生长和发育是两个密切联系而本质不同的生命现象。生长主要指体积和重量的变化，发育是组织器官的分化，是营养体向生殖体的重大转变。所以，生长和发育所需的温度条件是不同的。

温度因纬度、海拔、地形和地理位置等条件而不同。温度对引种的影响表现在有些牧草一定要经过低温过程才能满足其发育条件，否则会阻碍其发育的进行，不能抽穗或延迟成熟。

1.5.3.2 光照

光照对牧草的影响包括昼夜交替的光周期和光照强度。光照充足有利于牧草的生长，但在发育上，不同牧草对光照的反映有所不同。有的对光照长短和强弱反应比较敏感，有的比较迟钝。例如，光照强弱对喜光牧草与耐阴牧草的影响不同，而光照长短对长日照牧草、短日照牧草和中间性牧草的影响也不同。

光照的长度因纬度和季节而变化。北半球夏至光照最长，冬至最短。从春分到秋分，我国高纬度地区的北方光照时数长于低纬度地区的南方；从秋分到春分，我国高纬度地区的光照时数低于低纬度地区。高海拔地区的太阳辐射量大，光照较强；低海拔地区的太阳辐射量小，光照相对较弱。

1.5.3.3 纬度

在纬度相同或相近地区间的引种，由于地区间日照长度和气温条件相近，相互引种一般在生育期和经济性状上不会发生太大变化，所以引种易获成功。纬度不同的地区间引种时，由于在日照、气温和降水量上差异很大，引种就不易成功。因此，纬度不同的地区间引种，要了解所引品种对温度和光照的要求。

1.5.3.4 海拔

由于海拔每升高 100 m，平均气温要降低 0.6℃，因此，原高海拔地区的品种引至低海拔地区，植株比原产地高大、繁茂性增强；相反，植株比原产地矮小。同一纬度不同海拔高度地区引种要注意温度生态因子。

1.5.3.5 降水和湿度

降水对牧草生长发育的影响，包括年降水量、降水在四季的分布和空气湿度，在引种时也应予以注意。

1.5.3.6 土壤

土壤的理化性质、含盐量、酸碱度以及地下水位的高低，都会影响牧草的生长发育，其中含盐量和酸碱度常成为影响某些种类和品种分布的限制因子。因此，在引种时要注意选择与当地土壤性质相适应的生态型。

1.5.3.7 牧草的发育特性

探明牧草感温阶段和感光阶段的生长发育特性，对引种和栽培都有指导作用。如将北方的冬性小麦品种引至南方，由于气温增高，不能顺利通过感温阶段，导致熟期推迟，甚至不能抽穗，使引种失败。牧草基本为多年生，一般以收获营养器官为目的，引种时主要考虑引进品种到引种地区营养器官的表现，引种限制较农作物少。

1.5.4 野生牧草种质资源开发利用

1.5.4.1 野生牧草种质资源的主要特点

野生牧草是在一定的自然和生态环境条件下经过长期自然选择形成的，它本身具有对当地生态环境高度适应性和抗逆性。野生牧草不仅是野生动物和放牧家畜赖以生存的物质基础，而且是牧草育种丰富的基因库。野生牧草主要有以下特点：

(1) 生态幅度广、生命力顽强

由于长期的自然选择以及群落间相互的竞争与制约，使野生牧草具备了适应气候因子、土壤因子、地形因子、生物因子及人类活动的能力，环境与野生牧草间的互相选择和改造，导致野生牧草对环境的极其适应，生态幅度广，特别是抗性表现突出，如抗旱、抗寒、抗病虫。

(2) 生育期短、生物量低

野生牧草对各类制约因子有极其敏感的适应性，如短生育期植物能在短时间的适宜气候条件下生长、开花、结实，完成其生活史。由于环境恶劣，野生牧草生育期缩短，一般植株低矮、生物量低、叶量少。当野生牧草在大田栽培条件下，提供良好的水热肥条件，其生育期可以延迟，株形增大，生物量提高。

(3) 种子产量低、种用价值低

在野外恶劣的自然条件下，牧草营养生长与生殖生长均受到约束或采用其他繁殖方式，而且为了躲避不良环境，一般种子数量较少和质量较差，常常存在较高的硬实和休眠，种子活力和发芽率低。

(4) 群落一致性差

由于野生环境的不一致性，群落中牧草的植物学特征、经济性状等也有差异，因此有利于从中发现好的育种材料，进而选育出新的牧草品种。

1.5.4.2 牧草驯化的意义

野生牧草具有抗逆性强的优点，适应当地气候条件，可以用来改良退化草地、提高天然草地生产力和人工草地产量，延长人工草地利用年限以及增强耐牧性和稳定性。特别是在气候、环境条件恶劣的地方，野生牧草的驯化意义更为重要。例如，在青海省的高寒牧区，适应性强、产量比较高、抗逆性强的垂穗披碱草、多叶老芒麦、中华羊茅、冷地早熟禾、星星草等牧草均为野生牧草驯化而来，已成为该省人工草地、半人工草地的主栽草种。

我国牧草品种中许多都是野生牧草驯化而来。截至2015年12月，全国草品种审定委员会审定登记的498个牧草饲料作物品种中，有1/5的品种(105个)为野生驯化品种。例如，贵州省的荩草(*Arthraxon hispidus*)、山野豌豆(*Vicia amoena*)，云南省的葛藤(*Pueraria peduncularis*)，山西省的蓝花棘豆，青海省的'波伐'早熟禾，四川省的'宝兴'鸭茅、'广益'牛鞭草等均为野生种驯化而成，东北的羊草(*Leymus chinensis*)是从黑龙江省及呼伦贝尔草原优势建群种中采集种子栽培驯化而来。新近审定通过的牧草品种中，'锡林郭勒'缘毛雀麦(*Bromus ciliatus* 'Xilingguole')，'陇东'天蓝苜蓿(*Medicago lupulina* 'Longdong')分别是由来自内蒙古锡林郭勒盟和甘肃省灵台县的野生种经多年栽培驯化选育而成。

1.5.4.3 牧草驯化和开发利用的主要目标

(1) 提高发芽率

发芽率低及发芽的不整齐性通常是野生牧草的不良特性。例如，野生朝鲜碱茅，在田间pH 9.4以上，表土盐碱含量2.0%~2.5%条件下均正常生长发育，是改良盐碱地重要的禾本科牧草。但野生朝鲜碱茅种子发芽时间长，要求高于10℃的温差和充足的水分，在生产中不易满足，影响到推广应用。吉林省农业科学院以改良牧草发芽习性为目标，对野生材料进行鉴定筛选，经过多年努力育成'吉农'朝鲜碱茅新品种，在保持原野生种耐盐碱等优良性状的基础上，改变了原野生种需变温发芽及发芽期长的不良特性，提高了发芽率。

(2) 提高产量与品质

在盐碱化、沙化、干旱、寒冷等自然条件较为恶劣的地区，对野生牧草进行栽培、驯化是改善生态环境，发展人工草地的重要途径。例如，我国沙漠、沙地面积较大，而适用于沙地环境种植的饲用植物却很少。塔落岩黄芪和细枝岩黄芪是防风固沙的先锋植物，但其野生种群生产力较低。中国农业科学院草原研究所以提高生物量为育种目标，从毛乌素沙漠野生塔落岩黄芪及细枝岩黄芪灌丛中选择植株高大繁茂的单株为原始材料，育成了'中草1号'塔落岩黄芪与'中草2号'细枝岩黄芪新品种，不仅保持了原有野生群体优良的抗逆性和顽强的生命力，而且生物产量较原野生群体提高了20%。

(3) 其他目标

此外，还有提高种子产量、改善牧草营养含量、去除某些营养障碍因子等育种目标。

1.6 种质资源的创新

1.6.1 种质创新概念

种质创新是通过各种育种途径，把某些有用基因从供体材料转入目标材料或改变基因型的研究过程。创造的新种质一般遗传背景有较大的改进，可用作培育新品种的亲本。种质创新的概念有狭义和广义之分，狭义的种质创新(germplasm enhancement)是指对种质做较大难度的改造，如通过远缘杂交进行基因导入，利用基因突变形成具有特殊基因源的材料，综合不同类型的多个优良性状而进行聚合杂交。而广义的种质创新除了上述含义外还应包括种质拓展(germplasm development)，指使种质具有较多的优良性状，如将高产与优质结合起来；以及种质改进(germplasm improvement)泛指改进种质的某一性状。种质资源研究中所进行的种质创新，一般指的是狭义的种质创新。

种质创新根据设计目标的不同可以分为两大类：①以遗传学工具材料为主要目标的种质创新，如非整倍体材料、近等基因系的创建等。②以育种亲本材料为主要目标的种质创新。这两大类都是十分重要的种质创新的内容，国内学者比较重视的是后者，国外学者则重视前者。

1.6.2 种质创新的意义

种质创新不是新品种选育，它以创造新的种质为终极目标。从种质资源研究的范畴讲，种质创新不仅使种质资源不断得到丰富，也使种质资源的价值得以提高和发展。育种工作者在选育新品种的同时，也在进行着种质的创新，其种质创新的目的在于根据生产和育种的要求，创造出农艺性状优良、适应性强、配合力高、遗传基础广泛的符合生产或育种目标要求的优异新种质，为育种的突破性进展提供亲本材料。从资源研究的角度看，种质的创新更要加以提倡和促进。育种过程中保留下来的适于作亲本利用的中间材料也要妥善保存。为发挥创新种质的作用，有关种质创新的信息要尽快发布，以更好地促进利用。创新材料只有在品种选育中充分利用，选育出生产需要的品种，并在生产中创造价值，创新的意义才得以充分体现。

从利用的意义讲，任何一份种质都可能有其潜在利用价值，尤其是育种工作需要那些表现优良的品种作亲本。大量的牧草品种经过观察和鉴定，发现了许多较理想的材料，除生产直接利用外，在育种中得到广泛利用。因此，种质创新是种质资源研究不可缺少的内容，尤其在我国资源的收集、保存和评价取得重大进展的情况下，更应将种质创新列为种质资源研究的重点。积极开展牧草种质资源创新与利用研究，对丰富我国牧草种质资源及遗传多样性、培育牧草新品种、促进草产业可持续发展将起着积极的作用。

经过近几十年的努力，我国牧草种质资源创新研究已取得了巨大的成绩，但与国外畜牧业发达国家比较，仍存在一定的差距。欧美等畜牧业发达国家牧草种质创新研究表现为研究重点明确突出、研究材料相对集中、技术手段多样先进。欧洲、北美洲、大洋洲一些国家在结合本国气候及资源特点的基础上广为开展集约化发展，在运用远缘杂交、杂种优势利用方法等基础上，充分发挥基因连锁群、遗传作图、分子标记和数量性状基因位点等现代生物技术，将各种技术相互渗透，形成综合的多元化创新发展模式，取得了突出的成绩。这正是我国应该学习借鉴的牧草种质创新之路。

综合我国牧草种质资源创新研究进展发现，作为常规与新技术的结合纽带，生物技术应用将是现今及未来一段时间种质创新取得突破的主要切入点，在相关基因分子标记、优良基因发掘应用、基因组成、应用分子技术抗性改良及生物器功能研究开发等领域将成为种质创新及牧草生物技术研发的热点领域，具有广阔的发展前景。此外，诸如太空辐射育种，在借助航空搭载的基础上获得变异种质，针对其特性研究及改良也是牧草种质创新的发展方向。在牧草种质创新方面，常规方法仍是种质创新的主要技术手段，起到主导作用，但针对不同草种相应合理化方法及技术将是未来该领域主要研发内容。总之，随着牧草种质创新进入分子育种时代，通过借鉴国外以及我国农作物的研究成果及草业工作者的不断努力，可望在不远的将来，缩短与国外发达国家的差距，从而更好地服务于国家现代化建设及畜牧业、草业发展。

1.6.3 种质资源创新方法

种质创新的方法是多种多样的，概括起来主要有以下四类：①充分利用自然的基因突变进行培育、改造。②通过种内杂交、远缘杂交、组织培养、无性系变异、人工诱变等手段，创造新的变异类型，是目前种质创新的主要手段和方法，几乎所有人工创造的新类型均来源于此。③利用基因工程手段进行种质创新是 20 世纪 80 年代以来发展起来的新技术，它不仅可以在不同科属间，而且可以打破动植物的界限而进行基因转移，极大地丰富了变异类型，增大了遗传多样性。④通过新型转基因，全基因组选择，基因编辑和合成生物学等前沿生物技术交叉融合形成的有效支撑牧草精准改良的育种系统，即分子设计育种。

目前，我国在牧草种质资源创新研究中采用最多的方法是杂交、诱变和转基因技术。

思考题

1. 名词解释：种质资源　引种　驯化　种质创新
2. 简述野生牧草种质资源的收集程序。
3. 牧草种质资源的保存方法有哪些？各具有什么特点？保存时要注意哪些问题？
4. 牧草种草种质资源应从哪些方面进行鉴定评价？
5. 野生牧草种质资源有哪些特点？

第2章
牧草的繁殖方式与育种

牧草在长期的进化过程中，由于自然选择和人工选择的作用，形成了不同的繁殖方式以繁殖后代。不同繁殖方式的牧草具有不同的遗传特点和不同的育种方法。了解牧草的繁殖方式和相应的遗传特点，有助于育种者选取适当的育种途径和正确的良种繁育方法。

2.1 牧草的繁殖方式与交配系统

高等植物的繁殖方式一般分为两类：第一类是有性繁殖(sexual reproduction)。凡由雌雄配子结合，经过受精过程而繁殖后代的方式，统称为有性繁殖。根据参与受精雌雄配子的来源不同，又分为自花授粉、异花授粉和常异花授粉3种授粉方式。不同授粉方式的牧草花器构造、开花习性、传粉方式及遗传特点有很大的差异。此外，有性繁殖还包括两种特殊的繁殖方式，即自交不亲和性和雄性不育性。第二类是无性繁殖(asexual reproduction)。凡不经过两性细胞受精过程而繁殖后代的方式统称无性繁殖。无性繁殖又分为营养体无性繁殖和无融合生殖无性繁殖。

2.1.1 有性繁殖与交配系统

2.1.1.1 花器构造和开花习性对授粉的影响

花器的形态构造、雌花和雄花在植株上的位置、开花习性等都会影响授粉的方式。

(1) 花器构造

花着生在花序上，植物花序可分为无限花序和有限花序两类。无限花序的特点是在开花期间其花序轴可以继续生长，不断产生新的苞片与花芽，开花的顺序是花序轴基部的花或边缘的花先开，顶部的花或中间的花后开，如小麦、大麦、水稻等的花序。有限花序也称聚伞花序，不同于无限花序的是其花序轴顶端的花先开放，花序轴顶端不再向上产生新的花芽，而是有顶花下部分化形成新的花芽，因而有限花序的开花顺序是从上向下或从内向外，如唐菖蒲、泽漆、益母草等的花序。

植物的完全花由花柄、花萼、花瓣、雄蕊和雌蕊五部分组成。并不是所有的花都是完全花，有些花可能缺乏一个或几个器官，这种花即为不完全花。约90%的被子植物具有完全花，其余的一半是雌雄同株异花，另一半是雌雄异株(单子叶植物为4%~5%，双子叶植物为7%~8%)。单性花只有雄蕊或雌蕊。

(2) 开花习性

有些植物(如大麦、豌豆和花生下部)的花，在花冠未开放时就已经散粉受精，称为闭花授粉(cleistogamy)，是典型的自花授粉。有些植物(如棉花)一般是在花冠张开后才散粉，因而增加了异花授粉的机会,属于常异花授粉。有些植物虽然具有完全花,但雌、雄蕊成熟时期不一致,有的雌蕊先熟(如油菜),有的雄蕊先熟(如向日葵)等。一般雌、雄同期成熟有利于自花授粉,雌、雄成熟期不一致则有利于异花授粉。此外,开花时间长或开张角度大有利于异花授粉。

2.1.1.2 有性繁殖牧草主要的授粉方式

(1) 自花授粉

同一朵花的花粉传播到同一朵花的雌蕊柱头上,或同株的花粉传播到同株的雌蕊柱头上的授粉方式称为自花授粉(self pollination)。通过自花授粉方式繁殖后代的植物称为自花授粉植物,如禾本科的弯叶画眉草、加拿大披碱草、蓝披碱草、毛花雀稗等,豆科的金花菜、草莓三叶草、波斯三叶草、地三叶、天蓝苜蓿等都属于自花授粉植物。自花授粉牧草都是两性花,雌雄同花、同熟;花器保护严密,外来花粉不易进入;其花瓣多无鲜艳色彩,也少有特殊香味,多在清晨或夜间开放,不易引诱昆虫传粉;雌雄蕊长度接近或雄蕊较长、雌蕊较短,花药开裂部位紧靠柱头,有利于自花授粉;花粉不多,不利于风媒传粉;开花时间较短,有的在开花前已经散粉受精(闭花授粉)。自花授粉牧草在花器构造和开花习性上的特点,决定了其自交率都很高,自然异交率一般不超过4%。

(2) 异花授粉

雌蕊柱头接受异株或异花花粉授粉的称为异花授粉(cross pollination)。通过异花授粉方式繁殖后代的植物称为异花授粉植物。它们主要借助风、昆虫、水、鸟、蚂蚁等作为传粉媒介,其自然异交率高于50%,甚至高达95%或100%。属于此类的禾本科植物有玉米、冰草、鸭茅、无芒雀麦、多花黑麦草、多年生黑麦草、高羊茅、羊草、小糠草、猫尾草、狗牙根、高燕麦草、鹅草、偃麦草等。属于此类的豆科植物有紫花苜蓿、黄花苜蓿、红豆草、红三叶、白三叶、杂三叶、白花草木樨、黄花草木樨、百脉根等。

异花授粉植物可分为3种情况:①雌雄异株,即雄花和雌花分别生长在不同的植株上,其自然异交率为100%,为完全的异花授粉植物。②雌雄同株异花。如玉米、蓖麻、西瓜、西葫芦、黄瓜、南瓜等。玉米的雄花序着生于植株顶端,雌花序着生于中部的叶腋中;蓖麻的雌雄花着生于同一花序上,但分别着生于不同部位,雄花在下,雌花在上。③雌雄同花,但雌雄异熟或花柱异型(如荞麦);或自交不亲和(如黑麦等)。

(3) 常异花授粉

同时依靠自花授粉和异花授粉两种授粉方式繁殖后代的称为常异花授粉(often cross pollination)。常异花授粉是自花授粉和异花授粉的中间类型,通常仍然以自花授粉为主要繁殖方式,其自然异交率为4%~50%,且变幅较大。常见的常异花授粉牧草有高粱、苏丹草、蚕豆、细齿草木樨、鹰嘴豆等,常异花授粉牧草花器结构和开花习性的基本特点:雌雄同花;雌雄蕊不等长或不同期成熟;雌蕊外露,易接受外来花粉;花瓣有鲜艳色彩,有蜜腺,极易引诱昆虫传粉;开花时间长等,因而增加了异花授粉的机会。

2.1.1.3 两种特殊的有性繁殖

(1) 自交不亲和性

来自同一个体的雌雄配子的结合或具有相同基因型个体间的交配,或者来自同一无性繁殖系的个体间的交配,称为自交。雌雄同花植物的自花授粉或雌雄异花的同株授粉均为自交。自交不亲和性(self-incompatibility)是指具有完全花并可形成正常雌、雄配子,但缺乏自花授粉结实能力的一种自交不育性。具有自交不亲和性的植物有甘薯、黑麦、白菜型油菜、向日葵、甜菜、白菜、甘蓝等。这类植物通常表现出雌蕊排斥自花授粉的行为，如同一朵花内的花粉在雌蕊柱头上不能发芽，有的花粉管不能穿透柱头表面，或在花柱内生长缓慢，或不能到达子房，不能进入珠心，或进入胚囊后不能与卵细胞结合完成受精过程。自交不亲和性是一种受遗传控制的特性，该特性有利于提高植物的自然异交率。在杂种优势利用中，可以利用自交不亲和性植株作为母本，通过异花授粉产生大量的 F_1 杂交种子，可降低制种成本，提高制种效率。因此，自交不亲和性是一种有实际应用价值的有性繁殖方式。

（2）雄性不育性

植株的雌蕊正常而花粉败育，不能产生有功能的雄配子的特性称为雄性不育性（male sterility）。雄性不育性广泛存在于水稻、玉米、高粱、油菜、大麦、小麦、棉花、向日葵、紫花苜蓿等植物中，有的已用于配置杂交种。植物受遗传控制的雄性不育性有两类，即细胞核雄性不育性（genic male sterility，GMS）和细胞质雄性不育性（cytoplasmic male sterility，CMS）。细胞核雄性不育性是受核基因控制的雄性不育性，细胞质雄性不育性是由于细胞质不育基因与细胞核中相对应的不育基因互作而产生的雄性不育性。这两种雄性不育性在育种实践中均得到了广泛的利用，已经成为提高植物生产潜力的重要途径之一。

2.1.2 无性繁殖

无性繁殖指不涉及生殖细胞，不需要经过受精过程，直接由母体的一部分形成新个体的繁殖方式。无性繁殖的特点是产生后代的只有一个亲体。无性繁殖不经过胚胎发育，也不发生遗传信息的重组。无性繁殖在生物界中较普遍，植物的无性繁殖主要有营养体繁殖和无融合生殖等形式。

2.1.2.1 营养体无性繁殖

利用植物营养器官的再生能力，使其长成新的植物体，称为营养体繁殖（vegetative propagation）。例如，可利用植物块茎、块根、接穗、根茎、匍匐茎、枝条、分蘖、根蘖、鳞茎、球根等进行繁殖。主要利用营养体繁殖后代的植物称为无性繁殖植物，如马铃薯、甘薯、木薯、王草、聚合草等。它们进行有性繁殖时，也有自花授粉和异花授粉的区别，如马铃薯为典型的自花授粉植物，甘薯为典型的异花授粉植物。

大多数多年生牧草既能有性繁殖也能无性繁殖，如紫花苜蓿、狗牙根、结缕草、东非狼尾草、狗尾草等，可以利用其茎段、分枝等进行无性繁殖。因此，在育种中和生产上两种繁殖方式可以结合运用。由营养体繁殖的后代称为无性系（clone），它来自母本的营养体，其性状与母体一致，不发生或极少发生性状分离现象。因此，一些不易进行有性繁殖而又需要保持品种优良性状（如杂种优势）的牧草，可利用无性系保持种性。

2.1.2.2 无融合生殖

植物未经过雌雄配子结合的正常受精过程而直接形成种子繁衍后代的方式称为无融合生殖（apomixes）。无融合生殖后代只具有母本或父本一方的遗传物质，表现母本或父本一方的性状。因为无须精卵细胞结合，因此无融合生殖形式上是有性生殖，实际上是一种无性繁殖。

这类繁殖方式在植物界较普遍，广泛地存在于禾本科植物中。在有些属中所有种均具有无融合生殖特性，如尾稃草属（*Urochloa*）。早熟禾属是最早发现无融合生殖的属，其中草地早熟禾最为典型。具有无融合生殖特性的牧草还有拂子茅属、冰草属、披碱草属、大麦属、画眉草属、虎尾草属、臂形草属、黍属、雀稗属、狼尾草属等。无融合生殖有以下几种类型：

(1) 无孢子生殖

大孢子母细胞或幼胚败育，由胚珠体细胞进行有丝分裂直接形成二倍体胚囊，最后形成种子，称为无孢子生殖（apospory）。

(2) 二倍体孢子生殖

大孢子母细胞不经减数分裂而进行有丝分裂，直接产生二倍体胚囊，最后形成种子，称为二倍体孢子生殖（diplospory）。

(3) 不定胚生殖

由胚珠或子房壁的二倍体细胞经过有丝分裂形成胚，同时由正常胚囊中的极核发育成胚乳而形成种子，称为不定胚生殖（adventitious embryony）。这种现象在柑橘类中往往是与配子融合同时发生的。柑橘类中常出现多胚现象，其中一个胚是正常受精发育而成的，其余的胚则是珠心组织的二倍体的体细胞进入胚囊发育的不定胚。

(4) 孤雌生殖

胚囊中卵细胞未和精核结合，直接形成单倍体的胚，称为孤雌生殖（parthenogenesis）。这种卵细胞本身虽没有受精而发育成单倍体的胚，但是它的极核细胞却必须经过受精才能发育成胚乳。

(5) 孤雄生殖

进入胚囊中的精核未与卵细胞融合，直接形成单倍体的胚，称为孤雄生殖（male parthenogenesis）。近年来，通过花药或花粉的离体培养，诱导产生单倍体植株，就是植物孤雄生殖在育种上的利用。这种单倍体胚的种子后代高度不育，需经过染色体加倍形成纯合的二倍体才能恢复育性。

上述各类无融合生殖所获得的后代，无论来自母体的性细胞或体细胞，或来自父本的性细胞，其共同的特点是都没有经过受精过程，即都未经过雌、雄配子的融合过程而直接形成胚，最后形成种子，其后代只具有母本或父本一方的遗传物质，表现母本或父本一方的遗传性状，所以归为无性繁殖的范畴。在植物育种工作中，如何利用无融合生殖特点，利用单倍体诱导技术培育新品种，或固定杂种优势的遗传组成，已经成为一项重要的育种途径。

2.2 牧草的遗传与育种

不同繁殖方式的牧草，性状表达都会受到遗传因子和环境因子的。育种改良针对牧草形态特征和生理特性等方面对牧草性状进行遗传改良，其育种方法和一般程序因其繁殖方式的差异而不同。

2.2.1 自花授粉植物

自交是近亲繁殖中最极端的一种形式，自花授粉植物具有以下遗传行为特点。

(1) 绝大多数个体的基因型是纯合的，基因型和表现型基本一致

由于长期自花授粉，加上定向选择，自花授粉植物品种群体内，绝大多数个体的基因型是纯合的，而且个体间的基因型是同质的，其表现型也是整齐一致的。通过单株选择或连续自交产生的后代，在表现型和基因型上表现都相对一致，一般称为纯系。即使个别植株或个别花朵偶然发生天然杂交，也会因连续几代的自花授粉，而使其后代的遗传组成很快趋于纯合。如果

某性状是由 n 对独立遗传的基因控制,自交 r 代时,可以按 $(1-1/2^r)^n$ 的公式计算群体内纯合型个体的频率。以一对杂合基因型 Aa 的个体为例,在没有选择的前提下,经过连续自交,杂合体 Aa 会随着自交代数的增加而纯化,如自交 4 次后,纯合基因型就占总数的 93.75%,自交 6 次后,纯合基因型已占总数的 98% 以上。由于基因型逐代纯合,所以自交对品种保纯十分重要。自交 3 代达到的纯合程度全同胞交配需要 10 代才能完成(图 2-1)。

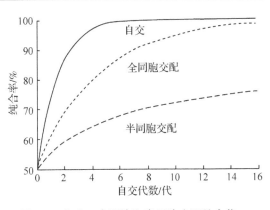

图 2-1 自交、全同胞和半同胞交配纯合化程度的比较

(2) 自花授粉植物具有自交不退化或退化缓慢的特点

达尔文关于"杂交一般是有利的,自交时常是有害的"论点,是自然界动植物繁殖过程中普遍存在的规律。但自交有害是相对的,在一定条件下自交可转化为有利的繁殖方式。植物的自花授粉方式是在长期的自然选择作用下,为了适应自然生态环境,产生和保存下来的对于种的生存和繁衍有利的特性。

(3) 在遗传行为上表现出相对稳定性,种性易于得到保持

在自花授粉植物群体中通过人工选择产生的纯系的一致性,在以后各个世代中,不通过人工自交都能较稳定地保持下去。因此,在一定时间内和一定条件下,它们在遗传行为上表现出相对稳定性,这是自花授粉植物优良品种得以较长期保存下去的重要原因,也是这类植物遗传行为上的一个显著特点。选择育种法是自花授粉植物常用的育种方法之一。

然而,自花授粉植物的纯合也是相对的,它们也有一定的自然异交率,通过自然异交可产生基因重组或由于环境条件的改变而发生基因突变,以及在长期进化过程中由微小变异发展而来的显著变异,都是自花授粉植物在自然条件下产生变异的主要原因。通过人工选择再度分离纯系,这些产生的变异又趋于纯化。对自花授粉植物,除利用自然变异进行选择育种外,人工创造变异选择育种和利用杂种优势进行杂交育种是目前最有效的方法。这类植物虽然自然异交率低,但在良种繁育时,也应注意适当套袋隔离,以防自然异交和机械混杂。

2.2.2 异花授粉植物

异花授粉作物改良的总目标是改良群体的基因频率以固定有利基因而保持高度杂合。异花授粉植物具有以下遗传行为特点。

(1) 具有基因型杂合和个体间基因型与表现型不一致的特点

在长期自由授粉的条件下,异花授粉植物的群体是来源不同、遗传性不同的两性细胞结合而产生的杂合子所繁衍的后代。由于双亲的来源不同,遗传组成也不同,群体内各个体的基因型是杂合的,各个体间基因型是异质的,没有基因型完全相同的个体。因此,它们的表现型多种多样,没有完全相似的个体,单个个体的后代分离大,选择效果差。评价群体的好坏,主要是看其优良基因和优良基因型频率的高低。

(2) 异花授粉植物自交会导致生活力显著衰退,而杂交可产生杂种优势

苜蓿、红三叶等异花授粉植物不耐自交,苜蓿自交产生的纯合植株生活力弱。自交效应在头 5~8 代十分显著,但 8 代以后多可忽略。同源多倍体自交衰退往往比二倍体更严重,达到

纯合的过程也慢很多。但洋葱、向日葵、瓜类、黑麦、玉米植物自交衰退不严重。为避免或减轻自交对生活力下降的影响，对异花授粉植物群体进行改良时，多采用多次混合选择法。利用混合选择法改良异花授粉植物群体，一般是在对各个分离世代不控制授粉条件下，根据母本植株的表现型选择穗型、株型、抗病性等方面相似的优良个体混收混脱，下年种成一个小区并种植原始群体进行鉴定比较。由于不知道入选单株的父本来源，父本花粉有优有劣，加之中选优株本身是异质结合子，其后代总是表现出多样性变异，并不断有劣株分离出来。然而，当群体经过几轮混合选择后，劣株比例不断下降，优株比例不断上升，群体的综合经济性状将逐步改良提高。同时，经多次混合选择的异花授粉植物群体仍可保持一定的异质性，将避免或减轻像单株选择那样因近亲繁殖而引起的生活力衰退现象。除此之外，还可利用穗行法、顶交后裔鉴定法、全同胞选择、相互轮回选择等后裔鉴定选择法来进行群体改良。

（3）异花授粉植物自交使性状趋于稳定

对于自交能够正常结实的异花授粉植物，也可以通过若干世代的自交和单株选择，待得到纯合稳定的自交系后再选择遗传基础不同的优良自交系进行杂交，以筛选获得具有强优势的杂交种，这是异花授粉植物的一个重要育种途径。玉米自交系间杂交种的选育和推广利用，就是把自交、选择和杂交3个环节有机结合并应用于生产实践最具体的例证。在良种繁育中，要严格隔离和控制授粉，注意防止基因漂变，以防杂保纯。

2.2.3 常异花授粉植物

常异花授粉植物以自花授粉为主，故其主要性状多处于同质纯合状态。另外，常异花授粉植物在人工控制条件下进行连续自交，与异花授粉植物相比，后代一般不会出现显著的退化现象。对高粱、棉花、粟等作物进行连续自交试验，后代虽有一定的生活力衰退现象，但不太明显。常异花授粉植物的育种方法基本上与自花授粉植物相同，采用选择育种和杂交育种都是有效的。但由于有一定的自然异交率，群体中的异质程度依自然异交率高低而异，因此，它们的表现型既反映本品种基本群体的一致性，又包含不同比例的、性状变异分离的个体。由于品种群体中存在部分杂合基因型，为选择育种提供了极为有利的条件，但必须进行多次单株选择，才能选出性状稳定一致的纯系。在良种繁育中应注意防止生物学混杂，以保持品种纯度。

2.2.4 无性繁殖植物

扦插和分株繁殖是基本的无性繁殖办法，也是最早发明的、最简便的方法。

（1）无性繁殖植物的类型

无性繁殖植物可以根据开花行为进行不同类型的划分。

①正常开花结实的无性繁殖植物，具有有性繁殖和无性繁殖两者的优点。

②开花正常但结实不正常的无性繁殖植物，不能用种子繁殖，但可通过杂交转移基因。

③不开花的无性繁殖植物，不开花或花不育，不能通过杂交，但可通过其他途径改良（如突变）。

④通过无融合生殖产生种子的无性繁殖植物。

（2）无性繁殖植物遗传特点

①无性系是有丝分裂的产物，一个单株无性繁殖的所有后代植株遗传相同，它们间的变异是环境造成的。

②许多无性繁殖植物高度杂合、杂种优势强，自交易衰退。杂交没有问题的无性繁殖植物，杂种优势可通过无性繁殖加以固定。

③许多无性繁殖植物是种间杂种，或具有较高倍性。

④无性系自然变异的来源是体细胞芽变或人工诱发突变，形成嵌合体(由两种或多种类型细胞组成)，嵌合体只能通过营养繁殖加以保留。

(3) 无性繁殖的育种意义

①营养繁殖植物的理想基因型可通过营养繁殖快速固定下来。

②如果收获的是营养器官，不需要杂种具有育性。

③只需要理想植株就可通过营养器官切条或微繁殖扩繁。

④能永久保持杂合性，固定杂种优势。

⑤有性生殖障碍阻碍了杂交改良方法的应用(如香蕉、杧果、柑橘)。

⑥营养繁殖作物是多年生异交植物，不耐自交，基因型高度杂合。

⑦有性繁殖作物品种育成后基因型才确定，营养繁殖植物一个家系的基因型在一开始就固定下来了。

⑧用适当的育种方法和适当大小的群体充分利用一般配合力和特殊配合力。

2.3 牧草品种的类型及育种特点

根据品种群体内遗传的同质和异质、个体遗传的纯合性和杂合性，可把品种分为同质纯合、同质杂合、异质纯合和异质杂合四大类(图2-2)。同质纯合品种也称纯系品种，同质杂合品种包括杂种品种和无性系品种，自花授粉植物的地方品种和多系品种是异质纯合品种，异花授粉植物的群体品种是异质杂合品种。图2-2b中，越处于金字塔底部的品种类型携带有害基因越多，非加性遗传变异越大。纯系品种的特点是携带的有害基因减少，加性遗传变异提高。

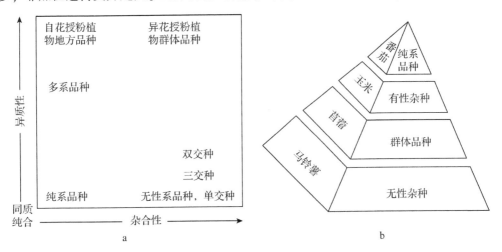

图 2-2 各类植物品种的遗传结构 (Schnell and Becker, 1986; Fasoula, 2002)

2.3.1 纯系品种

纯系品种是指生产上利用遗传基础相同、基因型纯合的植株群体(包括有性繁殖植物)从杂交育种、突变育种中经系谱法育成的品种。规定纯系品种的理论亲本系数不低于0.87，即具有亲本纯合基因型的后代植株数达到或超过87%。因此，现在生产上种植的大多数小麦、大麦、水稻、大豆、花生以及许多蔬菜等自花授粉植物的品种都是纯系品种。部分常异花授粉植物（如棉花等）品种也属于这种类型。

育种特点：无论是自花授粉植物的纯系品种还是常异花授粉植物的纯系品种，都是由一群同质的和基因型纯合的植株组成。严格地讲，它们是一株优良的纯合基因型的后代。基因型的高度纯合和表现型优良且整齐一致是对纯系品种的基本要求。为了达到上述要求，选育时必须采用自花授粉和单株选择相结合的育种方法。自花授粉植物通过连续多代的自花授粉，纯合基因型频率将不断增加；通过对优良基因型的鉴定筛选，促进性状向符合生产需要的方向发展并稳定地遗传下去，最终获得性状优良、遗传稳定的纯系品种。如果属纯合基因型中主效基因控制的突变性状，只需一两次的单株选择，性状就可稳定下来。常异花授粉植物由于其较高的自然异交率和基因的杂合性，必须采用连续多代套袋自交结合单株选择，进行纯系品种的选育。

用于纯系品种选育的群体是影响选择和育种效率的一个重要因素，最初利用的是群体类型比较复杂的农家品种或在生产中经历时间较长、由突变或偶然杂交造成变异的品种群体。随着生产的发展和育种目标要求的变化，对纯系品种优良性状的要求趋向多样化（如高产、优质、抗倒伏、抗病虫、生态适应性等），仅靠现有品种群体及其变异类型，难以实现育种目标。因此，必须拓宽育种资源，采用杂交和诱变等方法，提高基因重组与突变基因发生频率，打破不利基因之间的连锁，扩大性状变异范围，并在性状分离的大群体中，进行单株选择，按照"多中选优，优中选优，连续选优"原则，最终选育出具有较多优良性状基因的极端个体。因此，创造丰富的遗传变异和在性状分离的大群体中进行单株选择，是纯系品种育种的又一个特点。

2.3.2 杂种品种

杂种品种是指在严格筛选强优势组合和控制授粉条件下生产的各类杂交组合的F_1代植株群体。它们的基因型是高度杂合的，群体又具有不同程度的同质性，所以杂种优势显著，表现出很高的生产力。杂交种品种不能稳定遗传，F_2代发生基因型分离，杂合度降低，导致产量下降，故生产上通常只种F_1代种子。

过去主要在异花授粉植物中利用杂种品种，包括品种间杂交种和自交系间杂交种。顶交种、单交种、三交种、双交种均属于自交系间杂交种的范畴，它们之间的区别在于组配时所利用的自交系数目和杂交方式的差异。

自花授粉植物和常异花授粉植物利用杂种优势的主要方式是选配两个特定的优良品种获得强优势的品种间杂交种。随着雄性不育系的选育成功，解决了大量生产杂交种子的问题，使自花授粉植物和常异花授粉植物也可以利用杂种品种，扩大了杂种优势利用的领域。

育种特点：杂交种品种是由一群杂合的和一定程度同质的基因型植株组成。它们是自交系间杂交或自交系与自由授粉品种间杂交产生的F_1代。基因型的高度杂合；性状的相对一致和较强的杂种优势是对杂交种品种的基本要求。自交系间杂交种的杂种优势最强，F_1代增产潜力最大，因此，自交系间杂交种是目前应用杂种优势的主要形式。杂交种品种的育种包括3个相互关联的育种程序：①连续自交选择获得自交系，有些作物还包括不育系、保持系、自交不亲和系的选育。②通过杂交组配得到强优势组合。③利用雄性不育等特性制种。育种实践证明，杂种优势的强弱是由杂交亲本的纯合程度和配合力大小决定的。因此，贯穿在以上3个程序中的是自交系配合力的测定。配合力测定是杂交育种的主要特点。

F_1代杂交种子生产的难易程度是杂种优势利用的主要限制因素。对于不易配制大量种子的杂交种，即便其性状表现优良，F_1代增产潜力大，生产上也难以大面积地推广利用。因此，对影响亲本繁殖和杂交种种子配制的一些性状应加强选择。例如，对亲本自身的生产力、两亲本花期的差距、母本雄性不育性的稳定性、父本花粉量的多少等性状，都应注意选择，才能提高繁育制种产量，保证种子质量，降低种子生产成本。另外，建立相应的种子生产和供销推广体系，对杂交种品种在生产中推广应用也具有重要意义。

综合品种也称综合杂交种。遗传基础较为广泛，适应性广，抗逆性强，杂种优势比较稳定，是配合力高的多系统杂交形成的后代，可几代保持较高的杂合性从而将大量繁殖的后期世代用于生产。其配制程序简单，一次制种后，便可在生产上连续种植多年，省掉年年制种的麻烦，更有利于迅速推广。培育综合品种除了根据经济性状和相似性选择外，更主要的是要选择配合力高的自交系作为亲本。

2.3.3 群体品种

群体品种的基本特点是遗传基础比较复杂，群体内的植株基因型是不一致的。因植物种类和组成方式不同，群体品种又可分为不同类型，主要有以下几种。

(1) 异花授粉植物的自由授粉品种

自由授粉品种在生产、繁殖过程中品种内植株间自由随机传粉，也经常和相邻种植的其他品种相互传粉，所以群体中包含杂交、自交和姐妹交产生的后代，个体基因型是杂合的，群体是异质的，植株间性状有一定程度的变异，但保持着一些本品种的主要特征特性，可以区别于其他品种。例如，许多黑麦、玉米、白菜、甜瓜等异花授粉植物的地方品种都是自由授粉品种。少数果树采用实生繁殖的群体品种也属此类。

(2) 自交授粉植物的杂交合成群体品种

杂交合成群体品种是由自花授粉植物两个或两个以上纯系品种杂交以后，在特定的环境条件下，进行繁殖、分离并主要靠自然选择逐渐形成的一个较稳定的群体品种。经过若干代以后，最后形成的杂交合成群体品种是一个多种纯合基因型的混合群体品种。与纯系品种相比，混合群体品种对变化的环境条件有较强的适应能力，如'哈兰德'大麦和'麦芒拉'马豆都是杂交合成群体品种。

(3) 多系品种

多系品种是由若干个农艺性状表现型基本一致而抗性基因多样化的相似品系组成的混合体。按组成品种成分的不同可分为近等基因系多系品种和近缘系多系品种。前者是在基本遗传背景相同的基础上，选择在少数生理、形态和其他方面有特色的重要性状彼此有差异的同源自交系混合组成，通过常规回交获得；而后者需选择一个经济性状好的品系作为双交、复交和有限回交的共同亲本，规定共同亲本种质在各组成品系中达到的百分数，以选育出遗传上互有不同但优于共同亲本的品系，这样可得到超亲分离品系，使近缘系多系品种的异质性大于近等基因系多系品种。

2.3.4 异花授粉植物的综合品种

综合品种是指由两个以上具有高配合力的自交系、无性系或改良群体按一定方式相互杂交、混合育成，并通过自然随机授粉来维持的品种，又称合成品种、复合杂种品种等。异花授粉植物通过轮回选择改良后，所育成的群体之间很容易出现杂种优势强的组合。在改良群体间的杂种优势利用中，通过随机自由授粉来维持品种内的变异性同时获得比较强的杂种优势的育种方法就是综合品种育种法。综合品种亲本材料，如自交系、无性系等的选择不仅要看其农艺性状的表现，而且要考虑其配合力的高低。

育种特点：群体品种的遗传基础比较复杂，群体内植株间的基因型是不相同的。异花授粉植物的综合品种和自由授粉品种内每个植株的基因型都是杂合的，不可能有基因型完全相同的植株。自花授粉植物多系品种内包括若干个不同的基因型，而每个植株的基因型是纯合的。自花授粉植物的杂交合成群体，随着世代增长，最终也成为多种纯合基因型的混合体。群体品种育种的基本目的是创建和保持广泛的遗传基础和基因型多样性，以增强抗逆性、适应性，提高稳产性。

对异花授粉植物的自由授粉品种，要尽可能让其在较大群体中自由随机传粉，以保持群体的遗传平衡，避免遗传漂变和削弱遗传基础，使品种的基本特征特性长期稳定遗传下去。对后代群体一般不要进行选择。当群体未经严格选择时，性状变异较大，特别是目标性状易于鉴别且遗传力较高时，采用混合选择法较易收到明显的效果。对自花授粉植物杂交合成群体，要研究作为亲本的纯系品种本身的表现，亲本间性状的差异及其亲缘关系；组成亲本数的多少；选择策略和后代的种植环境等，以提高杂交合成群体的表现水平。

多系品种因参与混合的纯系品种及其数目、种子比例的不同，其产量等性状的表现有一定的差异，这是不同基因型间相互作用的程度不同而造成的。大量配制混系组合，通过鉴定筛选有可能选出产量高且稳产性好的多系品种。生产上可以用自花授粉植物的几个近等基因系的种子混合繁殖成为多系品种，由于近等基因系具有相似的遗传背景，只在个别性状上有差异，因此在大部分性状上是整齐一致的，只在个别性状上存在基因型多样性。一般多应用于抗病育种中，可以合成一个大部分农艺性状相似而又可兼抗多个病源生理小种的多系品种，具有较好的效果。例如，印度抗条锈病的小麦多系品种、美国抗冠锈病的燕麦多系品种的推广应用，都曾对减轻病害的危害起到作用。

2.3.5 无性系品种

无性系品种是由一个无性系经过营养器官的繁殖育成的品种。它们的基因型由母体决定，表现型也和母体相同。许多薯类、蔬菜和果树品种都是这类无性系品种。例如，目前生产上应用的甘薯品种，优良大白菜、甘蓝品种，桃的果用品种（如白芒蟠桃、上海水蜜桃）、观赏用品种（如洒金碧桃、重瓣白花寿星桃）等。无性系品种通过无性繁殖保持品种内个体间高度一致，但它们在遗传上和杂交种品种一样是高度杂合的。由专性无融合生殖产生的种子繁殖的后代也属无性系品种。

育种特点：用营养体繁殖的无性系品种基因型的杂合程度和作物种类及品种的来源有密切关系。自交不亲和的种类，如梨、甘薯的杂合程度大于自交亲和的桃和马铃薯。无论杂合程度大还是小，它们的无性系品种植株间都是整齐一致的。由于以上特性，无性系品种主要通过有性杂交和无性繁殖相结合的方法育种。

无性繁殖植物可以发生芽变，即体细胞突变。一旦发现这种优良的体细胞突变，通过选择即可用无性繁殖的方法把芽变变异稳定下来，可以采用与自花授粉植物相类似的育种方法进行系统育种。国内外都曾利用芽变选育出一些作物（如甘薯、马铃薯、甘蔗）、果树、花卉等无性系品种。同时，淘汰劣变的芽变也是无性系品种繁殖、保纯的重要措施。

思考题

1. 牧草的繁殖方式分为哪几种？
2. 有性繁殖植物的主要授粉方式分为几类？各有何特点？
3. 牧草的繁殖方式如何影响育种进程？如何根据繁殖方式筛选、培养牧草新品种？

第 3 章 牧草的育种目标

制定切实可行的育种目标是牧草育种的首要工作。育种目标关系着牧草育成品种的生物学和经济学性状，决定其今后在经济社会发展中的应用价值、适应区域及其时效。育种目标（breeding objective）是针对畜牧业生产、生态修复中草品种需求的主要问题，结合社会生产的发展趋势，适应一定地区的自然环境、耕作条件，对计划选育的新品种提出应具备的优良特征特性。制定准确、合理并具有前瞻性的育种目标，才能恰当地选择育种方法和途径，精准地改良植物材料，快速培育出高产、优质且抗性优良的新品种。

3.1 制定育种目标的意义和原则

3.1.1 牧草育种目标的概念与作用

牧草育种的最终目的就是要通过对牧草的遗传改良，实现其在畜牧业生产、生态修复中的价值。草品种的高产优质及其重要的抗逆性，取决于良好的生长发育、形态建成和繁育过程，进而利用现代生物学、遗传学知识改良植物以适应社会需求。育种目标与牧草性状关系如图 3-1 所示。

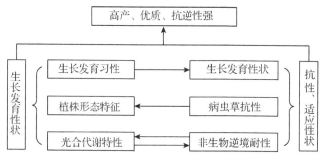

图 3-1 育种目标与牧草性状关系示意图

不同的性状决定不同的育种目标，反过来育种目标决定所要研究的性状。因此，只有确定了育种目标，育种工作才会有明确的主攻方向，才能科学合理地制定品种改良的对象和重点；才能有目的地收集种质资源；有计划地选择亲本和配置组合，进行有益基因的重组和聚合，或采用适宜的技术和手段，人工创造变异引进外源基因；确定选择的标准、鉴定的方法和培育条件等。例如，高产牧草与植株形态特征相关，包括植株高度、分蘖分枝、叶片形态等，就可从提高植株高度、增加分蘖分枝数等方面来提高产量。

育种目标是育种工作的依据和指南。育种目标合理、明确具体，育种工作才能有序进行；育种的人力、物力、财力和新途径、新技术才能发挥应有的作用。因此，育种目标是制订任何育种计划的前提。

牧草育种目标除包括高产、优质、生长发育性状、抗性适应性等一般性状外，还有根据不同用途所提出的特殊目标性状，如放牧所要满足的耐践踏、耐牧；草坪所要满足的绿期长、柔软、耐刈；机械化操作要求的长势一致、成熟期一致等性状。具体要由育种者根据牧草品种及生产需求设定一个或者几个目标，指导育种工作的进行。

3.1.2 制定牧草育种目标的原则

牧草种类繁多，用途各异，社会需求的也不尽相同，因此，育种目标制定应结合各方面的实际情况综合考虑，一般可遵循以下基本原则。

3.1.2.1 依据国民经济和市场发展需求

牧草育种周期长，培育一个牧草新品种至少需要 7 年的时间，长则 10 年以上，因此，在制定育种目标时，要有发展的眼光，在满足当地生产发展的同时，要有预见性，充分预估将来生产发展趋势。例如，实施农业结构调整的"三元"（粮、经、饲）种植结构，是现阶段中国特色的畜牧业发展模式，一年生高产优质牧草和饲料作物新品种的培育更容易被广大农民和养殖企业所接受。

随着我国经济社会的发展，"牧草"已经被赋予了更多的内涵和用途，保护青山绿水，构建美丽中国，生态文明建设，急需培育草原环境治理和草坪业快速发展所需的大量优良、适应性强的新品种。草原生态修复急需大量抗旱、耐寒、耐瘠薄、耐放牧、强竞争能力的草种，特别是"乡土品种"。

我国正在全面推进乡村振兴、实施农业结构调整、积极发展草原畜牧业，对优良草种的需求将越来越大。因此，培育新品种要考虑从这些方面出发制定育种目标。

3.1.2.2 分清主次、性状改良目标要明确具体

生产对新品种的要求是多方面的，但对于一个新品种来说，也只是在某个方面表现突出，不能面面俱到，这就要解决主要问题。必须进行深入细致的调查研究，调查当地的土壤、气候特点、主要自然灾害、栽培制度、生产水平和今后发展方向等，分析生产发展中存在的主要问题和主要缺点，制定育种目标。例如，山区气温较低、土壤贫瘠，牧草选育应突出品种的抗寒性、耐瘠薄、分蘖力强；而在肥力水平较高的平原地区，牧草生长发育整齐一致性、抗倒伏性、便于机械化操作就成为育种的主要目标性状；不同地区养殖的不同畜禽品种，要培育相对应的牧草和饲料作物新品种；在土壤盐碱化比较严重的地区，要以培育耐盐耐碱的牧草为主；我国北方气候干旱、寒冷、风沙大、草地退化、生态环境恶劣，应以培育根系发达，具有抗旱、耐风沙等特性的新品种为主；而南方低洼地治理中以培育抗涝的优质牧草品种为主、兼顾高产；绿化美化环境的草坪草新品种应以观赏、实用为主要目标性状。

育种目标在解决主要问题的同时，要落实到具体性状上。以苜蓿为例，选育高产品种，不仅要明确产量的具体标准（比对照组增产 5%），还要制定出实现目标的具体做法，如增加分枝数、株高、叶量等具体的项目，使育种目标具有可操作性。

3.1.2.3 兼顾商业特性，具备市场竞争力

在市场经济体制下，品种必须经受市场竞争的选择，生产投入少、效益好的品种才能在市场上立足；投入多，获利少乃至亏损，必然被新的效益好的品种所替代。因此，制定育种目标时，必须考虑优胜劣汰的竞争法则，以培育管理简单、水肥投入少、制种简单、收益高、品质优良为目标，种植者、经销者和消费者均喜欢的新品种，才能在市场特别是在国际市场上占有

一席之地。

总之,育种目标的制定是选育品种的首要工作,必须进行深入细致的调查研究,分析生产发展中存在的问题,遵循以上原则,确定切实可行的育种目标。

3.2 牧草育种目标的制定依据及其主要目标性状

3.2.1 牧草育种目标的制定依据

品种的经济及其社会实用价值,是制定牧草育种目标的依据。牧草的育种目标受到生物遗传因素、生态环境变迁及社会需求的制约。

3.2.1.1 遗传和选择

生态环境制约植物的生产性能,如何针对育成草品种目标性状的遗传和表达方式,通过对基因组选择,并有效地利用不同的繁殖方式,是简单快速育成草品种的关键因素。目标性状以质量性状遗传为主,且为自花授粉植物时,以纯系品种选育为主;而目标性状多为数量性状遗传时,则以优势育种或杂交选育为主;当育成品种的目标性状综合了质量性状和数量性状,且为异花授粉植物时,应以选育群体品种为主。而在表型和基因组选择上,如何有效地采用育种选择方法,则成为草品种选育成败的关键(图3-2a)。如图3-2b所示,表型选择基于基因组估计育种值(GEBV)来进行选择,主要从亲本基因型和家族表型发展而来,而在表型分型前进行基因组选择,则可缩短50%的育种周期。

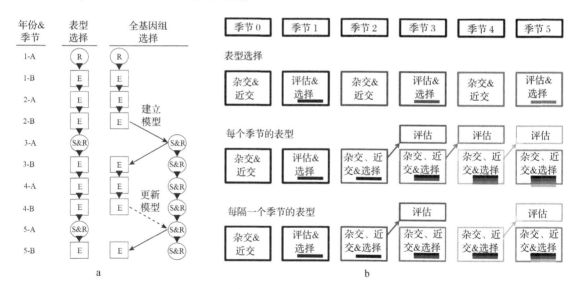

图 3-2 表型选择与基因组选择的关系

"A"通常是冬季,在此期间可以在温室中进行杂交,"B"通常是生长季节,此时可以在田间评估表型。以重组(R)阶段开始每个方案,以生成用于评估(E)的族。将进行为期两年的评估(建立+第一个生产年),然后将进行选择,并重组个体,为下一个周期生成家系。在表型选择中,单个周期需要两年时间。在基因组选择中,选择是建立在基因组育种值的基础上,而不是依靠表型性状的信息。表型性状仅仅是用来建立和改进育种模型,基因组育种值是通过DNA和遗传标记的评估来进行预测的。表型选择的评价将会不断在表型选择育种方案中进行,为进一步改进全基因组选择模型提供补充信息。

3.2.1.2 生态适应性

草品种的种植和利用，主要基于其原生种生态起源地，长期的生态适应性选择及其生殖系统，构成当地成熟、有效的栽培耕作措施。气候、土壤以及微生物构成，是制定区域化育种目标的重要因素，也是种植区确定育种草品种目标性状的主要考量。我国六大种植苜蓿区的苜蓿育成品种，即带有明显的生态及当地耕作特点（表3-1）。

表3-1 我国苜蓿属植物栽培品种种植区别（白占雄等，2005）

苜蓿种植区	地理概况	适宜品种
东北苜蓿种植区	38°04′~53°24′N，115°15′~135°E，包括内蒙古的呼伦贝尔市、兴安盟和黑、吉、辽三省，海拔50~1 000 m，土壤有黑钙土、草甸土、暗棕壤及部分沼泽土	'工农1号'、'工农2号'苜蓿，'肇东'苜蓿，'图牧2号'苜蓿，'龙牧801'、'龙牧803'苜蓿
黄淮海苜蓿种植区	位于长城以南，太行山以东，淮河以北，濒临渤海与黄海，包括京、津、鲁、冀大部、豫东部及苏北地区部分、皖淮北地区部分，海拔0~500 m，多棕壤、褐土、潮土、碱土、水稻土、沙土	'中苜1号'苜蓿，'无棣'苜蓿，'保定'苜蓿，'沧州'苜蓿
青藏高原苜蓿种植区	包括藏、青大部、甘南及祁连山山地东段、川西、滇西北共157县（市、区）。由海拔4 000~6 000 m的大山岭和3 000~5 000 m的台地、湖盆和谷地相间组成，主要是草甸土和草原土	'陇东'苜蓿，'陇中'苜蓿，'天水'苜蓿，'河西'苜蓿，'甘农1号'苜蓿等
新疆苜蓿种植区	35°40′~49°50′N，73°40′~96°18′E，包括天山、阿尔泰山、昆仑山、准格尔盆地和塔里木盆地，海拔4 000~6 000 m，主要是草甸土和盐土，质地多为中壤、轻壤	'新疆大叶'苜蓿，'北疆'苜蓿，'新牧1号'、'新牧3号'杂花苜蓿，阿勒泰杂花苜蓿等
内蒙古高原苜蓿种植区	36°40′~46°50′N，90°12′~123°30′E，西为甘河西走廊，西南为蒙阿拉善高原，东侧断层临宁夏平原，至宁中山盆地，东南为冀坝上高原。海拔1 000~1 600 m。主要是栗钙土、灰钙土、黄棕漠土、绿洲灌井土、灰棕漠土及盐土、辐射风沙土等	'草原1号'、'草原2号'苜蓿，'敖汉'苜蓿，'准格尔'苜蓿，'蔚县'苜蓿
黄土高原苜蓿种植区	西起青海日月山，东至太行山，南达秦岭、伏牛山、北抵长城，包括晋、陕中部、甘中东部、宁南部、青东部共313县（市、区）。海拔1 000~1 500 m，主要有黄绵土、黑垆土，北部有沼泽土、风沙土、草原土等，山区有山坡草甸土、栗钙土、褐土、栗褐土等	'晋南'苜蓿，'蔚县'苜蓿，'沧州'苜蓿，'甘农1号'杂花苜蓿，'工农1号'等
长江中下游苜蓿种植区*	全区属北亚热带和中亚热带，气候温暖湿润，年降水量800~2 000 mm，地形特点为丘陵山地75%，平原25%，是20世纪90年代以来新开拓的苜蓿生产区，适于江苏镇江、上海、福建、湖北等地	秋眠级5~9的苜蓿品种

注：*代表非主要种植区。

3.2.1.3 社会经济需求

制定育种目标，应处理好需要与可能、当前与长远、目标性状与非目标性状、经济效益与社会效益等关系。在高产、高效益种植条件下和在低产、低效益种植条件下的效益可能不一样。异质群体在不利条件下通过群体缓冲效应提高稳定性，在有利条件下杂合理想基因型的同质品种增产潜力更大，优良的地方品种也可实现高产稳产。传统育种正在为生物技术所取代，遗传工程师越来越多于育种家。在发达国家，随着育种的公司化，一些育种利润高的作物，如杂种玉米、转基因作物育种发展很快，但育种利润低的作物，如小麦却因为没有经费资助而少有人问津。相对于许多大田作物，能源植物育种可谓红红火火，发展十分迅速。科技发展尤其是基因组学等生物科技的发展推动植物育种方法的快速进步，分子育种、分子设计育种成为流行趋势。植物新品种保护、专利使育种有利可图，自从20世纪80年代以来私营育种成为时代潮流，90年代早期以来植物育种掉入危机深渊，育种、种子公司兼并时有发生，孟山都(Monsanto)、先正达(Syngenta)、拜耳(Bayer)和杜邦(DuPont)四大公司瓜分国际种子市场，竞争日趋激烈，对育种目标造成严重影响，投入性状(如抗除草剂、抗虫等)受到高度重视，产出性状(品质、产量)被漠视。

3.2.2 牧草的主要目标性状

育种是一个复杂系统，受耕作栽培等农艺措施、科学技术发展和社会经济条件3个持续不断改变和相互影响因素的影响。遗传学、试验设计和生物统计分析方法、小区种植设备、品质分析技术和设备、异地加代技术均影响育种效率和结果。育种上的选择是一个群体中的不同基因型的差别繁殖，通过改变群体的基因频率和基因型频率，提高性状的表型平均值，促进生物的进化。育种一般要求同时改良几个性状，目标性状累计越多，性状鉴定和分析越需要准确，这样育种进程才能加快。牧草的形态、发育和繁殖性状既是植物的基本特性，又是植物产量、品质形成的基础，还与植物的一些抗病、抗逆性状的表型相关，对牧草品种类型、育种方法选择和育种过程都有重要影响。

植物的形态性状包括的内容广泛，主要有器官或组织的数目、大小、形态、分布、颜色以及着生状态。不同植物、同一植物不同品种的根、茎、叶、花、果和种子在大小、形态、数目以及颜色等方面存在很大差异。育种上对植物形态性状的鉴定与选择，取决于栽培植物的种植目的。育种上对植物形态和农艺性状进行多方面的选择是因为植物的形态性状跟植物产品的数量(产量)与品质密切有关，有时跟植物的抗逆性和发育性状有关，如禾本科的分蘖数大小与草产量、种子产量有关；苜蓿的分枝数与草产量相关等。一个具有大的表型效应的性状改良将导致植物多方面的变化，因此育种上十分重视性状的选择。根据形态性状在生产中的作用，可将其分成农艺性状、抗逆性状或其他育种目标性状。

3.2.2.1 牧草育种的主要农艺性状

(1)产量性状

产量是指种植一季作物收获的主产品的数量。主产品可能是植物的根、茎、叶、花、果实或种子等，因产品的用途不同，收获的部位也不同，如玉米作饲料和粮食时收获的是籽粒，作为生物能源时可收获全部地上部分，青贮时收获的则是新鲜的幼嫩茎叶。

收获的产品数量称为经济产量，它来源于生物产量的一部分。生物产量是指单个植株或单位面积生产的干物质总量，经济产量占生物产量的比例称为经济系数。在不包括根的情况下，经济系数通常也称收获指数。饲草产量是指单位面积土地上所收获的牧草量(即一定留茬高度内的全部地上生物量，以kg/hm^2或t/hm^2表示)，种子产量是指单位面积土地上所收获的牧草种子数量(kg/hm^2或t/hm^2表示)。在饲草新品种审定中，待审定的饲草新品种的产草量高于当地推广品种10%以上，杂种优势利用需增产15%以上时，才可通过品种审定。

产量是在一定生态栽培条件下各种产量构成因子综合平衡的结果，在育种中应优化产量构成因素，选择最佳产量结构，追求产量潜力最大化，与饲草产量相关的主要目标性状有以下几种。

①株高 植物植株的高低取决于植物的生长习性、植物的生长环境条件。植物的生长习性一般分为两类：无限生长和有限生长。无限生长植物只要条件合适，可以不断生长，株高是不确定的；而有限生长植物发育到一定时期，茎尖生长点分化形成花序，植株的高度随着花序的形成而确定，所以株高是有限度的。植物的有限生长和无限生长在一定条件下是可以相互转换

的；植物生长的环境条件尤其是光周期(与赤霉素合成有关)也影响茎的伸长和株高。

植株的矮化有利于密植和机械化生产，植株变矮的原因有可能是茎尖停止生长(或无限生长变为有限生长)，造成节间数减少，但更多的矮化突变体是节间变短或节间减少和节间变短双重作用的结果，如燕麦显性矮秆基因 $dw6$ 降低株高 34%~37%，主要是倒三节节间缩短。因此，株高的鉴定和选择除了可以直接测定株高外，也可以分析植株的节间数和节间长度。

②密度和分枝(分蘖) 牧草种植密度是关系到牧草丰产性能的重要目标性状。种植密度指单位面积种植牧草的植株数，植株的单株分枝分蘖数共同构成种植密度。分枝是植株叶腋分生组织(腋芽)向外伸长生长的结果。分枝模式决定株型，即从分枝数、分枝长短、分枝产生位置、分枝着生姿态等方面影响植株的构型，在构成植株的生物产量和花序数目上起主要作用。分枝形成与否，取决于腋芽分生组织能否向外生长，分枝与分蘖能否在主茎的不同部位上产生。

选择多分枝(分蘖)品种还是少分枝(分蘖)品种甚至是不分枝(分蘖)，取决于植物及其品种的类型。随着机械化程度的提高，培育少分枝、紧凑型和耐密植品种成为当前植物育种的趋势，而如何培育高密度栽培条件下分枝合理紧凑型饲草品种，也成为当前牧草育种的关键问题。

③株型 Donald(1968)曾提出理想株型，认为小麦理想株型品种应是矮壮秆、直立叶、长芒穗、不分蘖的。理想株型应是与丰产性有关的各种性状的最佳组合，包括个体和群体两个水平。群体水平上宜选择紧凑株型，这样有利于密植和机械化收获。从个体水平来看，理想株型除了株高、叶形、叶姿等叶形态外，还应将产量构成因素化。牧草的株型主要有高秆型、矮秆型、松散型、直立型、匍匐型等。直立且紧凑的牧草植株有利于获得较好的干鲜草产量，而匍匐松散的株型，耐践踏有利于放牧地种植。

④再生性和多刈性 饲草的再生性是指饲草刈割后的持续生长并形成草群。植物的再生性能取决于其愈伤能力。多刈性是指饲草在一个生长季内的刈割后形成草群的次数。可快速恢复并在一个生长季内多刈的饲草品种，其对产草量贡献较好。

(2)品质性状

品质是"产品能满足一定需要特征和特性的总和"，即产品客观属性符合人们主观需要的程度。品质性状是消费者、加工者关注的性状。品质性状同许多性状一样，受遗传控制，也受环境条件影响，品质性状的鉴定选择既要做定性分析，更要有量的概念。

①营养价值 营养价值是饲草品种的生物品质，包括粗蛋白、粗脂肪、粗纤维、无氮浸出物和钙、磷及其他常量或微量元素。牧草细胞内含物主要是粗蛋白(CP)和水溶性碳水化合物(WSC)，粗蛋白和碳水化合物提高则体外干物质消化率(IVDMD)提高。

②适口性 是指家畜采食饲草的喜好程度。而适口性主要与饲草中的粗纤维、糖分及芳香烃等物质有关。颜色及气味也会刺激家畜的食欲，影响其采食性。

③消化率 消化率指在家畜消化道内被消化的物质量占采食量的百分比，如干物质消化率、粗蛋白消化率、粗纤维消化率等。牧草各器官消化率不同，叶、花和果实消化率高，茎秆消化率低，这主要取决于木质素含量。木质素含量低，消化率高；木质素含量高，消化率低。

④有毒有害成分 降低或消除牧草的有毒有害成分，提高饲草的饲用价值是品种选育及驯化的重要工作。例如，降低苜蓿的皂素可以减少反刍家畜的膨胀病。牧草中常见的有毒有害物质还有影响家畜适口性的草木樨中的香豆素，导致牛羊畸形的羊茅属中的吡咯啉等。

3.2.2.2 牧草育种的主要抗逆性状

植物生存、生活环境中，不利于植物生长发育，使植物正常的生理功能受到严重影响的外界条件即为胁迫环境。植株所处的状态称为胁迫。环境由生物和非生物两部分组成，因此胁迫分为生物胁迫和非生物胁迫。

(1) 生物胁迫

①抗病性 植物可能遭受多种生物胁迫，不同的病原生物危害部位不同。造成的产量、品质损失可能有差异。植物受到生物胁迫后，内部的生理活动和外观的生长发育都可能发生异常变化。首先是细胞水平的变化，包括各种代谢活动和酶活性，然后是组织水平或器官水平的变化。组织或器官水平出现的变化，肉眼可以识别。肉眼可辨的组织、器官变化称为症状，是鉴定饲草受病原危害胁迫的主要指标和依据。不同病原生物侵染饲草产生的症状可能不同，当前生产上主要的病害有苜蓿的霜霉病、褐斑病，沙打旺的白粉病等。

②抗虫性 饲草遭受昆虫危害，不仅直接造成饲草及其产量的严重损失，而且可能传播植物病害。饲草受害的症状常因危害方式而异，但同一危害方式也能造成不同的受害症状。主要可分为叶片受害症状、茎部受害症状和繁殖器官受害症状三类。其中，某些典型症状常可作为辨认害虫种类的依据。常见的饲草虫害有蓟马、籽蜂、叶蝉、蚜虫、蝗虫及蝼蛄等。

(2) 非生物胁迫

①耐热性 高温引起植物伤害的现象称为热害，而植物对高温胁迫的适应则称为耐热性，植物受高温伤害后会出现各种症状：树干（特别是向阳部分）干燥、裂开；叶片出现斑点，叶色变褐、变黄；鲜果（如葡萄、番茄等）灼伤，受伤处与健康处之间形成曲栓，有时甚至整个果实死亡；高温胁迫对植物生殖的危害尤甚，花粉发育对高夜温十分敏感，开花前7~9 d是对高夜温十分敏感的发育时期，高温导致雄性不育、花序或子房脱落等异常现象。抗高温品种气孔散热快，暗呼吸速率低，碳水化合物利用效率高。高粱在开花前和在开花后经历40℃/30℃高温将延迟抽穗，降低株高、结实率、粒数、粒重和收获指数。

②抗寒性 0℃以上低温对植物的危害称为冷害或寒害。当气温低于10℃时，就会出现冷害，冷害最常见的症状是变色、坏死和表面斑点等，木本植物上则出现芽枯、顶枯。植物开花期遇到较长时间的低温，也会影响结实。冻害是由0℃以下的低温所致，植物受冻害时，细胞失去膨压，组织柔软，叶色变褐，最终干枯死亡。严冻害的症状主要是幼茎或幼叶出现水浸状暗褐色的病斑，然后组织逐渐死亡，严重时整株植物变黑、枯干、死亡。植物对0℃以上低温的适应能力称为抗冷性。根据植物对冷害的反应速度，可将冷害分为直接伤害与间接伤害两类。直接伤害是指植物受低温影响后几小时，至多在一天之内即出现症状。间接伤害主要是指引起代谢失调而造成的细胞伤害，这些变化是代谢失常后生物化学的缓慢变化而造成的，并不是低温直接造成的。

③抗旱性 当植物耗水大于吸水时，就使组织内水分亏缺，过度水分亏缺的现象称为干旱。旱害则是指土壤水分缺乏或大气相对湿度过低对植物的危害。植物抵抗旱害的能力称为抗旱性。干旱对植株影响的外观表现中，最易直接观察到的是萎蔫，即因水分亏缺，细胞失去紧张度，叶片和茎的幼嫩部分出现下垂的现象。干旱使细胞过度脱水，细胞膜遭到破坏，正常生理生化代谢受阻，细胞受到机械性损伤，光合作用下降，氧化磷酸化去偶联。干旱还可使植物形成过多的机械组织，使一些肥嫩的器官（如水果、菜根等）的一部分薄壁细胞转变为厚壁的纤维细胞，可溶性糖转变为淀粉而降低品质。同时，植株的生长受到限制，各种器官的体积和质量减少，导致植株矮小细弱。剧烈的干旱可引起植物萎蔫、叶缘焦枯等症状。木本植物表现

为叶片黄化、红化或其他颜色变化，或者早期落叶、落花、落果。开花期干旱影响授粉，增加瘪粒率，灌浆期干旱影响营养向籽粒中的运输，降低千粒重。原生质脱水是旱害的核心，由此带来生理生化的变化从而伤害饲草。另外，干旱还可使牧草产生机械性损伤。

④耐盐碱性　土壤中可溶性盐过多对植物的不利影响称为盐害。植物对盐分过多的适应能力称为抗盐性。一般在气候干燥、地势低洼、地下水位高的地区，随着地下水分的蒸发，盐分被带到土壤表层(耕作层)，导致土壤盐分过多。海滨地区因为土壤蒸发或者咸水灌溉、海水倒灌等因素，可使土壤表层的盐分升高到1%以上。当土壤中盐类以碳酸钠和碳酸氢钠为主要成分时，称碱土，这种土壤电导率小于 4 dS/m，pH>8.5；若以氯化钠和硫酸钠等为主要成分时，则称盐土，这种土壤电导率大于 4 dS/m、pH<8.5。因盐土和碱土常混合在一起，盐土中常有一定量的碱，故习惯上称为盐碱土。半干旱地区的盐碱土，主要在底层土壤中积累盐。盐分过多使土壤水势下降，严重地阻碍植物生长发育，是盐碱地区限制作物收成的重要因素。盐分胁迫对植物的伤害，主要通过盐离子的直接作用(即离子胁迫)和间接的脱水作用这两种途径。由于盐胁迫下，植物吸收不到足够的水分和矿物质营养，造成营养不良，致使叶绿素含量低，影响光合作用，而由于光合作用没有得到足够的营养和能量，植物必须加强呼吸作用，以维持正常的生理功能，从而大量消耗积累的有机物质，使植物的营养物质处于负增长，最终导致植物生长受抑制，甚至死亡。盐胁迫还会直接影响细胞的膜脂和膜蛋白，使脂膜透性增大和膜脂过氧化，从而影响膜的正常生理功能。

思考题

1. 牧草育种的主要目标性状有哪些？
2. 制定牧草育种目标应遵循哪些原则？
3. 调查家乡的牧草种植情况、存在的问题，制定一个改良现有品种或培育新品种的育种目标。

第4章
数量性状与牧草的群体遗传改良

遗传和变异是生物界的基本特征，是物种形成和生物进化的基础。遗传是指生物亲代与子代表现相似的现象，在世代传递过程中使得物种和生物个体保持各种特性不变。变异是指生物亲代与子代或子代与子代间表现差异的现象，变异使生物呈现多样性。育种过程的两个最基本环节：一是发现或创造具有优良变异个体的育种群体，鉴定优良性状；二是从育种群体中把优良变异个体鉴别和选拔出来，并繁殖扩大，使优良性状遗传下去。生物体在遗传和变异的过程中表现的某一特定的外观或成分，称为表现型，简称表型。性状(traits)是指生物体所有特征的总和，是可遗传表达的、能明确识别区分和描述的特征特性。根据变异的连续性和受环境影响的程度可将表型分为质量性状和数量性状。牧草的大多数经济性状属于数量性状。数量性状的遗传是有规律所循的，掌握牧草数量性状的遗传规律和遗传参数，对高产牧草生产性能的提高和保持，对牧草新品种的培育都是十分必要的。

4.1 牧草遗传群体及其遗传基础

4.1.1 牧草的遗传群体

群体是指具有共同特征的个体所组成的集合，生物群体可能包含所有生物个体，如人、动物、植物、微生物的种群。群体与个体相对，是个体的共同体，不同个体按某种特征结合在一起，进行共同活动、相互交往，就形成了群体。

一个群体中全部个体所共有的全部基因称为基因库(gene pool)。遗传群体是指生活在一定空间范围内，能够相互交配生育并具有正常生殖能力后代的同种个体群。Dobzhansky(1955)指出，遗传学上的群体指的是该群体内个体间随机交配形成的遗传平衡群体。根据群体遗传学的理论，一个容量足够大的随机交配群体，其基因基因型频率的变化遵从哈迪-温伯格(Hardy-Weinberg)定律。

物种是由居群(population，又称种群、群体、族群)和居群系统构成的，是和环境相互适应长期进化的产物，同时物种仍处在不断的进化之中，居群是构成进化的基本单位。种群生态学和群体遗传学的理论和方法通常以居群为基本研究单位。居群遗传结构就是遗传变异或基因和基因型在时间和空间上的分布式样。对植物群体遗传结构及其影响因子的研究是群体遗传学中的重要课题，是探讨植物的适应性、物种形成过程和式样及其进化机制的基础，也是保护生物学的核心。群体遗传学研究群体的遗传组成，阐述生物群体上下代之间基因及基因频率的变化规律，了解群体的遗传结构。群体遗传结构受选择、遗传漂变、交配系统和基因流等因素的共同作用。

牧草的生物多样性丰富，繁殖方式多样，群体的遗传基础复杂。根据牧草的亲缘关系和遗传特性可以将牧草遗传群体分为三类。

(1) 遗传平衡群体

遗传平衡群体来自随机交配群体,随机交配群体中基因和基因型频率保持不变。自由授粉的异花授粉牧草、自花授粉牧草的杂交合成群体和多系品种群体都会形成遗传平衡群体。随机交配的平衡群体由多种基因型组成,其群体平均值既受基因型值影响,又取决于群体的基因频率和基因型频率,即群体的遗传结构(genetic structure)。牧草中异花授粉牧草十分常见,异花授粉产生的后代群体遗传结构复杂,适应能力较强,是牧草进化的适应机制。

(2) 自交群体

自交或近交繁殖是栽培植物的主要交配系统。自花授粉牧草就是自交群体。自交后代基因型纯合,性状整齐一致。

自交是最严格的近亲交配。通过单株选择和连续自交产生的后代,在表现型和基因型上表现都相对一致,称为纯系。自交世代既可产生于双亲杂种的自交,也可产生于随机交配群体的连续自交,牧草育种中最常见的是两纯系杂交后代的连续自交。自交过程中若不施加选择且忽略突变,则后代群体的基因频率不发生变化,其基因型频率却因自交次数的不同而改变,从而使世代均值发生变化。牧草自交群体在遗传行为上表现出相对稳定性,退化缓慢,种性易于保持。

(3) 回交群体

牧草回交群体是人为形成的育种杂合基因群体,可使后代群体的基因型逐代趋于纯合。牧草回交群体后代的基因型纯合进度大于自交,获得纯合基因型个体的频率也高于自交。

回交过程中由于把一个等位基因不断注入群体,使另一个等位基因的频率不断降低,因而不同回交世代的基因频率和基因型频率均发生变化。

4.1.2 牧草遗传群体的遗传规律

牧草遗传群体是由同一草种组成的较大的有性繁殖群体。群体内的个体间是随机交配的,遵循孟德尔遗传规律。群体遗传结构泛指遗传物质在种群水平上存在的格局和特征,包括基因频率、基因型频率、交配与繁殖模式、种群遗传分化、种间基因交流模式等。

遗传群体的基因频率和基因型频率变化的基本规律就是遗传结构的变化规律。牧草的群体由不同的个体组成,其遗传组成由每个个体携带的基因组组成。由于个体死亡或迁移,造成群体遗传组成的变化,也就是遗传结构的变化。牧草群体遗传结构组成随着时间的变化而变化,这是牧草生物进化的适应机制。

组成群体的个体数量影响下一代群体的遗传结构。群体中的每个新个体都会不同程度地影响群体的基因构成。个体的基因组是父母本基因组的独特组合的结果,在减数分裂过程中被分离和重组,并且可能因突变而进一步产生变异。个体的个别变异对整个群体的影响可能很小,但是所有的个体和后代中基因的微小变化的积累,是推动进化的最基本的因素。从育种的角度来看,选择和基因重组是群体基因频率和基因型频率改变的主要因素和动力。

如果某性状是由 n 对独立遗传的基因控制,自交 r 代时,群体内纯合型个体的频率可以按照 $(1-1/2^r)^n$ 的公式计算。

一个容量足够大的随机交配群体,基因频率和基因型频率的变化遵从基因平衡定律。基因平衡定律是由英国数学家 Hardy 和德国医生 Weinberg 于 1908 年分别发现阐述的,所以称为哈迪-温伯格定律。假如在一个随机交配群体内,等位基因 A 和 a 的频率分别为 p 和 q,则三种

基因型 AA、Aa 和 aa 的频率分别为 p^2、$2pq$ 和 q^2，只要这三种基因型个体间进行完全随机交配，子代的基因频率和基因型频率保持与亲代完全一致。即在一个完全随机交配的群体内，如果没有其他因素（如选择、突变、遗传漂变等）干扰时，则基因频率和基因型频率保持恒定，各世代不变。哈迪-温伯格定律的数学关系式为：

$$p^2 + 2q + q^2 = 1$$

实际上，由于群体的数量有限，环境的变化或者人们对群体施加的选择，以及突变或遗传漂变等因素的作用，常常会不断打破群体的这种平衡。因此，自然界中群体的基本进化过程就是由于外界环境的影响，不断打破群体原来的基因频率和基因型频率。群体改良和牧草育种的实质就是要不断打破群体基因和基因型的平衡，不断地提高被改良群体内目标基因和基因型的频率。有效群体大小指与实际群体有相同基因频率方差或相同杂合度衰减率的理想群体含量，通常小于绝对的群体大小。

计算随机交配平衡群体群体均值的一般式为：

$$M = \sum_{i=1}^{n} p_i G_j$$

式中：M 为群体均值；p_i 为第 i 个基因型的频率；G_j 为第 j 个基因型的基因型值；n 为群体内基因型数。

加性遗传模型下基因型值 $G = M + A$，加-显遗传模型下基因型值 $G = M + A + D$，加-显-上遗传模型下基因型值 $G = M + A + D + I$，式中：M 为群体均值；A 为加性效应；D 为显性效应；I 为位点间互作，即上位性效应。

群体遗传学是研究自然群体的遗传组成及其进化的原因和结果。定量遗传学是研究表型变异的遗传基础以及表型变化如何随时间演变。这两个领域都在概念上紧密相关，都是通过描述如何经过突变、重组、选择、迁移和遗传漂变来改变种群的遗传和表型组成。群体遗传学通过预测逐渐积累群体内部和群体之间的进化变化，可以很好地理解短期演化和生物多样性的长期演变。随着进化思想的蓬勃发展，现代群体遗传学融合了基因组学、系统发育学、生态学和发育生物学，为解析地球的进化史提供了新的见解。

4.2 数量性状及其特征

4.2.1 农艺性状和控制性状的等位基因

牧草的形态特征、结构特征和生理特性称为性状。农艺性状（agronomic traits）指牧草的株高、产草量、种子产量、生育期、蛋白质含量、消化率、抗逆性等可以代表牧草品种特点的相关性状。例如，牧草芒的形态就是一种农艺性状，这种性状有不同的表现形式，我们把它们称为相对性状。

性状是由基因控制的，控制显性性状的为显性基因（用大写字母表示，如 A），控制隐性性状的为隐性基因（用小写字母表示，如 a）。A 和 a 就可以表示一对等位基因（allele），即染色体的相同位置上控制相对性状的一对基因。不同的等位基因产生遗传特征的变化。根据等位基因控制相对性状的显隐性关系及遗传效应，可将等位基因区分为不同的类别。在个体中，等位基因的某个形式（显性的）可以比其他形式（隐性的）表达得更多。

当一个生物体带有一对完全相同的等位基因时，则生物体相对于该基因而言是纯合的（homozygous)或称为纯种(true-breeding)。反之，如果一对等位基因不相同，则该生物体是杂合的(heterozygous)或称为杂种(hybrid)。等位基因各自编码蛋白质产物，决定某一性状，并可能因突变而失去功能。等位基因之间存在相互作用。

当一个等位基因决定生物性状的作用强于另一个等位基因，并使生物只表现出自身的性状时，就出现了显隐性关系。作用强的是显性，作用被掩盖而不能表现的为隐性。一对呈显隐性关系的等位基因，显性完全掩盖隐性的是完全显性(complete dominance)，两者相互作用而出现介于两者之间的中间性状，如红花基因和白花基因的杂合体的花是粉红色，这是不完全显性(incomplete dominance)。有些情况下，一对等位基因的作用相等，互不相让，杂合子就表现出两个等位基因各自决定的性状，称为共显性(codominance)。

4.2.2 数量性状和质量性状

牧草农艺性状，如产草量的表现型，通常呈连续的分布，无明显的分组界限，称为数量性状(quantitative trait)，在杂种 F_2 群体内表现为连续性变异。另一类性状通常界限明显，在群体内呈现属性性质的变化，可以通过非黑即白的两个类别进行描述，称为质量性状(qualitative trait)，在杂种 F_2 群体内表现为不连续性变异。

牧草的重要农艺性状包括产草量、品质、株高、抗病性、抗逆性等性状，大多为数量性状，它们受多基因控制，易受环境影响。图 4-1 中显示了不同杂交组合后代表现型的理论分布状况。有些特质比其他特质更容易受到环境的影响。在杂交 A 中，环境影响很小，因此 F_2 的表型是可区分的。在杂交 B 中，环境的影响是强烈的，导致分离群体中表型之间的差异更加模糊。

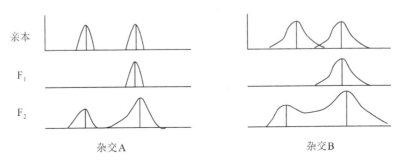

图 4-1 不同杂交组合后代表现型的理论分布状况(George Acquoch, 2012)

牧草的农艺性状有不同的表现形式，如产草量的高低、抗虫性的差异、牧草品质的好坏等。有些表现为高或者低，有或无，存在或不存在，侵入或不侵入，颜色不同等截然不同的分级。有些则表现为程度上、数量上的差别。相应的这些不同性状测定的方法和数据的形式也不同。有些以属性分级表示的，为质量性状；另一些以数量表示的，为数量性状。某种牧草的育种性状属于质量性状还是数量性状，与该性状本身的性质有关。表 4-1 举例了牧草的一些农艺性状及其测量方法。从植物遗传改良的育种目标性状来看，牧草的农艺性状大多数为数量性状，如产草量及产量因素性状、与产量因素有关的部分形态性状等。生育期及其对光温反应特性的性状，如蛋白质、脂肪等营养成分含量及与品质有关的性状也是数量性状。牧草加工性状也有少数为质量性状，如有芒或无芒、籽粒荚壳的有无等。

表 4-1 牧草的一些农艺性状及其测量方法

序号	农艺性状	类型	单位	测量方法
1	产草量	数量性状	kg	测量法
2	株高	数量性状	cm	测量法
3	生育期	质量性状、数量性状	天数	评定法
4	返青期	质量性状、数量性状	天数	评定法
5	种子产量	数量性状	kg	测量法
6	籽粒性状	质量性状、数量性状	有无	评定法
7	抗营养因子	质量性状、数量性状	有无	评定法
8	粗蛋白含量	数量性状	%	评定法
9	耐寒性	数量性状	强弱	评定法
10	抗虫性	质量性状	强弱	评定法

事实上，数量性状和质量性状的划分是相对的，在本质上是无差别的。数量性状如果归为两类就可作为质量性状进行研究，而质量性状在另一个层面上可能就是呈数量连续型分布。以植物的抗病性为例，很多情况下抗病性表现可以分为"抗"与"不抗"，而从数量遗传的角度看，"抗"与"不抗"也是有程度上的差异。在自然界中，由于性状受环境影响，表现极其复杂，数量遗传在进行遗传变异分析时可以分离这些非遗传因素引起的变异，这种分析可更接近事物的本质。

数量性状在数量或程度上呈连续变异且受环境影响较大，由多个基因控制，分离后代能表现出不同程度的差异。牧草的重要农艺性状，如株高、产草量、开花期、抽穗期、分枝数、粒重、结实率、单株产量等，都属于数量性状。Wang et al. (2010a, 2014) 在水稻中以基因的表达量作为性状，研究发现绝大多数表达量性状也呈连续分布，由多个位点控制。与农艺性状和表达量性状类似，大多数植物代谢物的含量水平也表现出数量性状的特征，在群体中的分布由低到高连续分布，能遗传给后代。近年来，育种工作者发现存在中间类型，如抗病虫性状从侵染与非侵染上看为质量性状，从程度上的差异看则为数量性状。育性性状的可育与不育及育性恢复程度主要表现为质量性状，也有个别的表现为不育程度与恢复程度上的差异，为数量性状。牧草抗营养因子的含量一般认为是质量性状，但其含量在数量上是连续的，具有数量性状的特性。因此，牧草遗传改良中育种目标性状有数量性状、质量性状和两者的中间类型。研究农艺性状遗传的历史就是植物数量性状遗传研究的历史。

4.2.3 数量性状的遗传模型

质量性状的变异一般遵从孟德尔遗传定律，而数量性状的遗传规律与质量性状的遗传规律有一定区别。数量性状是由大量的、效应微小而类似的、可累加的基因控制，呈现连续变异。数量性状的表现还受环境因素的较大影响。

与质量性状相比较，数量性状主要有以下特点：①性状变异程度可以用度量衡度量。②性状表现为连续性分布。③性状的表现易受到环境的影响。④控制性状的遗传基础为多基因系统。

通过对数量性状表现型变异的分析，借助数量统计分析方法，推断群体的遗传变异，分析数量性状的遗传规律。

对数量性状遗传基础的解释主要还是基于 Yule 首次提出，由 Nisson-Ehle 总结完善，并由 Johannsen 和 East 等补充发展的多因子假说，也称多基因假说或 Nilsson-Ehle 假说。多基因假说的主要论点为：①数量性状是由大量的、效应微小而类似的、可加的基因控制。②这些基因在世代传递中服从孟德尔遗传定律。③这些基因间一般没有显隐性区别。④数量性状表型变异受到基因型和环境的共同作用。

根据这一假说，当一个数量性状由 k 对等位基因控制，等位基因间无显性效应，基因位点间无上位效应，基因效应相同且可加，则两纯系杂交子二代表型频率分布为 $(1/2A + 1/2a)^{2k}$ 的展开项系数。如图 4-2 所示，随着控制该数量性状的等位基因对数 k 的增加，基因型频率分布接近正态分布。微效多基因系统仅仅是数量性状呈现连续变异的遗传基础，数量性状的表现还受到大量复杂环境因素的影响。在各种随机环境因素的作用下，不同基因型所对应的表现型间的差异进一步减小。在遗传基础和环境修饰共同影响下，数量性状表现为连续变异。

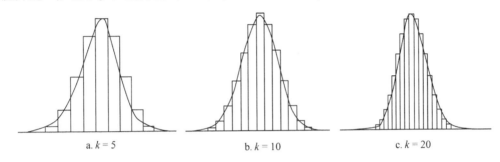

a. $k=5$　　　　b. $k=10$　　　　c. $k=20$

图 4-2　不同等位基因数量下基因型频率分布的状况

传统的种质资源研究主要集中在收集、编目、简要特征描述、保存等方面，同时进一步鉴定牧草的利用价值或有用的特性，如某种虫害的抗性等，这些研究主要涉及主基因资源的利用，但对数量性状的基因资源缺少研究。然而遗传方差、环境方差、遗传力与遗传进度等统计指标却可为种质资源数量性状遗传变异及其潜力估计提供有效方法。

数量性状育种的常规方法是通过表型值来选择，但表型值易受环境影响，选择效果不明显，还可能被生产条件的改变所掩盖，育种进程缓慢。控制数量性状的基因在基因组中的位置称为数量性状基因位点(QTL)。当一个数量性状基因位点就是一个单基因时，则称为主效基因，简称主基因。植物大多数复杂性状都是受多个数量性状基因位点控制的，并且每个数量性状基因位点对性状的影响效应并不均等。利用目标性状与分子标记间的连锁关系进行标记辅助育种(marker-assisted breeding, MAB)，为遗传改良提供了新策略。首先通过检测数量性状数量性状基因位点与标记基因的关联，估算与数量性状基因位点紧密连锁的标记对其遗传值的贡献，综合标记和表型信息进行优良品系的选择。此方法适于苗期鉴定，也适于难以测定的性状等情况，可缩短育种进程，提高育种效率。

与常规回交法相比，标记辅助育种可以较快地将有价值的单个基因导入珍贵的育种材料中。近年来，随着分子生物技术研究的深入，一些对数量性状有明显作用，但仍然处于分离状态的单个基因或基因簇被陆续发现。在主要的禾谷类作物中，经多次数量性状基因位点定位已经获得了一些与主效应数量性状基因位点连锁的分子标记。数量性状基因位点的发现，进一步丰富和完善了数量性状遗传基础，同时为数量性状的选择开辟了新的途径。尽管这些新的发现打破了传统数量性状多因子假说的限制，在有些群体的部分数量性状的表型分布也不再呈正态分布，但对数量性状的研究和在实际应用中，为了简化计算，在大多数情况下还是以传统的多基因假说为基础进行分析的。

由于数量性状遗传中存在多数易受环境影响的效应较小的基因，难以从遗传试验中检测出个别基因，因而经典数量遗传学着眼于从群体水平上研究数量性状基因体系的总体效应，并从遗传方差的分解中去探测基因效应的存在性及相对重要性。性状遗传试验、数量性状基因位点定位和基因与环境互作的研究启发人们对数量性状多基因假说做出补充，形成了对植物数量性状遗传体系的新认识。控制植物数量性状的基因数目有多有少，各对基因效应的大小不同，而且其表现受环境的影响。

4.3 遗传力的估算及其应用

4.3.1 数量性状表型值的剖分

根据数量性状的微效多基因假说，假设遗传和环境效应间不存在互作的情况下，可将通过校正消除固定环境效应的数量性状表型值 P 剖分为基因型值 G 和环境效应值 E 两部分，即

$$P = G + E$$

影响数量性状表型值的环境效应，可以分为系统环境效应和随机环境效应两类。不同地区、不同气候、不同年度、不同栽培管理水平等差异带来的影响，属于系统环境效应或称为固定环境效应，这种效应可以通过适当的试验设计消除或用统计分析方法进行控制、估计和校正。而随机环境效应可以通过合理的试验设计加以控制、降低，但是无法避免。在随机环境效应中，又可以根据对个体影响的情况分为永久环境效应 E_P 和临时环境效应 E_T。

$$E = E_P + E_T$$

可见，数量性状表型值是由遗传效应和随机环境效应共同决定的。遗传效应是决定表型值的内在原因，环境效应是影响性状表型值的外在原因。在数量性状表型值服从正态分布时，由于环境效应是以离均差形式表示的，个体环境效应对各观察值的影响不同，其大小和正负总和为 0。因此，在同一固定环境条件下可以认为 $\bar{P} = \bar{G}$。

影响数量性状表型值的遗传效应可进一步分解为基因的加性效应 A、等位基因间的显性效应 D 和非等位基因间的上位效应 I。则表型值可进一步剖分为：

$$P = A + D + I + E$$

亲本里中亲值的差就是加性效应。若用 aa 表示较小的亲本基因型，AA 表示较大的亲本基因型，P_1 表示 $P_1(AA)$ 的平均表现，P_2 表示 $P_2(aa)$ 的平均表现，则亲本中亲值 $m = 1/2(P_1 + P_2)$，加性效应 a 即为 $1/2(P_1 - P_2)$。

表型值剖分这些效应中，能稳定遗传给后代的只有加性效应部分，而显性效应值和上位效应值存在于特定的基因组合中，不能稳定遗传。

在育种中，能够真实遗传的加性效应值称为育种值。显性效应和上位效应带有一定的随机性，不能稳定遗传。因此，可将其与随机环境效应合并，统称为剩余值，记作 R。因此，数量性状表型值可表示为：

$$P = G + E = A + D + I + E = A + R$$

在育种研究中，通常以方差和协方差形式表示数量性状变异。假设遗传效应与随机环境效应间不存在互作，遗传效应与剩余效应间也不存在互作，数量性状表型值方差可表示为：

$$V_P = V_G + V_E = V_A + V_R$$

4.3.2 群体遗传参数及其估计

估计遗传参数是数量遗传研究和应用中最基本的内容。从统计上讲，遗传参数估计可归结为方差组分或协方差组分的估计。方差组分的估计是遗传参数估计的基础。方差组分可用于计算遗传力、重复力、遗传相关，也可以预测误差方差和遗传评定的可靠性，还可以用于预测期望的遗传改进。

提高方差组分估计的准确性是育种学家一直所追求的目标，因而估计方法在不断发展和改进。1925年，Fisher首次提出方差组分估计的方差分析——ANOVA法。这种方法适用于均衡资料的分析，可得到最佳无偏估计值。而育种中的资料大多为非均衡资料，因此ANOVA在育种实践中难以推广。1953年，Henderson提出了三种适用于非均衡资料的方差组分估计法，即Henderson方法Ⅰ、方法Ⅱ和方法Ⅲ，这三种方法是在均衡资料方差分析基础上推演出来的，故称其为类方差分析法。Henderson方法的提出，使非均衡资料的方差组分估计进入了一个新时代。

目前，方差组分估计的方法主要有最大似然法(ML)、最小范数二次无偏估计法(MINQUE)和最小方差二次无偏估计法(MIVQUE)。这些方法均适用于所有混合模型，求解混合模型方程，不仅可以得到方差(协方差)的估计值，而且可以得到随机效应的最佳线性无偏预测值(BLUP)和固定效应的最佳线性无偏估计值(BLUE)。

遗传参数估计无论是在数学方法上还是在计算技术上都有了比较优秀的应用软件，可以为牧草育种提供有实际应用价值的参数估计值。

4.3.3 遗传力的定义和估算方法

遗传力又称遗传率，是指遗传方差在总方差(表型方差)中所占的比值，遗传力衡量遗传因素和环境条件对目标性状的表型总变异所起作用的相对重要性，可以作为杂种后代进行选择的一个指标。

在数量遗传学早期发展过程中，先后从不同角度提出了三种意义的遗传力概念。Lush(1937)从遗传效应剖分的角度提出了广义遗传力和狭义遗传力的概念，随后Falconer(1955)从选择反应的角度提出了实现遗传力的概念，它们各有不同的应用价值。

由于数量性状呈现出连续变异，因此要确定各种因素对它的影响大小，只能借助于生物统计学方法估计出各种因素造成的变异大小来衡量，即进行变量的方差、协方差分析，然后得到相应的定量指标。遗传力就是最基本的参数，它是数量性状遗传的一个基本规律，是从数量性状表型世界进入遗传境界的钥匙，能够揭开蒙在数量性状表面的环境影响外衣，使研究者见到其遗传真面目。

广义遗传力是指数量性状基因型方差占表型方差的比例，记为H_B^2。通过广义遗传力的估计，可以了解一个性状的变异受遗传效应影响有多大，受环境效应影响多大。在某些情况下，估计H_B^2是很有意义的，因为有时基因型效应不易剖分。

$$H_B^2(\%) = \frac{遗传方差}{总方差} \times 100 = \frac{V_G}{V_G + V_E} \times 100$$

式中：V_G为遗传方差；V_E为环境方差。

狭义遗传力是指加性遗传方差即数量性状育种值方差在表型方差中所占的比例，记为H_N^2。

由于育种值是从基因型效应中剔除显性效应和上位效应后的加性效应部分,在世代传递中是可以稳定遗传的,因此狭义遗传力在育种上具有重要意义。如无特殊说明,一般所说的遗传力就是指狭义遗传力。

$$H_N^2(\%) = \frac{\text{加性方差}}{\text{总方差}} \times 100 = \frac{V_A}{V_G + V_E} \times 100 = \frac{V_A}{V_A + V_D + V_I + V_E} \times 100$$

实现遗传力是指对数量性状进行选择时,通过在亲代获得的选择差中,在子代能得到的选择反应大小所占的比值。这一概念反映了遗传力的实质。然而,由于遗传育种中的许多选择试验受到的影响因素很多且复杂,难以控制,用选择反应来估计遗传力尚有很大的偏差。因此,一般并不采用这一方法来估计遗传力。

遗传力表明某一性状受到遗传控制的程度。它介于0与+1之间,当等于1时表明表型变异完全是由遗传的因素决定的,当等于0时表型变异由环境所造成。

表述遗传力的三种概念中,最重要的是狭义遗传力,因而对它的研究较深入。就其表达方式而言,除上面的基本表述方式外,还可列举下列几种:

遗传力是育种值对表型值的决定系数 d_{PA}。决定系数是通径分析中的一个基本概念,它是相应通径系数的平方,描述了一个原因变量对另一个结果变量的决定程度大小。

遗传力是育种值对表型值的回归系数 b_{AP}。这是从育种值估计的角度阐述的。尽管实质上是育种值决定表型值,但是表型值可以度量得到,而育种值不能直接度量,只能由表型值估计,这实际上是一种反向回归估计。

遗传力是育种值与表型值的相关系数的平方 r_{AP}^2。该相关系数反映了根据表型值估计育种值的准确度。

一般来说,遗传力高的性状,容易选择,遗传力低的性状,选择的效果较小。遗传力高的性状,在杂种的早期世代选择,收效较好;而遗传力较低的性状,则应在杂种后期世代选择才能收到较好的效果。

遗传力在整个数量遗传学中起着十分重要的作用。由于遗传力的估计原理和方法在遗传参数估计方面具有代表性,而且估计方法较多,除传统的常规方法外,还有不同情况下的一些特殊方法和随着统计技术发展出现的一些新方法。

需要指出的是,一个数量性状的遗传力不仅仅是性状本身独有的特性,它同时也是群体遗传结构和群体所处环境的一个综合体现。对性状而言,控制它的基因加性效应越大,遗传力就越高;反之,遗传力就越低。对群体而言,控制该性状的遗传基础一致性越强,群体基因纯合度越大。例如,经过长期近交后的群体,遗传变异减少(σ_A^2)减小,遗传力就越低;反之,遗传力就越高。然而,应当注意到这种遗传力的降低并不意味着性状遗传能力的下降,恰恰相反,群体遗传基础一致性越好,表明群体平均遗传能力越强。对环境而言,在环境较为稳定的情况下,环境变异(σ_R^2)较小,遗传力也较高;反之,遗传力就较低。同样,这也并不意味着性状遗传能力的改变。因此,一般而言,在谈到遗传力时,除应指明是哪一个品种、哪一个品系的哪一个性状外,同时还需指明是哪一个群体,以及群体所处的环境。

然而,在实际的遗传育种工作中,如果把这个问题看得太绝对化,就会妨碍数量遗传学理论的推广应用。因为并不是每个育种群体都具备估计遗传力的条件,要估计遗传力必须要有完整的系谱关系记录、足够大的样本含量、相当稳定的栽培管理条件和统计手段。然而,任何一个估计参数都不是一成不变的,特别是生物界的参数更是不可能具有很大的确定性。我们得到的遗传力只是性状遗传力的估计值,仅有相对的准确性。从另一角度来说,控制同一数量性状的遗传基础在同种物种的不同群体中基本上是相同的。经过大量的统计分析表明，性状遗传力估计值虽然各有差异，但仍具有相对的恒定性。这种遗传力的相对恒定性已为近半个世纪以来的动物、植物育种进展所证实。

作为数量遗传学中最重要的一个基本遗传参数，遗传力的作用是十分广泛的，它是数量遗传学中由表及里、从表型变异研究其遗传实质的一个关键的定量指标。无论是育种值估计、选择指数制定、选择反应预测、选择方法比较以及育种规划决策等方面，遗传力均起着十分重要的作用。

4.3.4 遗传力的估计原理

由于遗传力是反映数量性状遗传规律的一个定量指标。因此，要想由表型变异来估计性状遗传力，必然需要利用在遗传上关系明确的两类个体同一性状的资料。借助于这一确定的遗传关系和它们的表型相关就可以估计出该性状的遗传力，这是所有遗传力估计方法的一个基本出发点。用图 4-3 可明确地表示这一基本原理，其中，P_1、P_2、A_1、A_2、R_1、R_2 分别表示两类个体的表型值、育种值、剩余值。

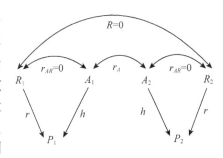

图 4-3 遗传力估计原理通径图

依据通径分析原理，两个变量之间的相关系数等于连接它们的所有通径链系数之和，而各通径链系数等于该通径链上的全部通径系数和相关系数的乘积。因此，假定不存在共同环境效应，即 $r_R=0$，那么 P_1 和 P_2 间的相关系数 r_P 可以按下式计算：

$$r_P = hr_Ah = r_Ah^2 \quad \text{故} \quad h^2 = \frac{r_P}{r_A}$$

式中：r_A 为两类个体间育种值的相关系数，即个体间的亲缘系数，注意区别于两性状间的遗传相关，通常亲缘系数是可以明确知道的；r_P 为两类个体表型值间的相关系数，在不同情况下可以通过相应的统计分析得到。因此，遗传力的估计实际上可以转化为这两个相关系数的计算。

遗传力的估计方法很多，但总的来说，可从下列两个方面加以归纳分类：从用于遗传力估计的两类个体间的遗传关系来看，有亲子资料、同胞资料等；从计算 r_P 的统计方法来看，有方差分析法、回归和相关分析法、最小二乘法、矩阵法、最大似然法及混合模型方法等。当然，这些估计方法的划分不是绝对的。对于具体的遗传力估计，往往可以有多种估计方法，应灵活地运用这些不同的方法并选择最适宜者。

在动物、植物遗传育种实践中，估计遗传力用得最多的资料类型是亲子资料和同胞资料。除此之外，牧草中还有其他一些资料类型，如全同胞（祖孙）资料、半同胞（表兄妹）资料等。由于这类资料个体的亲缘关系较远，r_A 很低，用来估计遗传力的误差太大，一般不予采用。因为从统计学角度看，一个参数的估计误差与其所乘的系数成平方关系，如果表型相关估计误差相同，由下式可见 $V(h^2)$ 随 r_A 的减小而增大。

$$V(h^2) = V\left(\frac{r_P}{r_A}\right) = \frac{1}{r_A^2}V(r_P)$$

因此，在实际的遗传参数估计中，应尽量选用个体亲缘关系较近的资料，以降低参数的估计误差。当然，遗传力的估计误差还与表型相关系数的估计误差有关，而后者的大小则与样本含量和统计方法本身有很大关系。因此，在评定各种遗传力估计方法优劣时，这两方面都应同时考虑。

4.4 育种值的实践应用

在通常意义上，育种所利用的基本单位是特定的基因型。优良的基因型因为载有优良基因而表现优良。因此，育种家不仅需要认识基因的特性，还需了解基因型的特性。育种值 A、显性偏差 D 和互作偏差 I 是基因型效应的重要组成部分。

4.4.1 育种值的定义

（1）理论的定义

一个个体的育种值 A（breeding value）是它所携带的基因的平均效应的总和。在一对等位基因的情况下，A_1A_1 个体的育种值为 $2a_1$，A_1A_2 个体的育种值为 a_1+a_2，A_2A_2 个体的育种值为 $2a_2$。

（2）实际的定义

如果一个个体与来自群体内的许多个体随机交配，则该个体的育种值为其子代均值与群体平均离差的两倍（这个离差之所以必须加倍，是因为该亲本只提供后代基因的一半，而另一半则来自群体）。

理解育种值：

①与基因的平均效应一样，育种值既是个体的特性，又是群体的特性，一个亲本个体在群体中产生多大作用取决于它的育种值（A）。离开了群体，就无从谈论个体的育种值。

②育种值属于个体的加性效应。育种值等于该亲本个体一般配合力效应的两倍。在处于平衡状态的群体中，育种值的平均为零。

③考虑两位点或多于两位点的育种值时，由于理论的定义假设位点间不存在互作，所以只有当位点间确实不存在互作时，以上两个定义才是完全一致的。当位点间存在互作时，以上两定义有一定差异。

4.4.2 育种值计算的实例

【例 4-1】 已知某禾本科牧草粒重性状基因 A_1 对 A_2 为不完全显性，在某随机交配群体内 A_1 的频率 $p=0.8$，A_2 的频率 $q=0.2$，经大量测定获得 A_1A_1、A_1A_2 和 A_2A_2 三种基因型的粒重均值分别为 40 g、35 g 和 20 g，试计算三种基因型的育种值。

解：步骤一，计算群体平均值。

两纯合子中值 $m=(40+20)/2=30$（g）

A_1A_1 的基因型值 $a=40-30=10$（g）

A_2A_2 的基因型值 $-a=-10$（g）

A_1A_2 的基因型值 $d=35-30=5$（g）

两纯合子中值为原点的群体均值 $M=a(p-q)+2dpq=10\times(0.8-0.2)+2\times5\times0.8\times0.2$
$=7.6$（g）

以 0 为原点的群体均值 $M'=M+m=7.6+30=37.6(\text{g})$

步骤二，计算基因的平均效应。

A_1 基因的平均效应 $a_1=q[a+d(q-p)]=0.2\times[10+5\times(0.2-0.8)]=1.4(\text{g})$

A_2 基因的平均效应 $a_2=-p[a+d(q-p)]=-0.8\times[10+5\times(0.2-0.8)]=-5.6(\text{g})$

A_1 代换 A_2 的平均效应 $a=a+d(q-p)=10+5\times(0.2-0.8)=7(\text{g})$

步骤三，根据群体平均和基因效应计算育种值。

A_1A_1 基因型的育种值 $A(A_1A_1)=2a_1=2\times1.4=2.8(\text{g})$

A_1A_2 基因型的育种值 $A(A_1A_2)=a_1+a_2=1.4-5.6=-4.2(\text{g})$

A_2A_2 基因型的育种值 $A(A_2A_2)=2a_2=2\times(-5.6)=-11.2(\text{g})$

需要指出的是，用最小二乘法的原理可以证明，基因代换的平均效应 a 是基因型值对个体基因含量(某种等位基因的个数)的直线回归系数，即 $bG/n=a$，其含义为：个体的基因含量每改变一个单位所引起的基因型值的平均改变量。而个体基因型值的预测值则为该个体的育种值。

群体遗传学表明，随机交配平衡群体在无选择、无突变、无迁移和无随机漂变的情况下，其基因和基因型频率不会在世代间发生变化，群体平均值和群体方差也将在世代间保持稳定不变。而群体内个体间交配方式的改变却会影响群体的遗传结构而使世代平均值、遗传效应和相应方差发生变化。因此，交配方式的恰当选择(含植物繁殖方式的利用)是育种家培育新品种的重要手段之一。

4.4.3 不同性状遗传力与育种值计算的策略

遗传力这个概念在动植物育种工作中引起战略性的观念革新，它唤醒人们对待育种工作中一些原则问题，如繁殖方法、选择方法和建系方法等，不能不顾性状的特点而一概处置，应该根据遗传力的不同分别施以不同的对策。

首先，遗传力不同的性状适合于不同的繁育方法。遗传力高的性状，上下代的相关大，通过对亲代的选择可以在子代得到较大的反映，因此选择效果好。这一类性状适宜采用纯系繁殖来提高。遗传力低的性状一般来说杂种优势比较明显，可通过杂交利用杂种优势。但有些遗传力低的性状，品种间的差异很明显，而品种内估测的遗传力却因随机环境方差过大而呈低值，这一类性状可以通过杂交引入优良基因来提高。

其次，遗传力与选择方法也有很大关系。遗传力中等以上的性状可以采用个体表型选择这种既简单又有效的选择方法。遗传力低的性状宜采用均数选择方法，因为个体随机环境效应偏差在均数中相互抵消，平均表型值接近于平均育种值，根据平均表型选择，其效果接近于根据平均育种值选择。均数选择有两种：一种是根据个体多次度量值的均数进行选择，这样能选出好的个体；另一种是根据群体或家系均值进行选择，可以选出好的群体或家系，不能选出好的个体。

总之，遗传力、重复力和遗传相关是遗传育种实践中 3 个重要的群体遗传参数。遗传力是数量遗传学中最重要的遗传参数，根据其具体定义，它表示育种值方差与表型值方差之比。重复力是指个体同一性状多次度量值之间的相关程度，通常采用组内相关系数表示。遗传相关是性状育种值之间的相关。遗传参数估计是数量遗传学的基本内容之一，遗传参数估计的基本原理是方差组分估计。遗传参数既是性状特异的，又是群体特异的。

4.5 数量性状基因定位

4.5.1 数量性状基因定位的理论和方法

多基因及环境的共同作用结果使数量性状表现为连续变异，基因型与表现型间的对应关系也难以确定。因此，长期以来，育种家只是借助数理统计方法，将复杂的多基因系统作为一个整体，用平均值和方差来表示数量性状的遗传特征，而对单个基因的效应及位置、基因间的相互作用等无法深入了解，从而限制了育种中数量性状的遗传操作能力。20世纪80年代以来，发展的分子标记技术为深入研究数量性状的遗传规律及其操作创造了条件，提高了植物育种中目标数量性状优良基因型选择的可能性、准确性及预见性。

数量性状基因位点定位是将分子标记和环境作用的表型性状结合起来，通过统计模型检测后在遗传图谱上定位一个或多个基因位点。数量性状基因位点定位确定数量性状基因位点与遗传标记间以重组率表示的遗传距离。

由于数量性状是连续变异的，无法明确分组，因此，数量性状基因位点定位不能套用孟德尔遗传定律中的连锁分析方法，必须发展特殊的统计分析方法。Sax(1923)曾试图用形态标记来分析数量性状多基因与主基因的连锁关系，但是，此类标记数目有限，标记基因可能为隐性并可能存在多效作用，因此，很难系统地开展研究。20世纪60年代，Thoday(1961)提出在分离群体中利用足够数量的标记构建数量性状遗传图谱的可能性和方法，但未能得到广泛的应用。分子标记的迅速发展，各种饱和遗传图谱的相继构建，为数量性状基因位点定位奠定了良好的基础。根据个体分组依据的不同，现有的数量性状基因位点定位方法可以分为基于性状的分析法和基于标记的分析法两大类。

(1) 基于性状的分析法

基于性状的分析法(trait-based analysis，TBA)是以数量性状表型为依据进行分组的方法。在一个分离群体中，选择高低两种极端表型个体，分成两组。若某个标记与数量性状基因位点有连锁，则它的基因型分离比例在两组中都会偏离孟德尔遗传定律。检验这种偏离，就能推知该标记是否与数量性状基因位点连锁。基于性状的分析法中还有一种更简单的做法，称为混合分离分析法(bulked segregation analysis，BSA)，它是将高、低两组极端表型个体的DNA分别混合，形成两个DNA池，然后分析两池间的遗传多态性。在两池间表现出差异的标记即被认为与数量性状基因位点连锁。TBA法可以减少分子标记分析的费用，但是，它只能用于单个性状的数量性状基因位点定位，灵敏度和准确度都较低。目前，TBA法应用的不多。

(2) 基于标记的分析法

基于标记的分析法(marker-based analysis，MBA)可以推知分子标记是否与数量性状基因位点连锁。如果某标记与某个(些)数量性状基因位点连锁，那么在杂交后代中，该标记与数量性状基因位点间就会发生一定程度的共分离。因此，该标记的不同基因型在(数量)性状的分布、均值和方差上将存在差异，分析这种差异，即可推知该标记是否与数量性状基因位点连锁。基于标记的分析方法大体上又可分为均值比较法(mean comparison，MC)、性状-标记回归法(trait-marker regression，TMR)和性状-QTL回归法(trait-QTL regression，TQR)。

① 均值比较法　该法是指比较同一标记座位上不同基因型间数量性状的均值差异。若差异显著则表明有数量性状基因位点与该标记连锁。其优点是简单直观，但不能估计数量性状基因位点的具体位置和效应。

②性状-标记回归法 该法是将个体的数量性状表型值对单个标记或多个标记的基因型进行回归分析。该法通常不能给出数量性状基因位点位置和效应的估计值,但根据各标记回归系数的显著性,能够判断出可能存在数量性状基因位点的染色体区域。因此,可以利用连锁标记对目标数量性状基因位点的跟踪选择。

③性状-QTL回归法 该法是将个体的数量性状表型值对被检数量性状基因位点的基因型进行回归分析。数量性状基因位点的基因型需根据其相邻的单侧标记或双侧标记的基因型加以推断。若回归关系显著,则表明该数量性状基因位点存在,并能估计该数量性状基因位点的位置和效应。该法又包括区间作图法、复合区间作图法以及基于混合线性模型的复合区间作图法。

(3) 区间作图法

区间作图法是由Lander和Botstein提出,在个体数量性状观测值对双侧标记基因型指示变量的线性模型基础上,利用极大似然法对染色体上相邻标记构成的区间内任一点是否存在数量性状基因位点进行似然比测验,进而获得其效应的极大似然估计。该方法已广泛用于植物的遗传研究中,并被认为是构建数量性状基因位点图谱的标准方法。但该方法也有一定的缺点,例如,定位的数量性状基因位点区间往往太宽,而一个性状在同一染色体上有多个数量性状基因位点时常常会标错数量性状基因位点的位置,导致数量性状基因位点定位不准甚至出现错误。

(4) 复合区间作图法

复合区间作图法克服了区间作图法的缺陷,能利用多个遗传标记的信息。Zeng等(1994)发展了复合区间作图法,结合了区间作图和多元回归特性,实现了同时利用多个遗传标记信息对基因组多个区间进行多个数量性状基因位点的同步检验。复合区间作图法是一个不受检测区间之外数量性状基因位点影响的区间检验,通过在统计模型中拟合其他遗传标记以消除其他数量性状基因位点的效应而实现的,这也是复合区间作图法与区间作图法的主要区别。该方法可减少剩余方差,提高发现和定位数量性状基因位点的灵敏度和精确性。目前,普遍认为复合区间作图法是同时标定多个数量性状基因位点的更有效、更精确的方法。吴为人等(1996)给出了基于最小二乘法估计的复合区间作图法,该方法在计算上比基于最大似然估计的方法更简单、快速。

(5) 基于混合线性模型的复合区间作图法

朱军等(1998)提出基于混合线性模型的复合区间作图法,即用随机效应的预测方法获得基因型效应及基因型与环境互作效应的数量性状基因位点定位分析、发育性状的条件数量性状基因位点定位分析。此法是包括加性效应、显性效应及其与环境互作效应的混合线性模型,可以分析包括上位性在内的各项遗传主效应及其与环境互作效应的数量性状基因位点作图方法。

(6) 关联分析作图

关联分析(association analysis)又称关联分析作图(association mapping)或连锁不平衡作图(linkage disequilibrium mapping),是以连锁不平衡为基础,依靠连锁不平衡研究表型变异和遗传多样性间的关系,鉴定群体内目标性状与遗传标记或候选基因关系的遗传分析作图方法。连锁不平衡是任意两个遗传位点间等位基因的非随机连锁,即在随机杂交群体中由于位点突变、遗传漂变以及重组引起的衰减都会造成连锁不平衡的发生。

与传统的数量性状连锁分析相比,关联分析具有以下优势:①能在更广的遗传背景下检测到更多的遗传变异,关联分析以种质收集物或自然群体为研究对象,而连锁分析仅以杂交亲本所选育的后代群体(F_2、BC、RIL、NIL及DH等群体)为研究对象。②具有较高的精密度,由于自然群体中绝大部分材料包含其本身从减数分裂到整个种质的发展史，蕴含的信息量较大，利用标记-性状相关联分析的方法能将自然群体内的大量优秀的等位基因变异挖掘出来。③节省时间和成本，关联分析无须花费大量的时间和精力去培育杂交群体。

连锁不平衡(linkage disequilibrium, LD)的概念由 Jenning 于 1917 年首次提出，其量化概念由 Lewtonin 于 1964 年进一步完善。连续不平衡通常用两个参数表示：r^2 和 D'。两个参数的取值均介于 0 到 1 之间，r^2 和 D' 越大，连锁不平衡程度越大。通常情况下，r^2 能反映出研究对象突变率和重组率的信息，因此其更能反映连锁不平衡信息。r^2 同时作为标记和性状间相关性的参数。

相比遗传连锁分析，关联分析作图具有 3 个优点：①一般以现有自然群体和人工群体为材料，无须专门构建作图群体。②可同时检测作图群体一个座位上的多个等位基因。③可定位数量性状基因座位甚至单个基因本身，精度高。遗传连锁作图定位的数量性状基因位点与目标基因常相距 1 cm 以上，分子辅助育种中易发生目标基因丢失或连锁累赘，而关联分析作图鉴定的标记可达单个基因水平，可极大提高辅助选择的准确性和育种效率。

关联分析作图方法有 4 个基本步骤。

①作图种质材料的选择　从遗传多样性较广的自然群体或收集的种质资源中选取部分材料组成研究主体。种质资源的选择对发掘优异等位基因非常关键，应尽可能包括物种全部表型和遗传变异，以便能够检测到最多的等位基因。对于已构建了核心种质的物种而言，核心种质是进行连锁不平衡作图的最佳选择。种质材料的选择同样也决定了关联分析的分辨率。具有高度多样性的种质材料能够包括历史上曾经发生过的更广泛的重组事件，因此这样的群体具有较高的关联分析分辨率。

运用基因组范围内独立遗传标记分析群体遗传结构，群体类别不同，选用的关联分析模型也不同。可以将关联分析研究群体大致分为五类：理想型群体由微妙的群体结构和亲缘关系组成；群体仅包含亲缘关系；群体仅包含群体结构；群体包含群体结构和亲缘关系；群体包含复杂的群体结构和亲缘关系。

②群体结构分析　通过运用基因组范围内的大量独立遗传标记和 STRUCTURE 软件可以检测和分析种质材料的群体结构。理想的标记可以是适量的简单重复序列(simple sequence repeat, SSR)，或者是大量的单核苷酸多态性(single nucleotide polymorphism, SNP)，但如果所选种质材料来源有限，扩增片段长度多态性(amplified fragment length polymorphisms, AFLP)标记则是理想的选择。研究表明，玉米中通常 50~150 个标记即可很好地用来评价群体结构。

③目标性状选择及其表型鉴定　根据所要检测的目标性状设计试验，并记录表型性状数据。目标性状主要包括农艺性状、抗病性、抗逆性、产量和品质性状等，为确保试验的准确性，设计试验时需要考虑不同的环境和大量的重复。群体结构分析和基因型鉴定选用不同类型的分子标记对研究对象进行基因型鉴定，评估群体结构(population structure)和亲缘关系(kinship)。

选择了种质材料即构建了进行关联分析的群体，检测和校正该群体所存在的群体结构后，即可对无数特定目标性状和候选基因进行研究。但目标性状的选择应兼顾性状的生物学重要性、性状评价的准确性、性状相关数据采集的简易性及可重复性。为了发掘更多的优异等位基因(包括较小效应的等位基因)，对所有种质材料需要进行多年多点且在每个环境条件下均有多个重复的表型鉴定。

④全基因组扫描或候选基因关联分析　关联分析主要包括两种策略，即基于全基因组扫描

和基于候选基因的关联分析。在基于全基因组扫描的关联分析中，分析了种质材料的群体结构、标记间连锁不平衡水平和目标性状的表型数据后，即可运用 TASSEL 软件或 ANOVA 方法进行关联分析。在基于候选基因的关联分析策略中，进行候选基因的选择及其核苷酸多态性检测。为了更快捷和可靠地进行关联分析，候选基因的选择可借助数量性状基因位点作图、表达谱、突变体、生化分析和比较基因组学的研究结果。

基于全基因组扫描方法中，通常采用一定数量分布于基因组染色体上的标记对作图种质进行基因型鉴定。而基于候选基因的关联分析仅涉及对目标候选基因所进行的序列分析。

了解所研究目标群体的基因组连锁不平衡模式有利于我们选择适宜的关联分析方法。对于具有高度连锁不平衡水平的群体而言，全基因组扫描是最好的关联分析方法，因为采用这种方法可以减少所需标记的数量。而较低连锁不平衡水平的群体适宜采用基于候选基因检测的高分辨率作图方法。

4.5.2 数量性状基因的精细定位和应用

影响数量性状基因位点初级定位灵敏度和精确度的最主要因素是群体的大小，但在实际研究中，限于费用和工作量，所用的初级群体不可能很大。即使没有费用和工作量的问题，一个很大的群体也会给田间试验的具体操作和误差控制带来极大的困难。所以，使用很大的初级群体是不切实际的。由于群体大小的限制，因此无论怎样改进统计分析方法，也无法使初级定位的分辨率或精度达到很高，估计出的数量性状基因位点位置的置信区间一般都在 10 cM 以上，因而不能确定所检测出的一个数量性状基因位点是一个效应很大的基因还是包含数个紧密连锁、效应较小的基因。因此，为了更精确地了解数量性状的遗传基础，在初级定位的基础上，还必须对数量性状基因位点进行高分辨率的精细定位，即在目标数量性状基因位点区域上建立高分辨率的分子标记图谱，并分析目标数量性状基因位点与这些标记间的连锁关系。

要系统地开展数量性状基因位点的精细定位，就应该建立一套覆盖全基因组的相互重叠的染色体片段替代系或近等基因系，也就是在一个受体亲本的遗传背景中建立另一个供体亲本的"基因文库"。构建近等基因系，首先需要对数量性状基因位点有初步定位，再结合回交和分子标记辅助选择，对数量性状基因位点靶区间进行正选择，对背景进行负选择，从而快速构建靶区间的近等基因系。如果创建一套覆盖全基因组的染色体片段的替代系，将对数量性状基因位点精细定位提供非常便利的条件。目前，番茄和十字花科植物中已建立起这样的替代系。应用染色体片段替代系，已成功地对水稻抽穗期数量性状基因位点进行了精细定位，分辨率超过 0.5 cM。

对数量性状基因位点研究的最终目标是将数量性状基因位点上的基因克隆分离出来，这就需要对数量性状进行分子剖析。以基因定位为基础的基因克隆技术，称为基于图谱的克隆或图位克隆。图位克隆特别适合于分离产物未知的基因，主要采用染色体步移法。迄今，图位克隆技术已成功地应用于分离一些主基因，如番茄中的抗病基因和拟南芥中的光周期敏感基因和对番茄果重数量性状基因位点(fw2.2)的克隆分离，并已获得包含 fw2.2 的 DNA 大片段，并发现 fw2.2 可能只包含一个基因。喻树迅和袁有禄(2002)提出可以从与目标性状松散连锁的标记出发，通过标记与目标基因的距离换算成物理距离，再根据物理图谱推算，一杆即可到达可能包含目标基因的重叠群，再从该重叠群中分离单拷贝的片段作为限制性片段长度多态性(restriction fragment length polymorphisms, RFLP)探针，对目标基因进行定位，倘若定位的结果不在该重叠群上，则可续第二杆，如此继续下去，直到分离到含有目标基因的克隆为止，此法称为高尔夫球法。

随着原位杂交(*in situ* hybridization, ISH)技术应用到数量性状基因位点定位中,它势必为数量性状基因位点克隆提供一个强有力的工具。此外,还可以利用生物信息学的方法,根据已有的与目标基因紧密连锁的分子标记进行染色体着陆,很快得到基因区域的序列,再进行候选基因的确定,从而可以减少区段物理图谱的构建工作,加速目标基因克隆进程。

4.6 牧草的群体改良

通过研究牧草的群体遗传结构,人们可以开展牧草的群体改良。作物群体改良(population improvement)是20世纪60年代以来从美国玉米育种实践中发展完善的一种新的育种体系。群体改良通过鉴定选择开展人工控制下的自由交配等一系列育种手段和措施,改变基因频率和基因型频率,增加优良基因的重组,从而达到群体改良的目标。

4.6.1 群体改良的意义

(1)选育优良的综合品种,创造新的优良种质资源

群体改良不仅可以改良群体自身的性状,而且能改变群体间的配合力和杂种优势,并能将不同种质的有利基因集中于一些个体内,提高优良种质资源有利基因和基因型频率。群体改良可以不断提高基础群体的优良基因频率,有助于打破不利基因与有利基因的连锁,从而提高优良基因型的频率。群体改良的重要意义就在于将不同种质的优点结合起来,合成或创造出优良的综合品种直接用于生产,从而扩大群体的遗传多样性,丰富基因库,为育种工作提供更为优良的种质资源。

(2)提高育种效率和育种水平

选择和重组是群体进化的主要动力。从育种的角度来看,选择和基因重组是群体基因频率和基因型频率改变的主要因素和动力。群体改良的原理是利用群体进化的法则,通过异源种质的合成,自由交配、鉴定选择等一系列育种手段和方法,促使基因重组,不断打破优良基因与不良基因的连锁,从而提高群体优良基因的频率。群体优良基因频率的提高,必然导致后代中出现优良基因重组体可能性增大。因而,通过群体改良,可以提高育种效率和育种水平。

(3)可以改良外来种质资源的适应性

引进的外来种质资源往往不适应本地的生态和生产条件,但它们具有地方种质不具有的或特异的优良特性与基因。因此,如能通过改良使之适应本地的环境条件,就有可能成为新的种质资源。

4.6.2 群体改良的方法和步骤

(1)建立基础群体

群体改良的有效性往往取决于群体遗传变异的大小及加性遗传效应的高低。为此,在选择和建立基础群体时,除应注意目标性状遗传变异的大小,还应考虑群体平均数值的高低、加性遗传方差的大小及杂种优势等问题。异花授粉牧草可以选择开放授粉品种、复合品种、综合品种等育种材料作为群体改良的基础群体。

群体改良的实质是提高优良基因、基因型的频率,在特定的群体下,优良基因和基因型频

率增加的基础在于选择和基因重组。因此，牧草群体改良的方案应有助于选择和基因重组，但任何一个群体改良方案是不可能提供优良基因来源的，必须依赖于基础群体的选择与合成。

(2) 合成种质群体

在单一品种中很难同时含有人们所需要的众多有利基因，随着牧草生产水平的提高，这种情况将越来越严重。在牧草群体改良中，人工合成新的基础群体是十分必要的。

在群体改良中，用于合成新种质群体的基础材料自身性状必须优良，且还应具有较大的遗传变异，这样才有利于新种质群体中优良基因的积累。用于合成新种质群体的基础材料应当广泛一些，即类型和性状的多样性要大，以利于在新的种质群体中形成丰富的遗传变异。用于合成新种质群体的基础材料要求亲缘关系远一些，以进一步增加新种质群体的遗传异质性。

合成新种质群体时，常用"一父多母"或"一母多父"授粉法，也可将入选基本材料各取等量种子混合均匀后，在隔离区播种，通过自由授粉合成。

首先组配组合，经比较试验后，再选优进行综合，以利于集中最优良的基因或基因型，此法称为轮交法合成种质群体。例如，美国有名的种质群体玉米坚秆综合种(BSSS)就是利用16个自交系通过双列杂交合成的。

用本地品种和外来品种人工合成新的种质群体也较为适宜，可以把地方品种的适应性和外来品种的特异性有机地结合起来。育种经验表明，外来品种与地方品种的比例以外来种质占25%左右为宜。

(3) 群体改良选择方法

群体改良选择方案一般都包括从被改良群体中选株产生后代，对后代进行选择鉴定，优良后代自由授粉基因充分重组形成新一轮群体等基本程序。群体改良选择方法可以分为群体内遗传改良方法、群体间遗传改良方法和复合选择方案三大类。

① 群体内遗传改良方法　包括混合选择法、改良穗行选择法、自交后代选择、轮回选择等方法。

② 群体间遗传改良方法　是能同时进行两个群体遗传改良的群体间轮回选择方法，是由美国北卡罗来纳州立大学的著名玉米遗传育种学家 Comstock 等(1949)提出的，他们将这类轮回选择方法统称为相互轮回选择(reciprocal recurrent selection, RRS)。相互轮回选择的主要目的是，通过两基础群体的改良，使它们的优点能够相互补充，从而提高两个群体间的杂种优势。相互轮回选择又分半同胞相互轮回选择和全同胞交互轮回选择。

③ 复合选择方案　是在群体改良的方法上，育种家根据群体改良的原理，针对被改良的具体对象和性状的遗传特点，对规范的轮回选择模式加以改进和补充，从而提高选择改良的效率。

迄今为止，不同学者从不同角度、针对不同的植物和不同育种目标，提出了许多不同的群体改良方法。同时，根据群体遗传改良的原理，提出了一些从经典群体改良方法中衍生出来的方法，以适应育种的实际需要。

4.6.3　轮回选择

4.6.3.1　轮回选择的概念

轮回选择(recurrent selection)，又称重复选择，是作物群体改良中一种提高了的混合选择方法。即从原始群体中选优良单株进行自交和测交，根据测交结果，选出配合力高或表型优良的单株，混合种植，相互交配，形成第一轮选择的改良群体。第一轮改良群体继续选择，可形成第二轮选择的改良群体。通过多轮的选择和重组，可以提高群体中的有利基因频率和优良基因型比例，进而增加群体中的性状平均值，并保持其一定的遗传变异度。

轮回选择的应用最早从玉米开始，1919 年海斯（Hayes）和加柏（Garber），1920 年依斯特（East）和琼斯（Jones）分别提出类似轮回选择作法的设想。1940 年詹金斯（Jenkins）发表这种方法的具体内容。但"轮回选择"一词则是赫尔（Hull）于 1945 年首次使用的。此后，美国的玉米育种家们又提出了其他一些轮回选择的方案，系统地发展了这一方法，使其不仅在玉米的群体改良研究中得到广泛应用，并扩展到不同授粉繁殖方式作物改良一个或多个目标性状的育种中。其后，逐渐扩大到自花授粉作物（如大豆、高粱、牧草等）。目前，轮回选择已成为作物育种中群体改良的主要方法之一。

4.6.3.2 轮回选择的原理和作用

（1）轮回选择的基本原理

广义的轮回选择是指任何通过循环选择、杂交、再选择、再杂交以增加所需优良基因频率的育种体系。在轮选之前，应建立遗传变异丰富的原始群体，除表型轮回选择外，轮回选择包含建立原始群体、选择和杂交重组 3 个步骤。通过不断地选择和杂交、重组，使群体中目标性状有利基因的频率不断提高。在群体改良中，一方面可以不断向群体输入新种质，以进一步扩大其遗传变异，丰富基因源；另一方面，在任一轮均可从中选择所需优良个体，结合常规育种程序，培育优良的新品种或种质资源。

轮回选择主要适用于数量性状的改进。理论上，在育种目标涉及很多基因时，只要群体能够无限加大，有可能在一个世代中选到具有所有期望性状的基因型。但实际上，由于群体有限，只能通过逐代选择，积累有利基因和淘汰不利基因的途径，逐渐改进群体，最后达到期望的目标。与混合选择相比较，轮回选择可以避免携带过多不利基因的缺点，也可以减少因连续自交纯合化过快所导致的有利基因丢失，因而是较好的改良群体的方法。

异花授粉作物通过轮回选择可以育成开放授粉群体类型的品种及选育自交系的基础群体；自花授粉作物利用雄性不育系结合轮回选择，从任何一轮改良群体中都有可能选到优良基因型，进而育成新品种。在植物选择育种中多采用简单轮回选择，即从原始群体开始选择亲本，然后杂交产生新的子代群体，再从子代群体中又选择下一轮（世代）的亲本。如此连续进行，形成许多代的选择育种过程。

（2）轮回选择的特点

与其他遗传改良方法相比，轮回选择具有显著的特点和优势。

①使不同优良基因聚积累加，提高群体内数量性状有利基因的频率，增大优良基因型出现的频率和选择优良个体的机会。牧草的经济性状多属数量性状，受微效多基因的控制，通过常规杂交的方式选出在多个位点纯合基因的个体很困难。假如某性状受 10 对基因控制，则 10 对基因均为纯合基因型的频率为 $(1/4)^{10}$，其出现的概率是很小的。又由于这些基因是微效的，容易受环境条件的影响，而且基因之间存在着不同类型的互作等，再加上评定和选择中难以避免的误差，使得优良基因型的选择更为困难。

②打破不利的基因连锁，增大有利基因间重组表达的机会。在育种工作中常常出现目标性状基因与不利性状基因的连锁，例如，棉花的低皮棉产量与高纤维强度之间、小麦的高蛋白含量与低产之间都存在着连锁关系等，多次互交有可能打破不利连锁，提高基因重组概率，有利于理想个体的出现与选择。

③使群体在得到不断改良的同时，保持较大的遗传变异度，防止基因丢失，增强其适应性。

④使短期和中长期育种目标相结合，满足育种不同时期的需要。轮回选择可将数量性状优良基因转移到优良的遗传背景中去，以备近期育种应用，还可通过综合杂交组成复合群体，形成具有丰富基因贮备的种质库，为不断满足社会对牧草品种的多种要求奠定物质基础。

轮回选择的群体是开放的，形成一个能动的基因库，可以在改良的过程中随时加入新的种质，丰富群体的遗传基础，从而使有利基因频率的提高得以持续进行，不致因循环次数的增多而降低改良效果。同时，也可以随时选出新的品系或自交系。

(3) 轮回选择的技术环节

通过轮回选择进行群体改良的关键技术通常包括两个方面：一是互交技术，二是选择技术。互交技术有两种：一种是人工杂交，工作量大；另一种是利用雄性核不育系、蜜蜂等传粉进行杂交。

①原始群体 选择原始群体时，首先应根据育种目标确定需要改良的性状有无足够的遗传变异性，即性状变异的大小；其次，考虑数量性状的平均值和杂种优势的大小。如果两个群体在遗传变异上相似而平均值不同，应选择平均值高的作原始群体。进行群体改良所采用的原始材料有3种，即天然授粉群体、人工创造的综合品种和杂交种(包括单交、三交、双交和回交种)。

综合品种是轮回选择中应用比较广泛的原始材料，它们是由至少3个，多至40~50个自交系组配而成，常常具有多种优良种质。综合品种组配时，既要使每个群体内有较大的遗传变异性，以利于发生基因的分离和重组，保证改良的群体实现显著的增效，又要使群体的种质组成有一定规律，以便从群体中选育出的自交系有一定的方向性，减少选择的盲目性，还可以在改良过程中不断掺入新的外来种质。以玉米为例，可按来源不同，将国内系、国外系、国内外系混合组配集团，也可按性状的不同来组配各种类型的综合品种，还可用天然授粉群体与综合品种进行杂交组配等。

②选择方法 当选到适当的种质并合成基础群体 S_0(未自交的世代)以后，需考虑采用什么方法进行轮回选择。现行的轮回选择主要分为两种类型：即群体内轮回选择和群体间轮回选择。

群体内轮回选择以培育品种为最终目的。群体内选择方法很多，根据单株或其后代的表现又分为混合选择、表型选择、半同胞家系选择、同胞家系选择、S_1 自交系家系选择、S_2 自交系家系选择等多种，也可将上述选择划归为混合选择和自交系选择。混合选择简单易行，一年生植物每年可完成一轮，时间短、费用低。由于选择是在加性遗传效应基础上进行，对遗传率高的性状选择效果明显，如穗长、株高、早熟性等。但对复杂的性状(如产量的选择)，效果不太明显，有时甚至伴随出现不利的性状。自交系选择，可以在 S_1 代(自交第一代)、S_2 代(自交第二代)及其他自交世代上进行，可以进行多次、多个性状的选择，但完成一轮选择所需时间较长，费用较高。

群体间选择方法只有半同胞和全同胞交互选择。群体间轮回选择以选育杂交种为最终目的，根据两个群体衍生系杂交种的产量进行选择又分为一般配合力的轮回选择、特殊配合力的轮回选择和交互轮回选择。群体间选择对产量性状的选择效果较好，不仅能使两个群体同时得到改良，还能在两个群体之间产生优良自交系，进而产生优良杂交种，但方法比较复杂，选择时先要对两个基础群体的有关遗传参数及其杂种优势的大小有一定的了解。

总之，选择方法的选用应依选择性状不同而定，做到经济、简便、有效。例如，穗长、株高、早熟性等性状一般采用混合选择法；抗病虫等性状一般采用自交系选择法；产量性状一般采用群体内或群体间的半同胞或全同胞轮回选择。

③测验种　轮回选择的进度与测验种选用有着直接的关系，选用什么样的测验种是轮回选择育种的一个关键技术环节。适合的测验种应该是与改良对象相对应、无亲缘关系的另一群体或自交系，这样做既可有效地测定自交系的配合力，而且可将测验种作为亲本之一组配成杂交种或综合种。

4.6.3.3　轮回选择的基本方法

(1) 轮回选择的基本程序

轮回选择基本程序有3个阶段：①从原始群体中选育后代系；②设置有重复的小区试验评价后代系；③选择优良后代系进行相互杂交，重组形成新的群体。这便是一个轮回，如此循环，通过多次轮回选择，优良基因的频率得以不断提高，优良基因的集中程度会逐渐增大，从基础（原始）群体中分离并获得优良基因型个体的可能性也会越来越大，最终使群体的目标性状达到预期的水平。轮回选择中的多次连续轮回是一个有利基因累积的过程，上一轮回选择的结果可作为下一轮回的基础材料，轮回选择由此得名。总之轮回选择就是通过选择—重组—再选择—再重组的轮回获取改良群体中优良基因型集于一身的优良重组体，是超亲育种的重要方法。此外，经过改良的综合品种群体，除用作选育自交系外，如果符合生产要求也可直接在生产上加以利用。

(2) 轮回选择的基本方法

①简单轮回选择　Sprague 等（1952）在玉米籽粒含油量的选择中最先应用了简单轮回选择法，并获得了令人信服的结果，其选择的程序如图4-4所示。基本做法是：自交一部分单株并分析种子含油量；将含油量高的果穗分别种成单行，使它们相互授粉杂交；杂交后混收种子进入下一轮回，这样的简单轮回选择称为轮回系列。为了比较，对另一些果穗进行连续的自交与选择，称为自交系列。结果表明，轮回系列在提高玉米种子含油量方面所起的作用明显优于自交系列。在含油量4.97%的基础上，经过5年的选择，轮回系列的含油量达到7%，即每年增加0.41%，而自交系列的含油量仅达到5.62%，每年增加0.13%。简单轮回选择的程序曾用于改良不同的作物。Dudley等（1963）在苜蓿的研究中采用简单轮回选择，使抗虫性和抗锈病性的平均水平得以显著提高。简单轮回选择也有助于降低饲草中有害物质的含量，如苜蓿中皂角苷含量。

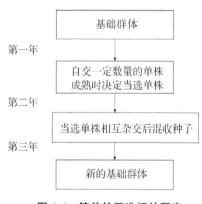

图4-4　简单轮回选择的程序
（云锦凤，2016）

总体上看，简单轮回选择既不进行测交，也不进行严格的后裔测验，适用于遗传力较高，通过表现型就可以选出优良性状的群体，而对于多基因控制的产量、配合力等性状的选择效果不明显。

②一般配合力的轮回选择　一般配合力的轮回选择是从自交系早代测验的研究中发展起来的。选择时，先从基础群体中选株自交，构成 S_0 植株；用每个 S_0 植株的花粉与一个杂合的测验种测交，测验种可以是品种、非亲缘的另一群体或复合杂种等，测交后可得到许多半同胞的测交组合（测验种×S_0）；对所有测交组合进行评价鉴定，从中选出约10%的优良组合；最后将这些优良组合相应的父本自交系 S_1（或 S_2）在隔离区随机交配，混收种子后组成一个新的改良

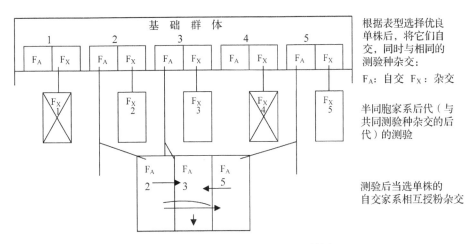

图 4-5　一般配合力的轮回选择程序(云锦凤，2016)

群体，即完成了一个轮回的选择(图 4-5)。还可进行若干轮回的选择，直至达到育种目标为止。每轮测定中测出的优良组合的父本自交系也可继续自交，选择优系。

从整个选择过程看，优良单株的选择既考虑了它们的表型，又兼顾其测交后代的表现，因而与传统的混合选择法有质的区别。此外，每个中选单株不只与另一个相配的单株杂交，还与作为配合力测试的所有植株杂交，因而与特殊配合力的轮回选择有区别。

③特殊配合力的轮回选择　特殊配合力轮回选择的基本程序与一般配合力的选择大致相同，其区别在于一般配合力选择所用测验种的遗传基础较广(如自由授粉群体、综合品种等)；而特殊配合力轮回选择的测验种的遗传基础较窄(自交系、单交种等)。提出对特殊配合力的选择是基于这样一个事实，即在杂种优势的组成中，有相当一部分为基因间的非加性效应，如显性和上位性等。为了在杂种生产中充分地利用这种类型的基因互作，必须以特定的材料作为测验种对群体进行选择，以选育强优势的株系。这样的株系一旦被选育来，就可与测验种组配生产杂交种。

选择时，首先在基础群体中筛选优良单株成对杂交，配成数十个至百余个 $S_0 \times S_0$ 的全同胞组合；第二年将收获的一部分同胞交种子做比较试验，其余部分于在室内分别保存，通过比较试验，根据表型选出最优的 $S_0 \times S_0$ 组合(即全同胞株系)，当选率约 10%；将当选株系室内保存的种子，同时播种在隔离区内，使其自由传粉杂交，混收种子后构成改良群体，即为一个轮回(图 4-6)。这样使得被改良的群体有望打破原来优良基因与不良基因间的连锁，聚集更多有利基因，增加优良基因重组的机会。

④交互轮回选择法　Comstock 等(1949)集一般配合力和特殊配合力的选择为一体，提出了交互轮回选择，目的在于同时对一般配合力和特殊配合力进行测定、改良群体。交互轮回选择的基础群体为两个杂合程度较高而且遗传距离较远的群体 A 和群体 B。先从群体 A 中选若干单株自交，并与群体 B 的若干单株杂交，同样也从群体 B 中选一些单株自交，并与群体 A 的一些单株杂交；根据测交后代的表现决定双方群体的当选植株；将当选植株的自交种子按两个群体分别繁殖，群体内相互杂交形成改良的群体 A′ 和群体 B′ (图 4-7)。

交互轮回选择中应注意两个关键环节：一是从每个世代中选出足够数量的单株，以防止因群体过小而增加遗传漂变和近交产生的不良影响；二是每代当选的个体间应充分杂交，以降低当选植株来自少数个体间交配的可能性。

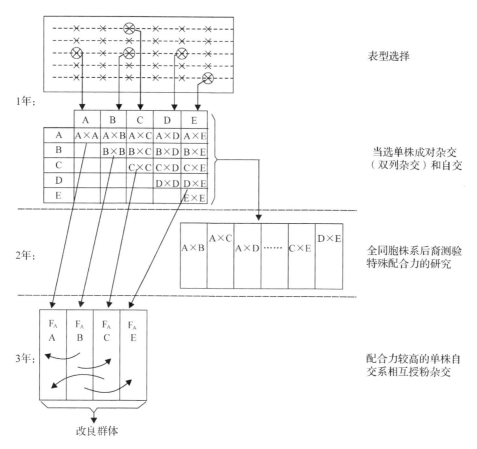

图 4-6 特殊配合力轮回选择的程序

交互轮回选择法是半同胞株系轮回选择或一个群体作为另一群体的全同胞株系轮回选择方法的特殊应用。由于杂种优势取决于显性作用以及等位基因频率间的差异，交互轮回选择的有效性受两个群体遗传距离的制约。当从两个群体中选取品系并寻找可能的优良杂种组合时，这种方法是很实用的。

在育种中，用哪一种轮选方法应根据植物类型（授粉类型）、育种目的、选择性状遗传率的高低、基因作用类型（加性、显性或上位性）及杂种优势的重要性、非新缘亲配的水平、雄性不育类型等来确定。

利用轮回选择进行群体改良在作物育种中获得很大成功。G. F. Sprague（1946）用 16 个来自玉米带的抗倒伏自交系建立了一个坚秆综合群体 BSSS。经 30 年轮回选择，到 1976 年已从这一群体中选出 82 个优良自交系在生产上应用，遍布美国 13 州和加拿大 3 省。其中，艾奥瓦州选出的自交系 B73 尤为突出。用 B73 所配成的单交种种植面积曾一度占美国玉米总面积的 35%。肯尼亚采用轮回选择以后使玉米产量大增，从经常缺乏玉米变成为玉米出口国，玉米种植面积从 1963 年的 121.4 hm^2 增长到 1970 年的 $1.42×10^5$ hm^2。此外，轮回选择在高粱、大豆、棉花、甜菜、向日葵等作物的改良工作中都取得一定效果。我国自从发现小麦显性核不育基因以后，已利用它在北京、太原、南京等地开展小麦抗赤霉病、抗旱和综合性状的群体改良工作。

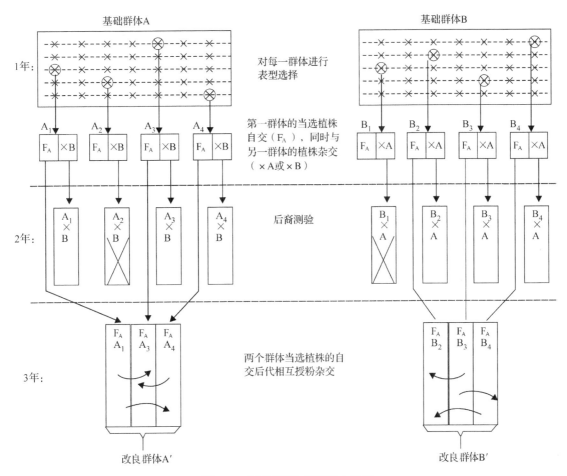

图 4-7 交互轮回选择的基本程序

4.6.4 轮回选择在雄性不育性中的应用

群体改良最早是在玉米等异花授粉作物中应用，在自花授粉作物和常异花授粉植物中，由于去雄授粉比较困难，因而限制了群体改良方法的应用。由于在一些自花授粉作物和常异花授粉作物中发现了隐性核基因控制的雄性不育遗传特性，为开展轮回选择提供了前提条件和基础。

应用于异花授粉植物的轮回选择方法，大多必须经过修正后，才能有效地应用于自交授粉植物上。例如，相互轮回选择方法是为雄性不育植株等可以通过风媒自由传粉的作物而提出来的，尤其适用于存在隐性核遗传雄性不育基因的作物。随后，提出了利用隐性核基因遗传雄性不育特性获得天然杂交种，对大豆进行轮回选择的方案。

(1) 混合集团选系法

混合集团选系法是主要应用于高粱的轮回选择方法。它的具体实施方案有两种方式：

第一种方式是从导入雄性不育核基因的异交基础群体中选择优良的雄性不育株，收获中选的母本雄性不育株上的种子，等量混合后在隔离区播种，形成下一轮改良群体，以该改良群体作为第二轮改良的基础群体，重复这个过程，形成第二轮改良群体，这种方式称为母本混合集团选择法。

第二种方式的第一轮改良过程与第一种方式相同，是从导入雄性不育核基因的异交基础群体中选择优良的雄性不育株形成改良群体。第二轮改良是从优良雄性不育株繁殖的分离群体中选择优良的雄性可育株，中选优良雄性可育株在隔离区繁殖形成分离群体，选择分离群体中的优良的雄性不育株并收获中选雄性不育株上所结的种子，等量混合后播种在隔离区，形成下一轮的改良群体，这种第一轮与第二轮选择交替进行的方法称为交替混合集团选法。第二种方式因增加一次自交和选择，有利于打破有利基因与不利基因间的连锁，提高了优良基因型出现的频率，也就提高了选择效率。

(2) S 选择

第一年，从已导入核雄性不育基因的异交基础群体内选择优良的可育株，因为自然异交率很低，故上述中选可育株将作为自交株 S_1 处理。第二年，用半分法进行 S_1 比较试验，并按 S_1 自身表现进行选择。第三年，将中选 S_1 的剩余种子掺和，并在隔离区混合种植，开花后鉴别出雄性不育株，并选择和标记出符合需要的优良雄性不育株，在散粉前除去不符合需要的雄性可育株，最后，收获中选雄性不育株上的种子，形成下轮改良的基础群体。S 选择既可应用于饲用高粱等常异花授粉牧草的群体改良，也可应用于大豆、燕麦等自花授粉牧草的群体改良。

(3) 自交半同胞家系轮回选择

自交半同胞家系轮回选择法是 Brim 和 Stuber（1973）提出主要应用于大豆群体改良的方法。基本选择方案是：

第一年：从已导入雄性不育基因的异交基础群体中，选择优良雄性不育株收获种子，因为大豆花粉主要靠昆虫传播，所以随机交配率较低，因此，在选择并收获雄性不育株之前，采用拉丁方等类似的抽样方案，即把一个相互交配区划分为若干个亚区，在每个亚区进行抽样。例如，假使要收获 300 个雄性不育株，就可以在 30 个亚区中各随机选取 10 个符合要求的雄性不育株。这样，就能保证在相互交配区中抽样的均匀性。在相互交配区中所要求种植的植株总数，则取决于该群体里雄性不育等位基因的频率。由于雄性不育株间结实率不同，因此，异交基础群体的种植株数应尽可能多一些，以便能提供第二代繁殖所要求的株数。

第二年：将第一年入选的雄性不育株的种子按株系种植，目的是使自交分离出的雄性可育株上能够产生足够的自交种子，供第三年重复试验。从第一年选择并收获的那个雄性不育植株到第二年从分离出的可育株上结下的种子，就构成第三年的一个供试材料。例如，第一年收获 300 个雄性不育株，那么第二年的试验就可能有 300 个试验材料可供使用。由于是从第二年入选各植株的后代的全部可育株或若干可育株上收获自交种子，作为第三年的供试材料，因此，选择单位主要是自交的半同胞家系，故此法称为自交半同胞家系轮回选择。

第三年：用半分法将第二年收获的半同胞家系进行比较试验，以测试第二年产生的雄性可育株后代的改良效果。为了克服土壤的差异，可将供试的材料分成几个亚组。在试验区里把每个亚组随机地设计为一个区组，并根据实验材料与区组平均值的离差进行选择，选留 10% 左右的优良自交半同胞家系，因测验后代包含雄性不育株，它们对选择性状可能有小的影响。同样，由于抽样误差，每个小区雄性不育株数也有变化。因此，增加重复或增加试验点可降低这些误差的影响。

第四年：将第二年中选的自交半同胞家系的预留种子混合种植，形成下一轮改良的基础群体。假使第二代的预留种子不够用，可由第三代试验材料可育株上结的种子代替，由于第二代杂合雄性可育株的不育性基因都是杂合的，所以用第二代预留种子播种，在相互交配世代就出现 1/4 雄性不育株。如果用第三代的雄性可育株产生的种子播种，相互交配世代只有 1/6 的植株为雄性不育。因此，相互交配区所需种植的总数取决于混合种子的来源。

此外，双列选择交配法、进化育种法、歧式杂交法等也可用于自花授粉植物的群体改良，特别是水稻光敏核不育系的发现和利用，更为水稻的群体改良提供了简单易行的途径。

4.7 分子标记辅助选择育种方法与技术

在传统育种中，对亲本和后代的选择都是基于表型性状进行的。当性状的遗传基础较为简单时，表型选择是非常有效的。但许多数量性状，如产量、品质、成熟期等，受许多微效基因的控制，易受环境影响，表型选择效率往往较低。随着分子标记技术的发展，分子标记辅助选择成为育种的有效工具。如 Williamson 等(1994)找到了一个与番茄抗线虫病基因 Mi 连锁的显性随机扩增多态性(RAPD)标记 REX-1。经克隆测序设计出碱基特异引物，转化为 SCAR 标记。所有抗感品系都会扩增出一条同样大小的带，无多态性表现。后用限制性内切酶 Taq I 酶切后，抗感品系间表现了多态性，并能区分纯合、杂合品系，成为与 Mi 连锁的共显性标记。

质量性状受一个或者少数几个主基因控制，寻找与质量性状基因紧密连锁的 DNA 标记，或者说对质量性状进行分子标记，可以实现分子标记辅助选择育种。对质量性状进行分子标记主要有两个目的：一个是为了在育种中对质量性状进行标记辅助选择；另一个是为了对质量性状基因进行图位克隆。近等基因系法、分离体分组混合分析法以及遗传连锁图谱定位法是快速有效地寻找与质量性状基因紧密连锁的分子标记的主要途径。

表达序列(EST)数据库和反向遗传学可以分析大量的基因功能及相互关系。基因组序列的测定分析结果及 DNA 芯片技术的应用，可进行大规模、多标记同时筛选鉴定，提高辅助育种的效率，促进不同植物间目标性状的标记鉴定工作。DNA 标记鉴定和辅助选择技术还有利于种质资源的发掘和利用。目前，已成功用于辅助选择的性状包括水稻高抗白叶枯病基因 $Xa21$ 的转育、携带 Bt 抗虫基因水稻新品系、抗条锈病和白粉病的小麦新品系、大豆耐盐基因、含 $Rf3$ 的玉米细胞质雄性不育恢复系等。

一组遗传背景相同或相近，只在个别染色体区段存在差别的株系，称为近等基因系(near isogenic lines，NIL)。如果一对近等基因系在目标性状上表现出差异，那么，凡是能在这对近等基因系之间揭示出多态性的分子标记，就可能位于目标基因的附近。大量研究报道表明，利用近等基因系法对寻找与目标基因紧密连锁的分子标记是十分有效的，这类连锁紧密的 DNA 标记不仅适合于分子标记辅助选择，同时对利用图位克隆法克隆目标基因也十分有用。

近等基因系法虽然对快速寻找与目标基因紧密连锁的分子标记十分有利，但是由于近等基因系是通过一系列回交来培育的，回交过程一直要持续到新培育的目标品系在理论上除了含有目标性状基因染色体的区段外，与轮回亲本几乎等基因时为止，整个过程十分漫长，而且一对近等基因系一般只能研究一对性状的基因，相对而言成本较高。但是，近等基因系仍然是对基因进行精细定位和图位克隆的有效方法。

分离分组混合分析法(bulked segregant analysis，BSA)是由 Michelmore 等在 1991 年提出的。该法是由近等基因系法演化而来，它克服了许多作物没有或难以创建相应的 NIL 的限制，在自交和异交牧草中都有广泛的应用前景。对于尚无连锁图或连锁图饱和程度很低的牧草，该法也是一种快速获得与目标基因紧密连锁的分子标记的有效方法。利用 BSA 法已经标记和定位了许多重要的质量性状基因，如莴苣抗霜霉病基因、水稻抗瘿螟基因以及水稻抗稻瘟病基因。BSA 法根据分组混合的方法不同可分为基于性状表现型和基于标记基因型两种：前者根据目标性状的表现型对分离群体进行分组混合；后者是根据目标基因两侧的分子标记的基因型对分离群体进行分组混合。

近等基因系法和分离分组混合分析法只能对目标基因进行分子标记，但是还不能确定目标基因与分子标记之间连锁的紧密程度及其在遗传连锁图上的位置，而这些信息对于评估该连锁标记在标记辅助选择和图位克隆中的应用价值是十分必需的。因此，在获得与目标基因连锁的分子标记后，还必须进一步利用作图群体将目标基因定位在分子标记连锁图上。

2003年，荷兰科学家Peleman与van der Voort第一次提出设计育种(breeding by design)的概念，其策略是在基因定位的基础上，构建近等基因系，利用分子标记聚合有利等位基因，实现高效育种目标。

2004年，中国农业科学院水稻研究所提出了分子设计育种(molecular design breeding)，目的是在水稻全基因组测序完成和主要农艺性状基因功能明确的基础上，通过有利基因的剪切、聚合，培育出产量、品质及抗性较高的超级稻品种。

分子设计育种将在多层次水平上研究植物体所有成分的网络互作行为和在生长发育过程中对环境反应的动力学行为。继而使用各种"组学"数据，在计算机平台上对植物体的生长、发育和对外界反应行为进行预测。然后根据具体育种目标，构建品种设计的蓝图。最终结合育种实践培育出符合设计要求的农作物新品种。

将野生植物驯化成农作物是人类驯化活动的主要目标之一。在漫长的驯化选择历程中，植物逐渐失去其野生祖先种的遗传和生理特征，形成符合人类阶段性需求的栽培品种。驯化和改良引发的农作物品种更新换代往往与人类文明的发展历程同步。李家洋团队于2021年在 Cell 杂志发表重大突破性研究成果。该团队绘制了四倍体野生稻从头驯化路线图，突破了一系列限制多倍体野生稻驯化的理论难题和技术瓶颈，综合运用多维组学和基因编辑技术实现了野生四倍体水稻的从头驯化，创造了世界首例重新设计与快速驯化的四倍体水稻，将过去的"不可能"变成了现在的"一切皆有可能"(图4-8)。该研究突破了现有二倍体水稻作物的育种局限，实践了从0到1的突破性创新，为遗传背景复杂的野生植物重新驯化提供了范例和解决方案，将引领未来作物创新创造，翻开生物育种新篇章。

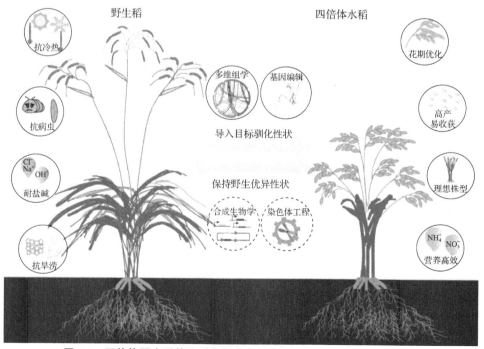

图4-8　四倍体野生稻从头驯化创造全新作物示意图(Yu *et al*., 1984)

多倍体化是植物进化的重要机制。二倍体向多倍体的演化过程引入了新的遗传信息，提高了遗传多样性，增强了植物的环境适应性和系统稳健性。异源四倍体野生稻从头驯化路线图的绘制与实践为遗传背景复杂、驯化潜力大、农业产值高的包括各种牧草在内的野生植物的快速驯化开辟了道路，提供了成功范例和解决方案，并为种子精准设计与未来作物创造提供了全新策略。

思考题

1. 名词解释：数量性状　群体遗传结构　表型值　基因型值　主效基因　加性效应　显性效应　上位效应　狭义遗传力　育种值　重复力　遗传相关　最佳线性无偏预测值　遗传作图　数量性状基因位点定位　关联分析作图
2. 解释遗传力的概念与性质？遗传力有哪些用途？
3. 牧草遗传群体分为哪三类？各有什么特点？
4. 估计三大遗传参数的基本原理是什么？
5. 牧草群体改良的方法是什么？
6. 轮回选择的原理和作用是什么？
7. 阐明一般配合力的轮回选择方法。
8. 简要叙述群体遗传参数在牧草育种中的应用。
9. 牧草生产中苜蓿的主要数量性状有哪些方面？其各类性状遗传参数有哪些特点？重复力有哪些用途？
10. 数量性状基因位点定位的分析方法有哪些？

第 5 章

选择育种

5.1 选择的遗传原理

5.1.1 选择和选择育种

选择是根据单株的表现型挑选符合生产需要的基因型，使选择的性状稳定地遗传下去。选择既可以作为一种独立的育种途径进行选育和创造出新品种，同时也应用于其他育种途径中，如引种、杂交育种、倍性育种、诱变育种等都包含有选择过程。各种植物现有品种都是在漫长的历史发展过程中，通过选择从野生植物逐渐演变而来。品种的形成是自然和人工选择的结果。因此，选择是整个育种过程中不可缺少的环节，是创造新品种和改良现有品种的重要手段。

选择育种(breeding by selection)就是在自然或人工创造的变异群体中，依据个体或群体的表现型选优去劣，挑选符合育种目标的基因型，使优良或有益基因不断积累及所选性状稳定遗传下去的过程。

19世纪中叶，英国生物学家达尔文第一次科学地总结了自然选择和人工选择在动植物品种形成中的作用。他认为选择并不是单纯地在现有类型中进行分级和保存，而是具有创造性作用。他认为有机体在外界条件作用下会引起某些细微的变异，这些变异的趋势和性质通过选择过程能够保留下来，并且当最初引起变异的生存条件继续存在时，可以促使它们的后代继续向这个变异的方向发展、累积和加强，最终形成明显而巨大的变异。

通常将选择分为自然选择和人工选择。自然选择(natural selection)是指在自然环境条件下，植物群体内能够适应自然环境变化的变异个体，通过自然选择过程维持生存并繁衍下去，在条件仍然存在时，使其后代继续向着有益于保留对生物本身有利的变异方向发展，而使物种得到进化。植物界已形成的物种分布就是长期自然选择和物种主动适应的结果。人工选择(artificial selection)是指在人为的作用下，选择具有符合人类需要的有利性状或变异类型，并使其向着有利于人类的方向发展，淘汰那些不利的变异类型。人工选择又可分为无意识选择和有意识选择两类。在生产上所用的一些地方品种、驯化的栽培植物和驯养的家禽均是由劳动人民无意识选择而来。有意识选择是根据遗传原理，有计划、有明确目标的进行选择。现代育种技术均属于有意识选择，如对于牧草和饲料作物的选择，人们通常侧重于提高产量、品质和抗性等性状，而对于草坪草的选择则注重成坪速度、叶片质地、绿期长短、耐践踏性、修剪质量、再生性能和抗性等多方面性状。

5.1.2 选择育种的原理

5.1.2.1 选择的理论依据

(1) 生物进化学说

英国生物学家达尔文创立的生物进化学说是选择育种的理论依据,其中心内容是变异、遗传和选择。其中,变异是选择的基础,为进化提供了材料和可能性,没有变异就不会出现对人类有利的性状,也就无从选择;遗传为选择提供了保证,它把自然选择的成果巩固和积累起来。如果某个性状没有遗传,选择的优良性状就不能稳定和代代相传,也就无法应用。

选择是育种的动力,自然选择保存了能更好地适应环境条件的有利个体,人工选择则促进变异向着有利于人类的方向发展,并且使微小的变异逐渐发展为显著的变异,在此基础上创造出新的、各种各样的类型和品种。各种生物类型都是在发展中变化和在变化中发展。

现在地球上种类繁多的植物都是由过去少数原始野生植物,在不断变异的基础上,经过自然选择将有利的变异遗传巩固下来而逐渐发展起来的,包括农作物在内的水稻、小麦以及牧草中的苜蓿、三叶草等,都是由野生进化而来。在新的水平上,这些植物及其品种再变异、再选择、再遗传,从而使生物得以从简单到复杂、由低级到高级不断进化和发展。因此,变异、遗传和选择既是生物进化的3个重要因素,也是人工选育新品种的理论基础。

(2) 纯系学说

丹麦植物学家约翰逊(W. L. Johannsen)于1903年首次提出了纯系学说(pure line theory)。该学说被认为自花授粉作物纯系育种的理论基础。纯系是指自花授粉作物一个纯合体自交产生的后代,即同一基因型组成的个体群。纯系学说的要点:①在自花授粉作物群体品种中,通过单株选择可以分离出许多纯系,表明原始群体品种是纯系的混合物,通过选择可以把它们的不同基因型从群体中分离出来。②从同一纯系内继续选择是无效的,因为它们出现的变异是受环境因素影响的结果。该学说把变异分为两类:一类是遗传的变异;另一类是不遗传的变异(即环境引起的变异)。要区别这两类变异,必须通过后代鉴定。选择着重于能遗传的变异。这个结论无疑是正确的,但它把纯系绝对化是错误的。遗传育种实践大量事实证明,纯系只是相对存在,没有绝对的纯系。由于基因突变、自然异交产生的基因重组以及环境变异引起的微小变异逐渐发展成为显著变异等原因,都可能造成纯系不纯,可遗传的变异一旦出现,从"纯系"中进行选择仍是有效的。

(3) 变异的来源及选择育种

变异分为自然变异和人工创造的变异。在植物育种工作中,既要充分利用自然界已有的变异,更要利用人工杂交和诱变等方法创造出的变异。

通常通过杂交、诱变、突变等方式所产生的变异,其遗传基础发生改变,造成基因型的变异,这种变异是能够遗传的。而由一般环境条件影响所引起的变异,只是表现型出现某些变化,基因型并未发生改变,不是遗传变异,对于这类变异的选择一般是无效的。

在自然条件下,任何植物或品种的遗传性总是不断地产生变异,选择可以把这种变异保存和巩固下来。即使是一个自花传粉的作物品种,有时仍可从它们当中选育出新品种来。这是因为有一些作物品种,从开始就是一个由多数基因型混合的混型群体;另一种情况是,有些数量性状遗传要牵涉多基因,在育种过程中很难估计它的纯合程度,在这样的混型群体中,通过选择有时也可以选育出新品种来。

自然杂交是在自然条件下的异花授粉,杂交过程中,父母本控制性状的基因在受精卵中重新组合，这种由于基因重组所发生的变异是遗传的变异。这种可遗传的变异，就是育种的选择对象。事实上，目前已选育成的一些牧草品种，有一部分就是由自然杂交分离出来，经过选择培育而成的品种。

突变是品种发生变异的一个重要原因。品种推广后，种植面积越大、时间越长、遇到的不同自然条件越广泛，受到的影响越复杂，发生变异的机会也越多。自然界引起生物突变的因素是多种多样的，如气候因素、宇宙射线、放射性物质及土壤中存在的一些化学物质等，这些因素作用于植物后都可能导致植物基因突变。这种突变是可遗传的。只要这种突变优于原品种，就应该加以选择和培育。

各种变异来源，为育种提供了广泛的选择机会和丰富的物质基础，从中经过观察和选择就可获得突变体，培育新品种。此外，通过长期连续的定向选择，由于有利基因的积累和基因累加效应，可以显著地改变原始群体的面貌，从而出现新的变异。

选择育种也有局限性。尽管自然突变总是在不断发生，但出现的概率极低，且在一个品种的群体中，某个性状的突变只能出现在个别植株上，突变影响也仅涉及个别性状，给选择带来了困难。此外，某一个品种的某一个性状发生改变，而其余的性状还是保持原品种的特点。这种变异一经选择之后，往往很容易稳定而达到整齐一致。这对加快育种进程，缩短育种年限是很有意义的。但要通过选择育种，选育多个性状同时被改良的新品种则很难实现。

5.1.2.2 生物变异的主要方向

生物在自然条件下，经历种间竞争、种内竞争及与生存环境间的适应过程，形成以下三种主要变异方向。

(1) 趋同

不同种和品种在相同的条件下向着同一方向发生变异和累积变异。例如，在干旱条件下，所有的植物都向着耐旱的方向发展，形成发达的根系、特殊的贮水组织和器官，叶片变细变小，或表面有蜡质保护，以减少蒸发，细胞液渗透压增大，某些营养物质和酶水平变化等，以适应在干旱条件下的生存。在某些除草剂的作用下，某些种和品种的一些个体向着抗除草剂的方向变异而形成一些耐性类型等。

(2) 趋异

同一种或品种的生物，在不同的环境条件下向不同的方向发展，以致最终形成性状上完全不同的类型。这是生物多样性发展的重要途径之一。例如，高羊茅在不同条件下发展成坪用高羊茅和饲用苇状羊茅。

(3) 平行

不同种和品种的生物在不同的环境条件下向着不同的方向发生性状分歧(character divergence)，彼此间产生了变异，然后在相同的生境条件下又向着同一方向发展，而形成平行发展关系，即先趋异后趋同的变异发展过程。例如，小麦在不同温度条件下趋异而形成冬小麦和春小麦，它们又在干旱条件下共同向着耐旱的方向发展。

在制定育种目标时，如果人工选择的目标方向和自然选择的变异方向一致，则会加速育种进程和提高育种效率。如果二者方向不一致，则会对育种目标产生不利的影响，甚至会造成育种工作的失败。

5.1.3 选择育种的基本原则

选择的主要目的是选出某一个原始材料中最优良的类型，或某一类型中最优良的个体。在选择时，需要通过鉴定、比较和分析研究，才能选育出所需要的新品种。根据育种实践，在选择过程中，通常应掌握以下基本原则。

5.1.3.1 优中选优

优良品种是育种工作者经过长期的育种过程培育出来的，富含许多优良基因，综合性状表现优良，是比较理想的选择材料。在优良品种中针对其不良性状进行改良，实行优中选优，往往能得到比较理想的结果，选育出更突出的品种。我国专业育种机构采用选择方法育成的大多数品种都是在丰产田、种子繁殖田里选择优良植株获得的。例如，'海子1号'湖南稷子就是宁夏回族自治区草原工作站采用单株选择法从原湖南稷子(*Echinochloa frumentacea*)群体中选育而成的；'杂花'沙打旺(*Astragalus laxmannii* 'Zahua')是利用辽宁省早熟沙打旺优良品种作原始群体，经选择育成，其花冠不仅有蓝色、紫色，还有白色、蓝紫色、红紫色、粉红色等；'川草1号'老芒麦(*Elymus sibiricus*)和'川草2号'老芒麦分别选自优良品系802320和812189。利用优良品种为选种材料，是当前系统选育法培育新品种的一条有效途径。

5.1.3.2 选择可遗传的变异

只有可遗传的变异才能把其性状传递给后代，因此，在选择前识别可遗传的变异和不能遗传的变异十分重要。田间鉴定是识别某一变异是否属于可遗传变异的常用方法。即将有待选择的材料，种植在一个地形、肥力等生长环境比较均匀一致的条件下，单株间保持一定株行距。在牧草生长的关键时期，对个体的株高、叶片大小、穗重、粒重、饲草产量、籽粒质量等进行观察和测定，从中发现和找到优良的植株或个体。对于多年生牧草，应在田间条件下观察多年，且在育种计划中采用合适的后裔测定方法，以识别其是真实的遗传变异还是短暂的表观变化。为了选择抗病、抗虫、耐寒、耐旱、耐盐碱等抗性牧草品种，要在自然或人工创造的逆境环境下，进行连续诱发鉴定和筛选。为了改良牧草品质，如涉及牧草纤维素含量、蛋白质含量、可消化率等品质特性，还应进行室内的分析和鉴定工作。

5.1.3.3 关键时期进行选择

原则上选择应在整个生育期内进行，即根据育种目标对选择群体进行详细的观察记载，一旦发现优良变异类型，及时做出标记和记载。对于无性繁殖类型的牧草，也可在隔离区进行单独无性繁殖。此外，对于抗逆性状的选择，需要在相应的逆境环境下进行。例如，在抗病性选择育种过程中，需在牧草发病期间，特别注意在发病严重的田块或区域选择抗病株系；而对于抗冻性状的选择，则应在零下低温条件下、在冻害可能发生的时期，选出抗寒的优良株系。

5.1.3.4 根据综合性状有重点的进行选择

育种实践证明，只根据个别性状进行选择，可以达到改良部分性状的目的，但难以培育出具有推广价值的品种。因此，确定一个综合性状好(丰产、优质、抗逆性)的群体作为选择材料极为重要。在此基础上，还应考虑育种工作中急需解决的问题。换言之，既要照顾全面，又要抓主要矛盾。在牧草育种中，无论育种目标是抗病、抗虫、抗逆境、抗倒伏、提高品质还是改变生育期等，都应当在综合农艺性状较好(如丰产、稳产)的基础群体中，有重点地对个别性状进行选择。例如，羊草(*Leymus chinensis*)是东北草原上优良牧草，但结实率较低。为了提高羊草的结实率，应在适应性很好、综合性状优良的羊草品种群体中针对高结实率进行选择。

5.1.3.5 在均匀一致的生长条件下进行选择

品种性状表现是遗传基础和环境条件共同作用的结果。在大田生产的品种群体中进行选择，必须要考虑土壤肥力、耕作方法、施肥水平等条件的均匀一致，避免误选到一些不遗传的变异而影响选择效果。这是进行有效选择必须掌握的原则。例如，在育种实践中，强调不能在田边和边行选株,而要在田内进行选株。

5.2 选择育种的方法及程序

选择育种是根据育种目标,从现有品种群体中选择出一定数量的优良个体,然后按每一个个体的后代分系或混系种植,再通过多次的选优去劣,从而培育出新品种的一系列过程。选择是创造新品种和改良现有品种的重要手段。任何育种方法,都要通过诱发变异、选择优株和实验鉴定等步骤,因此,选择是育种过程中不可缺少的环节。在植物育种过程中,最基本的选择方法分为两类,即单株选择法(包括系统选育法)和混合选择法(包括集团选择法和轮回选择法)。

5.2.1 单株选择法

单株选择法(individual selection)是将当选的优良个体分别留种、保存,翌年分别各种一区(行),根据小区(行)植株的性状表现来鉴定上年当选个体的优劣,清除淘汰不良个体的全部后裔。单株选择又分为一次单株选择法和多次单株选择法(图5-1)。

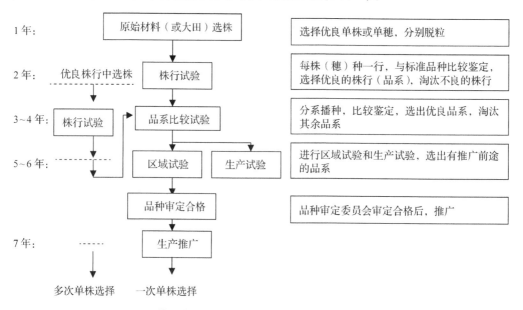

图 5-1 单株选择法(系统育种法)示意图(云锦凤,2016)

5.2.1.1 一次单株选择法

第一年,在大田或原始材料圃里,选择符合育种目标性状的优良变异个体(单株或单穗),每株或每穗分别收获、脱粒和贮藏。第二年,把每株或每穗的种子分别单种成行,称为株行或穗行。每一株行或穗行的后代称作一个株系。以当地优良品种为对照,经过比较,淘汰表现差的株行或穗行,选留优良的株行或穗行,单收单藏。第三年,把上年入选的各株行或穗行的种子分小区种植,以本地推广品种为对照,进行品系(即同一单株的后代中遗传性状比较稳定一致的一个群体,或者是育种过程中已初步选择出的优良、稳定的系统或群体)鉴定试验,确定出优良品系。选择综合性状和表现明显优于对照的品系,然后进行品种比较试验和多点区域示范及生产试验,同时繁殖种子、扩大群体。在此基础上,培育和创造出具有稳定性状的新品种。如果对无性系进行选择，则将中选单株的分蘖或根茎通过无性繁殖的方法建立株系，此后的程序与上述过程相似，最终进行群体无性繁殖。如果所选材料的性状表现明显优于对照品种，特征特性典型，而且经济性状已经稳定，通过系统的鉴定和比较后就可以申报新品种。

5.2.1.2 多次单株选择法

经过一次单株选择后，株系内的主要性状尚不一致，继续出现分离时，则需进行多次单株选择。即在一次单株选择后的株系内，继续选择优良的单株或单穗，分别收获、脱粒，下年分别种植在选种圃内，并与标准对照品种进行比较，淘汰不良株系，选留优良株系。如此重复进行几次，直到株系内个体间主要性状一致、稳定为止。中选株系再经过鉴定和品种比较试验后，待各方面性状优于标准对照品种，就可以扩繁并申报新品种。

单株选择的次数是根据株系内个体之间的一致程度决定的。凡通过一次选择产生的后代，不发生性状分离的，就不再进行选择。如果当选单株的后代，继续出现性状分离的，就要进行多次选择，直至所需性状趋于稳定为止。

5.2.1.3 系统选育法

对自然变异材料进行单株选择的育种方法称为系统选育法。即从现有品种群体中选出一定数量的优良个体，分别脱粒和播种，每一个个体的后代形成一个系统（株系或穗系），通过试验鉴定，选优去劣，育成新品种。这样的品种是由自然变异的一个个体发展为一个系统而来的，故称为系统育种，俗称一株传、一穗传、一粒传。系统育种的实质是优中选优和连续选优。它是改良现有品种的一个重要方法之一，常用于自花授粉植物、常异花授粉植物和无性繁殖植物。

单株选择法适用于自花授粉植物和常异花授粉植物，如燕麦、大麦等。异花授粉植物若要利用其杂种优势，就需要培育自交系，而培育自交系必须采用多次单株选择法。但若选育直接用于生产的异花授粉植物品种，一般不采用该方法进行选择，否则会破坏它的群体结构，导致生活力和适应性的衰退。

单株选择法是自花授粉植物育种工作中最有效的选择方法。通常采用一次单株选择法。但是，一些用单株选择法育成的品种种植多年后，由于自然条件和栽培耕作条件的影响以及异交的发生等，会产生突变和基因重组的新类型。对此类型的品种群体进行连续两次或多次的单株选择，会显著地提高选择效果。

5.2.2 混合选择法

混合选择法（mass selection）是按照育种目标，在自然或人工创造变异群体中选择一些性状相似的优良个体，取相当数量的单株或单穗混合脱粒，翌年混合播种在同一小区里，并以原品种或标准品种作对照，进行比较。这种方法属于表型选择法，很难确定当选个体基因型的好坏，因此需要对其后裔进行测验。在育种实践中，这种方法只适合于异花授粉牧草品种的选育和品种提纯复壮。根据选择次数的多少，混合选择法又可分为一次混合选择法和多次混合选择法。

5.2.2.1 一次混合选择法

第一年，从原始品种或育种原始材料圃或鉴定圃中，按照育种目标，选择一定数量的性状整齐一致的优良单株或单穗，混合收获；第二年，混合播到一个小区内，并与原始群体或标准对照品种对比。例如，所选材料的性状优于原始群体或标准对照品种，即可繁殖推广应用于生产。

5.2.2.2 多次混合选择法

经过一次混合选择形成的新群体,如果性状表现还不够整齐一致或不符合育种目标,则需要再进行一次或多次混合选择,即第二年在第一次混合选择的混选区内继续按原标准选择优良单株,或在以后几代连续进行更多次的混合选择,直到所选群体基本符合育种目标,性状表现一致为止(图5-2)。

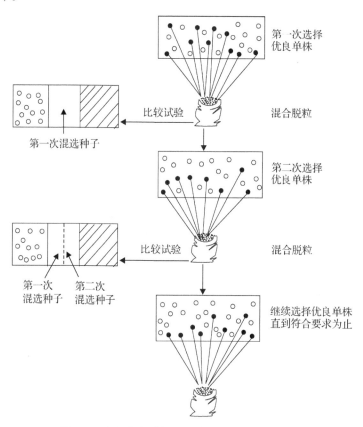

图 5-2 多次混合选择法示意图(云锦凤,2016)

5.2.2.3 两种选择方法优劣比较

单株选择法和混合选择法各有利弊,并且因选择对象的不同而异。

首先,从选择效果看,单株选择效果比混合选择高。尤其对于自然变异群体,由于混合选择只注重所选个体当年的表现,虽经多次混合选择可以不断积累优良基因,但仍然不能追溯个体的历史系统,只能以当代的表现型为选择依据。混合选择所得到的后代,是多个单株后代的混合群体,在这个群体中,混有在选择时受当时的环境条件影响而暂时表现优良、本质上并非良好的单株后裔,即其优良表现属于不可遗传的变异。这种个体被混在混合群体中,无法被识别、更难以剔除,也就是说,混合选择法不能将那些偶然表现好,但遗传性并非优良的单株后代全部淘汰。这些植株在群体中的存在会影响整个群体的优良基因型频率,进而影响整个混合群体的优良程度。为弥补混合选择这一缺陷,可以在上述混合选择的同时,对选出的单株或单穗进行自交,观察其各自后代表现,最终将混合种植的优良单株群体与各优良单株的自交后代混合成为新的改良群体。与混合选择法不同,单株选择法虽然也是以个体表现为依据进行选择,但是,由于每个单株的种子分别种植,因此,在第二年可以根据小区植株(某一个个体的全部后裔)表现来鉴定上一年当选个体的优劣程度,并据此将不良个体的后裔全部清除,不良基因重组的当选个体可以被最大限度地剔除,优良程度远远高于经混合选择的群体。如果进行多次单株选择,则可以追溯家谱记载。因此,单株选择比混合选择效率高。尤其在以选择经济性状为目标时,利用单株选择可以解决经济性状与产量性状间的矛盾。

从生活力的角度分析看,混合选择法更具有优势。因为单株选择法,尤其是多次单株选择法,容易造成近亲繁殖,虽然经过单株选择后,某些性状得到改良,但往往造成品种遗传基础变窄、生活力下降、产量减低的现象。对于异花授粉的牧草采用混合选择法,一般不易造成近亲繁殖和生活力下降现象,可以保持异花授粉植物群体的异质性,提高生活力。

此外,从选择的难易程度看,混合选择法简单易行,花费人力较少,容易掌握,而单株选择法较烦琐,花费人力、物力较多。

一般而言,单株选择法与混合选择法都能应用于良种繁育、地方品种提纯复壮和选育新品种上,但混合选择法主要应用于良种繁育;而单株选择法主要用于创造新品种。

异花授粉牧草的遗传特点是群体中的个体间表现为杂合型,每个个体内所产生的配子基因型是不同的,其后代也是多种多样的,因此,自交会明显造成近亲衰退。常用的选择方法有混合选择法(一般采用多次混合选择法)、轮回选择法、集团选择法、综合品种选择法。

异花授粉植物的品种通常是一个比较复杂的群体,其群体内及其群体间的遗传组成表现为异质性。即使是偶然发生自交,后代也会发生分离。这样的群体混杂退化后,一次选择很难有效,必须对其进行连续多次的混合选择,才能达到理想的效果,防止生活力的衰退。

5.2.3 集团选择法

集团选择法(bulk selection)是将一个混杂群体根据其群体内植株个体的表现型分别选择、归类,将同一类型的植株混合脱粒、种植,组成几个集团进行鉴定和比较。例如,在群体中根据不同的性状(如早熟类、晚熟类、有芒类、无芒类等)分别选择属于各种类型的单株,然后将同一类型的植株混合脱粒,组成几个集团进行鉴定和比较(图5-3)。也可以将选择出来的属于各种类型的单株分别种植(图5-4)。一个集团种在一个隔离区内,使特性相近的家系间自由传粉,从中选择优良家系或单株,这样,既可在一定程度内增加家系的遗传异质性,提高生产力,又可在一定程度上限制经济性状和生物学性状上截然不同的家系间异交。

在混杂的品种群体中,尚不能确定哪种类型最符合生产需要或最适宜当地条件时,可将品种群体分成几种类型或集团进行比较和选择。在每个集团中,由于个体尚具有一定的遗传差异,不至于导致生活力衰退现象。集团选择要特别注意淘汰不良个体和隔离繁殖种子两个基本环节。由于集团选择法可以避免遗传基础变窄和不良家系间传粉的发生,较适合于异花授粉牧草品种的选育。

5.2.4 改良混合选择法

改良混合选择法是将单株选择法和混合选择法结合应用的一种方法,即可先进行单株选择,然后进行混合选择,或先进行混合选择再进行单株选择。若先进行单株选择,后代株系由于隔离授粉,可出现明显的性状分离,便于进行选择,以后再进行混合选择时就不会出现生活力衰退现象,并且从第二代开始每代都会产生较大量的种子。如果原始群体的不同个体间存在较为明显的差异,就应该先进行几次混合选择,然后进行一次单株选择。特别是杂交育种的后

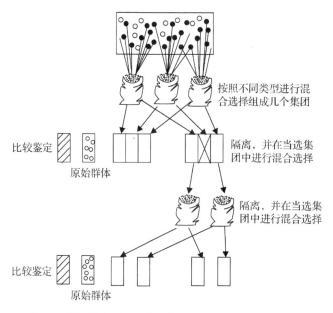

图 5-3 集团选择法(混合选择)示意图(云锦凤,2016)

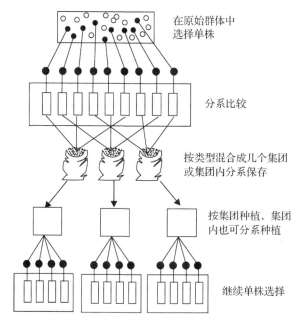

图 5-4 集团选择法(单株选择)示意图(云锦凤,2016)

代群体,初期针对遗传力较强的性状进行混合选择,后期再对产量等数量性状进行单株选择更为合适。

5.2.5 优良性状的筛选鉴定

育种工作离不开选择,而对性状的正确选择又依赖于准确的鉴定。鉴定是进行有效选择的可靠保证,采用正确的鉴定方法才能判断性状的优劣,才可做出正确而有效的选择。鉴定的方法越简便、快捷、精确和可靠,选择的效果就越好。

最常用的鉴定方法是目测法。在不同生长阶段、不同环境条件下对育种材料的形态特征、生物学特性进行观察，并做详细记录，在此基础上对育种材料做出初步评价。也可以分阶段淘汰那些明显不符合选育目标的材料，然后对于所保留的材料进行精确而全面的鉴定。例如，根据育种目标的需要，分别或结合进行田间和实验室鉴定、直接和间接鉴定、自然和诱发鉴定、形态特征和生理特性鉴定等。鉴定方法可以归纳为以下几个方面。

5.2.5.1 田间鉴定和实验室鉴定

田间鉴定就是在田间自然(如天然草地)或人工栽培条件下，对选择对象的目标性状进行直接鉴定。对于牧草，可以采用田间鉴定的性状通常包括生长速度、植株高度、叶片质地、分枝数或分蘖数、抗病虫性、耐热性、耐旱性、耐寒性等。实验室鉴定通常是指在实验室内进行的生理生化特性、品质特征分析，如抗性生理指标、叶绿素含量、蛋白质含量等。在实验室鉴定中，一部分是从田间取样、室内分析；另一部分是利用现代化温室、人工气候室或人工气候箱培养、观察材料，同时利用一些高精尖仪器设备做室内分析，以快速而精确地鉴定、筛选和培育出新品种。

5.2.5.2 直接鉴定和间接鉴定

直接鉴定就是采用目测法对植株形态特征进行感官鉴定。例如，田间条件下观察生长态势，在干旱条件下观察植株受伤害程度，在田间发病条件下观察遭受病害的程度，田间条件下观察生长态势等。间接鉴定是指利用一些性状间的相关性，通过对某一性状的观察或分析，推测其他与之相关的性状的优良与否。例如，植物抗逆性的鉴定可以间接地通过测定植物的生理指标，如非结构性碳水化合物含量变化、活性氧酶系统的酶活性变化等。在育种实践中，通常是直接鉴定和间接鉴定结合进行，以提高鉴定的效率、保证鉴定的可靠性。

5.2.5.3 自然鉴定和诱发鉴定

鉴定通常在田间自然条件下进行，但对于一些在特定条件下才能够表现的性状的选择必须在人为设置的能够诱导其充分表现的条件下进行，即进行诱发鉴定。例如，人工设置不利于一般植物正常生长的条件，设置构成植物生长胁迫的恶劣环境，如低温、高温、干旱、盐渍、发病、生虫等，从而进行耐低温、耐高温、耐干旱、耐盐渍、抗病虫等鉴定和筛选。在此过程中，需要注意的是掌握诱发条件的尺度，不可过于恶劣，否则会导致所有材料遭遇严重伤害而无法选出耐性材料。一般以中度胁迫为宜。

5.2.5.4 当地鉴定和异地鉴定

一般情况下，对于育种材料的鉴定是在育种所在地进行。但对于一些不容易在当地鉴定的特性，如抗病虫性，则需要将育种材料种植到相应病虫频繁发生的地区进行抗病虫性鉴定。抗冻性的鉴定则需要将育种材料种植到冬季出现零下温度的高纬度、高海拔地区鉴定其越冬性。

综上所述，在选择育种过程中，在明确了选育目标的基础上，根据选择的基本原理，针对相应的材料，采用适宜的选择和筛选鉴定方法，就能够有效地完成选育任务。

5.3 加快选择育种进程的措施

5.3.1 加快有性繁殖植物选择育种进程的措施

5.3.1.1 自花授粉植物

对自花授粉植物，可以在早期稀播，以缓和株间竞争，充分体现单株间的遗传差异，尽快选出优良单株。还可对选中的株系单独收获后尽早测产，根据测产情况淘汰表现不良株系，保留每个组合内少数高产株系，供进一步选择。对表现确实优异的株系可以通过扩大株行距等手段来提高单株结实率，加速繁殖种子。

5.3.1.2 异花授粉植物

对异花授粉植物，由于多采用混合选择法进行育种，因此要在原始群体中根据育种目标选择一批性状较一致的优良个体，结合室内鉴定尽早淘汰其中一些不合格的，将选留的各株混合脱粒。还可进行异地加代，或利用温室等设备进行就地加代，以加速选择育种进程。

5.3.1.3 常异花授粉植物

对常异花授粉植物，依据采用育种方案（自花授粉育种方案或异花授粉育种方案）来确定加快选择育种进程的措施。

5.3.2 加快无性繁殖植物选择育种进程的措施

无性繁殖植物一般表现为简单的遗传性，并具有保守性，是由一个单株（纯合型或杂合型）无性繁殖的后代。但是，也会出现一些变异，如"芽变"现象，因此，可以通过单株（芽）的选择，形成新品系。选种时，如果选到的优良块根、块茎在下一年混合种植，即为混合选择。如果所选到的块根、块茎在下一年分别种成小区或株行，即为单株选择。由于选择的对象不同，单株选择又可分为块系选择与穴系选择。块系选择所选到的优良单株的一个块根或块茎，第二年将块茎或块根切成几块或几段或由它们根、茎部成的苗进行单区繁殖。穴系选择则是将选择的一株植物的全部块茎、块根于第二年进行单区种植。块茎、块根的选择一般需要在生长期进行观察，将符合目标的单株进行标记，在收获期做进一步选择。提早加快育种进程方面，可以采取加大株行距、早代测产以及加代等措施。

思考题

1. 什么是选择？选择在牧草育种中的地位和作用？
2. 选择育种应遵循哪些基本原则？
3. 选择的基本方法有哪些？
4. 单株选择与混合选择各有何优缺点？
5. 不同繁殖方式的植物各自应如何选择？
6. 性状鉴定的方法有哪些？

第 6 章 杂交育种

6.1 杂交育种概述

6.1.1 杂交育种的概念

将不同基因型间进行交配获得杂种，在杂种后代中通过选择、比较鉴定，培育出符合生产需求的新品种，称为杂交育种(cross breeding)。杂交育种是一种最基本、最有效的育种方法，在国内外广泛应用于各类作物的常规种、自交系和亲本系的选育。

根据杂交亲本亲缘关系的远近，杂交育种可分为近缘杂交育种和远缘杂交育种两大类。近缘杂交育种通常指同一植物种内的不同品种或变种之间进行的杂交育种。远缘杂交育种一般指不同物种或不同属，甚至不同科之间进行杂交育种。

6.1.2 杂交育种的原理

杂交育种的基本原理是通过不同亲本品种的交配，在杂种后代中选育出双亲的优良基因组合，即优良性状集于一体的新品种。杂交育种的遗传基础主要包括基因重组、基因累加和基因互作。

利用基因重组和互作，将分散于不同品种、控制不同性状的优良基因随机结合，形成各种不同的基因组合，再通过定向选择育成集双亲优良性状于一体的新品种，这种杂交育种方式称为组合育种(combination breeding)。例如，将分属于两个亲本的丰产性状和抗病性状结合在一起，育成既丰产又抗病的新品种。

利用基因的累加效应和互作，将双亲中控制同一性状的不同微效基因积累于同一杂种个体中，形成在该性状上超越任一亲本的类型，这种杂交育种方式称为超亲育种(transgression breeding)。例如，不同生育期的品种杂交，可以选出比早熟亲本更早熟的品种。在品质改良方面(如牧草作物的蛋白含量和适口性)，也可选育出超优于亲本的类型。

由此可见，杂交育种不仅适用于通过基因累加对单个性状进行改良，而且适用于利用基因重组和互作，同时对多个不同性状进行改良。

6.1.3 杂交育种的意义

杂交育种是新品种选育工作中一个重要而有效的方法，通过杂交、选择和鉴定，使不同亲本中的基因在杂交后代中重新结合，有目的地创造变异，进而选育出符合育种目标的新品种。杂交育种不仅能够有目的地把不同亲本品种的优良性状结合到杂种中，培育出兼具双亲优良性状的新类型，而且可以通过基因效应的累加，培育出某些数量性状超越任一亲本或通过基因互作产生亲本所不具备的新性状的新类型。与选择育种和引种相比，杂交育种不但利用了自然界中现有的变异种质资源，而且能根据生产的需要有目的地创造出新的变异类型，具有创新意义。杂交育种的重要性还表现在其与某些新的育种途径和方法相结合上。通过诱变育种、倍性育种和现代生物技术育种等，使遗传物质发生变异，获得种质资源，再进一步通过杂交育种途径选育出符合育种目标的新品种，获得更好的育种效果。

杂交育种是一种较为古老而经典的育种方法，已有200多年的历史，也是迄今为止在植物育种中应用最广泛且卓有成效的一种手段。当前农作物品种中，杂交育成的品种占50%。国内外用于生产的主要优良品种绝大多数都是通过杂交育种育成的。苏联在多年生牧草育种中，用杂交育种育成的牧草品种占25%以上，如'北方杂种'、'鄂木斯克8893'等苜蓿品种。我国牧草育种工作起步较晚，但已通过杂交育种培育出了许多优良品种。早在20世纪70年代，内蒙古农牧学院将野生黄花苜蓿与紫花苜蓿进行种间杂交，培育出抗寒性和抗旱性非常强的'草原1号'和'草原2号'杂花苜蓿。截至2021年，我国已通过审定登记的牧草品种共计651个。在2016年前审定品种中，通过杂交方式培育的新品种有53个，占育成品种的28.04%，主要集中在苜蓿、小黑麦，还有豌豆、沙打旺、结缕草、多花黑麦草等。杂交育种在我国的牧草作物育种工作中占据很重要的位置。牧草和草坪草植物种类繁多，种质资源丰富，杂交育种也将在新品种培育中发挥巨大的作用。

6.2 杂交亲本选配

6.2.1 杂交亲本选配的重要性

亲本选配是指杂交亲本的选择和组配。杂交后代的性状，是亲本性状的继承，或在亲本性状的基础上加以发展。因此，正确选配亲本是杂交育种工作的关键。亲本选配得当，后代出现理想的类型多，容易选出优良品种，提高育种效率。从一个优良的杂交组合的后代中，往往能育成多个优良品种。相反，如果亲本选配不当，即使在杂种后代中精心选育多年，也可能徒劳无功。

6.2.2 杂交亲本的选择

杂交亲本的选择是指根据育种目标选用具有优良性状的品种类型作为杂交亲本。选择合适的亲本是获得优良重组基因型的先决条件，直接影响到杂交育种的效果。杂交亲本的选择应遵依以下原则：

(1) 精选优良亲本

首先应该尽可能多地收集种质资源，然后从中精选综合性状优良且具有育种目标性状的材料作亲本。亲本选择的范围不仅限于现有品种，还包括人工改良和创造的种质，以及珍稀、野生种质资源。亲本选择要优先选用生产和育种实践已经证明的优良种质资源和具有育种目标性状的种质资源，慎用野生与半栽培及新引入种质资源。

(2) 明确目标性状，突出选择重点

目标性状要具体，要明确其构成。许多经济性状都可以分解成许多构成性状，如牧草的草产量是由分蘖数、生长速度、生长高度、再生速度、刈割频率等性状构成，牧草的种子产量由有效分蘖、穗长、每穗结实小穗数、千粒重等构成。在育种工作中，可从不同性状入手，突出选择主要性状，实现产量的提高。

(3) 重视选用当地优良种质亲本

新品种应对当地自然和栽培条件有较强的适应性，这在很大程度上取决于亲本本身的适应性。当地推广品种或者野生种质资源均适应当地自然和栽培条件，特别是当地推广品种的综合性状一般较好。因此，选择当地优良种质资源作亲本，选育的新品种更易适应当地的自然和栽培条件，更易在当地推广。

(4) 考虑亲本性状的遗传规律

首先，要考虑育种目标性状是属于数量性状还是质量性状。数量性状由多基因控制，比质量性状的改良要困难得多。当育种目标既要考虑数量性状又要考虑质量性状时，则应先根据数量性状的优劣选择亲本，再考虑质量性状。其次，要考虑育种目标性状是单基因控制还是多基因控制。如果是单基因控制性状，则要考虑亲本的基因型是纯合还是杂合、性状间的显隐性关系和外界条件的影响程度等。此外，不同植物不同性状的遗传力差异很大，要选择育种目标性状遗传力强的亲本，以保证目标性状能够遗传给杂种后代。

6.2.3 杂交亲本的选配原则

杂交亲本选配，也称杂交组配方式，是指从入选的亲本中选用恰当的亲本，配置合理的杂交组合。要依据明确的育种目标，在全面了解品种资源的主要性状特征和遗传规律的基础上，选择具有目标性状的材料作为杂交亲本，如高产、优质、综合性状好的作中心亲本或骨干亲本，具有抗病、抗虫、抗逆性和适应性强等特殊性状的作辅助亲本，组配合理的组合，才能在杂种后代中选育出优良的品种。亲本选配应依据下列原则：

(1) 双亲性状优良，优缺点尽可能地相互弥补

如果双亲都是优点多，没有突出的缺点，则杂种后代易出现综合性状较好材料，就有可能选育出优良的品种。亲本间可以有共同的优点，但不应有共同或者相互助长的缺点。主要性状的优缺点应尽可能互补，是亲本选配中的重要原则，其理论依据是基因的分离和自由组合，使杂交亲本双方的优良性状综合在杂交后代的同一个体上，实现取长补短。例如，紫花苜蓿具有产量高、品质优、再生性好等优点，但其抗寒性较差。而黄花苜蓿则具有很强的抗逆性，但其产量低、再生性差、收种困难。将紫花苜蓿和黄花苜蓿进行杂交，使双亲优缺点互补，已成功选育出'草原1号'、'新牧1号'、'图牧1号'、'甘农1号'等一系列的耐寒优良品种。

性状互补应着重于主要性状，尤其是要根据育种目标抓主要矛盾。当育种目标要求在某个主要性状上有所突破时，则选用的双亲最好在这个性状上表现都好，而且又在多个因子上能够互补。

(2) 亲本之一最好选用适应当地条件的推广品种

品种对外界环境的适应性是影响丰产、稳产的重要因素。新育成的品种能否推广，取决于其对当地条件是否适应。当地推广的良种对当地的自然环境和耕作栽培条件具有较强的适应性，综合性状一般较好。采用其作为亲本，不仅可将对当地条件的适应性遗传给杂种后代，还能为品种选育提供高水平的综合基础，使品种改良更易于达到预期目标。

(3) 亲本间的遗传差异应当较大，亲缘关系要远

不同生态型、不同地理来源和不同亲缘关系的品种，由于亲本间的遗传基础差异大，杂交后代的分离范围较广，变异类型较多，有利于选出性状超越亲本和适应性比较强的优良新品

种。例如，紫花苜蓿与黄花苜蓿的远缘杂交配组，已成功培育出多个优良品种。但不能因此认为生态型差异越大、亲缘关系越远，才能提高育种的成效。有时生态类型或者地理来源差距太大，会带来一些不利性状，可能对本地自然条件和栽培制度不适应，而且会造成杂交后代性状的强烈分离，影响育种效果。

（4）亲本具有较好的配合力

配合力是指亲本与其他亲本结合时产生优良后代的能力，即将优良性状传递给后代的能力。分为一般配合力（general combining ability，GCA）和特殊配合力（specific combining ability，SCA）。一般配合力是指某一亲本品种和其他若干品种杂交后，杂种后代在某个性状上的平均表现。特殊配合力是指两个特定亲本所组配的杂种在某个性状上的表现水平。一般配合力高的品种有着使优良性状传递给后代的较高能力，作为亲本，往往会得到很好的后代，容易选出好的品种。因此，在根据自身性状表现选配亲本的基础上，要考虑亲本的配合力，特别是一般配合力。

一般配合力的好坏与品种自身性状的好坏有一定关系，但二者并非完全一致。即并非所有优良品种都是好的亲本，好的亲本也并非都是优良品种。有时一个自身表现并不突出的品种却是一个很好的亲本，能选育出优良品种，即这个亲本品种的配合力好。因此，选配亲本时，除注意自身的优缺点外，还要通过杂交育种实践，选择配合力高的品种作为杂交亲本。

6.3 杂交组合方式与杂交技术

6.3.1 杂交组合方式

杂交组合方式（pattern of crossing）是指配置杂交组合里选用的亲本数目，决定其作为父本或母本，以及各亲本参与杂交的先后次序，也称杂交方式。它是影响杂交育种成效的重要因素之一，决定了杂种后代的变异程度。杂交方式须根据育种目标和亲本特性来确定，主要包括单交、复交、回交、多父本杂交等。

6.3.1.1 单交

两个亲本进行杂交称为单交（single cross），也称成对杂交。例如，亲本 A 和 B 杂交，用 A×B 或 A/B 表示，A 为母本，B 为父本，A 和 B 的核遗传组成各占 50%。单交只进行一次杂交，杂种后代群体的规模相对较小，育种时间短，是最常用的杂交组合方式。当两个亲本的性状基本符合育种目标，优缺点可以互补时，采用单交方式的育种效果一般是比较好的。我国以往通过杂交育种选育的牧草品种，多数采用单交。

两亲本进行杂交时，可以互为父母本，因此，单交可分为正交和反交。正反交（reciprocal cross）是相对而言的，即若称 A×B 为正交，则 B×A 为反交。当亲本主要性状的遗传不受细胞质控制时，正交和反交的后代性状差异往往不大，没有必要同时进行正交和反交。可根据亲本花期早晚，灵活进行杂交，通常把适应当地条件且综合性状好的亲本作为母本。当亲本主要性状是受细胞质遗传控制时，正反和反交后代存在较大的差异。从各地的育种实践中可以看到，以早熟亲本或抗寒性强的亲本作为母本，在提早成熟期或抗寒性方面所起的作用较大。例如，将辐射处理的野生二倍体扁蓿豆（*Melissitus ruthenica*）与地方良种四倍体肇东苜蓿（*Medicago sativa*）进行正交和反交，获得异源四倍体远缘杂交种，分别选育出了'龙牧 801 号'和'龙牧 803 号'两个苜蓿新品种。品种比较、区域和生产试验结果表明，'龙牧 801 号'的抗逆性较强，而'龙牧 803 号'的产草量较高。

6.3.1.2 复交

3个或3个以上的亲本之间进行两次或两次以上的杂交称为复交(multiple cross)，又称多元杂交。一般先将一些亲本配成单交组合，再在组合之间或组合与品种之间进行两次乃至更多次的杂交。当育种目标要求的方面比较广时，单交杂种后代不能完全符合育种目标，需要多个亲本性状综合起来才能达到要求，宜采用复交方式。与单交相比，复交亲本多，工作量大，性状稳定较慢，育种年限较长。但是，复交杂种的遗传基础比较复杂，能提供更丰富的变异类型，并能出现良好的超亲类型。随着生产的发展，育种目标日益提高和全面，复交方式已被广泛应用。

在应用复交时，合理安排亲本的组合方式和亲本在各次杂交中的先后次序，是很重要的问题。这需要考虑各亲本的优缺点、性状互补的可能性，以及各亲本的遗传组成在杂交后代中所占的比重等。一般应该遵循的原则是：综合性状优良的品种或具有重要目标性状的亲本作为最后一次杂交的亲本，以增加其遗传组成在杂种后代中的比例，进而增强杂种后代的优良性状。

根据杂交亲本数目及杂交方式不同，复交又可分为以下几种：

(1) 三交(triple cross)

三交是指3个亲本间的杂交，以(A×B)×C表示。例如，品种A、B单交的F_1杂种再与品种C杂交，其中A和B的核遗传比例各占25%，C的核遗传比例占50%。

(2) 双交(double cross)

双交是指两个单交的F_1再杂交，可以是3个或4个亲本。三亲本双交是指一个亲本先分别同其他两个亲本配成单交，再将这两个单交的F_1进行杂交，即(A×B)×(A×C)，其中B和C的核遗传比例各占25%，A的核遗传比例占50%。四亲本双交包括4个亲本，分别先配成两个单交的F_1，再把两个单交F_1进行杂交，即(A×B)×(C×D)，其中A、B、C和D的核遗传组成各占25%。

(3) 四交(tetra cross)

四交是指4个杂交亲本的连续杂交，以(A×B)×C×D或[(A×B)×C]×D表示。其中，A和B的核遗传比例各占12.5%，C的核遗传比例占25%，D的核遗传比例占50%。

若选用5个亲本进行连续杂交，则为五交。六交，七交，……，依此类推。

6.3.1.3 回交

两个亲本杂交后，将产生的杂种再与双亲之一进行杂交，称为回交(back cross)。回交用的亲本称为轮回亲本(recurrent parent)，另一个亲本称为非轮回亲本(non-recurrent parent)。根据育种目标的需要，回交可以连续进行多次。

回交常用于改良某一推广品种的一个或两个缺点。以具有个别缺点的优良品种作为轮回亲本，选择另一个能弥补该缺点的亲本作为非轮回亲本，与之进行杂交，在杂交后代中选择具有改良目标性状的优良单株，再与该优良品种作轮回亲本进行多次回交，即可选育出与该优良品种相近，又克服了原有品种缺点的新品种。

6.3.1.4 多父本杂交(多父本混合授粉)

将一个以上的父本品种的花粉混合与一个母本品种杂交的方式称为多父本杂交(multiple male-parental cross)，以A×(B+C+D+…)表示。其杂交方式有两种：一种是多父本混合授粉，即将一个以上的父本品种花粉人工混合，授给一个母本品种；另一种是多父本自由授粉，即将母本种植在若干父本品种之间，去雄后任其自由地授粉。这种方式宜用于风媒花植物，不宜用于虫媒花植物。

父本杂交比较简单易行，可以用一个母本同时得到多个单交组合，后代实际上是多个杂交组合的混合群体，具有丰富的遗传性，分离类型较单交丰富，有利于选择。由于花粉来源广泛，授粉受精持续时间长，有利于受精结实。这种方法不但具有复合杂交的效果，而且杂交所需的年限则较复合杂交短。

多父本杂交在牧草育种中已取得良好的效果。例如，内蒙古农业大学以锡林郭勒盟黄花苜蓿为母本，以'苏联1号'、'伊盟'、'府谷'、'武功'、'亚洲'5个紫花苜蓿品种为父本，将父本品种种子等量混合，母本与父本采用2∶2间行播种方式，应用多父本自由传粉杂交，选育出'草原2号'苜蓿品种。内蒙古图牧吉草地研究所采用多父本（'武功'、'苏联0134'、'印第安'和'匈牙利'4个紫花苜蓿品种）与当地紫花苜蓿杂交，选育出'图牧2号'紫花苜蓿品种。苏联时期，全苏饲用植物研究所以北方杂种苜蓿69号为母本，以'莫斯科1号'、'马鲁辛425'、'喀山64/95'、'扎伊开维奇'4个苜蓿品种为父本，进行多父本杂交，育出新品种比原品种产量提高了20%～30%。

6.3.2 杂交技术

杂交工作开始前，应对牧草作物的生育期、花器构造、开花习性、授粉方式、花粉寿命、胚珠受精能力以及持续时间等一系列问题有所了解，并对该作物的不同品种在当地条件下的具体表现有一定认识，制订好杂交计划，种植好亲本，以便有效地进行杂交。

牧草作物种类繁多，杂交技术因牧草作物特点而异，但也有共同原则，如以下几点。

6.3.2.1 调节开花期

如果杂交亲本品种在适期播种时花期不遇，则需要调节开花期，以使亲本间花期相遇，从而能够进行杂交。通常可采取以下措施：

（1）调节播种期

通常以母本开花期为标准，根据父本品种在当地条件下的生育期对其进行提早或延迟播种。如果不能准确掌握双亲播种期，可采用分期播种。一般母本适期播种，父本每隔7～10 d为一期，分3～4期播种，以便顺利地开展杂交工作。

（2）调节温度

对于狗牙根、结缕草等暖季型草坪草或玉米、高粱、谷子等喜温牧草作物，适当提高生育期温度可以促进开花；反之，则可延迟开花。对于具有明显春化阶段的牧草在适宜时期进行春化处理，通常能有效地促进抽穗。

（3）调节光照时间

根据牧草作物品种对光照的反应，采用加光或者遮光处理，调节光照时间，从而促进或延长开花。对于短日照牧草作物，缩短每天光照时间可以促进开花，延长每天光照时间可以延迟开花；相反，对于长日照作物，延长每天光照时间可以促进开花，缩短每天光照时间可以延迟开花。但有些牧草作物对光照时间长短的处理反应不明显。

（4）利用再生草和分蘖

利用再生草及分蘖（分支）调节亲本开花期是比较简单而有效的方法。与头季或主茎相比，牧草作物的再生草或分蘖（分枝）开花延迟。如果父本花期早于母本，应将父本进行分期刈割或摘除主茎顶尖，用其再生草和分蘖（分枝）推迟父本花期，可以使亲本花期相遇。

（5）利用栽培管理措施

一些农业栽培管理措施，例如，地膜覆盖、施肥、灌水、调整种植密度、中耕断根以及剪除大分蘖、促进后生分蘖等，都可以起到调节开花期的作用，使亲本花期相遇。例如，早熟亲本多施氮肥，可延迟开花；施用磷肥，可促进开花；覆盖地膜、增加种植密度、干旱、中耕断根等均可使开花期提早。

6.3.2.2 控制授粉

母本的材料必须防止自花授粉和天然异花授粉。因此，在母本雌蕊成熟前，需要进行人工去雄或套袋隔离，以避免非计划内的品种授粉。最常用的去雄方法是人工夹除雄蕊。例如，豆科牧草可以将花冠拨开，拔除雄蕊。注意动作要准确、彻底，防止损伤子房和柱头等部分，不能碰裂花药。如果连续对两个以上的材料去雄，用具及手都必须用70%乙醇进行消毒，杀死前一个亲本附着的花粉。若花器官小，人工夹除雄蕊困难，可利用雌雄蕊对温度的敏感性不同，实行温度杀雄。此外，还可采用化学杀雄剂进行去雄，或者利用显性雄性不育材料作母本。

授粉最适时间一般是去雄1~2 d后的每日开花最盛时间，此时雌雄蕊成熟，易于采集花粉，且花粉易于在柱头上萌发，可提高杂交结实率。若双亲花期差异较大，无法在最适时间授粉，则需考虑不同亲本柱头受精能力以及维持期限。为延长柱头的受精能力，可采用灌溉以提高田间空气湿度，降低温度。当两个亲本杂交不亲和时，可采用多次重复授粉、幼嫩柱头授粉、蕾期授粉等办法加以克服。

6.3.2.3 授粉后管理及收获

杂交后，应立即套上隔离袋，并在穗下或者花序下挂牌，标明父母本名称。授粉后1~2 d及时检查，对未成功授粉的花进行补充授粉，以提高结实率，保证杂种种子数量，务求按杂交计划完成所有杂交组合的配置。当柱头接受花粉的能力消除后，可摘除隔离袋。

加强母本种株的田间管理，如提供良好的水肥条件、及时摘除没有杂交的花果、设立支架防止倒伏等，还要注意防治病虫害、鸟害、鼠害，确保杂交果实发育良好。

杂交种子成熟后，应及时把每一单穗或单荚分别采下，连同所挂的标记牌分别放入纸袋中，并在标记牌和纸袋上注明编号和收获日期，及时脱粒、晒干和贮藏。最好同一杂交组合的不同杂交穗(荚)单独脱粒。

6.4 杂种后代的选育和杂交育种程序

6.4.1 杂种后代的培育

种后代的培育是品种选育的基础，与育种效果密切相关。为了提高育种效率，应重视育种试验基地的培育条件和栽培管理措施。杂种后代的培育过程中，一般应遵循以下原则。

6.4.1.1 保证杂种后代正常发育

通过人工杂交获得的杂交种子数量有限，而杂种后代的选择应当在较大的杂种群体中进行。因此，提高种子的出苗率和成苗率是培育杂种后代的一个重要前提。应根据不同牧草作物的生长发育特点和不同生长季节的要求，提供杂种生长所需的条件，使其能够正常地生长发育和性状得到充分表现，以利于鉴定和选择。

6.4.1.2 培育条件要均匀一致

杂种后代的表现型是基因型、环境及基因与环境互作的综合表现。因此，不同的培育条件会引起基因型的不同表现。通常要求杂种后代在相对均匀一致的培育条件下生长发育，如土壤、肥力水平、栽培管理技术一致，减少由于环境条件对杂种植株的影响而产生的个体差异，有利于提高选择的准确性，提高育种成效。

6.4.1.3 培育条件应与育种目标相对应

杂种的某些性状在不同的环境条件下，可能会有不同的反应和表现。例如，某种病害、虫害、寒害等性状的鉴定，需在相应的条件下才能进行。因此，根据育种目标，采用使目标性状形成并充分表现的特定培育条件，以利于性状的选择和鉴定。因此，有时杂种后代的培育条件，可能不一定与大田生产栽培条件完全一致。例如，抗病虫育种要有意识地创造发生病虫害的条件；抗逆性育种则应提供相应的逆境胁迫条件。如果选育高产的品种，杂种后代应在高肥水条件下培育。应选择土壤肥沃、地势平坦、阳光充足的地块作为杂种后代育种试验地；采用良好的栽培管理措施；杂种后代的第一代与第二代可以采用穴播，而以后杂种世代的株行距应比生产上的株行距适当加大，使杂种后代的多分枝（蘖）、茎叶茂盛、种大粒多等丰产性状得到充分表现。

6.4.2 杂种后代的选择方法

在培育杂种后代的同时，还需要根据确立的育种目标和不同世代的特点，对杂种后代进行选择和鉴定，才能使其性状稳定，最后育成符合育种目标的新品种。常用的选择方法有系谱法和混合法，以及由二者派生而来的其他方法。

6.4.2.1 系谱法

系谱法（pedigree method）是指自杂种第一次分离世代（单交 F_2 或复交 F_1）开始选株，分别种植成株行，每一个株行成为一个系统（或株系），以后各世代均在优良系统中继续选择优良单株，继续种成株行，直至选出性状优良一致的系统，不再选株，升级进行产量比较试验。在选择过程中，各世代均予以系统编号，以便考查系统历史和亲缘关系，故称系谱法。系谱法是国内外在自花授粉植物和常异花授粉植物杂交育种中最常用的杂种后代选择方法，现在我国推广的许多杂交育成的品种，绝大多数是用此法育成的，如湖北省农业科学院畜牧兽医研究所育成'鄂牧2号'白三叶等。

以单交杂种为例，系谱法各世代选择工作的要点如下：

（1）杂种一代（F_1）

将杂种种子按杂交组合排列，单粒点播以加大种子繁殖数量，也便于拔除假杂种等操作。相应地种植亲本和对照品种，以便比较。每一组合的种植株数应按照预期 F_2 群体的大小及该作物的繁殖系数而定，几株到几十株不等。F_1 群体除了必须保证一定株数以外，还应加强田间管理，以便获得较多的种子。

两个基因型纯合的亲本杂交所获得的 F_1 杂种在性状上是一致的，一般不进行单株选择，主要根据育种目标淘汰有严重缺陷的杂交组合，并参照亲本淘汰假杂种。如果杂交亲本不是纯合品种，在 F_1 就发生性状分离时，也可以进行选株。成熟时按组合收集种子，写明组合号或行号以及日期。如需要选择单株，则按单株收获，单独脱粒，并注明单株编号。每个当选杂交组合所留的种子数量，应该保证 F_2 有一定株数的群体。例如，禾本科等中小粒种子的牧草，每一个杂交组合一般应留 3 000~6 000 粒种子，以保证种植 2 000 株以上。

（2）杂种二代（F_2）

杂种二代是性状分离的世代，优缺点充分表现，组合好坏比较明确，是杂种选育十分重要的阶段。这一世代的工作重点是确定优良组合，淘汰不良组合，在优良组合中选择优良单株。

一般在表现较好的组合内，出现性状符合要求的单株较多，而在表现不好的组合内，很难找到理想的单株。

按照杂交组合排列，点播，并相应地种植亲本和对照品种。适当加大株行距，并保持一致，尽可减少株间竞争，使每个单株的遗传潜力都能充分表现，增加选择的可靠性。F_2 代群体尽可能大些，必须确保符合育种目标所要求的基因重组和优良性状出现的概率。F_2 代群体的具体规模应该根据育种目标、亲本的遗传差异的大小、亲本数目多少、杂交方式、组合优劣、目标性状遗传的特点而定。如果育种目标要求面广，如对成熟期、抗病性、抗逆性、高产等性状都有要求，则群体应该更大一些。亲本的遗传差异大，群体应该加大。采用复交的杂种群体要比单交杂种群体大一些。对于 F_1 评定为优良的组合，群体宜更大，而表现较差但还没有把握予以淘汰的组合群体可小，以便进一步观察，决定取舍。

F_2 的选择主要是在入选的优良杂交组合中选择优良的单株。选择单株时，必须考虑不同性状遗传力的大小。一些受环境影响较小的性状，如抽穗期、开花期、株高、穗长，以及某些由主效基因所控制的抗病性等，在早期世代遗传力较大，可以在 F_2 进行选择。而一些受环境影响较大的性状，如单株产量、单株分蘖数、穗粒数、一穗粒重等在早代遗传力小，不宜作为 F_2 的主要选择依据，可延至后期世代（F_4、F_5）进行选择。

F_2 所选的单株是后继世代的基础。因此，F_2 选株的质量和数量直接影响其后代表现的好坏和选择的效果。F_2 单株选择过宽，会使试验规模过大而分散精力；选择过严，过分缩小选择规模，会丧失优良基因及其重组的机会，导致失败。选择单株的数量也应根据育种目标、杂交方式、目标性状的遗传特点，以及杂交组合优劣程度而定。在育种目标要求广和综合性状良好的组合中，选株宜多。

当选单株按组合分株收获、脱粒，并编写组合号、行号和株号。做好标记，并建立详细档案。

(3) 杂种三代（F_3）

将入选的 F_2 优良单株按组合、株号顺序排列，以株为单位，点播成行，从而形成 F_3 株行。在田间每隔一定行数均匀设置对照品种行，以便比较和选择。

F_3 一个株行内各株均来自同一个 F_2 单株，从其血统上看，可称为系统或株系。各系之间性状差异表现明显，系统内仍有不同程度的分离，其分离程度因系统而异，一般分离程度比 F_2 要轻。F_3 各系统的主要性状表现趋势已较明显，所以 F_3 代是对 F_2 入选单株的优劣进一步鉴定和选择的重要世代。F_3 的主要工作内容是从优良组合中确定优良系统，再从中选优良单株。这一世代是以每个系统的整体表现为依据，从中选择单株，是选择可靠性比较大的世代。在 F_3 选择系统和单株时，可根据生育期、抗病性、抗逆性及产量性状的综合表现进行选择。各组合入选系统的数量主要根据组合优劣而定。一般在每一个当选的系统中选择 5~10 个优良单株。

将入选的单株按系统分株收获，分株脱粒，并为其延续编号。后继世代依同样方法继续编号。若出现个别系统性状已基本整齐一致，而且表现优良，在选出优株以后，可将其余植株混合收获、混合脱粒，提前参加产量试验。对于那些落选被淘汰的某些系统中，如果当中仍有优良的单株，仍可选留。

(4) 杂种四代（F_4）及其以后世代

F_4 及其以后世代的种植方法同 F_3。来自同一 F_3 系统（即属于同一 F_2 单株的后代）的 F_4 诸系统称为系统群或株系群。系统群内各系统之间互为姊妹系。一般不同系统群间的性状表现差异较大，而同一系统群内各姊妹系间的性状总体表现往往较接近。因此，在 F_4 应该首先选择优良系统群中的优良系统，并从优良系统中选拔优良单株。

F_4 中开始出现性状优良而一致的系统，由此开始选拔优良一致的系统，以便尽快进入鉴定圃进行产量试验。参加产量试验的系统可改称品系（strain）。升级品系中仍可继续选株，以便进一步观察性状分离情况和综合性状表现。F_4 性状表现优良但尚在分离的系统，一般只进行选株，以便使其性状进一步纯化稳定。F_4 选择系统和选株所依据的性状要求应更加全面。

F_5 及其以后世代的工作与 F_4 相同。收获时，应先收准备升级的优良系统中的优良单株，然后将升级系统分系混收。如果系统群表现整齐和相对一致，也可按系统群混合收获，以保持相对多的异质性和获得较多的种子。这样有利于将材料分发到不同地点进行多点试验。如果某组合种植到 F_5 或 F_6 还没有出现优良品系，则可不再种植。一般常异花授粉作物的选择世代可以略延长。

系谱法是杂交育种中应用最广的一种方法。这种方法的优点在于：①在杂种早期世代，针对一些遗传力高的性状连续几代选择，起到了定向选择的作用。②每一系统的历年表现都有案可查，比较容易全面地掌握它的优、缺点，而且系间的亲缘关系十分楚，有助于互相参证。③系谱法通过首先选择优良组合和优良系统，再从中选优良单株，可以及早地把注意力集中在少数突出的优良系统上，有利于及早育成新的优良品种，能对新的优良品系有计划地加速繁殖和多点试验。

系谱法也存在一些缺点：①从 F_2 起进行严格选择，中选率低，特别对多基因控制的性状，效果更差，因而使不少优良类型被淘汰。②工作量大，占地多，往往因人力、土地条件的限制，不能种植足够大的杂种群体，使优异类型丧失了出现的机会。

6.4.2.2 混合法

混合法（bulk method）又称混合单株法，是指在杂种早代进行混合选择，最后进行一次单株选择。该方法适用于自花授粉植物杂交后代的选择。

混合法的工作要点：自花授粉作物从 F_1 世代开始按组合混合种植，除淘汰明显的劣株和杂株外，不进行选株，直到杂种后代性状基本稳定，纯合个体数达 80% 以上时（$F_5 \sim F_8$），或在有利于选择的时（如病害流行或冻害严重年份），才进行一次单株选择，下一代种植成系统，然后选择优良系统升级进行品系比较试验。

混合法的理论依据是育种目标涉及的许多性状为数量性状，受多基因控制，且易受环境的影响，在杂种早代的遗传力低，选择的可靠性差。同时，杂种早代的纯合个体很少，随着自交代数的增加，杂种后代群体中纯合个体的百分率逐渐增加，到 $F_7 \sim F_8$ 时，群体中纯合体的百分率已达 80%，这时进行单株选择可以提高选择优良基因型的准确性。混合法可处理较大的杂种群体，从而可能保存大量的有利基因和基因型，并在以后世代中继续重组成优良的纯合体，从而提高需要重要数量性状的遗传力。另外，杂种后代是无数不同基因型组成的群体，基因型间存在竞争，有些与产量性状有关的基因型可能因竞争力差，产量潜力得不到充分表现而被淘汰，不良基因型却可能因竞争力强而中选，在 F_2 群体选择单株可能十分困难。

根据上述情况，混合法要求混播群体比较大，同时代表性要广泛，即每世代收获和播种的群体应该尽可能包括各类型的植株。到选择世代，入选的株数应尽可能多些，甚至可达数百乃至数千。选择无须太严格，主要依靠下一代的系统表现予以严格淘汰。

典型的混合法虽然在早代不进行人工选择，但会受到自然选择的影响。一方面，在自然选择作用下，有利于发展其抗逆性和适应性（如抗寒性、抗旱性等），使群体的状况向适应当地生态条件的方向发展；另一方面，由于基因的竞争或其他的影响，一些不是作物本身所要求，但为人类所需要的经济性状(如早熟性、大粒性、品质、矮秆等性状)可能被削弱，这种类型的个体在群体中将逐渐减少。为减少不同类型间生长竞争所产生的不良后果，并提高育种效率，育种工作者对典型的混合法加以改良，即在 F_2 或在条件有利于性状的表现年份(如病害、旱害等灾害大发生的年份)针对遗传力高而又为人类所需的性状进行选择；也可在杂种早代适时选择，以后仍按混合法处理，以使杂种群体中符合人类需要的类型增加。

与系谱法相比，混合法的优点：①由于混合法是在晚期世代才进行个体选择的，因此，有较大的分离群体，优良基因型被丢失的可能性较小，且方法简便易行。②可以利用自然选择的作用，使对生物本身有利的性状得到改良。③对分离世代长、分离幅度大的多系杂种的选择效果较好。

混合法的缺点：①由于基因型间的竞争或其他因素，某些性状也可能被削弱。特别是人工选择目标和自然选择目标不一致的性状有可能在混合种植过程中丢失。②晚期世代群体数量大，试验规模较大，选择工作量也增大。③无法考证入选系统的历史、亲缘关系。

6.4.2.3 其他选择方法

在系谱法和混合法的基础上，派生出许多选择方法，主要有衍生系统法和单粒传法。

(1) 衍生系统法

衍生系统法(derived line method)又称派生系统法，是将系谱法和混合法相结合的一种杂种后代选择方法。由 F_2 或 F_3 一个单株所繁衍的后代群体分别称为 F_2 或 F_3 的衍生系统。

衍生系统法工作要点是在 F_2 或 F_3 进行一次选株，随后改用混合法种植各单株形成衍生系统。对衍生系统的产量和品质进行测定，淘汰明显不良的衍生系统，并逐代明确优良的衍生系统，直到性状趋于稳定的世代($F_5 \sim F_8$)，再进行一次选株，下一年种成系统，从中选择优良系统，进行产量比较试验，直至育成品种。

F_2(或 F_3)的单株选择可参照系谱法，一般只针对质量性状和遗传力高的性状进行(如株高、成熟期等)。遗传力较低的性状(如产量性状)，可以在晚代选择。由于 F_3 系统(即 F_2 的衍生系统)产量及其他性状的优劣在很大程度上决定了其后世代的优劣，所以根据衍生系统的表现进行选拔与淘汰，可靠性较高。

衍生系统法兼具系谱法和混合法的优点，又在不同程度上消除了两方法的缺点。与系谱法相比，衍生系统法在早代选株、按系统种植、可以尽早获得优良株系等方面发挥了系谱法的长处。采用系谱法需要连续在系统内选择单株，选株多会增大工作量，选株少又可能损失一些优良基因；而采用衍生系统法既不会使所处理的材料在若干世代内增加太多，又可在系统内保存较大的变异，弥补了系谱法的缺点。与混合法相比，衍生系统法在早代选株后，即按衍生系统混合种植，保存变异。既可在早期世代减少大量工作，保留了混合法的优点，又由于分系种植，可以减少在混播条件下群体内出现不同类型间的竞争问题，这又是混合法所难以比拟的。另外，采用衍生系统法能集中精力在有希望的材料中进行选择，减少混合法在选择世代中大量选株的工作量，也能提早选择世代，比混合法可缩短年限。

(2) 单粒传法

单粒传法(single seed descent method)简称 SSD 法，它是在 F_2 群体的每一单株上选取一粒种子晋级成为 F_3，再同法晋级至 $F_4 \sim F_6$ 代，每代都保持同样规模的群体，一般为 200~400 株，直到所需要的世代。一般到 F_6 时便可进行单株收获，并在 F_7 时成系统。此时，F_7 的系统数应与 F_2 的选择单株数相同。在 F_7 系统间进行选择，中选的系统分别混收，进行产量比较试验。

单粒传法依据的遗传原理：杂种 F_2 代群体的遗传变异最大，单粒传法能保留所有或绝大部分的 F_2 代单株的后代，在从 F_2 到 F_6 的过程中，系统间的加性遗传方差会显著增加，变异性增大，系统内加性遗传方差却逐代下降，变异性也随之变小，因此最终会形成不同类别的系统，可从中选育出优良的品种类型。单粒传法只在高代才进行单株选择。此时，大部分单株的基因型已经纯合。选株方法与混合法、衍生系统法相似。

单粒传法与其他方法相比，优点：①在育种过程中，可以不受自然选择和单株间竞争的影响，尽可能地保存了杂种群体遗传变异的多样性。②由于将后代群体植株一直控制在较少的数量，可以在最小面积，利用最少的人力，并借助温室条件或其他方法促进植株提早成熟，增加每年的繁殖世代，提早进行品系产量比较试验，加速育种进程。

单粒传法的缺点表现：①在每一单株取一粒种子时，可能丢失一部分优良的基因型，F_2 的某些不具有理想基因型的不良植株，也以同样的概率入选而存在于群体中。②因其只根据当代的表现型进行选择，而缺乏对后代株行或株系的鉴定，在全过程中只经一次选择，不得不保留较多的品系进行产量比较试验，后期的工作量也比较大。③缺乏系内单株选择。

6.4.3 杂交育种程序

在牧草杂交育种过程中，从收集观察原始材料，选配亲本，进行杂交和选择，直到育成新品种，需要经过原始材料圃、亲本圃、选种圃、鉴定圃、品种比较试验、区域试验和生产试验，这一系列的工作环节组成了杂交育种程序，直至育成品种并推广到生产中使用，如图6-1所示。

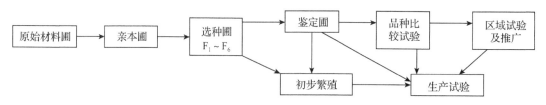

图6-1 杂交育种程序

6.4.3.1 原始材料圃

原始材料圃（material nursery）种植从国内外收集来的原始材料，按类型归类种植，每份种几十株，一般采用稀植条播。应重视引入新种质，丰富育种材料的基因库。要注意做好隔离措施，严防不同材料发生机械混杂和天然杂交，保持原始材料的纯度和典型性。对所有材料定期进行观察记载。重点材料连年种植，一般材料可以室内保存种子，分年轮流种植，这样不但可以减少工作量，并且可以减少引起混杂的机会。

6.4.3.2 亲本圃

从原始材料圃中选出符合杂交育种目标的材料作为杂交亲本，种于亲本圃（parent nursery）。应尽量将每一杂交组合的父母本相邻种植，分期播种，使花期相遇，保证杂交的顺利进行。亲本材料要点播稀植，并适当加大行距和株距，以便于杂交操作。杂交后要加强对杂交植株的管理，成熟时按组合收获，注明组合名称，脱粒保存并予以编号，下一年种入选种圃。

6.4.3.3 选种圃

种植杂种后代的地块称为选种圃（selection nursery）。选种圃的主要任务是选择所需要的个体或类型，直到杂种材料性状稳定一致，升入鉴定圃。除了杂种后代材料外，选种圃还需种植对照品种与亲本，以便选择。杂种在选种圃的年限，因选择方法及性状稳定所需世代而异，一般是 $F_1 \sim F_6$ 代。为了使单株性状得到充分表现，并便于观察和选择，一般采用单粒穴播，稀植，杂种数量较少时还可以采用育苗移栽的方法。杂种后代的株行距比生产上的株行距适当大些。

6.4.3.4 鉴定圃

从选种圃升级或者上一年鉴定圃留级的新品系所种植的地段称为鉴定圃（evaluation nursery）。播种方式、种植密度接近大田生产，进行初步的产量比较试验以及进一步的性状评定，从中选出优良品系，升级品种比较试验。鉴定圃的种植一般采用顺序排列，按品系成小区，设置 2~3 次重复，每隔 4 区或 9 区种植一个对照区。由于升级的品系数目多、种子数量较少，鉴定圃的小区面积较小。每个品系一般试验 1~2 年，将超过对照品种或有突出特点的优良一致品系升至品种比较试验，少数品系再试验一年，其余淘汰。

6.4.3.5 品种比较试验

种植由鉴定圃升级的品系，在较大的小区面积上进行更精准、更有代表性的产量比较试验，称为品种比较试验（variety comparison trial），简称品比试验。品种数目相对较少，小区面积较大，重复 4~5 次，并间隔设置对照品种。小区排列多采用随机区组设计，以提高试验的准确性。由于每年的气象条件不同，而不同品种对气象条件又有不同的反应，因此为了确切地评选品种，一般材料要参加两年以上的品种比较试验。根据田间观察、抗性和品质鉴定以及产量表现，选出最优良的品种参加全国（或省、地区）组织的区域试验。

6.4.3.6 区域试验

当新育成的品种经过品种比较试验，初步证明它们表现优异、具有推广价值时，还需要在各个不同的自然区域或有代表性的地点，按照统一试验设计要求进行多点品种比较试验，这种试验称为区域试验（regional trial）。区域试验的主要任务是确定新品种的利用价值、适应性、最适栽培条件和适宜的推广地区。

区域试验一般进行 3~4 年，对于表现不好的品种可以淘汰，对有希望的品种，可以提前进行示范繁殖，使生产试验、示范、繁殖工作同时进行，在品种审定合格确定推广时，就可以迅速推广。

6.4.3.7 生产试验

将表现优异的新品系在大田生产条件下进行的较大面积的对比试验称为生产试验（production trial）。生产试验的目的是鉴定新品系是否能满足生产条件的要求，同时可以起到示范和繁殖种子的作用，为以后迅速大面积推广打下基础。生产试验可与区域试验同时进行，也可提前与品种比较试验同时进行。在品系鉴定中，有希望的品系在进行品种比较试验的同时，还可以把部分种子送到生产单位进行生产试验。

6.4.3.8 品种审定与推广

经过区域试验、生产试验，对表现优异且符合推广条件的新品系，按照品种审定程序，可报请品种审定委员会审定。审定合格正式命名推广，即成为品种。

6.4.4 加速杂交育种进程的方法

按照常规的杂交育种程序，从亲本杂交到育成一个新品种，通常需要 6~8 代，加上至少两年的品种试验和至少两年的区域试验。因此，一个新品种真正应用于生产需要很长的周期，快的 7~8 年，慢的十多年。缩短育种周期，提高育种效率，对于促进农业生产发展具有十分重要的意义。根据育种实践经验，人们摸索出一系列加速杂交育种进程的有效方法：

6.4.4.1 加速世代繁育

加速世代繁育的方法有多种。利用我国地势复杂，不同地区和不同季节生态条件多样，采用"北种南繁"或"南种北繁"进行异地加代，一年可以繁殖 2~3 代。另外，利用温室或人工气候室等人工设施进行异季加代，也可以加速世代繁育。

因为异地或异季加代的植株生长发育与当地正常季节生长发育存在着较大差异，所以，加代时不进行严格的选择。这些方法较适用于混合法和单粒传法，不适用于系谱法。

6.4.4.2 改进育种程序

对于综合性状表现特别突出、性状基本稳定的优异材料，可以不经过鉴定圃，提前升级进行品种比较试验。此外，还可以不通过品种比较试验直接进入正式区域试验，在区域试验阶段也可同时开展生产试验。因此，可提前几年完成品种的审定，加速品种推广的进程。

在杂交育种过程中采用分子设计育种，在杂种早代（单交 F_2 或复交 F_1）通过分子生物学技术选择目标基因型纯合的个体，既减少了田间选择的工作，又节省了杂交早代的种植面积，还缩短了获得纯系品种或自交系的时间。

随着组织培养技术的成熟及广泛应用，将单倍体育种与杂交育种相结合，在杂种分离世代利用花药培养技术，并通过染色体加倍迅速获得纯合类型，可以大大缩短杂种分离世代，从而加速世代进程。

6.4.4.3 加快种子繁殖

在品种选育过程中，对于表现优良、有希望但还没有最后确定的系统，可提早繁殖种子。当通过品种比较试验确定为优良品系时，就有大量种子可供大面积推广。此外，还可通过稀播、分株和割茬再生等方法扩大繁殖系数，增加繁殖种子量。

6.5 杂种优势及其利用

6.5.1 杂种优势的概念

杂种优势（heterosis）是指两个遗传性不同的亲本进行杂交，所产生的杂交种在生活力、生长势、抗逆性、适应性、产量和品质等性状超过双亲的现象。杂种优势是生物界中的普遍现象。凡是能够进行有性生殖的生物，无论高等还是低等、自花授粉还是异花授粉植物，都有杂种优势的表现。

自 Mendel(1865)和 Shull(1914)分别提出杂种活力（hybrid vigor）和杂种优势概念以来，杂种优势便成为育种学家关注的焦点。人类很早就对杂种优势认识并加以利用。早在 1 400 多年前，我国贾思勰所著的《齐民要术》中就有马和驴杂交生骡（远缘杂种）的记载。在植物上，首先发现并利用杂种优势的是德国学者 Kölreuter，他在 1761—1766 年以早熟的普通烟草与品质优良的较晚熟的烟草杂交，获得了早熟、品质优良的烟草杂种，据此，他曾建议生产上利用杂种一代进行生产。Darwin 是杂种优势理论的奠基人，他利用 10 年（1866—1876）的时间，研究了植物界异花受精和自花受精的变异，提出"异花受精有利和自花受精有害"的理论，并指出玉米有杂种优势的现象。进入 20 世纪，随着杂种优势理论研究的不断深入，玉米品种间、品种与自交系间以及自交系与自交系间的杂种优势在生产上得到广泛应用，并大幅度地提高了产量。与此同时，甜菜、高粱、水稻、洋葱等物种的杂种优势也相继应用于生产。特别是利用雄性不育系制种以来，杂种优势的利用普及到包括粮食作物、油料作物、经济作物、蔬菜和牧草等在内的作物中，成为现代育种的重要标志，也是现代农业科学技术的突出成就之一。

我国农业科学工作者在杂种优势的研究与利用方面也取得了巨大成就。1973年成功地实现了籼型杂交水稻的"三系"配套，不仅为提高水稻产量开辟了新途径，也为自花授粉作物利用杂种优势开辟出了新路径，极大地丰富了遗传学理论。继杂交水稻之后，1983年甘蓝型油菜"三系"配套，选育出'秦油2号'新组合，已大面积推广。目前，杂交玉米、杂交高粱均已普及，小麦、棉花、谷子等杂种优势的利用也取得了突破性进展。我国牧草及饲料作物杂种优势的研究与利用起步较晚，至2015年年底经全国草品种审定委员会审定的184个育成品种中，其利用杂种优势育成的品种有44个，占23.91%，主要集中在高粱属、狼尾草属以及青贮玉米等十余个牧草及饲料作物种属中。

杂种优势是一种复杂的生物现象，其表现是多方面的。有的表现在营养体上，有的在生殖性状上，有的在抗逆性和适应性上，也有的在品质性状上。营养体优势表现为长势旺盛，分蘖力强，根系发达，茎秆粗壮，块根、块茎增大增重。据广西地区观察，杂交水稻'南优2号'和亲本在基本苗相同的情况下，分蘖数和每苗发根数都较双亲多。以根为收获对象的杂交种'甜菜三号'，在黑龙江等省表现出平均根产量比当地品种提高12.5%。生殖优势表现为籽实产量高，一些主要农作物（如玉米、高粱、水稻等杂交种）的产量比推广的普通良种增产20%~40%，油菜杂种的单株籽实产量甚至会成倍提高。抗逆性和适应性的优势表现为杂种一代生长势强，抵御外界不良环境的能力和适应环境条件的能力优于亲本，在抗旱、抗倒伏、耐低温、抗病虫等方面表现突出。品质优势表现为杂种一代品质性状优异，如杂种油菜的含油率明显提高19.4%。河北师范大学分析了11个小麦杂种的蛋白质含量，其中有8个超过双亲。

总之，杂种一代的性状与亲本性状的关系是复杂的，一个性状的表现很难用一种方式概括。多数情况下，杂种优势不是一两个性状单独地表现突出，而是许多性状综合地表现突出。从应用的角度出发，现在许多学者又将杂种优势的概念进一步狭义化，认为它仅指杂种一代的数量性状（如产量）平均值优于其亲本或对照品种的现象，并用具体数值来衡量和表示优势的程度。常用方法有：

①中亲优势(mid-parent heterosis) 也称平均优势，即杂种F_1代的产量或某一性状超过双亲平均值的百分率。计算公式为：

$$平均优势(\%) = \frac{F_1-(P_1+P_2)/2}{(P_1+P_2)/2} \times 100$$

②超亲优势(over-parent heterosis) 指杂种F_1代的产量超过较好亲本（HP）的百分率。计算公式为：

$$超亲优势(\%) = \frac{F_1-HP}{HP} \times 100$$

③超标优势(over-standard heterosis) 即杂种F_1代超过当地推广品种（CK）的百分率。计算公式为：

$$超标优势(\%) = \frac{F_1-CK}{CK} \times 100$$

④杂种优势指数(index of heterosis) 即杂种F_1代的产量或某一数量性状的平均值与双亲（P_1和P_2）同一性状平均值的比例。计算公式为：

$$杂种优势指数(\%) = \frac{F_1}{(P_1+P_2)/2} \times 100$$

在实际生产中，杂种优势仅高于亲本平均值，或仅具有超亲值是不够的，必须高于当地推广品种，才能为生产上所采用。因此，超标优势更具有实践意义。

6.5.2 杂种优势利用的特点

牧草在利用杂种优势方面具有较多有利条件。首先，一些牧草既可有性繁殖，又可无性繁殖，一旦获得杂种优势，便可固定利用；其次，栽培牧草主要收获物是茎叶，而不是种子，在利用雄性不育系制种时，一般可以不需要恢复系，雄性不育系与某一品种杂交时，只要营养体有优势，即可用于生产；最后，大多数牧草属多年生，一次种植多年收获，F_1代和杂交制种隔离区均可多年连续利用，当不需要扩大面积时，就不必年年种植制种田。

6.5.2.1 自花授粉植物和常异花授粉植物

这两类植物由于长期自花授粉，品种内各株间的性状基本一致，其遗传基础一般是纯合的，品种间杂交有较高的优势。因此，利用杂种优势的主要方式是选配两个优良品种进行杂交，获得品种间杂种。但这两类植物都是雌雄同花，去雄不易，若去雄不净，便会自交结实，降低制种质量。对这类植物利用杂种优势的关键是要解决去雄问题。除人工去雄外，利用雄性不育系制种也是一种便利的途径。

6.5.2.2 异花授粉植物

这类植物的天然异交率高，品种的遗传组成较为复杂，不同植株间遗传组成不同，性状差异较大，品种间的杂交优势不明显，表现也不整齐。为了克服异花授粉植物的杂合状态，采用人工控制授粉，强迫自交，提高亲本的纯合性。对这类植物利用杂种优势的育种方法分为两个步骤：①根据育种目标，在选定的材料中，通过连续多代的自交、选择，并测定配合力，培育基因纯合、配合力高的自交系。②按亲本组配原则，配制优良的自交系间杂交种，供生产上利用。这种利用杂种优势的方式，把自交、选择和杂交3个环节结合起来，F_1代性状才能整齐、优良。例如，'宁杂4号'美洲狼尾草是以美洲狼尾草矮秆不育系Tift23D为母本，以Bi13B-6恢复系为父本配制而成的种内杂交种。

6.5.2.3 无性繁殖植物

这类植物与前几类植物相比较，利用杂种优势的最大特点是，利用有性繁殖获得杂种优势，利用无性繁殖将其杂种优势相对稳定地固定下来，在生产上利用多年，不需年年制种。例如，'岸杂一号'狗牙根是美国从385个'海岸狗牙根'בリ肯尼亚-56'杂种一代的种间杂交中选出其中最优良的一个杂交种，用无性繁殖培育而成的。该草在生产上一直采用无性繁殖，因而使杂种优势得以长期稳定地保留下来并加以利用。例如，2006年中国农业科学院北京畜牧兽医研究所育成的'中坪1号'野牛草，以从美国、日本收集的46份野牛草种质材料为原始材料，经多年选择获得纯雄株无性系和纯雌株无性系，组配杂交组合，获得杂交种，再用无性繁殖生产利用。

生产上利用杂种优势提高产量，应遵循以下3条原则。

(1) 选配遗传基础差异大的亲本组合

大量实践证明，杂种优势在一定范围内取决于亲本的亲缘关系、生态类型和生理特性。相对性状优缺点互补，亲本遗传基础差异大的杂种组合，其杂种优势强，反之则弱。因此，在选配亲本组合时，应重视亲本的遗传差异度。

(2) 提高亲本的纯合度

杂种优势的大小与亲本的纯合度有直接关系，亲本的纯合度越高，优势越明显。制种前应提高亲本的纯合度，使其遗传性纯合，特别是异花授粉植物，要进行一系列的自交与选择，培育成自交系或近交系。

(3) 便于杂交，并能获得大量杂交种子

杂种优势仅表现在杂种第一代，F_1 代以及以后各代由于性状分离优势逐渐下降，生产上利用杂种优势主要是利用 F_1 代，因此需要年年制种。为能利用其优势，降低制种成本，需要有一套简单而经济的杂交技术，否则即使有明显的杂种优势，也会因制种困难、成本高，无法应用于生产。

6.5.3 杂种优势利用的途径与技术

6.5.3.1 杂种优势利用的途径

根据植物的繁殖方式、花器构造和繁殖系数等特点，可利用不同类型的杂种优势。例如，种间杂种、品种间杂种、自交系间杂种、自交不亲和系间杂种、核质杂种等均是利用杂种优势的有效手段。在杂种优势利用中，为解决杂交制种去雄的问题，目前有以下一些途径。

(1) 人工去雄

人工去雄配制杂交种是杂种优势利用的常用途径之一。但是，采用人工去雄配制杂交种的植物应具备以下3个条件：①花器较大，易于人工去雄。②人工杂交一朵花能得到数量较多的种子。③生产上的用种量小。目前，采用人工去雄制种主要是在符合上述条件的一些作物(如玉米、棉花、烟草、番茄、黄瓜等)中应用。大多数牧草的花器较小，繁殖系数较低，采用人工去雄制种利用杂种优势较为困难。

(2) 化学杀雄

化学杀雄是在植物花粉发育前的适当时期选用内吸性化学药剂(即化学杀雄剂)，喷洒在植株上，抑制花粉的正常发育，使花粉失去受精能力，达到去雄(杀雄)的目的。许多药剂都能使雄性败育，理想的化学杀雄剂应具备：诱导完全或近于完全的雄性不育而不影响其雌蕊的育性；具有较为灵活的用药剂量和时期；在不同环境条件下对不同品种都有很好的诱导雄性不育的作用；无药害、无残毒、使用安全、价格低廉等特点。

目前，发现的化学杀雄剂有顺丁烯二酸联氨(MH)、顺丁烯二酸酰肼30(MH_3)、2,3-二氯异丁酸钠(Fw-450)、三碘苯酸(TIBA)、γ-苯乙酸、2,4-二氯苯氧乙酸(2,4-D)、萘乙酸(NAA)、赤霉素(GAs)、核酸钠、二氯乙酸、三氯乙酸(TCA)、乙烯利(2-氯乙基磷酸，ETH)、稻脚青(主要成分为甲基胂酸锌)等数十种。

化学杀雄剂的除雄效果往往受气候条件的影响较大，应用时要注意气候变化。

(3) 自交不亲和性

有一些两性花的植物(如油菜、甘薯等)，它们的某些品系雌雄蕊花器在形态、功能及发育上虽然都完全正常，雄蕊也能正常授粉，但同一株系的花粉授在本株系的柱头上后不结实或结实很少，这种特性称作自交不亲和性(self-incompatibility)。具有这种特性的品系称作自交不亲和系。

在生产杂种种子时，用自交不亲和系作母本，以另一个自交亲和的品种或品系作父本，就可以省去人工去雄。如果亲本都是自交不亲和系，就可以互为父母本，从两个亲本上采收杂种种子，进而提高制种效率。

自交不亲和性是植物进化过程中保证异花授粉的习性，是一种遗传现象，受自交不亲和基因控制。一些植物通过连续多代的自交、分离和选择，可以获得较为理想的自交不亲和系。许多自交不亲和系在花期自交结实性虽差，但蕾期的自交结实性却较好。因此，自交不亲和系种子的繁殖与保存，主要依靠蕾期人工授粉获取。

(4) 雄性不育系

利用雄性不育系制种，是克服人工去雄困难的最有效途径。因为雄性不育性是可以遗传的，选育出雄性不育系及其保持系，便可以从根本上免去去雄操作，大大提高制种效率。

6.5.3.2 杂交制种技术

为了配制出纯度高、数量多、质量好的杂种种子供生产利用，必须做好制种工作，其主要技术环节如下：

(1) 设置隔离区

制种区必须安全隔离，严防非父本的花粉飞入制种区，影响杂种种子质量。隔离的方法有4种。

①空间隔离　在空间距离上把制种区与父本以外的其他品种隔离开，即在制种区周围一定的范围内，不种植同种作物或牧草的其他品种。隔离区的大小取决于植物传粉习性，具体距离可参见表6-1，亲本繁殖区的距离要大于制种区。

②时间隔离　有些植物可在开花时间上与其他品种错开，防止混杂。例如，玉米和高粱制种区的播期与周围其他品种的播期错开40 d左右，便能防止外来花粉吹入制种区；水稻可错开20~30 d播种。

③自然屏障隔离　利用山岭、村庄、果园、林带等自然障碍物进行隔离。

④高秆植物隔离　在采用上述方法有困难，或不能保证完全隔离时采用此法。即在需要隔离的方向种植数十行或百行以上的高秆植物，以隔离外源花粉。

实际工作中，一个制种区往往需同时采用几种隔离方法。

表6-1　制种区的隔离距离与父、母本行比

作物	空间距离/m	行比(母:父)
玉米	300~400	2:1, 4:2, 3:1, 6:2
高粱	300~400	高秆父母本：6:4, 8:4, 12:4；矮秆父母本：4:2, 6:2
油菜	1 000	正交制种2:1, 3:1；正、反交制种1:1
水稻	100~200	4:2, 6:2
小麦	100~200	2:1, 4:2, 6:2
苜蓿	1 200	2:1, 4:2
多年生禾草	100~200	2:1, 4:1, 6:2

(2) 规格播种

制种区内父母本要分行相间播种，以便授粉杂交，父母本的播期决定着花期是否能相遇，这是杂交制种成败的关键，尤其是开花期短的植物。一般情况下，若双亲同时开花或相差两三天时，可同期播种；否则，应分期播种。分期播种的时期应事前了解清楚，安排得当。多年生植物不能用播种期来控制，需要采用其他方式调节花期。

制种区力求做到播种全苗，既便于去雄授粉，又可提高种子产量。播种时必须严格把父本行与母本行分开，不得错行、并行、串行和漏行。为便于分清父、母本行，可在父本行的两头和行中间隔一定距离种一穴其他植物作为标记。为供应花粉，有时在制种区的近旁，加种小面积的父本，作为采粉区，但应该和制种区父本的播种期错开。

在保证父本有足量花粉的前提下，应尽量增加母本行数，以便多收杂种种子。具体的播行比例因物种不同而异，可采用母父行比为 1∶1，2∶1，3∶1，4∶2，6∶2 等方式。

(3) 精细管理

制种区要采用先进的栽培管理措施。在出苗后要经常观察，根据两个亲本生长状况，判断花期能否相遇。在花期不能良好相遇情况下，应采取补救措施，如采用促进或抑制生长的方法使父母本花期相遇。为提高制种质量，在亲本繁殖区严格去杂的基础上，对制种区的父、母本也应认真去杂去劣，以获得纯正的杂种种子和保持父本的纯度与种性。

(4) 去雄授粉

根据作物或牧草特点和去雄授粉技术掌握情况，采用相应的去雄授粉方法，做到去雄及时、干净，授粉良好。玉米、高粱、禾本科牧草等风媒植物，可进行若干次的人工辅助授粉，提高结实率，提高种子产量。虫媒的植物（如苜蓿、红豆草等）采用多放养蜂类的办法，也可达到同样目的。有时还采取一些特殊措施（如玉米的剪花丝、剪苞叶等），都可促进授粉杂交。

(5) 分收分藏

种子成熟后要及时收获。父母本分收、分藏，严防人为混杂。一般先收母本，后收父本，确认不清者不可混入父母本之中，只能改用其他用途。母本上收的种子即为杂交种子，供生产上使用；父本种子可以留作来年的制种田播种。

6.5.4 雄性不育系的利用

早在 19 世纪，植物雄性不育现象就已发现，Garter(1844)、Darwin(1890)分别进行了报道。20 世纪以后，雄性不育现象在番茄、亚麻、向日葵、马铃薯、洋葱、鸭茅等很多植物中相继发现。据 Edwardson 报道，目前已在 22 科 51 属 153 物种中发现雄性不育的类型。蔡旭(1988)报道了国内外已开始利用雄性不育对玉米、高粱、大麦、水稻、向日葵、甜菜、烟草、番茄、棉花等 20 余种植物制种。

利用雄性不育系，可以省去人工去雄，降低制种成本，提高种子质量。它的重要意义更在于开拓了一些不能进行大量人工去雄的植物（如水稻、高粱等）利用杂种优势的新途径。

6.5.4.1 雄性不育的特征与遗传

(1) 雄性不育的特征

通常所见到的雄性不育大致可分为两大类：一类是由环境条件不适、生理差异等所引起的，是不能遗传的；另一类是受细胞质基因或核基因控制的，是可遗传的。可遗传的雄性不育表现型相当复杂，根据雄性器官的形态与功能的表现，可将雄性不育划分为 4 种类型。

①雄蕊不育　雄蕊畸形或退化，如花药瘦小、干瘪、萎缩、不外露，甚至花药缺失。

②无花粉或花粉败育　雄蕊虽接近正常，但不产生花粉，或花粉极少，或花粉无生活力。

③功能性不育　雄蕊和花粉基本正常，但由于花药不能自然开裂散粉，或迟熟、迟裂，而阻碍了授粉。

④部位不育　雄蕊、花粉都发育正常，但因雌、雄蕊异长（如柱头高），雄蕊低，而不能自花授粉。

雄性不育性按不育程度可分为全不育、高不育、半不育和低不育，其标准一般用自交结实率来衡量。不同植物的标准不同。如以水稻为例，上述 4 个等级不育性的自交结实率分别为 0%、0.1%~10%、11%~50% 和 51%~80%。

(2)雄性不育的遗传

Sears(1943—1947)在总结前人工作的基础上,把各种植物的雄性不育性概括为三种类型:质不育型、核不育型和核质互作不育型。Edwardson(1956)将雄性不育性分为核不育和质不育两大类,质不育实质上就是核质互作不育。

① 细胞质雄性不育性 简称质不育,母本与父本的细胞核对育性没有影响,不育性仅受细胞质控制。其特点是只有保持系,在理论上找不到恢复系。这种类型的不育系只可用于以营养体为利用目的的植物。

② 细胞核雄性不育性 不育性受核基因控制。隐性基因 $rfrf$ 为不育型,显性同质结合($RfRf$)和显性异质结合($Rfrf$)均为可育型。当 $rfrf$ 与 $RfRf$ 交配,后代全部可育;$rfrf$ 与 $Rfrf$ 交配,后代出现 1:1 可育与不育的分离。$Rfrf$ 自交时,将有 3:1 的可育与不育分离。因此,核型雄性不育不能得到固定的不育类型。

③ 核、质互作雄性不育性 这种类型的雄性不育受细胞质和细胞核的共同作用所制约。细胞质中有一种控制不能形成雄配子的遗传物质 S,其相应的细胞质中具有正常的遗传物质 N。核内具有 1 对或 n 对影响细胞质育性的基因。以 1 对基因为例,显性基因 $RfRf$ 能使不育性恢复为可育,其等位隐性基因 $rfrf$ 不能起育性恢复的作用,为不育基因。这样,核、质基因结合可形成 6 种基因型:N($RfRf$)、N($Rfrf$)、N($rfrf$)、S($RfRf$)、S($Rfrf$)和 S($rfrf$),其中唯有 S($rfrf$)是不育型,其余 5 种均为可育型。以不育型作母本同 5 种可育型杂交,由于结合子的细胞质由母本提供,细胞核由父、母本双方均等提供,杂交一代出现不育和可育的类型:

$$S(rfrf) \times N(rfrf) \to S(rfrf) \text{ 全部不育}$$

$$S(rfrf) \times [N(Rfrf) \text{ 或 } S(Rfrf)] \to S(Rfrf) \text{ 可育}:S(rfrf) \text{ 不育} = 1:1$$

$$S(rfrf) \times [N(RfRf) \text{ 或 } S(RfRf)] \to S(Rfrf) \text{ 全部可育}$$

据此,可满足配制杂种的要求,实现"三系"配套。

(3)"三系"的概念

① 雄性不育系 具有雄性不育特性的品种和自交系称为雄性不育系(male sterile line),简称不育系,其遗传组成为 S($rfrf$)。不育系由于体内生理机能失调,以致雄性器官不能正常发育,没有花粉或花粉粒空瘪缺乏生育能力。但它的雌蕊发育正常,能接受外来花粉受精结实。因此,在制种时用不育系作母本不必去雄。

② 雄性不育保持系 不育系本身的花粉是不育的,需要一个正常可育的品种或自交系给不育系授粉,使后代仍保持其雄性不育性。用来给不育系授粉,保持其不育性的品种或自交系称为雄性不育保持系,简称保持系(maintainer line),遗传组成为 N($rfrf$)。

若不育系和保持系是同时产生的,或是由保持系转育而来,则它们互为相似体,除雄性的育性不同外,其他特征、特性几乎完全一样,这种保持系就被称为该不育系的同型保持系。但有些保持系也具有保持不育系的能力,但与特定不育系没有关系,称为该不育系的异型保持系。玉米双交种利用不育系制种,需要有一个异型保持系。

③ 雄性不育恢复系 用一些正常可育的品种或自交系的花粉授给不育系后,不但结实正常,而且其 F_1 的不育特性消失,恢复了正常散粉生育能力,这样的品种或品系称为雄性不育恢复系,简称恢复系(restorer line),其遗传组成为 N($RfRf$)和 S($RfRf$)两种。用恢复系作父本,与不育系母本杂交,制种区不去雄,便可得到杂种种子,而且杂种一代能良好地开花散粉,授粉结实。

6.5.4.2 三系的选育与制种

(1) 雄性不育株的获得途径

为培育雄性不育系,获得原始雄性不育株是十分重要的工作。其主要途径有:

①利用自然变异　雄性不育是植物界自然突变的一种现象。一般情况下,不育株出现频率随植物种类而异,为万分之几至千分之几。通过田间观察,可以从生产田或野生植物中找出原始雄性不育植株的。例如,Jones(1925)在意大利红洋葱中发现了一个自交不结实的雄性不育植株。湖南黔阳农业学校(1964)在水稻原始材料圃中逐穗观察,也选出了水稻的雄性不育系植株。Vernet 等(2022)利用 CRISPR/Cas9 编辑技术使水稻品系能够不经过减数分裂,使卵细胞直接发育成胚完成无融合生殖过程,无融合生殖水稻植株以 10%~30%的比例产生克隆种子。

②人工诱变　通过物理、化学诱变剂处理植物器官,往往能诱导植物产生雄性不育性,但这种不育性需经过连续多代的自交与选择,才能稳定地遗传。

③连续自交　由于雄性不育性多属隐性突变,通过连续自交可使其隐性基因纯合,获得原始雄性不育植株。

④远缘杂交　由于父母本的亲缘关系较远,远缘杂交的后代中常会出现不育植株。例如,吴永敷(1978)在 4.0 hm² 的'草原 1 号'杂种苜蓿(紫花苜蓿×黄花苜蓿)田中,选出了 6 株雄性完全不育的植株;此前,他结合辐射处理,还从 0.7 hm² '草原 2 号'杂种苜蓿田中,选出了 1 株雄性不育株。

(2) 不育系和保持系的选育方法

①核代换杂交　不同物种和类型的亲缘关系较远,遗传差异较大,质核之间有一定的分化。例如,以一个具有不育细胞质和可育核基因的物种(类型)S($RfRf$)作母本,另一个具有可育胞质和不育核基因的物种(类型)N($rfrf$)作父本,通过杂交并与原父本连续回交,就有可能将不育细胞质和不育的核基因结合在一起,获得不育系 S($rfrf$)。它除雄性不育外,其他特征、特性与原父本基本相似,而且整齐一致,所以原父本就是它的保持系。Stephens 和 Holland(1954)用西非高粱和南非高粱杂交,结合回交培育出了不育系和保持系,该方法和途径提供了一个成功的例证(图 6-2)。

西非高粱具有不育的细胞质基因和可育的核基因,南非高粱具有可育的细胞质基因和不育的核基因,它们都表现雄性可育。以西非高粱作母本,南非高粱作父本杂交,F_1 具有来自母本的不育细胞质和父母本各一半的细胞核,因此是雄性可育的。再用南非高粱作父本对杂种回交一次、两次直到多次(n 次),母本原有的可育核由 1/2 到 1/4,1/8…逐步被代换出

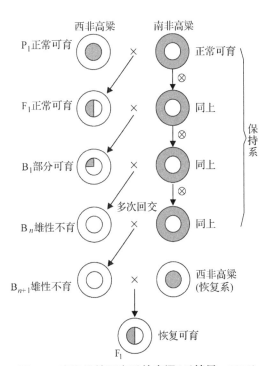

图 6-2　高粱雄性不育系的来源(云锦凤,2016)

白色大圈代表具有雄性不育因子的细胞质;白色小圈代表具有雄性不育基因的细胞核;黑色大圈代表具有雄性不育因子的细胞质;黑色小圈代表具有雄性不育基因的细胞核

来，而父本的不育核则由 1/2 到 3/4，7/8，逐步被代换进去。经过多次回交，形成了具有母本的不育细胞质和父本的不育核基因相结合的核质杂种（B_n），表现完全的雄性不育。

继续用南非高粱作父本与核质杂种回交，其后代（B_{n+1}）的核、质仍旧不育，雄性不育得到保持。这就是高粱雄性不育系'3197A'和其相应的保持系'3197B'的来源。

②回交转育　这是目前选育新不育系常用的方法，应用范围较广，程序简便，最易见效。现在作物的不育系许多都是通过回交转育得来的。该法实质上也是进行核代换，二者程序相同，差别主要是最初杂交时所用的母本不同。回交转育的母本为现有的不育系 S($rfrf$)，而核代换的母本是可育的 S($RfRf$)。因此，回交转育法容易收效，而且有时选育不育系也快。

(3) 恢复系的选育

恢复系的选育主要是采用测交筛选法。具体做法：选用一批品种分别与雄性不育系测交，观察测交一代育性的表现。若是某一品种的测交 F_1 育性恢复正常并具有强大的优势，那么这一品种就是某种不育类型的优良恢复系。例如，玉米的 T 型恢复系'武105'，高粱'3197A'恢复系'三尺三'以及水稻的野败型恢复系等就是这样筛选出来的。

已有的恢复系若存在一定缺陷，也可将它与其他品种杂交，或将原恢复系的 F_1 与其亲本回交转育成新的恢复系。

(4) 利用"三系"制种的程序和方法

目前，核质互作不育型目前已在玉米、高粱、水稻、小麦等作物上应用。用"三系"配制杂交种时，必须设两个隔离区：一个为不育系繁殖区；另一个为杂交制种区。在两个隔离区内分别种植"三系"（图6-3），就可免去人工去雄，配制可育的杂交种，同时繁殖"三系"的种子。繁殖的不育系种子留一小部分作下年再繁殖之用，其余种子供下一年制种区配制杂交种。繁殖的保持系种子下年作繁殖区用种。在制种区内，除生产杂交种子外，繁殖的恢复系种子供下年制种区使用。

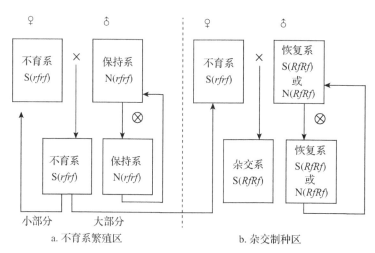

图 6-3　应用核质互作不育性"三系"配套杂交种示意图（云锦凤，2016）

6.5.4.3 两系法雄性不育的利用

两系法杂交稻育种是首先在我国开始研究和利用的，是继"三系法"杂交水稻之后水稻遗传育种上的又一重大科技创新。两系法选用光敏核不育系的自交不育系作母本，这种不育系会因光照长度或温度高低（或两者兼有）而在可育与不育之间互相转换，用加显性标记基因的恢复系作父本，这既省去了繁殖保持系的工作，又节省了资金，是一种具有广阔前景的育种方法。与三系法杂交水稻相比，两系法杂交水稻具有显著的优越性：一是不育系与恢复系组配自由，选育优良组合的概率增大；二是不育系一系两用，在长日照高温条件下（夏季）可用于制种，在短日照低温条件下（春、秋）可用于自身的繁殖，不需要借助保持系（两系由此而来）。因此，能简化繁殖，制种程序，降低种子生产成本；三是由于光温敏不育性核基因遗传与细胞质无关，可克服三系法不育系中细胞质的负效应。近十年来，我国继水稻后，相继又在小麦、油菜、高粱、玉米等作物上进行两系法杂种优势利用取得重大突破，使我国农作物两系法杂种优势利用走在世界前列。

6.6 远缘杂交育种

6.6.1 远缘杂交育种的概念及特点

6.6.1.1 远缘杂交育种的概念

通常将植物分类学上用于不同种、属或亲缘关系更远的植物类型间所进行的杂交，称为远缘杂交（wide cross 或 distant hybridization）。种内不同类型间遗传变异幅度一般相对较小。所以，种内不同类型间的杂交称为亚远缘杂交（sub-wild cross）。在地理上远缘的种族、不同生态类型和系统发育上长期隔离的植物品种或亚种之间的杂交，成为地理远缘杂交或地理远距离杂交。牧草及饲料作物种间杂交（interspecific hybridization），如黄花苜蓿×紫花苜蓿、高粱×苏丹草的杂交等；属间杂交（intergeneric hybridization），如羊茅×黑麦草、小麦×冰草属间、普通小麦×山羊草或偃麦草的杂交等。

远缘杂交作为促进不同物种的基因渗透和交流以及创造新品种的重要途径之一，对充分利用野生资源所蕴藏的独有的特征、特性，扩大基因重组和染色体间相互关系变化的范围，具有其他育种手段不可替代的作用。

6.6.1.2 远缘杂交育种的特点

远缘杂交与品种间杂交相比，具有以下突出的特点：

(1) 远缘杂交具有不亲和性，选配难度大

远缘杂交的亲本选择和选配除了遵循杂交育种的一般原则外，还必须着重研究不同类群植物种间、属间杂交亲和性的问题。

(2) 杂种易夭亡，结实率很低，甚至完全不结实

远缘杂交即使产生了受精卵，但这种受精卵与胚乳或与母体的生理机能不协调，不能发育为健全的种子；有时种子的形态上虽已建成，但不能发芽或发芽后不能发育成正常的植株。有的远缘杂种虽能形成植株但由于生理上的不协调不能形成正常的生殖器官；或虽能开花，但由于减数分裂染色体不能正常联会，也不能产生正常的配子，导致不能繁衍后代。远缘杂种结实率很低，甚至完全不结实。

(3) 杂种后代分离范围广、时间长、中间类型不易稳定

远缘杂交由于亲本间的基因组存在着较大的差异，杂种的染色体组型也往往有所不同，因而造成杂种后代不规则的分离。远缘杂种从 F_1 起就可能出现分离；F_2 起分离的范围更为广泛；远缘杂种后代分离范围广、时间长、中间类型不易稳定。由于远缘杂交的上述特点，增加了远缘杂交的困难与复杂性。因此，长期以来，限制了远缘杂交在育种实践中的广泛应用。

(4) 远缘杂种具有一定优势

虽然远缘杂种常常由于遗传或生理的不协调而表现出生活力的衰退，且上下代之间的性状关系难于预测和估计，但有些远缘杂种能表现出非常明显的优势。特别是生活力、抗性、品质等特性上尤为明显。对于以收获或利用营养体为主要目标的牧草和草坪草，则往往可利用远缘杂种存在巨大营养体优势的特点，但结实率较低。

综上所述，远缘杂交虽有其需要解决的某些特殊问题，但可以解决近缘杂交所不易解决的特殊问题，因此，远缘杂交越来越被育种家们重视和利用。当代创造的体细胞杂交新技术为远缘杂交开拓了新途径。

6.6.2 远缘杂交的困难及其克服方法

6.6.2.1 远缘杂交不亲和性及其原因

杂交不易成功是远缘杂交的第一个困难。植物的受精作用是一个复杂的生理生化过程。远缘杂交时，由于双亲的亲缘关系较远，遗传差异较大，生理上也不协调，这些都会影响受精过程，使雌、雄配子不能结合而形成合子，这就是远缘杂交的不亲和性(incompatibility of distant hybridization)，或不可交配性(noncrossability)。

一般来说，亲缘关系越远，杂交越不易成功，但是也不是绝对的，有的作物亲缘关系较近反而比亲缘关系较远的难于杂交成功。科间杂交成功的事例极少。在远缘杂交实践中，通常会出现花粉不能在异种柱头上萌发；花粉管不能伸入柱头；花粉管虽进入柱头，但生长缓慢或破裂；花粉管到达不了子房；虽然达到子房却完不成双受精作用等现象。其原因主要有以下几点：

(1) 双亲结构上、生理上的差异，不能完成正常的受精作用

由于双亲遗传差异大而引起柱头呼吸酶的活性、pH 值、柱头分泌的生理活性物质、花粉和柱头渗透压的差异等生理、生化状况的不同，阻止外来花粉的萌发、花粉管的生长和受精作用。

例如，当母本柱头的 pH 值较高时，不利于花粉粒中水解酶的活动；柱头的呼吸酶活性弱时，花粉粒中的不饱和脂肪酸不易被氧化；柱头上的生长素、维生素等数量少或存在异质性；柱头的渗透压大于花粉的渗透压，均会影响花粉在异种柱头上的萌发或花粉管的生长。有研究指出：普通小麦×黑麦时，结实率在60%以上，反交时，仅为2.5%。这主要是因柱头和花粉的渗透压不同所致。此外，有的花粉管虽能进入胚囊，但由于亲缘关系太远，因雌、雄配子的膜具有高度的专一性而不能发生相互作用，也无法融合受精。

(2) 远缘杂交的亲和性与双亲的基因组成有关

大量研究表明，远缘杂交的亲和性与双亲的基因组成有关。例如，小麦属植物中的杂交抑制基因是小麦与其近缘属杂交的主要障碍。然而在小麦栽培种(如'中国春')，发现有高度可交配基因($Kr1$、$Kr2$ 和 $Kr3$)，可促进小麦与其他属植物种的杂交。鲍文奎等(1975)的遗传分析指出：小麦与黑麦杂交的可交配性与一系列复等位基因 S、S^s、S^A、S^N 和 S^Q 有关。它们与黑麦杂交的难易顺序为 $S^Q>S^N>S^A>S^s>S$。因碧玉麦含有 S^Q 基因，所以很难与黑麦杂交，结实率在1%以下。而'中国春'之所以容易与黑麦杂交；是因为它含有 S 基因，结实率可达70%以上。另外，Flak 和 Kasha(1981)认为控制交配性的基因也存在于其他种中，如 Sitch 和 Snape (1985)发现黑麦有一个控制可交配性的单显性基因，球茎大麦至少有两对降低可交配性的显性基因等。

6.6.2.2 克服远缘杂交不亲和性的方法

(1) 正确选择杂交亲本与组配

①亲本亲缘关系越近，杂交成功的可能性越大　一般而言，种间杂交比属间杂交难度小一些。但也有不少例外，有些植物属间杂交反而比种间易于成功。例如，十字花科芸薹属甘蓝(*Brassica oleracea*)与萝卜属(*Raphanus*)之间亲缘关系较远，但交配易成功；而甘蓝与同属芜菁(*Brassica rapa*)杂交反而不易成功；披碱草属的加拿大披碱草(*Elymus canadensis*)与同属的披碱草(*E. dahuricus*)杂交反而比与大麦草属的野大麦(*Hordeum brevisubulatum*)杂交难度更大，育性更低。

②以栽培种为母本　当栽培种与野生种杂交时，常以栽培种为母本。例如，1956—1972年中国科学院西北植物所做了几十个普通小麦与长穗偃麦草的杂交，以小麦为母本者结实率最高达70%，而以长穗偃麦草为母本时，结实率均不超过10%。

③以染色体数目多的为母本　一般染色体数目多的作为母本易成功。例如，米景九(1963)在小麦($2n=42$)×黑麦($2n=14$)杂交时，用小麦为母本的52个组合测定，平均结实率为30.6%，最高达90%；而以黑麦为母本的组合平均结实率为7.1%，最高也只有14.4%。

④以品种间杂种为母本　尤其是采用品种间杂交，应选地理上远距离、不同生态型的品种作母本，能产生许多不同遗传组合的配子，增加了与远缘杂交另一亲本选择受精的机会，容易得到杂种后代。例如，西北生物土壤研究所(1960)以302小麦×天蓝偃麦草(也称中间偃麦草)时，结实率为2.5%，以碧玉麦×天蓝偃麦草时，结实率为19.25%，而以(302小麦×碧玉麦)F_1×天蓝偃麦草时，结实率为38.76%。

⑤广泛侧交，选择适当亲本组配　在远缘杂交中，常因所用亲本不同或正反交的差异，其成功率不同。例如，在小麦和长穗偃麦草的杂交中，以'西农6028'为母本时，结实率为76.39%，而以'乌克兰0246'为母本时，结实率仅为0.35%。许多试验证明，有时所用品种相同，但正、反交的效果不同。例如，用野生蒙古冰草(*Agropyron mongolicum*，$2n=14$)与栽培沙生冰草品种'Nordan'($2n=28$)杂交时，正交结实率12.1%，而反交则不结实。这可能是由于细胞质作用而引起的。所以，杂交时应组配较多的组合，并进行正反交，以便获得较好的效果。

(2) 改变亲本的染色体倍性

将双亲或亲本之一的染色体加倍成多倍体，常常是最有效的方法。例如，Dewey(1968)在进行二倍体冰草(*Agropyron cristatum*，$2n=14$)与四倍体天然沙生冰草(*A. desertorum*，$2n=28$)杂交时没有成功，当把二倍体冰草诱导成四倍体以后，与同倍数的沙生冰草杂交获得了成功；卵穗山羊草(*Aegilops ovata*，$2n=28$)与黑麦($2n=14$)杂交不易成功，若先将黑麦进行人工加倍，再和卵穗山羊草杂交，显著地提高了结实率。

(3) 预先无性接近法

对直接杂交不孕的植物，可将一个亲本的营养体嫁接在另一亲本的植株上，或实行相互嫁接的方法，使彼此的生理活动相接近，然后进行有性杂交，就比较容易获得杂交种子。例如，苏联学者赫贺拉切娃利用无性接近法获得了南瓜的种间杂种。

(4) 媒介法

媒介法又称桥梁法。如果两个种直接杂交困难时，可利用两亲本都与之较易杂交的另一种近缘植物当媒介(桥梁)，来克服杂交不孕。例如，蔓生偃麦草与小麦杂交不易成功，但中间偃麦草可分别与小麦和蔓生偃麦草杂交。先用中间偃麦草×蔓生偃麦草，其F_1加倍成双二倍体后,再与小麦杂交获得了杂种。

(5) 特殊的授粉方法

① 混合花粉授粉 采用多父本混合花粉授粉,可以增进雌蕊对花粉的选择,使母本在最大的可能范围内选择到比较合适的花粉,弥补单一父本花粉造成的杂交困难。在具体运用时,对所希望的父本花粉应占绝大多数,其余花粉只起辅助作用。有时在父本的花粉里掺入少量母本花粉,可以解除母本柱头上分泌的某些阻碍异种花粉发芽的特殊物质,或促使产生刺激两性活动的物质,从而提高结实率。这种方法适用于多胚珠植物,一般母本花粉不多于5%。澳大利亚堪培拉大学发现植物的雌性器官在受精时,是根据花粉中的蛋白质来识别和选择花粉的。他们把亲和性花粉置于黑暗中2~3 d使其死亡,而蛋白质并无变化,然后掺入另一不亲和性(一般情况下不能进行杂交)的花粉,即可蒙蔽雌性器官,使其受精。例如,贵州农学院(1960)用普通小麦品种'中农28'作为母本与黑麦杂交,结实率仅为1.2%,而在黑麦花粉中加入普通小麦品种'五一麦'和'黔农199'的花粉时,结实率可达16.6%。

② 重复授粉 有时远缘杂交不孕是由于授粉时机不当所致。在不同时间内进行多次重复授粉,可以使柱头有更多机会获得适合的花粉,以提高杂交结实率。一般重复授粉两次即可,以隔天1次为宜,次数多易造成机械损伤。

③ 提前或延迟授粉 母本柱头对花粉的识别或选择能力,通常在未成熟和成熟时最低。所以提早在开花前1~3 d或延迟到开花后数日授粉,可提高结实率。例如,在小麦×黑麦中,给嫩龄柱头授粉的结实率44.06%,而给适龄柱头授粉的结实率为30.06%。

(6) 柱头手术

① 柱头移植 一个种的花粉不能在另一个种的柱头上发芽长成花粉管,可以用柱头移植的方法,把父本的柱头接在母本花柱上,同时进行授粉,让同种植物柱头分泌物刺激花粉发芽生长,达到授粉结实的目的;也可将父本植物已经授过花粉刚发芽的柱头,割取上端部分移植到母本柱头上,帮助精细胞进入胚囊。

② 切短柱头 有时杂交不孕是由于母本花柱过长,父本花粉管达不到母本子房内,因而不能受精。这时可采取切短柱头法,使精细胞经较短行程到达胚囊而受精。据此,在选择亲本时,挑选短花柱植物作母本,则比较易于受精结实。

此外,有人以茄子、罂粟属(*Papaver*)植物为材料,切除整个花柱,把异种花粉撒在子房上部切除了花柱的切面上,结果得到了种间杂种;还有人将花粉配成悬浮液,直接注射于母本子房里,或划破子房授以父本花粉使其受精,这种方式称为子房内授粉。

(7) 组织培养

① 离体授粉和试管授粉 离体授粉一般多用于易落花落果的植物。开花时切下母本的雌蕊,在无菌的条件下置于对发生有性生殖过程"理想"的人工培养基上培养,然后授予父本花粉。这种方法可以减少植株其他器官对生长调节剂养料、水分等的竞争,也能克服一些困难的杂交工作。

试管授粉(test-tube fertilization)就是将带胎座和不带胎座的胚珠从子房内取出,在无菌条件下置于合适的培养基上进行人工培养,再用父本花粉使其受精,这对克服远缘杂交因柱头、花柱、子房等组织阻碍花粉管伸到子房所引起的不孕性是有效的。该方法已经在烟草属、石竹属、芸薹属和矮牵牛属等植物的远缘杂交中获得成功。

② 体细胞杂交(somatic hybridization) 当有性的远缘杂交不能进行时,可利用体细胞杂交来获得种、属间杂种。Walton、Brown(1988)和Damiani等(1988)分别通过改进的电融法获得

了紫花苜蓿和木本苜蓿（*M. arborea*，$2n=4X=32$）、野生种蜗牛苜蓿（*M. scutellata*，$2n=4X=32$）和海滨苜蓿（*M. marina*，$2n=2X=16$）的杂交体。黄美娟（1984）将普通烟草和矮牵牛叶肉原生质体，经聚乙二醇融合剂处理后，进行人工培养，获得了属间体细胞杂种。

(8) 植物生长调节剂等化学药剂处理

为了强化花粉的发芽和花粉管的生长，可以用化学药品刺激花粉和柱头的活动。例如，用赤霉素、吲哚乙酸（IAA）和萘乙酸等涂抹柱头，然后授粉，可以提高结实率，并在一定程度上起保花保果的作用。如胡启德等（1987）用'中国春'和'Fortunato'小麦品种与球茎大麦杂交时，从授粉后第2天开始，连续3 d，每天3次对授粉穗喷 75×10^{-6} 的赤霉素溶液，其平均结实率分别比不喷的提高20.75%和28.28%。Bates等（1974）则用氯霉素、氨基己酸、吖啶黄、水杨酸、龙胆酸等化学药剂，从卵细胞减数分裂前至去雄为止，每天给包在叶鞘中的母本幼穗注射，然后用正常的远缘花粉给活体或离体的母本授粉，从而获得了小麦×小黑麦、大麦×燕麦等远缘杂种。

(9) 辐射等物理因素处理

有时预先用辐射处理，可以在杂交中克服不亲和性。远缘杂交的受精过程中，花粉和柱头之间的生理代谢活动中会发生彼此的蛋白质分子或其他信号因子的相互识别。一旦这种识别无法顺利进行，则导致特异的免疫抑制反应，使花粉无法正常萌发、生长，甚至抑制受精作用。所以，通过某些物理因素（如热处理、反复冷冻、紫外线、射线辐射等）处理花粉或柱头，可导致其识别蛋白变性或失活，进而使花粉或柱头脱离抑制状态，由不亲和变为亲和，从而增加远缘杂交的成功机会。例如，Chen和Gibson（1973）对月见草（*Oenothera odorata*）和黑麦草（*Lolium perenne*）的花柱进行热处理，使花柱变性老化，克服了远缘杂交的不亲和性。黑龙江省畜牧研究所王殿魁等在二倍体花苜蓿（*Medicago ruthenica*，$2n=2X=16$）和四倍体'肇东'苜蓿（*Medicago sativa* 'Zhaodong'，$2n=4X=32$）的远缘杂交中，采用辐射 $M_2 \sim M_5$ 代，并与未辐射处理的杂交组合相比，正反交结实率分别提高了20%和15%左右，种子发芽率分别提高3%和15%左右。

综上所述，根据远缘杂交不可交配性的原因，可以单一地或综合地应用诸法，以促进杂交的成功。

6.6.3 远缘杂种夭亡、不育的原因及克服方法

6.6.3.1 远缘杂种的夭亡和不育现象

远缘杂种的夭亡和不育是指有时虽然通过各种方法，克服了远缘杂交不亲和的重重困难，完成了受精，形成了合子，但因受精不完全，在受精卵或合子随后的生长和发育阶段，如继续发育成种子、杂种种子长成植株以及杂种植株繁衍后代的各个生长发育过程中，仍会无法产生有活力的后代种子或会在生长成植株前死亡的现象。主要表现有：①受精后幼胚不能发育或中途停止发育。②能形成幼胚，但幼胚畸形、不完整。③幼胚完整，但没有胚乳或极少胚乳。④胚和胚乳虽发育正常，但胚和胚乳间形成糊粉层似的细胞层，妨碍了营养物质从胚乳进入胚。⑤由于胚、胚乳和母体组织间不协调，虽能形成皱缩的种子，但不能发芽或发芽后死亡。⑥有的发育畸形，生殖器官变态，花发育不全。⑦不能正常形成雌、雄蕊，不能产生花粉和卵细胞。⑧虽然生殖器官的发育近于正常，但雌、雄配子体没有活力。这些均可导致远缘杂种植株无法产生下一代，即发生不育。据报道，加拿大披碱草×野大麦、加拿大披碱草×肥披碱草（*Elymus excelsus*）、老芒麦×紫芒披碱草、披碱草×野大麦、蒙古冰草（*Agropyron mongolicum*）×

航道冰草(*A. cristatum*)、加拿大披碱草×披碱草、加拿大披碱草×圆柱披碱草(*E. dahuricus* var. *cylindricus*)等都存在杂种的不育现象。

6.6.3.2 远缘杂种夭亡和不育的原因

远缘杂种夭亡与不育的表现多种多样，导致的因素也是多方面的，不同杂交组合的杂种夭亡与不育的具体作用因素各不相同，具体如下：

(1) 生理代谢系统失调

许多学者认为远缘杂种夭亡的原因是杂种生理代谢系统失调所致，常因为杂种胚、胚乳及母体组织(珠心、珠被等)间的生理代谢失调或发育不良，使胚乳败育或幼胚夭亡。如果没有胚乳或胚乳发育不全，幼胚发育中途便停顿或解体。灰鼠大麦×黑麦，受精 24 h 后，其新生胚乳核的有丝分裂不规则，虽然杂种胚的分裂和分化正常，但从受精后 6~13 d 起，随胚乳的停止分裂受到饥饿而导致败育。

(2) 遗传系统的破坏

有许多学者认为远缘杂交夭亡与不育的根本原因是远缘杂交打破了各个物种原有的遗传系统平衡，造成了杂种的遗传系统不兼容所致。其具体原因可能有如下几种：

①核质互作不平衡　将一个物种的核物质导入另一物种的细胞质中后，由于核质不协调，可能引起雄性不育或影响杂种后代生长发育所需物质的合成与供应，进而影响其生长发育。核质互作不平衡对雄性不育的影响及诱导已被多种作物的研究结果证明。

②染色体不平衡　远缘杂交双亲的染色体组、染色体数目、结构、性质等的巨大差异，可造成远缘杂种在减数分裂时无法正常联会，或不均衡联会，产生单价体、多价体及落后染色体等不正常现象，因而不能形成有正常功能的配子而出现不育。例如，王树彦发现加拿大披碱草与老芒麦的杂种 F_1 在减数分裂后期，出现较高频率的单价体，并伴有滞后染色体及染色体桥的出现，导致花粉不育。

③基因不平衡　有的远缘杂交双亲的染色体数相同，但因其基因组差异很大，也可致使其远缘杂种不育。不同物种亲本染色体上所携带的基因或基因剂量的差异，可影响个体生长发育所需物质的合成，导致不能合成合适剂量的物质进行正常的代谢，或不能形成具有正常功能的配子，因而使杂种夭亡或不育。例如，冷蒿和青狗尾草的染色体数目为 18 条，冷蒿($2n=18$)×青狗尾草($2n=18$)产生的 F_1 的染色体也是 $2n=18$，但是二者染色体组彼此不同，在减数分裂时不能配对，故仍是 18 条单倍染色体($n+n=9+9$)，从而引起杂种不育。

6.6.3.3 克服杂种夭亡和不育的方法

(1) 杂种胚的离体培养

当远缘杂种受精卵仅发育成胚而无胚乳，或胚与胚乳的发育不适应时，可适当将杂种胚进行人工离体培养，可获得杂种幼苗并大幅度提高远缘杂交结实率。采用幼胚培养法小麦×燕麦、小麦×滨麦草(*Leymus mollis*)、二棱大麦(*Hordeum distichum*)×黑麦、小麦×赖草(*Leymus secalinus*)、小麦×冰草(*Agropyron cristatum*)等多种植物的远缘杂交中获得成功。

(2) 杂交染色体加倍

由于远缘杂交的双亲染色体组(genome)或染色体数目不同而缺少同源性，致使凡在减数分裂时染色体不能联会或很少联会，不能形成足够数量的、具有生活力的配子而造成不育时，通过杂种染色体加倍获得双二倍体，能有效地恢复其育性。特别是当远缘杂种 F_1 的雌雄配子均不育，用回交法又无法得到后代时，可采用此法。它既可以克服远缘杂种的不育性，又是创造新物种的有效方法之一。目前，已在小麦×黑麦、小麦×冰草、小麦×山羊草、黑麦×冰草等杂交中，将杂种用秋水仙素处理形成双二倍体，获得可育的杂种后代。

(3) 采用回交法

回交法是克服远缘杂种不育性的重要手段。当远缘杂种雄性配子败育而雌性配子少数发育正常时，可以用它作母本，授以亲本之一的花粉进行回交，获得回交种子；相反，当其雄性配子基本正常时，可用它作父本，与原亲本之一进行授粉，产生回交一代种子。它是克服远缘杂种不育以及种子不饱满等异常现象比较常用的方法。例如，披碱草（$2n=42$）×野大麦（$2n=28$），正反交杂种都不育。李造哲（2003）用套袋回交方法，成功获得了（披碱草×野大麦）×野大麦和（野大麦×披碱草）×野大麦回交种子，回交结实率为1.8%。武计平用八倍体小偃麦与羊草杂交时，杂种F_1自交结实率仅为1.23%，用普通小麦回交后结实率为9.23%，到F_2回交结实率已达79.69%。

(4) 改善营养条件

远缘杂种的育性有时也受外界条件的影响，改善营养条件往往可以提高杂种结实率。例如，中国农业科学院在小黑麦双二倍体的抽穗始期追施钾肥，结实率比对照增加了57%。克服远缘杂种夭亡或不育还可采用调节营养法，即嫁接、曲茎、切茎、整枝、去杈、摘心、整穗、环状剥皮、切根等方法，来抑制杂种营养体发育，促进繁殖器官的发育，以提高结实率。有毒物质香豆素含量高的白花草木樨（*Melilotus albus*）和含量低的细齿草木樨（*M. dentatus* subsp. *sibiricus*）杂交时，F_1均为白苗，随后死亡。当把F_1嫁接到母本或黄花草木樨植株上时，获得了成活的F_1植株，再与母本回交时，育成了香豆素含量低的品种。

(5) 延长杂种生育期

远缘杂种的育性有时也受生育年龄的影响，延长杂种生育期，可促使其生理机能逐步趋向协调，生殖机能及育性也可得到一定程度的恢复。因此，可利用某些植物的多年生习性，采用无性繁殖法，人工控制光温条件来延长远缘杂种的生育期，以提高其结实率。例如，在小麦×长穗偃麦草或天蓝偃麦草的远缘杂交中，均发现杂种的结实率随栽培年限的延长而提高。可利用某些植物的多年生习性和无性繁殖法，人工控制温度、光照条件等来延长杂种的生育期和寿命。

6.6.4 牧草远缘杂交育种方法

6.6.4.1 远缘杂种后代性状的分离特点

与品种间杂交相比较，远缘杂种后代性状的分离特点如下：

(1) 分离无规律性

种内杂交后代性状的分离具有一定的规律，如质量性状的分离规律会遵照孟德尔遗传定律按比例进行分离；数量性状的分离也会存在一定的统计分布规律。但远缘杂种中，来自双亲的异源染色体缺乏同源性，导致减数分裂过程紊乱，形成具有不同染色体数目和染色体结构的配子。因此，远缘杂种后代具有十分复杂的遗传特性，性状分离复杂且无规律，上下代之间的性状关系也难以进行预测和估算。

(2) 分离剧烈、变异幅度大，且有向双亲分化的倾向

远缘杂种后代不仅可分离出各种中间类型，而且可出现大量的亲本类型、亲本相近类型、亲本祖先返祖类型、超亲类型以及亲本所没有的新类型等，变异极其丰富，即呈现"疯狂分离"现象。例如，普通小麦×天蓝偃麦草的远缘杂种后代分离出偃麦草类型、偃小麦类型、小偃麦类型、小麦类型等，其各个性状变异幅度也很大，育性从结实正常、半不育到不育均有；

成熟期从极早熟到极晚熟均有；穗型从纺锤形到棍棒型的诸多类型均有。此外，其株高、株型、叶色、叶型等性状出现了一些亲本所不具有的特异个体。

随着远缘杂种世代的演进，其杂种后代还有向双亲类型分化的倾向。因为在杂种后代中，生长健壮的个体往往是与亲本性状相似的；而中间类型不易稳定，容易在后代中消失，故有恢复到亲本类型的趋势。例如，普通小麦($AABBDD$)×二粒系小麦($AABB$)时，其 F_1 为 $AABBD$，F_2 以后，D 染色体组不是趋于全部消失，便是趋于二倍体化(DD)；中间类型常因遗传上不稳定，生长不良或不育性高被淘汰，只有接近亲本染色体数($2n=42$ 或 $2n=28$)的个体才能保留下来。

(3) 分离世代长、稳定慢

远缘杂种的性状分离并不完全出现在 F_2，有的要在 F_3、F_4 或以后世代才出现剧烈分离，同时一经分离，其持续世代较长，常能延续到 7~8 代，有的甚至到十几代仍不能获得稳定类型。此外，远缘杂种后代中除分离出部分整倍体杂种外，多数是非整倍体杂种。且由于条种某些染色体消失、无融合生殖、染色体自然加倍以及非整倍体构数量及结构的异常，使远缘杂种性状不易稳定，比一般品种间杂种慢。

6.6.4.2 远缘杂种后代分离的控制

为了缩短育种年限，加速远缘杂种后代的稳定，可采用如下方法。

(1) 回交

回交既可克服远缘杂种的不育，也可控制远缘杂种的性状分离。例如，在栽培种×野生种的远缘杂交中，杂种 F_1 往往是野生种的性状表型占优势，F_2 以后一般可分离出倾向于双亲的类型和中间类型。如果用不同的栽培品种与杂种 F_1 连续回交后自交，便可克服野生种的某些不良性状，可分离出具有野生种的某些优良性状并较稳定的栽培种类型，从而获得远缘杂交育种新品种或新种质。盖钧镒(1982)以大豆栽培种×野生种的 F_1 与栽培种回交两次，便克服了远缘杂种的蔓生性和落粒性等野生种不良性状。

(2) F_1 染色体加倍

远缘杂种染色体加倍，使之形成双二倍体或异源多倍体，不仅可以提高远缘杂种的可育性，而且可获得性状不分离的纯合材料或新类型。该方法的优点是类型稳定快，缺点是将双亲的优、劣遗传性状全部结合到杂种中，难以选优去劣，还需要通过双二倍体新种不同品系之间的杂交，再进进一步选育新品种或类型，以克服上述缺点。此外，需要指出，由于亲缘关系较远的双亲染色体间难以平衡协调，因此，F_1 染色体加倍形成的双二倍体的遗传稳定性也是相对的，仍会发生分离，可分离出非整倍体的异染色体体系。

(3) 诱导杂种产生染色体变异

利用各种辐射源或化学诱变剂处理远缘杂种，诱导杂种产生染色体变异，形成异附加系、代换系和易位系等类型，可把仅仅带有目标基因的染色体或染色体片段相互转移，这样既可避免远缘杂种两极分化，又可获得兼具双亲性状的杂种。例如，在小麦与小伞山羊草、冰草、黑麦等的远缘杂交中，应用此法已获得了抗病品种和新类型。

(4) 诱导单倍体

远缘杂种 F_1 的花粉虽然大多数是不育的，但也有少数的花粉是有活力的，如将 F_1 花粉进行离体培养，产生单倍体，再进行人工加倍形成各种纯合二倍体，便可克服杂种性状分离，迅速获得性状稳定的新类型。例如，王关林等(1990)在小麦与天蓝冰草的远缘杂交中，采用该法成功获得了八倍体小冰麦新种。羊茅与黑麦草的远缘杂种诱导单倍体也获得了成功。

6.6.4.3 远缘杂交后代的选择方法

(1) 扩大杂种早代的群体数量

远缘杂种后代普遍出现变异类型多,且不孕性程度高或不育的植株居多,还有一些畸形植株(如黄苗、矮株等),有的中途夭亡,有的发芽不良,出苗率低。所以,杂种早代应有较大的群体,才有可能选出频率很低的优良基因组合个体。

(2) 早期世代选择标准宜放宽

远缘杂种的变异个体在早期世代一般都表现结实率低、种子不饱满、生育期长等缺点,但随着世代的递进,这些缺点往往可以逐渐趋于正常。而且,有些远缘杂种早期世代虽不出现明显变异,但在以后世代中还可能出现优良性状分离。因此,远缘杂种早期世代选择标准不宜过高,不宜过早轻易淘汰早期世代材料。

(3) 灵活选用适当的选择方法

由于远缘杂种后代分离强烈、分离世代强,要求有较大的群体。除材料少时采用系谱法外,一般采用混合法选择为宜。待性状分离比较明显并趋向稳定时,再进行单株选择。并且,应依据育种目标和所用亲本材料,灵活地运用不同的选择方法。如果要改变某一推广品种的个别性状,而该性状是受显性基因控制且遗传力高时,可采用回交法。若要把野生种的若干有利性状与栽培品种有利性状相结合,可采用歧化选择(disruptive selection),即选择分离群体中的两极端类型进行随机交配再选择的方法。这样可增加双亲本间基因交换的机会,有利于打破有利性状与不利性状间的连锁,使控制有利性状的基因发生充分的重组,经过多代歧化选择,则有可能把双亲较多的有利性状结合在一起,选育综合性状超越双亲的新品种。

6.6.4.4 远缘杂交培育新种质

远缘杂交作为一种育种手段可以打破种间(或科属间)界限,使不同物种间的遗传物质进行交流或结合,因而是培育新品种、创制新物种的一条重要途径。同时,亲缘关系较远的种、属间进行的杂交,可产生更加丰富的遗传变异,因而也是种质创新的有效途径之一。实践表明,要想使育种工作有所突破,必须打破种间界限,通过远缘杂交来扩大基因组合的范围,创造出更符合人类要求的新物种、类型和品种。

(1) 培育新品种和新种质

远缘杂交可以促进物种间的基因交流,把不同生物类型间的独特性状综合于一个杂种个体,从而创造出新品种。许多野生植物,由于长期自然选择的结果,对于各种不利的外界环境条件具有很强的适应性,将其作为亲本与栽培品种杂交,杂种后代可获得抗病、抗虫、抗旱、耐盐碱、抗倒伏等特性,提高栽培品种的抗逆性。例如,Sorense 等用一年生蜗牛苜蓿(*M. scutellata*)和多年生紫花苜蓿杂交,把蜗牛苜蓿茎叶上具有能分泌黏液腺毛的这一特性传递到紫花苜蓿上,育成了具有双亲优良性状并且抗虫的苜蓿新品种。

李振声和陈漱阳等用普通小麦与长穗偃麦草杂交,创造了丰产抗病的八倍体小偃麦新物种以及异附加系体系,同时育成了丰产抗病的'小偃4号'、'小偃5号'、'小偃6号'等新品种,在生产上推广利用。Laurence 等(1975)用普通燕麦与野生燕麦杂交后,再用普通燕麦回交,将野生燕麦的抗性基因导入了栽培品种。

(2) 创造新物种和新类型

通过不同种、属的植物杂交的方法,导入异种、属的染色体组,从根本上改变原有的植物特性,并创造出新的物种。例如,高粱作为粮食兼饲料作物在生产上广泛利用,但是,由于品质欠佳,氢氰酸含量较高,同时,作为饲草不易多次利用。而牧草植物苏丹草的分蘖力强、草质柔软、可多次刈割利用、营养价值高、氢氰酸含量低，但产草量较低。高丹草（高粱×苏丹草）正是结合了双亲的优点，表现出了显著的种间杂种优势，既具有高粱的抗寒、抗旱、耐倒伏、产草量高等特性，又具有苏丹草的分蘖力强、草质柔软、可多次利用、营养价值高、氢氰酸含量低、适口性好等优良特性。虽然其双亲为高粱属的不同种，亲缘关系有一定距离，但染色体均为 $2n=20$，无生殖隔离可以自由授粉并产生正常发育的后代。因此，苏丹草是近年来发展起来的优质新型牧草，推广后在生产实践中取得了一定的效益。

加拿大、匈牙利、瑞典等国在小麦与黑麦杂交方面做了大量的研究工作，培育出结实性高，蛋白质含量高的六倍体小黑麦（AABBRR），有效地综合了黑麦的耐寒、抗病能力和小麦的产量、营养潜力，不但具有结实性好、蛋白质含量高的特点，还具有种植简单、在干旱区的效益比小麦高的优点，尤其适宜于干旱、半干旱的畜牧区种植。鲍文奎等利用普通小麦和黑麦杂交，培育出了植物新种八倍体小黑麦（AABBDDRR），已在高寒山区推广，增产效果显著。小黑麦作为新的物种，被赋予新属名 *Triticale*，它具有良好的抗逆性和适应性，即使在贫瘠的土壤上也能获得较好收成。

（3）诱导产生单倍体

属间、种间远缘杂交时，有时远缘花粉不能参加卵细胞受精，但能刺激母本卵细胞自行分裂发育成单倍体的胚。Kasha 等（1970）用二倍体普通大麦（*Hordeum vulgare*）与二倍体球茎大麦（*H. bulbosum*）杂交，获得了大麦单倍体。胡道芬（1980）用普通小麦与球茎大麦杂交获得了小麦单倍体。目前，已在 21 个物种中成功地诱导出孤雌生殖的单倍体。所以，远缘杂交也是倍性育种的重要手段之一。

6.6.4.5 远缘杂交培育异染色体系

通过远缘杂交，可将一个物种控制某一有利性状的异源染色体或其片段导入（或替换）另一个物种中，创造异附加系（alien addition line）、异替换系（alien substitution line）和易位系（translocation line），用于改良现有品种（系）或创造出异染色体系的育种中间材料。异附加系是在一个物种正常染色体组的基础上添加另一个物种的一对染色体而形成的一种新类型。由于异附加系染色体数目不稳定，经常丢失，在生产上不能直接应用，但它是创造异替换系和易位系的重要亲本材料，所以它在育种上具有重要的价值。

异替换系是指某物种的一对或几对染色体被另一物种的一对或几对染色体所替换后形成的新系统；易位系是指某物种的一段染色体被另一物种的一段染色体所替换后形成的新类型。绝大部分异代换系由于外源染色体携带有不利基因或补偿能力差等，不能直接用于生产。但是，通过杂交或诱变处理，较容易产生易位，将优良外源基因转移到栽培品种中，从而选育出具有外源优良基因的新品种。所以，染色体易位是远缘杂交育种中最重要的部分，也是培育远缘杂交品种中最关键的部分。

目前，我国已在小麦与黑麦、燕麦、山羊草、冰草、大麦、簇毛麦、偃麦草、新麦草、赖草、披碱草、美洲狼尾草与象草、玉米与鸭足状摩擦禾（*Tripsacum dactyloids*）、高粱与苏丹草、甘蔗等的远缘杂交中获得了异染色体系，并利用这些育种中间材料选育了牧草及草坪草新品种。苏联科学院植物园利用小麦和冰草（现归入偃麦草属）杂交，获得了多年生小麦新种。这种多年生小麦在种子收获后还能长出作为干草收获，兼备籽粒和饲草的双重用途。若只作饲草利用时，一年可刈割 2~3 次，青草产量 24 900 kg/hm^2，青干草的粗蛋白质含量高达 12%。该杂种还具有很好的抗寒性和早熟的特点。

6.6.4.6 远缘杂交利用杂种优势

(1) 直接利用杂种优势

牧草及草坪草的远缘杂交具有其独特的优势。首先,牧草及草坪草的多倍体种所占比例较高,如小麦族内多年生牧草及草坪草中,多倍体种占90%左右,表明它们在自然进化和物种形成过程中已经经历了天然远缘杂交和染色体加倍。同理,人类可利用类似物种自然进化的远缘杂交育种方法合成新物种,充分发挥远缘杂种优势。其次,牧草及草坪草大多为多年生植物,主要利用其营养器官,并能采用无性繁殖方式,这种习性和繁殖特点为其远缘杂交中不育杂种的保存、利用及杂种后代育性的自然恢复创造了有利条件。最后,牧草及草坪草分布在不同生态环境条件下,特别是生长在多种不良的环境条件下,形成了对不良环境的适应性和抵抗能力,如抗寒(耐热)性、抗病(虫)性、抗旱性、耐盐碱(酸)性等,这些优良特性用来改良现有品种,成为"天然的抗性基因库"。

远缘杂交种往往比品种间杂交种具有更强的杂种优势。例如,黄花苜蓿和紫花苜蓿间杂交产生的杂种苜蓿,无论是人工杂交组合,还是自由传粉杂交组合所得杂种,一般都具有良好的产量性状和优异的抗逆性(如抗寒冷、干旱及病虫危害)。在紫花苜蓿往往不能越冬的地区,杂种苜蓿可安全越冬,并能获得较好的种子和干草产量。从20世纪70年代起,美国、苏联、澳大利亚和日本等国家对高粱×苏丹草种间杂交进行了研究,选育出杂种F_1代供饲草料生产利用,它在产草量、品质和抗性方面均表现了很强的杂种优势。钱章强和詹秋文(1998,2005)等育成了高粱×苏丹草杂交种'皖草1号'和'皖草2号',母本选用高粱雄性不育系(*Sorghum bicolor* T×623A)。杂交种综合了双亲的优点,产量高,适应性强,较对照苏丹草增产20%~40%;营养价值和适口性也明显优于苏丹草。

(2) 获得雄性不育系

远缘杂交是创造雄性不育系的重要途径之一。由于不同物种之间遗传差异大,核质之间有一定分化,如果将一个具有细胞质不育的物种S(*RfRf*)和另一个具有核不育基因的物种F(*rfrf*)杂交,并连续回交,进行核置换,便可将不育的细胞质和不育的核基因结合在一起,获得雄性不育系S(*rfrf*)。例如,紫花苜蓿这种雌雄同株、有性繁殖的异化授粉植物,存在去雄困难、杂交采种量少等问题。利用雄性不育系生产杂交种是苜蓿杂交优势利用最经济、有效的方法。研究表明,苜蓿雄性不育植株获得主要是通过黄花苜蓿与紫花苜蓿种间远缘杂交,在大量的杂种紫花、杂种杂花和杂种黄花的杂种群体中,寻找罕见的杂种杂花(白色)类型,经鉴定后获得鉴定分离和隔离繁殖后,可获得苜蓿雄性不育植株。Burton(1965)用远缘杂交方法,育成了核质互作型美洲狼尾草(*Pennisetum glaucum*)'Tift 23A'雄性不育系。雄性不育系的产生,为在生产上利用杂种优势创造了有利条件。

6.6.5 体细胞杂交

体细胞杂交(somatic hybridization)又称原生质体融合(protoplast fusion),是指通过物理或化学方法使两个细胞的原生质体进行融合,经培养获得具有双亲全部(或部分)遗传物质后代的方法(图6-4)。

原生质体融合是在植物原生质体培养技术基础上,借用动物细胞融合方法发展和完善的生物技术。该项技术从双子叶植物开始,1972年,Carlson用硝酸钠作融合剂将两种烟草原生质体融合,培养出世界上第一株体细胞杂种,随后双子叶植物广泛应用于体细胞杂交研究。1980年,Vasil等证明来自狼尾草胚胎或体细胞胚性细胞的原生质体能够再生植株,体细胞杂交在

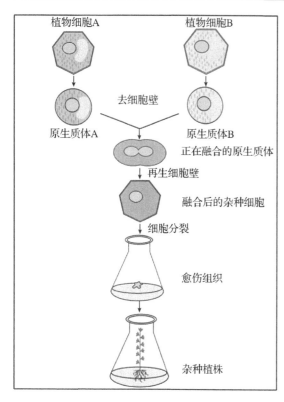

图6-4 植物体细胞杂交过程示意图

单子叶植物育种中开始得到利用,如多花黑麦草与高羊茅(Spangenberg et al.,1995)、小麦与高冰草(夏光敏等,1999;Xia et al.,2003)、长穗偃麦草与小麦(于智勇,2009)。

体细胞杂交包括原生质体的制备、原生质体的融合、杂种细胞的筛选、杂种细胞的培养、杂种细胞植株的再生以及杂种植株的鉴定等环节。应用体细胞杂交技术可以克服植物远缘杂交不亲和及花期不遇的障碍,可以转移有性杂交所不能转移的性状,打破物种之间的生殖隔离,扩大杂交亲本范围,实现基因在物种间的转移和遗传物质重组,培育新品种和创造新物种。植物体细胞杂交对丰富种质资源、保持和促进生物多样性具有重大的意义。

6.6.5.1 原生质体融合的方式

(1)依据融合途径

①自发融合(spontaneous fusion) 在酶解分离原生质体过程中,有些相邻的原生质体能彼此融合形成同核体(homokaryon),每个同核体包含两个至多个核,这种类型的原生质体融合称为自发融合,它是由不同细胞间胞间连丝的扩展和粘连造成的。在由幼嫩叶片和分裂旺盛的培养细胞制备的原生质体中,这种多核融合体(multinucleate protoplasts)更为常见。例如,在玉米胚乳愈伤组织细胞和玉米胚悬浮细胞原生质体中,大约有50%是多核融合体。自发融合常常是人们所不期望的,采用两步法制备原生质体,或在用酶混合液处理之前先使细胞受到强烈的质壁分离药物的作用,则可切断胞间连丝,减少自发融合的频率。

②诱导融合(induced fusion) 用物理或化学的方法来诱导原生质体的融合。诱导融合这一技术对植物育种具有实践意义,打破了物种间的界限,突破了作物品种改良过程中基因资源重组的局限性,使创造出新的植物类型成为可能,并成为体细胞遗传学和遗传工程研究的有力手段。诱导原生质体融合的方法较多,其中包括硝酸钠、人工海水、明胶、高pH值-高浓度钙离子、聚乙二醇(polyethylene glycol,PEG)、聚乙烯醇等处理的化学融合方法,以及机械法诱导粘连、电刺激等的物理融合方法。

(2)依据融合产物的细胞核组分

①对称融合 一般是指种内或种间完整原生质体的融合,可产生核与核、胞质与胞质间重组的对称杂种,并可发育为遗传稳定的异源双二倍体杂种植株。但这种异源双二倍体杂种,特别是远缘种、属间经对称融合产生的杂种细胞在发育过程中,由于分裂不同步等原因,常发生一方亲本的染色体部分或全部丢失,或者胞质基因组丢失或排斥的现象,因而形成的核基因组不平衡或一部分胞质基因组丢失的不对称杂种。

②非对称融合 用物理或化学方法处理亲本原生质体,使一方细胞核失活,或者使另一方胞质基因失活,再进行原生质体融合,即为非对称融合。这样得到的融合后代只有一方亲本的细胞核,形成不对称杂种。不对称融合技术可通过物理方法(如X射线、γ射线、紫外线照

射)或化学方法(碘乙酸等)处理原生质体。由这些物理或化学处理造成的不完整原生质体称为亚原生质体。细胞核失活或不能分裂,但胞质基因正常的亚原生质体称为胞质体。有核的或只有核与原生质体膜而细胞质基因失活的亚原生质体称为核质体。

非对称融合在育种中有着广泛的应用,主要表现在:非对称融合一定程度上克服了体细胞不亲和现象,可以得到传统育种方法得不到的杂种;非对称融合是供体单向转移部分遗传物质到受体中去的一种行之有效的方法,这对于转移由多基因控制的具有重要经济价值的性状(如抗病性、雄性不育、光合速率等)具有重大的应用价值;非对称融合可以排除一方核基因的影响,在不改变另一方亲本核的情况下,定向地转移胞质基因,迅速获得胞质得到改良的杂种。

6.6.5.2 诱导原生质体融合的方法

(1)化学融合

化学融合是指用化学融合剂,促使原生质体相互靠近、粘连融合的方法。

①硝酸钠融合法　融合原理:原生质体表面带有负电荷,同性质电荷彼此凝聚的原生质体质膜无法靠近到足以融合的程度,硝酸钠中的钠离子能中和原生质体表面的负电荷,使凝聚的原生质体的质膜紧密接触,促进细胞融合。

②高 pH 值-高浓度钙离子融合法　形成高 pH 值-高浓度钙离子融合法主要是受到了动物细胞研究的启发,其融合机理是在高 pH 值-高浓度钙离子环境中,原生质体表面所带电荷可以被中和,使得原生质体的质膜紧密接触,从而有利于质膜的接触融合。而用此方法进行植物原生质体融合时,一定要把握好 pH 值和钙离子的浓度,因为植物种类的不同,所需 pH 值和钙离子浓度也会有所差异。该方法优点是杂种产量高,缺点是高 pH 值对细胞有毒害作用。

③聚乙二醇融合法　聚乙二醇结构为 $HOH_2C(CH_2OCH_2)_nCH_2OH$,相对分子质量在 200~6 000 的均可用作细胞融合剂,常用的是相对分子质量为 2 500~6 000 的。聚乙二醇分子具有轻微负极性,可与具有正极性的物质形成氢键。聚乙二醇分子能够改变各类细胞的膜结构,使两细胞接触点处质膜的脂类分子发生疏散和重组,对细胞的融合具有促进作用。

(2)电融合法

电融合法用细胞融合仪产生交变电压和高压脉冲电场诱导植物细胞融合,是目前研究最热的物理诱导融合法。电融合法原理是利用不对称的电极结构,产生不均匀的电场,使粘连的原生质体膜瞬间破裂,然后与相邻的不同原生质体连接、闭合、产生融合体。电融合方法对原生质体的伤害小、效率高,而且易于控制融合细胞,因此该方法应用广泛。Mencia(1979)首次报道了植物原生质体可以在电脉冲作用下进行融合。Zimmermann 等(1981,1982)又进一步发展了植物细胞电融合的方法和仪器。从 20 世纪 80 年代中期起,国外对植物细胞电融合的方法和条件进行了大量研究,细胞杂交成功并获得多种杂种愈伤组织的例子相继被报道。

(3)电-化学融合法

2005 年,Olivares-Fuster 等报道了一种新的融合方法——电-化学融合法,该方法是将聚乙二醇融合法和电融合法各自的优点结合起来,先采用低浓度的聚乙二醇使细胞相互接触,再使用直流脉冲诱导融合,从而既降低了聚乙二醇对融合细胞的毒害作用,又提高了异核体的融合频率,且操作过程也相对简单。与聚乙二醇融合法和电融合法相比较,电-化学融合法在产生胞质杂种和对称杂种方面均非常有效,尤其形成胞质杂种的概率要比其他融合方法都高。

6.6.5.3 杂种细胞的筛选

原生质体融合后,得到的是含有双亲细胞的同源融合体或异源融合体的混合体,它们在培养条件下有着不同的命运。异核体是未来杂种的潜在来源,但在这个混合群体中只占一个很小的比例，而且在生长和分化方面皆无竞争优势。因为未融合的或同源融合的原生质体能够迅速适应培养条件而生长得很快，而异源融合体，特别是远缘不亲和的杂种细胞，在缺少选择条件下，经常由于它发育缓慢而受到优势生长的亲本细胞的抑制，不易顺利地发育成真正的杂种，导致真正的杂种生长缓慢甚至死亡。因此，选择一种只允许真杂种细胞生长，又易淘汰双亲细胞的杂种筛选体系，对早期发现并促进杂种细胞的发育十分重要。简而言之，就是针对两种亲本细胞融合后可能有多种类型细胞的混合物，筛选出真杂种细胞。

目前，主要的筛选方法有突变细胞互补选择法、物理特性差异选择法以及细胞生长差异选择法。这3种方法在实际应用时往往相互配合，具体做法应视实验对象而定。

（1）突变细胞互补选择法

突变细胞互补选择法根据互补类型的不同，又可分为遗传互补筛选法、白化互补筛选法、抗生素的抗性互补性差异筛选法、抗性突变体互补筛选法。

（2）物理特性差异选择法

物理特性差异的选择方法又称为机械分离法，这种方法是根据亲本原生质体的物理特性（如大小、颜色、漂浮密度、电泳迁移率、形成的愈伤组织等）的差异筛选杂种细胞。这种方法又分为以下3种：可见标志选择、荧光素标记分离法和低密度植板的选择方法。

（3）细胞生长差异选择法

利用原生质体对培养基成分的要求以及生长特性的差异，淘汰双亲原生质体和同源融合体，保留杂种细胞以达到选择的目的。包括激素自养型互补法和不对称融合筛选杂种细胞方法。

6.6.5.4 杂种细胞的鉴定

体细胞杂交时，核基因组、胞质基因组既可以单亲传递又可以双亲传递，体细胞杂交一代可以产生亲型、核杂种、胞质杂种。因此，再生植株的鉴定显得十分重要。体细胞杂种的鉴定主要从形态学、细胞学、同工酶和分子生物学等方面进行。

（1）形态学鉴定

形态学鉴定是利用杂种植株与双亲在表现型上的差异进行比较分析，如叶片大小与形状，花的形状与颜色、叶脉、叶柄、叶梗及表皮毛有无等。最好要有明显的标记特征，亲缘关系越远，特征越明显可靠。因此，对体细胞杂种进行形态学鉴定是体细胞杂种鉴定最为直接与快速的鉴定方法，应用也比较广泛。以小麦为例，从苗期到成熟期，对亲本及种间杂种 F_1 的长势和长相进行观察。成熟后对株高、旗叶长、分蘖数、穗长、芒长、小穗数、穗密度、小花数及生长习性进行考察。在相同的栽培条件下，与双亲相比，杂种 F_1 植株的外部形态往往介于两亲本之间，既表现母本的性状，又表现父本的性状。

（2）细胞学鉴定

以亲本染色体为对照，对体细胞杂种的染色体数目、染色体长短、染色体形态变化以及在等数分裂与减数分裂时染色体配对是否正常进行鉴定。理论上讲如果染色体不丢失，杂种细胞中染色体数目应为双亲染色体数目之和。细胞学鉴定的方法是先取根尖，鉴定染色体数目，再对杂种 F_1 植株进行花粉母细胞减数分裂观察。

（3）同工酶鉴定

同工酶（isozyme）是功能相同酶的多重分子形态，即同一种酶的多种分子形式，这些不同分子形式的酶具有相同或相似的底物，催化相同的反应，它们是特异基因的产物。杂种细胞中的同工酶谱一般是双亲酶谱之和，同时表现双方特有的酶带，有时也会出现双亲没有的新杂种带。例如，鉴定矮牵牛和拟矮牵牛体细胞杂种植株叶片中的同工酶过氧化氢酶时发现，杂种中不但出现了双亲的酶谱带，同时出现了新的杂种酶谱带。同工酶鉴定体细胞杂种的成功例子有大豆和烟草杂种的醇脱氢酶(ADH)，烟草和烟草种间杂种用乳酸脱氢酶(LDH)、过氧化氢酶(CAT)、酯酶(EST)、氨肽酶(AMP)，番茄与马铃薯杂种用核酮糖二磷酸羧化酶同工酶鉴定。

(4) 分子生物学鉴定

目前，用于体细胞杂种鉴定的分子生物学方法有随机扩增多态性(RAPD)、扩增片段长度多态性(AFLP)、限制性片段长度多态性(RFLP)、5S rDNA 序列差异分析、简单序列重复(SSR)、Southern 杂交、原位杂交、基因测序等。

6.6.5.5 体细胞杂交在牧草育种中的应用

自1972年Carlson等首次成功获得烟草种间体细胞融合杂种再生植株以来，越来越多的物种在体细胞杂交上取得了突破性的进展。随后，人们的研究兴趣转向近缘植物间的体细胞杂交，近缘种内或种间及较近缘属间的杂交组合具有较强的目的性，已成功用于多个物种的抗逆性状改良或创造新的种质，是一种非常有前景的生物技术育种方式。20世纪80年代以来，研究者对植物原生质体融合技术(包括融合方法和融合方式)进行了不断的改进和完善，通过体细胞杂交成功转移有益性状，从而实现品种改良的物种也越来越多。

在牧草植物中，国内外对原生质体再生和细胞融合展开了一系列研究。1980年，Kao等对苜蓿叶肉进行原生质体游离和培养，通过胚状体分化为再生植株获得成功。1984年，Atanassov等利用Kao的培养基为基础也成功培育出植株。20世纪80年代，苜蓿组织培养和体细胞杂交的相关技术在我国蓬勃兴起。1981年，杨燮荣在国内首次将紫花苜蓿的叶片、叶柄、茎段作为外植体，成功诱导愈伤组织并获得再生植株，随后研究成果不断出现。2012年，李玉珠建立了苜蓿和百脉根的原生质体再生体系及其体细胞杂交体系。Spangenberg等将具有优良品质、但抗性较差的多花黑麦草与具有较强抗性、但品质差的高羊茅进行体细胞杂交，最终得到了可育的杂种植株。夏光敏等通过一系列具有优良性状的禾本科牧草与小麦栽培品种原生质体融合来改良小麦品种，这些牧草包括抗寒、抗旱、抗病和耐盐的羊草；具HMW-GS(相对高分子质量蛋白亚基)、抗旱和耐盐的高冰草；耐寒、抗旱和抗病的无芒雀麦；种子内蛋白质和脂肪含量比较高的燕麦；抗旱和耐盐的新麦草。这一系列试验均得到了杂种植株，在所有的杂交后代中，由高冰草与小麦杂交所得的两个后代各自表现出了优良的农艺性状(耐盐和具HMW-GS)，其中一个具有耐盐和抗旱特性的株系最终注册成为一个新的小麦品种'山融3号'。

细胞质基因组控制着大多数农艺上需求的优良性状，如雄性不育、抗病和抗除草剂等特性。体细胞杂交不仅包括核基因组，也涉及核外的细胞质基因组(线粒体和叶绿体等)，这种胞质基因的转移创造了细胞变异的新途径，尤其是在转移细胞质雄性不育性方面具有重要的意义。用常规育种方法转移禾本科牧草及草坪草的细胞质雄性不育性要经过5~10代才可成功，而通过体细胞杂交则可缩短时间，实现快速转移细胞质雄性不育性的目标。Molenaar等将黑麦草B200(细胞质雄性不育系)原生质体与黑麦草Jon401(可育系)原生质体融合后，获得了胞质杂种，成功地实现了黑麦草细胞质雄性不育性的转移。此外，胞质体-原生质体融合在转移细胞质基因上的优势是毋庸置疑的。

6.6.6 原生质体培养

6.6.6.1 原生质体培养的意义

植物原生质体是利用酶解法、机械法等除去细胞壁后所形成的由单层细胞膜包裹的裸露细胞(图6-5)。分离具有活力的原生质体是原生质体培养成功的关键。早期(19世纪末)使用机械法分离植物原生质体，但所获原生质体易破碎，获得率低，程序烦琐，且应用材料有很大局限性，仅限于液泡化程度较高的细胞或长形细胞组织，如叶片、果实的表皮等。1960年，英国植物生理学家Cocking首次用纤维素酶降解番茄幼苗根尖细胞得到原生质体，从而开创了用酶解法分离植物原生质体的新时期。目前，用酶解法可从许多植物的任何一部分组织获得具有活力的原生质体。1971年，Takebe和Nagata首次获得烟草原生质体再生植株，推动了植物原生质体的快速发展。

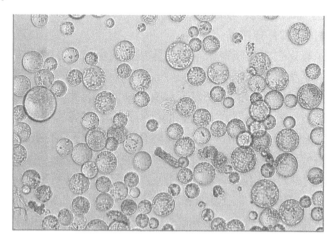

图6-5 由紫花苜蓿子叶分离纯化的原生质体

植物原生质体分离操作普遍比较复杂，但是另一方面，原生质体没有细胞壁，使其更容易吸收外界遗传物质，这一特性使得原生质体具有了广泛的应用价值。目前，原生质体系统已经被广泛应用于植物生理、生化、遗传、分子生物学、基因组学、蛋白质组学、代谢组学的研究中。同时，给新品种的培育提供了无限的可能性。据不完全统计，目前至少有400多种植物的原生质体培养成功再生植株，并且已通过原生质体融合获得多种植物种间、属间甚至是科间的体细胞杂种，为新品种培育提供可能。

原生质体因易于实现外源DNA的高效导入和快速表达，是建立基因瞬时表达体系较理想的转化受体，可作为开展植物分子生物学与基因功能分析的一种高效、快捷的多功能实验体系。近些年，随着基因编辑技术的更新换代，目前CRISPR/Cas9基因编辑技术在植物中可以对基因组中的靶位点进行缺失、插入和点突变等精准编辑，为基因功能研究和培育新品种提供了新的策略。随着CRISPR/Cas9基因编辑系统逐渐成熟，编辑效率不断提高，越来越多植物的原生质体再生系统建立起来，通过瞬时转化达到基因编辑的目的。

自2010年以来，随着原生质体融合技术和基因编辑等基因工程技术的发展，牧草原生质体再生体系的建立备受关注。截至2020年，由原生质体培养获再生植株的豆科牧草已有近30余种，其中重要的植物种类除苜蓿外，还有百脉根、红豆草、田菁、白三叶草、红三叶草、沙打旺、草木樨状黄芪、多变小冠花和具角胡卢巴等。

目前，利用原生质体培养技术获得再生植株的禾本科牧草已多达19种。如草地早熟禾、杂交狼尾草(珍珠粟)、紫狼尾草(象草)、多花黑麦草、紫羊茅、高羊茅、鸭茅、假俭草等。目前，扁蓿豆、紫花苜蓿、草地早熟禾、红豆草、多花黑麦草等均已建立原生质体再生系统，这为牧草的科学研究和育种工作带来了新的方案。

6.6.6.2 原生质体的分离、培养与植株再生

影响原生质体产量和质量的因素很多，主要是基因型、外植体、酶的种类与组合、酶液的渗透压、原生质膜的稳定剂、酶解时间与温度及分离与纯化方法等。

(1) 基因型与外植体的选择

一般而言，植物的各个器官（如根、茎、叶、果实、种子、子叶、下胚轴及愈伤组织）和悬浮培养细胞都可以作为分离原生质体的起始材料。但若要通过原生质体培养进行植物品种改良，基因型的选择与确定是十分重要的，应从主栽品种和将要推广品系中选择合适的基因型。其次，起始材料的选择应着重于容易获得、产量高、质量好并易分裂的原生质体。Atanassov等（1984）对紫花苜蓿原生质体分离纯化研究表明，在同一种分离纯化方法下，不同品种叶片原生质体的产量明显不同。'Algonquin'的原生质体产量明显高于品种'N4'，说明基因型是获取原生质体产量高低的关键因素。此外，外植体生理年龄对原生质体的产量也有很大影响。紫花苜蓿品种'Oneida'的不同苗龄叶片，在同一浓度酶液处理下原生质体的产量表现不同，3周苗龄叶片原生质体的产量要比4周苗龄叶片高。

(2) 原生质体的分离

原生质体分离是原生质体培养的第一步，它是植物原生质体培养成功与否的关键环节常用方法有机械法与酶解法两种。机械法是指先诱导细胞壁分离，然后把含有质壁分离的细胞组织切成小条并去掉细胞壁，就可以得到一些不受损害的原生质体。该方法只适用于高度液泡化的细胞组织，而不适于分生组织，并且分离操作程序冗长，产量低。酶解法可分为一步法和两步法。一步法即指把一定数量的纤维素酶、果胶酶和半纤维素酶组成混合酶溶液，材料在该酶溶液中做一次处理；两步法是指把材料先放在果胶酶中处理一定时间，使材料分离成单个细胞，然后在纤维素酶液中去壁。酶解法的常用酶有纤维素酶、半纤维素酶、果胶酶、离析酶等。不同植物材料、酶的种类及组分、酶解条件、分离与纯化的方法等均影响原生质体的分离效果。酶解材料一般选用植物体幼嫩部分、细胞分裂旺盛的部位作为原生质体分离材料，最容易分离出原生质体，如植物的根、下胚轴、子叶、幼叶等。豆科植物的未成熟种子胚的子叶，易获得成功率高、活力强、再生能力好的原生质体；禾本科植物大多从幼胚、幼穗、花药、花粉或成熟胚建立的胚性愈伤组织及其分散好、处于对数生长期的胚性悬浮细胞系中分离原生质体。选用胚性悬浮细胞作分离原生质体材料时，一般需要每隔3~5 d继代一次，经过若干次的继代培养，使细胞处于旺盛生长状态，在继代后的第3天分离原生质体为好。

不同植物种类或同一植物种的不同器官以及它们的培养细胞，由于它们的细胞壁结构组成不同，分解细胞壁所需的酶类也不同。例如，叶片及其培养细胞用纤维素酶和果胶酶，根尖细胞以果胶酶为主附加纤维素酶或粗制纤维素酶（driselase酶），花粉母细胞和四分体期小孢子用蜗牛酶和胼胝质酶，成熟花粉用果胶酶和纤维素酶。

构成植物细胞壁的3个主要成分：①纤维素，占细胞壁成分的25%~50%。②半纤维素，占细胞壁成分的53%左右。③果胶质，占细胞壁成分的5%左右。因此，常用分离植物原生质体的酶主要有3种，即纤维素酶、半纤维素酶和果胶酶。一般认为原生质体的分离，纤维素酶和果胶酶是必要的。但有些植物材料，还要加入半纤维素酶。罗玉鹏等对红豆草下胚轴原生质体分离时，当酶液组合为2%纤维素酶+0.5%果胶酶+0.3%离析酶，25℃黑暗条件下酶解6 h可获得大量有较高活力的原生质体，其产量达到3.53×10^6个/g，存活率为90.6%。马晖玲等采用继代培养8~10 d的胚性愈伤组织在1.0%纤维素酶+1.0%离析酶+0.5%果胶酶+0.3%崩溃酶条件下，酶解14~16 h可得到产量和活力较高的草地早熟禾原生质体。王海波等使用

2%纤维素酶+0.5%果胶酶酶解苜蓿叶片，酶解8 h，获得最佳的游离效果。

(3) 酶液的pH值、反应温度与渗透压

① pH值的影响　分离原生质体时，酶液的pH值是值得注意的问题。由于不同来源细胞酶解所需酶的种类不同，所以pH值可能在5.4~6.2有所变动。因为降解酶的活力和细胞活力最适pH值是不一致的，pH<4.5时，酶的活力强，原生质体分离速度快，但细胞活力差，破坏的细胞较多；pH值偏高时，酶活力差，原生质体分离速度慢，完整的原生质体数目较多。分离原生质体时，酶液的pH值因植物种类不同而有差异，如胡萝卜的为5.5、月季的为5.5~6.0、烟草的为5.4~5.8、蚕豆的为5.6~5.7、紫花苜蓿的为5.6~5.8。

② 温度影响　酶解温度一般为25~30℃，多数植物制备原生质体时在26℃±1℃条件下酶解。

③ 渗透压稳定剂　用酶法降解细胞壁前，为防止原生质体释放后发生胀破或过度收缩，一般需先用高渗液处理细胞，使细胞处于微弱的质、壁分离状态，有利于完整原生质体的释放，这种高渗液称为渗透压稳定剂。常用的渗透压稳定剂有甘露醇、山梨醇、蔗糖、葡萄糖、盐类（KCl、$MgSO_4 \cdot 7H_2O$）等，浓度一般为0.4~0.6 ml/L，加入酶液、洗液和培养基中。在降解细胞壁时，渗透压稳定剂往往和酶制剂混合使用。渗透压稳定剂中，用得最多的是甘露醇，常用于烟草、胡萝卜、蚕豆原生质体制备；蔗糖常用于烟草、月季等；山梨醇常用于油菜原生质体制备。渗透压稳定剂种类及浓度的选择应根据植物种类而异，例如，胡萝卜用0.56 mol/L甘露醇，月季用14%蔗糖，蚕豆用0.7 mol/L甘露醇，烟草的四分体用7%蔗糖，烟草的成熟花粉用13%甘露醇。

(4) 质膜稳定剂

质膜稳定剂可以增加完整原生质体数量、防止质膜破坏，促进原生质体胞壁再生和细胞分裂形成细胞团。常用的原生质膜稳定剂有葡聚糖硫酸钾、2-(N-吗啉)乙磺酸、氯化钙、磷酸二氢钾等。例如，在分离烟草原生质体时，在酶液中加入葡聚糖硫酸钾，用这种酶液进行培养，原生质体很快长壁并持续细胞分裂形成细胞团。而未加葡聚糖硫酸钾的对照，原生质体经一周培养即解体。为提高原生质膜的稳定性，也可加入50~100 mmol/L氯化钙，从而提高原生质体的产量和活力。

(5) 植物材料的生理状态

一般应选择植物体细胞分裂旺盛的部分进行取材。采用那些颗粒细小、疏松易碎的胚性愈伤组织和由其建立的胚性悬浮细胞系，更容易获得高质量的原生质体。要得到良好的供体材料，必要时应对材料进行预处理及预培养。

(6) 原生质体的游离

① 材料的预处理　叶片是分离原生质体常用的材料。此外，质地疏松的愈伤组织也常用于原生质体的分离。暗处理、预培养及低温处理可提高原生质体的分裂率。研究表明，对于龙胆试管苗的叶片，只有用4℃低温处理后得到的原生质体才能分裂；甘蔗必须先在黑暗条件下培养12 h，分离的原生质体才能分裂；莴苣只有在分离前于诱导愈伤组织的培养基上预培养2周，分离的原生质体才能分裂。

② 材料的灭菌处理　除试管苗、愈伤组织、培养细胞不用灭菌外，其他材料均需灭菌。如果以叶片和子叶为游离原生质体的起始材料，则需去上表皮，即叶片吸干表面水分后用解剖镊

子撕去上表皮。应将去表皮的一面朝下放入酶液中，或用解剖刀切成小细条加入酶液中。

③酶解处理　植物材料与酶液按一定的比例混合，一般每克材料加 10~20 mL 酶液。叶片需要酶液较少，而悬浮细胞需要酶液较多。加入酶液后，在 25~30℃ 条件下，静止于黑暗中酶解，并间隔轻摇。如果起始材料为悬浮培养细胞或愈伤组织，则需在低速摇床上摇动酶解。酶解过程中应经常观察检查，并及时调节渗透压，避免原生质体破裂或萎缩。

(7) 原生质体的收集和纯化

酶解处理后的植物材料或多或少含有未被去壁的细胞、细胞团、细胞碎片及组织块等杂物，它们以及酶液都不利于原生质体培养，因此需要将酶解后溶液中的原生质体与这些杂物分开，使原生质体纯化。一般操作为：酶解材料通过 40~100 μm 的灭菌后的尼龙网筛过滤，滤去没有完全酶解的组织残渣杂物，然后收集滤液，并进行低速离心（150~250 r/min）5~10 min，小心吸去上清液，用悬浮液先沉淀，再离心，如此重复 2~3 次，最后用培养基将原生质体调节至一定密度进行培养。原生质体纯化最常用的方法是过滤和离心相结合，分离纯化后可获得原生质体。图 6-6 为由紫花苜蓿真叶分离纯化的原生质体。

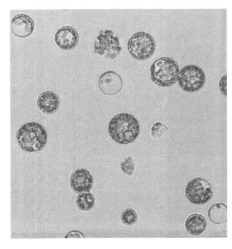

图 6-6　由紫花苜蓿真叶分离纯化的原生质体

(8) 原生质体产量和活力鉴定

原生质体产量和活力鉴定主要有目测法、荧光素双醋酸酯法、伊凡蓝法和荧光显微镜观察法。目测法需要通过显微镜观察细胞的形态以及流动性，把形态上完整、富含细胞质、颜色较为新鲜的原生质体放入低渗透压洗涤液或培养基中，能够见到分离后的原生质体复原，成为正常膨大的，一般是有活力的原生质体。荧光素双醋酸酯 A（fluorescein diacetate A，FDA）是一种非极性物质，能在细胞质膜自由穿越。活细胞中的 FDA 被裂解发荧光（荧光素），但是因为荧光素不能自由地通过质膜，从而积累在完整的活细胞上；在死细胞以及损伤细胞中则不积累荧光素。因此，可以通过荧光显微镜观察细胞是否发出荧光确定细胞是否具有活性，该方法目前被广泛应用。伊凡蓝法，由于伊凡蓝不能穿过质膜，所以细胞只有当质膜受到严重的损伤时才能够染色，凡是不能被染色的细胞均为活细胞，因此可以通过细胞被伊凡蓝染色与否确定细胞的活性。荧光显微镜观察法，有活力原生质体发绿色荧光，不产生荧光的为无活力。叶肉、子叶、下胚轴由于具有叶绿素，有活力的原生质体发黄绿色荧光，无活力的发红色荧光。

(9) 原生质体培养

获得具有一定活力和密度的原生质体后，需对原生质体进行离体诱导培养，在培养过程中需考虑培养基、原生质体植板密度和植物激素等对其诱导培养的影响。

①原生质体培养基的选择　原生质体培养基与细胞培养基相似，在细胞培养基上进行改良。禾谷类植物原生质体的培养基多以 MS、N6、AA、KM8P（表 6-2）、KPR 等为基本培养基；十字花科和豆科则多以 B5、KM、K8P、KM8P 为基本培养基；茄科的基本培养基为 MS、NT、K3（许智宏和卫志明，1997）。使用频率较高的基本培养基为 MS、KM8P、B5，培养基中常辅以碳源、渗透压稳定剂、少量植物激素和小分子营养素等。其中，KM8P 培养基营养最丰富，

表 6-2　KM8P 培养基配方（pH=5.7）　　　　　　　　　　　　　　　　　mg/L

成分	含量	成分	含量	成分	含量
$MgSO_4 \cdot 7H_2O$	300	葡萄糖	68 400	盐酸吡哆醇	1.0
KCl	300	果糖	250	盐酸硫胺素	1.0
$CaCl_2 \cdot 2H_2O$	600	核糖	250	D-泛酸钙	1.0
KNO_3	1 900	木糖	250	叶酸	0.4
NH_4NO_3	600	甘露糖	250	对氨基苯甲酸	0.02
KH_2PO_4	170	鼠李糖	250	生物素	0.01
$FeNa_2 \cdot EDTA \cdot 2H_2O$	28	纤维二糖	250	氯化胆碱	1.0
$MnSO_4 \cdot H_2O$	10	山梨醇	250	核黄素	0.2
$ZnSO_4 \cdot H_2O$	2.0	甘露醇	250	维生素 C	2.0
$CuSO_4 \cdot 5H_2O$	0.025	丙酮酸钠	20	维生素 A	0.01
$CoCl_2 \cdot 6H_2O$	0.025	柠檬酸	40	维生素 D_3	0.01
KI	0.75	苹果酸	40	维生素 B_{12}	0.02
H_3BO_3	3.0	延胡索酸	40	水解酪蛋白	250
$Na_2MoO_4 \cdot 2H_2O$	0.25	肌醇	100	椰乳	20 mL/L
蔗糖	250	烟酸	1.0		

接受度最高，影响最为广泛。

KM8P 培养基最早是由 Kao 和 Michayluk（1975）年提出，它使蚕豆原生质体细胞能够以极低的初始种群密度（25~50 个细胞/mL）生长，同时证明了单个原生质体能够形成细胞壁。首次阐明添加氨基酸和椰子水能够帮助原生质体细胞在低密度条件下存活，因其提供了许多代谢的中间产物，同时具有解毒作用。但并非所有的物种都适用于 KM8P 培养基，多数研究者会根据自己的材料以及研究意图选择最为合适的培养基。作为典型的单子叶植物，毛竹悬浮细胞原生质体培养采用以 MS 为基础的培养基，并添加各类维生素及氨基酸等增加原生质体活性。作为双子叶植物的草香豌豆和黄羽扇豆则不需要过于丰富的培养基，Wiszniewska 等发现培养基越丰富，原生质体保持活性的能力越差，他们改良原有 AS 培养基，加速了原生质体表面纤维素的合成。因此，对于刚失去细胞壁保护的原生质体来说，选择合适的培养基对长出新生细胞壁至关重要，并且一般来说单子叶植物较双子叶植物再生壁过程困难，所以单子叶植物的培养基更加丰富。

a. 培养基中渗透压稳定剂的选择与应用：培养基中常加一定浓度的渗透压稳定剂来保持原生质体的稳定性。常用的稳定剂为甘露醇、山梨醇、葡萄糖、蔗糖和麦芽糖。研究表明，葡萄糖是培养原生质体最理想的渗透压稳定剂和碳源，有利于原生质体的生长、细胞壁的再生、再生细胞的分裂和细胞团的增殖，并维持细胞的持续分裂直至形成细胞团，使用浓度为 0.4~0.5 mol/L。但随着细胞壁的再生和细胞的持续分裂，渗透压稳定剂的浓度需不断降低才有利于培养物的生长。一般通过添加新鲜培养基的方法，每 1~2 周使渗透压稳定剂的浓度降低 0.05~0.1 mol/L。

b. 培养基中的无机盐：用于原生质体培养的培养基中，无机盐浓度应比细胞培养的培养基低。大量元素中 Ca^{2+} 和 NH_4^+ 对原生质体培养影响最大，较高的 Ca^{2+} 浓度可提高原生质体的稳定性。因此，在很多植物培养中用 1/2MS 培养基（Ca^{2+} 保持 MS 培养基中原有浓度）。氮源是植物生长不可缺少的营养，但研究发现，高浓度的 NH_4^+ 对原生质体生长发育不利。因此，在很多原生质体培养中常采用有机氮氮源取代铵盐。但在小麦原生质体培养中，起始培养基中的 NH_4^+ 较低，在添加新鲜培养基时适当增加铵态氮，可促进细胞分裂和提高植板率。所以，培养基中氮源种类和浓度应依植物种类和材料经试验后确定。

c. 培养基中的有机物与培养基 pH 值：在原生质体的培养基中添加一定量的 ABA、多胺类、小牛血清、活性炭、酵母提取物和椰乳等，对促进细胞分裂和胚状体形成都有良好作用。培养基 pH 值为 5.6~5.8。

d. 培养基中的植物激素是原生质体培养的重要因素：激素种类和浓度因培养物种而异，但总的来说，生长素和细胞分裂素是必须的，而且在不同生长发育阶段（起始阶段、细胞团形成、愈伤组织形成阶段及器官发生、胚状体发生及发育成苗阶段），需不断适时调整激素的种类和浓度。培养基中加 2,4-D 可促进细胞启动分裂、持续分裂和愈伤组织形成，有时需将 2,4-D 与 NAA 或 BA 或 ZT 配合使用，才有利于原生质体的发育。当愈伤组织转入分化培养基时，应逐渐降低或去除 2,4-D，降低 NAA 或用 IAA 取代，并适量增加 BA 或 ZT 浓度以促进芽的分化。

②植板密度　植板密度对植物原生质体培养成功与否影响很大。一般而言，原生质体植板密度为每毫升培养基中含有 $1\times10^4 \sim 1\times10^5$ 个原生质体。

③原生质体培养方法

a. 固体培养法：固体培养法是指纯化后悬浮在液体培养基中的原生质体悬液与热熔并冷却至 45℃ 的含琼脂糖的培养基等量混合，并迅速轻摇和混匀，冷却后原生质体被埋在固体培养基中。这种方法的优点是便于定位观察、追踪单个原生质体再生细胞的发育进程，避免细胞间有害代谢产物的影响。琼脂糖是一个良好的培养基凝胶剂，可促进原生质体再生细胞的分裂。

b. 液体培养法：常用液体浅层培养法和悬滴培养法。

液体浅层培养法是将原生质体悬浮液 2~3 mL 于锥形瓶或培养皿中培养，初期每天轻轻摇动 2 次或 3 次，以防止原生质体沉积皿底。这种方法的优点是操作简便，对原生质体伤害小；缺点是不易定位观察原生质体，而且分布不均匀，易造成局部原生质体密度过高或黏聚，影响再生细胞的分裂和进一步生长发育。

悬滴培养法是指用刻度滴管取原生质体培养液，以 50~100 μL 的小滴分开接种在无菌干燥的培养皿皿盖"反面"上，且以滴间不相碰为准，底皿加保湿液，将皿盖盖于底皿上封口培养。这种方法的优点是材料少，生长快，不易污染，易加入培养基，有利于低密度培养；缺点与液体浅层培养法相同（许智宏和卫志明，1997）。

c. 固液结合培养法：即双层培养法，是指在底皿先铺一层固体培养基，其上进行原生质体的液体浅层培养。

d. 念珠培养法：是指将含有原生质体的琼脂糖培养基切成块，放在体积大的液体培养基中，并在旋转摇床上进行振荡的培养方法（Shillit et al., 1983）。

④原生质体再生植株

a. 通过器官形成途径再生植株：原生质体培养再生植株多数是通过器官形成途径。特别是在双子叶植物中，茄科、菊科和十字花科的大多数及豆科的相当一部分种的原生质体培养，都是通过器官形成途径再生植株。由原生质体培养到器官分化直至形成完整植株，每一培养阶段所需培养基不同,一般需要三种培养基,即原生质体培养基、分化培养基和生根培养基,而且培养基不同,激素成分和渗透压也随之改变。

原生质体培养基用来促进原生质体再生细胞壁和单细胞分裂,形成细胞团或小愈伤组织。培养基内通常含有植物激素、糖类物质、无机盐和维生素,还应含有维持原生质体稳定性的渗透压稳定剂,如甘露醇、山梨醇或葡萄糖等。

分化培养基主要用来诱导芽的形成,不再含有渗透压调节物质,而且应降低生长素浓度,同时加入较高浓度的细胞分裂素。如果原生质体开始阶段在液体或软琼脂(或琼脂糖)培养基中培养,则此时应转到用琼脂(或琼脂糖固化的)培养基上(许智宏和卫志明,1997)。

生根培养基用于诱导再生苗生根,再生完整植株。对多数植物而言,培养基内生长素(IAA、NAA 或 IBA)浓度通常较低,不含细胞分裂素。对某些植物而言,根的诱导不需要添加任何植物激素。

b. 通过胚状体发生途径再生植株:植物原生质体培养通过胚状体发生途径再生植株的植物种类,主要集中在禾本科、伞形花科、芸香科、葫芦科和豆科中的一部分(尤其是豆科牧草,如紫花苜蓿)。而茄科植物中绝大多数种原生质体培养通过器官途径再生植株,仅有少数种通过体细胞胚状体发生途径再生植株。

植物由原生质体培养到诱导体细胞胚状体发生直至植株再生,与器官形成途径相类似,每一培养阶段对培养基的要求不同,关键是培养基中植物激素的调节,尤其是 2,4-D 的调节作用。原生质体及形成细胞团的培养需在加有 2,4-D 的培养基中进行,而体细胞胚的诱导与形成则需降低或去除 2,4-D。但也有不需要 2,4-D 而单用其他激素直接诱导体细胞胚状体发生的,如颠茄单用 NAA 即可诱导体细胞胚形成(Gosch et al., 1975)。此外,有些植物的原生质体可在原生质体培养基上,由原生质体再生细胞形成的细胞团直接形成体细胞胚,而无明显的愈伤组织阶段,如油菜(Li 和 Kohlenbach, 1982)、甘蓝(傅幼英等,1985)等。

6.6.7 体细胞无性系变异及其利用

20 世纪 60 年代以来,植物组织与细胞培养发展迅速,已能使近千种植物的组织、细胞或原生质体,经过离体培养再生完整植株。同时发现,在原有性状基本保持稳定的前提下,经过植物组织、细胞培养普遍引起丰富的变异。Carlson(1970)从烟草细胞成功地筛选出突变体以来,有关植物细胞离体培养筛选突变体的研究日新月异,直至 20 世纪 80 年代初,Larkin 和 Scowcro(1981)对有关再生植株变异的报道加以评述,并提出用体细胞无性系(somaclone)一词来概括一切由植物的体细胞再生的植株,并把经过组织培养循环出现的再生植株的变异称为体细胞无性系变异(somaclonal variation),一个组织培养周期内可产生 1%~3% 的无性系变异,有时甚至高达 90% 以上,某一具体性状的变异率在 0.2%~3%,远远高于自然突变率。对各种植物体细胞无性系变异株后代的分析证明,其绝大多数变异是可遗传的。对植物体细胞无性系的细胞、再生植株及其后代的研究表明,在这些变异中,有不少变异是对植物性状改良有益的,并且可以稳定遗传,这对植物品种改良和选育新品种具有重要的意义。此后,随着植物原生质体、细胞和组织培养技术的迅速发展,体细胞无性系变异日益引起人们的广泛重视,人们对体细胞无性系变异有了进一步的认识和理解,在离体培养条件下,植物器官、组织、细胞和原生质体培养产生的无性系遗传变异或表观遗传学变异,称为体细胞无性系变异。

几十年来,人们利用体细胞无性系变异已经筛选到许多性状优良的突变体植株。体细胞无性系变异在植物品种改良和生物学基础研究中显示出很大的利用价值,已发展成为植物种质创

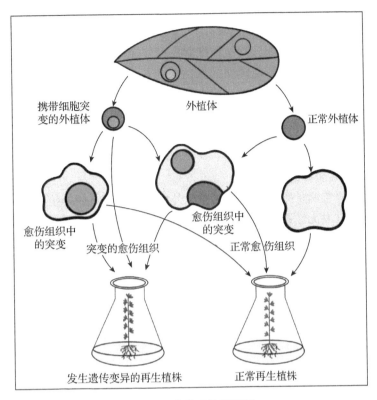

图 6-7　自发无性系变异

变剂等因素的影响。一般说来,离体器官化生长(organized growth)越远,时间越久,体细胞无性系变异频率就越高。从腋芽、茎尖和分生组织进行培养要比从无分生组织功能的叶、根、细胞和原生质体培养产生的变异少。

6.6.7.2　体细胞无性系变异的遗传学基础

近年来,人们对植物培养细胞及其植株突变体能够产生广泛的遗传变异已有较深的认识,并从染色体、基因和分子生物学的不同层次做了研究和分析,认为体细胞无性系变异有其遗传基础,具体表现在染色体数目和结构变异及基因突变、倍增、丢失、重排和转座子激活等方面。

(1) 细胞学水平的变异

许多研究都已证实,体细胞无性系在形态学上发生各种各样的变异,其中有些变异具有遗传学基础,而且部分变异与染色体数目和染色体结构的变化有关。

①染色体数目变化　染色体数目变化是培养细胞及其再生植株染色体畸变中发生频率最高的一种变异。染色体数目变异包括整倍体和非整倍体变异。Amato 认为在体细胞培养过程中产生的染色体数目变异,主要源自有丝分裂过程中纺锤体的异常。在细胞有丝分裂后期,不同程度的纺锤体缺失导致染色体不分离、移向多极、滞后或不聚集,最终产生变异细胞。同时,培养细胞中的无丝分裂也是染色体数目变异的一个重要原因。

②染色体结构变化　体细胞再生植株除发生染色体数目变化外,还经常发生染色体结构变化,主要是由于染色体断裂后经过修复和重新联结所形成的易位、倒位、缺失和重复,这是造成无性系变异的真正原因之一。在小麦、水稻和大麦的再生植株中均发现有易位系的存在。Capitan 等(1984)利用染色体分带技术对小麦和黑麦杂种的再生植株进行检测,结果发现了小

新和选育新品种的重要途径。经过 50 多年的研究，已在主要农作物、花卉、牧草等植物中筛选出细胞突变体或变异体，主要包括抗病性、抗逆性、抗除草剂、抗氨基酸和氨基酸类似物突变体筛选等。基于体细胞无性系变异的植物细胞突变体筛选研究已成为植物细胞工程领域中的一个重要组成部分。科学工作者发现体细胞无性株及其后代会出现许多变异，其中包括产量、品质、抗病性、抗虫性、抗逆性、熟期、株高等有用变异。科学工作者试图利用这些变异来选育新品种，希望在进一步改进与离体培养技术的基础上开发这些变异的育种利用值，研究其利用途径。利用体细胞无性系变异培育牧草和草坪草新品种的工作在国内外已有报道，2014 年，邵丽达通过体细胞无性系变异，诱导获得了耐铜沟叶结缕草植株。

6.6.7.1 体细胞无性系变异的来源

体细胞无性系变异有两种来源：一是来源于外植体细胞的突变外植体中，在再生植株中表现出来的变异，也称自发无性系变异；二是来源于离体培养条件诱导产生的细胞突变，又称诱导无性系变异。无论是哪一种情况，其在离体诱导条件下都会形成变异的愈伤组织，并进一步诱导获得变异的再生植株。

（1）自发无性系变异

在植物体细胞组织培养中，人们不断地发现从离体的茎、叶或芽等组织、器官的培养中由胚状体或原生质体产生的再生植株经常能发现某些植株在形态、性状等方面与原来亲本性状不同的变异；如株高、分蘖、穗长、千粒重等这种变异体经人工选择培养即可培育成作物新品种。据知，这种自发变异的产生可能与取材部位以及同一部位不同体细胞的自发变异有关；也可能与在组织培养条件下培养基中的不同组成物质及其含量的影响有关。此外机械损伤和温度等物理因素以及细胞的代谢产物等皆可引起细胞自发突变。

自发无性系变异又可分为两种（图 6-7）：一种是突变预先存在于分化的细胞中。在植物个体生长和发育过程中，分化成熟的组织和器官（如髓和皮层等）细胞核中 DNA 水平有很大的变化，当这样的外植体被离体诱导时，其细胞脱分化和分裂生长时，有可能诱导产生多倍体的培养细胞；另一种是外植体突变细胞与正常细胞组成的嵌合体，尤其是茎顶端分生组织嵌合体。嵌合体包括基因突变嵌合体和染色体数目变异嵌合体。基因突变嵌合体一般发生在分生组织个别细胞中，由突变细胞衍生的组织或器官可能会出现新的变异性状；染色体数目变异嵌合体只发生在少数新育成的多倍体品种和杂种上。无论是哪一种嵌合突变的外植体，经离体诱导获得的再生植株的性状都容易发生分离，很难保持原来品种的性状。但若离体诱导嵌合的体细胞，则能获得新的体细胞无性系变异，有利于通过无性繁殖植物品种的改良。

（2）诱导无性系变异

突变不仅在自然条件下可以发生，通过物理和生物化学诱变，植物的细胞或组织也可以产生突变，在培养细胞水平上通过选择压力，对培养细胞进行定向诱发突变，使突变体的筛选工作在细胞水平上进行，更为可控，诱变数量大，诱变概率高，重复性和稳定性好。根据育种目标对变异材料筛选、鉴定和加工以培育新品种或新种质，这就是诱导无性系变异育种（简称诱变育种）。该方面工作在植物遗传改良和生物学基础研究上都具有重要意义，同时还可以为基因工程提供有用的基因资源。

在育种中应用的诱变因素主要有物理诱变因素和化学诱变因素两类。物理诱变因素主要有紫外线、X 射线、中子、质子等。化学诱变因素与物理因素相比损伤小、诱导频率较低，但有利突变较多。诱变是创造变异和获得无性系突变体的重要途径，其发生频率受到培养基中的激素配比、外植体的基因型、嵌合性及其不同发育期、染色体倍性水平、继代次数、选择压、诱麦和黑麦染色体之间的交互异位。因此，通过离体培养可以创造易位系突变体。

(2)分子水平的变异

分子生物学技术的迅速发展，为人们从分子水平研究体细胞无性系变异机理提供了有力的手段。研究已发现，在分子水平上存在基因突变、DNA 总量变异、DNA 甲基化、转座因子的激活、细胞器 DNA 的修饰，以及 RFLP 和 RAPD 多态性变异等，为从分子生物学角度认识体细胞无性系变异的机理奠定了基础。

①基因突变 植物组织和细胞经离体培养后，在愈伤组织的脱分化和再分化过程中常常会引起基因突变。基因突变是指 DNA 碱基序列中由单个或多个碱基对发生的变化，包括碱基序列替换、插入、缺失等，导致由一种遗传状态转变为另一种遗传状态，基因突变被认为是体细胞无性系变异的重要来源之一。有些点突变严重影响到蛋白质活性，甚至完全失活，从而影响了植物的表型；有些点突变虽然碱基发生了变化，但却是同义变化，即翻译的氨基酸序列没有发生变化，也有些点突变不影响或基本上不影响蛋白质的活性，因此性状上无明显的变化。基因突变有隐性单基因或多基因突变和显性单基因或多基因突变。Eans 和 Sharp(1983)从番茄的再生植株 R_2 代检测到 13 种单基因突变，包括显性基因突变、半显性基因突变和隐性基因突变，同时还检测到母体遗传的叶绿体基因组的突变。植物细胞质中叶绿体和线粒体的基因组比较稳定，但离体培养条件可以使一些植物线粒体 DNA 环状构象和分子结构发生变化，以及花药愈伤组织再生植株的叶绿体基因组部分丢失。Hartman(1989)研究发现，小麦再生植株的线粒体 DNA 发生极大变化，且变化程度与组织培养时间的长短有关。还有研究发现，线粒体 DNA 的缺失会使一种 40kb 线粒体 DNA 编码的多肽消失，从而造成由可育的野生烟草原生质体培养获得的植株细胞质雄性不育。小麦花药培养中经常出现大量的白化苗，对这些白化苗和对照植株叶片叶绿体 DNA 进行分析，发现叶绿体基因丢失达 80%。Toshinori 等(2002)发现经长期培养，水稻愈伤组织细胞质 DNA 发生大的缺失。

②基因的扩增和丢失 植物基因组大约 60%由重复 DNA 组成。大量的证据表明，在组织培养中 DNA 重复序列的改变是愈伤组织和再生植株中普遍的现象，DNA 重复序列的扩增与减少在小麦、黑麦、玉米和烟草等植物中均有发现。Arnholdt-Schmitt(1995)发现胡萝卜再生植株中出现重复片段拷贝数的变化，在水稻中发现 DNA 一些重复序列在组织培养中有显著的选择性扩增，愈伤组织 DNA 重复序列与叶片相比较，有 5~70 倍的拷贝数差异(Zheng et al.，1987)。目前有理由认为 DNA 序列的扩增或减少是体细胞无性系变异的原因之一。大部分 DNA 重复序列的互换位置、扩增或缺失没有发生致死效应，然而可能会影响到临近基因的表达和再生植株在遗传上的不稳定性，有可能引起特定基因产物合成数量的增加或减少，或会打乱发育过程中的基因调控，并引起性状变异。转座子也可以诱导位于中度或高度重复序列的多拷贝基因中那些不表达的拷贝活化，提高基因表达强度，进而导致表型变异。

③DNA 甲基化 DNA 甲基化是一种表观遗传修饰，它是由 DNA 甲基转移酶催化 S-腺苷甲硫氨酸作为甲基供体，将胞嘧啶转变为 5-甲基胞嘧啶(mC)的一种反应。在真核生物 DNA 中 2%~7%的胞嘧啶(C)存在着甲基化修饰，广泛分布于各序列中，绝大多数甲基化发生在 CG 二核苷酸对上。DNA 甲基化对体细胞无性系变异也起重要作用。一些基因中的某些位置甲基化后，基因就会表现为不活跃的非表达基因，DNA 甲基化是基因表达调控的一种方式。目前已证明，有的植物细胞经过离体培养后，基因组中的碱基会发生甲基化，从而影响细胞的基因表达。

④转座因子的激活 自 1947 年 Mcclintock 创立转座因子理论以来，大量研究已证实，转

座因子是许多不稳定遗传现象的原因。Larkin 和 Scowcroft(1981)提出转座因子的激活可能是无性系变异的一个重要原因。转座因子包括转座子和逆转座子,在组织培养过程中它们都可能被激活,从而发生转座和插入,引起体细胞无性系变异。一些研究认为,在离体培养过程中,细胞的分裂速度比较快,异染色质复制落后,导致细胞分裂后期形成染色体桥和染色体断裂。在断裂部位 DNA 的修复过程中,属于异染色质部分的转座子发生去甲基化而被激活,转座子活化后发生转座,从而引起一系列结构基因的活化、失活和位置变化,结果使无性系产生变异(Larkin et al., 1984; Peschke et al., 1987)。还有学者认为,转座因子可能受组织培养中理化因素的诱导而被激活,然后由转座子的转座引起染色体断裂和结构变异及结构基因的活化与失活等。

6.6.7.3 植物体细胞无性系变异的筛选方法

由于体细胞无性系变异的发生往往没有方向性,变异类型繁多,且劣变概率大于优变,而用于植物育种目标的变异则必须是优良性状,因此对变异进行有效的筛选就至关重要。现在,常用的体细胞无性系筛选方法主要有以下几种。

(1)田间表型选择法

田间表型选择法是在田间栽培的大量再生植株中筛选优良变异单株。这种方法工作量虽然大,但较为简单,得到的结果能直观反映变异产生的性状变化,可以对改良的性状做出直接判断,而且也是迄今为止筛选一些农艺性状(如株高、穗型、熟期及营养成分)的最有效的方法。目前,该方法是体细胞无性系变异筛选突变体的最主要方法。米海莉等以春小麦品种'宁春4号'为实验材料,在实验室通过细胞培养产生再生植株,而后通过大田(含盐量为 0.3%~0.5%)种植筛选耐盐的突变体。收获耐盐突变植株的种子,用盐水培养,测定 15 d 后幼苗生长量及生理生化变化。结果表明,突变植株产生后代的抗盐能力远远超过正常植株,如植株高度、育性、花果颜色、结实数、开花时间、抽穗期、成熟期、产量、耐盐性、抗病等。

(2)以选择压力选择体细胞无性系突变体

通过向培养基加入如氯化钠、真菌毒素、除草剂和抗生素等选择压力,或采用干旱或冷热和冰冻处理等环境处理,获得抗性愈伤组织或抗性细胞系,然后经过再生获得抗性突变体植株。这比单纯采用大田筛选可节省大量的人力、物力,缩短育种周期。选择压力筛选方法已在各种体细胞无性系突变体的筛选中应用。陆维忠等以小麦赤霉病毒素脱氧雪腐镰刀菌烯醇(DON)为筛选剂,对小麦愈伤组织进行抗性突变筛选,最终得到了在无性系阶段及再生植株的后代中能稳定表达的抗性性状,获得了一个抗赤霉病的小麦品系。耿瑞双等采用离体培养方法,选择抗赖氨酸和苏氨酸的玉米突变体,不仅获得了积累游离赖氨酸和苏氨酸的突变类型,还筛选到种子蛋白质组分发生改变的高蛋氨酸和高赖氨酸突变体,性状遗传稳定,育性正常。

(3)生物化学及分子生物学技术鉴定无性系突变体

筛选得到的突变株系或突变体一般要进行生物化学和分子生物学方面的鉴定,为进一步育种应用奠定基础。这些技术主要包括同工酶酶谱分析及分子标记等。经常使用的同工酶酶谱分析有过氧化物酶、淀粉酶、多酚氧化酶以及其他一些可溶性蛋白等。詹亚光等(2006)在筛选能耐盐的杨树再生植株中发现过氧化物酶发生变化,在相同区带突变株比正常植株的酶往往多 1 条带。但此项技术只能用于对可溶性蛋白进行分析,所能检测的范围也很有限。另外,同工酶的酶谱又容易受环境干扰及个体发育的影响,因此同工酶的改变只能解释很小一部分变异。分子生物学技术能够直接对变异的 DNA 进行分析,比同工酶分析更能直接地反映无性系的变异。常用的鉴定植物体细胞系变异的分子生物学方法有:RFLP、RAPD、SSR 等。采用 RFLP、

RAPD、SSR 等方法分析均发现表型与 DNA 水平变化不相统一的现象非常普遍，这主要是因为植物体基因组非常巨大，植物中非编码序列占基因组的绝大部分，体细胞无性系变异又往往是比较均匀地发生在基因组的各个部位上的缘故。因此，目前的分子标记技术也只能检测有效变异的很小一部分。

6.6.7.4 体细胞无性系诱变在育种中的应用

基于目前作物育种资源贫乏，人们利用该技术可以创造出自然基因库中很少或根本不存在的种质资源，为作物改良提供中间材料或直接应用于生产，这将成为该领域今后的研究热点。

(1) 耐盐细胞变异体

世界上有大面积的盐渍土，抗盐作物品种选育对我国和世界有着特殊的意义。它的育成可使目前荒芜的大面积盐渍土得到利用，为解决粮食问题做出贡献。近年来已在烟草、水稻、小麦、獐毛等多种植物上进行了抗盐变异体的筛选研究，并获得了成功。田文忠等已得到了对氯化钠抗性稳定的水稻再生植株，国外 Redy 等也已获得了抗盐的再生植株，并且表现一定的抗性稳定性。Nabors 等(1975)筛选的耐高浓度氯化钠(0.88%)的烟草细胞系，再生植株经过连续两个有性世代后，仍然保持着这种耐性。在苜蓿耐盐突变体筛选过程中，为了避免在耐盐突变体中出现不良的变异性状，Winicov(1994)建议在苜蓿愈伤组织诱导 3 个月内筛选耐盐突变体。

(2) 温度敏感型变异体

温度是限制植物地理分布的主要因素之一。因此，这类抗逆变异体的选育具有重要的实际意义。林定波等(1999)曾以轻脯氨酸作为选择压，筛选到了抗寒的柑橘植株。经测定，其抗寒性对照增加 2.61℃，并发现抗寒植株叶片中脯氨酸、异亮氨酸和精氨酸的含量均比对照增加 2 倍以上。

(3) 富含氨基酸和氨基酸类似物细胞突变体

在几种主要农作物种子蛋白中，常缺少某种必需氨基酸，如大豆缺少甲硫氨酸，玉米缺少赖氨酸和色氨酸、小麦缺少赖氨酸和苏氨酸、水稻缺少赖氨酸。因此，可通过采用氨基酸和氨基酸类似物选择抗性细胞突变体，达到改良人类食物营养品质需要的目的。

(4) 抗病细胞突变体

植物在生长发育过程中经常遭受病原物的侵袭，进而导致植物发生病害，不能正常生长，影响植物的产量或品质。因此，提高抗病性是植物育种的主要目标之一，对主要农作物而言，提高抗病性就显得尤为重要。研究已证明，通过离体诱导抗病细胞突变体是提高植物抗病性的一个可行途径。植物毒素有时对组织、细胞或原生质体的毒害作用与对整体植株的作用是一致的(Eaele, 1978)。如果植物毒素是致病的唯一因素，就可能在离体条件下直接以毒素为选择压力筛选抗病细胞突变体，这个假设得到了 Carlson(1973)试验结果的支持。Carl 用化学诱变剂 EMS 处理烟草原生质体，筛选出抗甲硫氨酸亚砜(MSO)的细胞系，其再生的植株对烟草野火病的抗性明显提高。此后，在大麦、小麦、玉米、燕麦、油菜、甘蔗、马铃薯等作物上，从细胞培养和愈伤组织诱变中成功获得抗病体细胞无性系。

(5) 抗除草剂细胞突变体

通过基因工程手段可以筛选出抗除草剂的无性系，而且可以选育出农作物新品种，提高使用除草剂的安全性，拓宽除草剂的应用范围。但当通过基因工程难以获得转基因植株时，通过细胞工程手段筛选抗除草剂的细胞突变体则具有重要的实际意义。

(6) 其他抗逆性突变体的筛选

土壤中含盐量或重金属离子含量过高、低温、干旱等都会对植物的生长发育造成危害。因此，提高植物的抗逆性是植物品种改良的一个新的育种目标。研究证明，可以从组织培养中分离出抗逆的突变体。人们用低温作为诱变手段筛选并获得了耐寒的烟草再生植株，利用聚乙二醇作为诱变剂获得了耐旱的高粱再生植株，用重金属离子为筛选剂获得了多种植物耐铝、耐镉、耐铜或耐汞的突变体(孙敬三和朱至清，2006)。

(7) 单倍体细胞突变体

通过单倍体细胞培养筛选抗性突变体具有高效和易稳定两大特点。在单细胞培养过程中，隐性突变基因容易在细胞中表达，在选择压力下可以筛选出由隐性基因调控的抗性突变体，提高了选择效率，同时通过突变体加倍，获得纯合突变株，加快了突变体的稳定和纯合过程，如Campbell 和 Wernsman(1994)以黑胫病毒素为筛选剂，从烟草愈伤组织培养物中获得了抗黑胫病的烟草突变体，并在烟草育种上得到了应用。

(8) 其他性状突变体

通过细胞或愈伤组织培养，还可以筛选具有产量高、品质好、生长势强等优良性状的突变体，有的可以培育成新品种，如 Moyer 和 Collins(1983)选育出了块茎色泽好、烘烤质量高的马铃薯品种，Evens(1989)培育出干物质含量高的番茄品种。

6.7 综合品种育种

6.7.1 综合品种的概念及其在牧草育种中的地位

6.7.1.1 综合品种的概念

综合品种(synthetic cultivar)，是指由两个以上的自交系或无性系杂交、混合或混植育成的品种，又称混合品种、合成品种、复合杂种品种等。异花授粉植物是由基因型杂合的个体所组成的天然群体。一般表现自交或近交衰退，故不能像自花授粉植物那样，采用两个纯系品种杂交而后分离重组的杂交育种程序培育品种。采用培育综合品种的方法对这类植物进行改良和选育是很有效的。综合品种培育也是利用杂种优势的一种方法，通过天然授粉保持其典型性和一定程度的杂种优势。

一个综合品种就是一个小规模范围内随机授粉的杂合体，其中亲本材料的选择与应用对品种的表现具有重要意义。一般应根据农艺性状的表现及配合力的高低对参与品种综合的亲本材料进行严格选择。

6.7.1.2 综合品种的特点

与传统的群体选择或株系选择育种法相比，综合品种的培育具有以下特点。

(1) 亲本数较多

少则2个，多可达几十个，育种实践中通常使用的亲本数为2~10个。这些亲本最好为纯系，其基因型达到一定程度的纯合。为此，亲本材料在利用之前都需经2~3代的强迫自交或近交。

(2) 繁殖世代有限

一般为2~5代。

6.7.1.3 综合品种培育在牧草育种中的地位

综合品种在选育技术方面要求不高,所需时间较短,在异花授粉牧草的育种工作中占有重要地位,尤其在下述情况下,综合品种的培育更具特殊意义。

①采用控制杂交难以利用杂种优势的牧草 培育综合品种便成为合理的选择。若植物自交不亲和、自交不育等,纯系培育比较困难,如多倍体牧草(如四倍体水平上的苜蓿、鸭茅等)。即使它们可以自交,且自交可育,能借助于兄妹交或其他有限的近交方式,但其后代纯合速度很慢,所需时间很长,培育具有强杂种优势的杂种一代难度很大;在此情况下,以这些牧草的亲本材料培育综合品种是比较合理的选择。

②杂种种子(单交种)产量低或商用品种种子售价较低 由于牧草的经济价值往往较低,培育杂种品种的利益小、得不偿失。因此,综合品种可以在较低成本的条件下推广。

③其他 在某种牧草最初的改良阶段,需将所改良的品种尽快应用于生产。

综合品种的选育在多年生牧草育种中应用较为广泛,截至目前,世界上生产利用的绝大多数豆科和禾本科牧草以及草坪草品种均属于综合品种类型。

对一些可以通过培育杂种品种利用杂种优势的牧草,也可在生产上暂时利用综合品种以获取效益,尤其是对一些具有特殊用途的牧草更是如此,如美国边远地区粗放耕作的饲用玉米多为综合品种。这种方法培育的牧草品种不仅适应性强,而且种子生产技术简单、产量较高。

6.7.2 综合品种培育的遗传学基础

6.7.2.1 构成综合品种的基因型数量及其自交程度的遗传表现

综合品种的培育主要有两个步骤:第一步是自交程度较高的基因型之间相互杂交(多交),第二步是初始杂种的繁殖(数个世代)。一个综合品种农艺价值的优劣不仅取决于构成综合品种的基因型数量,而且也取决于这些基因型的自交程度及自交对活力的影响(自交效应)。

在随机自由交配的情况下,一般而言,亲本基因型既要自交,相互之间又要杂交。如果自交率为 K(百分数),则杂交率为 $1-K$。

假设自交的平均值为 P,杂交的平均值为 H,繁殖第一代的平均值则为:

$$S = KP + (1-K)H$$

综合品种选育的目的是要最大限度地隔离繁殖初始亲本,使其保持较高的纯合度,产生尽可能强的杂种优势,即找到最大的 S 值。为此可行的做法是增大 K 值、H 值和 P 值。如果综合品种的亲本基因型较多,最终形成的综合群体纯合程度较低,遗传基础却较为广泛,进而又会影响到综合品种的构造。

6.7.2.2 综合品种的理论表现和预测

(1)综合品种的组合数

为了使一定数目的亲本基因型隔离重组,进而最大限度地利用综合品种的杂种优势,需将这些亲本材料实现 2×2,3×3,4×4 等的杂交。亲本数越多,所能构成的杂交组合也越多。假设有 n 个亲本,有可能育成的含 k 个亲本(由 2 到 n)的综合品种的数目为:

$$\sum_{k=2}^{n} \frac{n!}{k!(n-1)!}$$

即

$$2^n - (n+1)$$

如 $n=5$,可能的综合品种数为 26,如 $n=10$,可能的综合品种数为 1 013。

培育综合品种时,将所选亲本作全部杂交的可行性并不很大。为此,需要对拟选育的综合品种的性状进行预测。该项工作通常都是通过亲本表现及其杂交效果来实现。

(2) 综合品种产量预测

①第一代(Syn-1)产量预测 综合品种第一代的产量可由亲本材料的一般配合力的平均值预测。藤本等(1970)用甜菜的2~16个品系配制的8个综合品种表明,构成品种的亲本数越少,产量预测值与实测值的差距越大,亲本数越多(6个以上)则比较一致。

②第二代(Syn-2)产量预测 Syn-2产量预测可根据Wright(1922)的公式:

$$S = F - \frac{F-I}{N}$$

式中:S为综合品种Syn-2的产量;F为Syn-1的产量;I为构成综合品种的亲本品系的平均产量;N为亲本品系的数量。

根据产量预测及亲本材料亲缘关系的远近、生育期及其他优良性状等选出几个较好的综合品种组合,最后根据实测产量选出理想组合。

6.7.3 综合品种培育的一般程序

综合品种的培育较杂交育种等方法简单,包括亲本材料的选择、初始群体的改良、亲本基因型纯合、配合力试验、初始杂交、综合群体的繁殖等几个主要阶段(图6-8)。

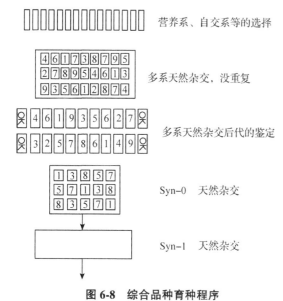

图6-8 综合品种育种程序

6.7.3.1 初始群体的改良

从天然群体或人工群体中选择优良的品系(或无性系)用于综合品种的培育。由于选择的目标在于提高自身农艺性状和具有优良配合力基因型的比例,故常采用轮回选择方法。其中,混合轮回选择对遗传传递力高的性状很有效,应用比较简便,是最常用的方法。

6.7.3.2 亲本基因型的纯合

亲本材料基因型的纯合采用亲本材料的近交(如自交、兄妹交等)方法。近交使亲本材料趋于同质性的目的在于:①使某些不利性状尽早表现,以利淘汰。近交的最初几个世代中,这种带有歧视性的表现能力是尤为重要的。②富集有利性状。③提高品系自身的农艺价值。

近交的代数不宜太多,通常在2~3代内完成。

6.7.3.3 配合力试验

亲本的取舍虽然是在经配合力试验后确定的,但亲本的选择最好从近交阶段开始。因为在亲本选择时,也可对个体农艺性状及其杂交价值的高低进行选择,一方面要选择高产、优质、高抗、活力强、生长迅速等的基因型作亲本;另一方面也要考虑这些亲本杂交后产生的杂种优势的大小,即进行配合力试验。通常采用下述方法进行试验。

(1) 多交试验(多重杂交试验)

多交试验在多交试验圃中进行。应设置隔离,以防外源花粉混入。被测基因型按一定的设计排列种植,以便使每一亲本有同等机会为其他亲本授粉,并接受来自其他亲本的花粉。种子成熟后，每一亲本的种子应分别收获，以供后代研究。多交试验容易操作，但由于一些组合倾向于优先杂交，会产生一定数量的同型配子。

(2) 顶交试验

顶交试验是将每一亲本材料与一个或多个遗传基础广泛的测试品种杂交。

(3) 双列杂交试验

前两种方法只适于测定一般配合力，只有双列杂交试验能同时测试一组品系的一般配合力和特殊配合力。在双列杂交的情况下，每一亲本需单独与其他亲本逐一杂交，所有杂交都排列成2×2式。

当亲本数量很多时，这种方法无疑是受限制的，难以实施。此外，双列杂交试验与单交种的选育不同，它不是以选育两个最优亲本组合为目的，因为用此方法可对特殊配合力进行选择，但对综合品种本身的益处有限。

6.7.3.4　初始杂交

根据配合力试验及性状表现确定了亲本数目后，在杂交圃中将它们相间种植，使所有亲本能最大限度地达到相互自由传粉授精。种子成熟后，混收种子构成初始杂交群体(Syn-0)。

6.7.3.5　综合群体的繁殖

多个亲本互交产生的种子经数代繁殖后即为原种(Syn-1)，综合品种原种在生产上一般可繁殖数代，繁殖代数取决于初始杂交可产生的种子数量和物种的繁殖系数，也要考虑综合品种推向市场后可能的种子售价。如果初始杂交种(或多交种)数量较多，物种的繁殖系数较高，则不需经多代的繁殖。无论繁殖代数的多寡，需要注意的是在整个繁殖期间，综合品种的活力具有向平衡状态发展的趋势，有可能受下列因素制约。

(1) 育性

育性对综合品种活力的影响如图6-9所示。自交不亲和或自交不育的物种繁殖第一代具有最高的杂种优势，以后世代会发生一定程度的近亲繁殖，活力逐渐降低并趋于稳定。自交可育的物种则会随繁殖世代的增加，综合中杂合程度会提高，活力会逐渐趋于平衡稳定。

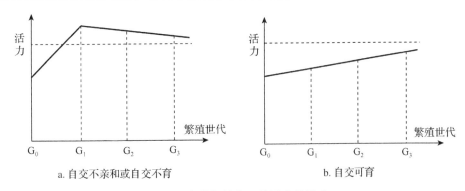

图 6-9　育性与综合品种活力的影响

(2) 竞争

综合品种培育通常都是在密集栽培型的植物(如牧草、草坪草等)中进行的，综合后代在繁殖过程中难免要发生自交，自交后代与活力不等的杂交后代混杂在一起，彼此竞争，相互影响，最终会干扰综合品种的活力向平衡方向发展。

当竞争足以影响到商用品种的产量时，需要对各不同亲本分别加以繁殖，并按照一定的综合品种综合方式繁殖原种，以尽可能消除竞争的影响。以4个亲本(种群、品系或无性系)的

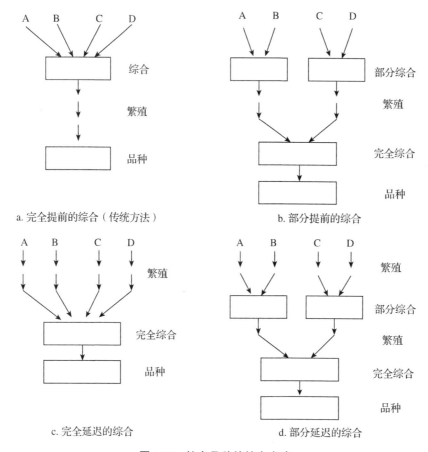

图 6-10 综合品种的综合方式

综合种为例,可采用以下 4 种不同的方法进行品种的综合(图 6-10)。

综合品种培育是多年生异花授粉植物的有效育种方法,若要大幅度提高生产力,应致力于研究难于去雄物种的生殖生物学,实现控制杂交,以利用杂种优势更强的单交种取代综合品种。

6.7.3.6 亲本保存与综合品种的稳定

影响综合品种稳定性的因素虽然很多,但主要取决于亲本遗传基础的稳定性、品种综合与繁殖制度,以及生产中的隔离情况等。

通常是将确定的所有亲本的一小部分种子,或者是初始杂交后的一部分种子贮存在适宜的条件下(低温、干燥等),维持其活力,需要时可随时繁殖利用。这种方法可有效地保持亲本或初始世代的稳定性,但种子活力的维持需要特定的贮藏技术。另一种方法是通过无性繁殖(如禾草的分株,豆科牧草的插条、组织培养等)维持亲本或初始杂交后代的稳定性。

6.8 回交育种

6.8.1 回交和回交育种的遗传效应

回交是指 A 品种和 B 品种杂交后,杂种后代与两个亲本之一连续多代重复回交。通过回交把亲本的某些特定性状导入另一亲本的育种方法，称为回交育种。多次被用作亲本的品种 A，是特定有利性状的接受者，称为轮回亲本（recurrent parent）或受体亲本（receptor）。品种 B 代表特定有利性状的提供者，只在开始做杂交时应用一次，故称非轮回亲本（non-recurrent parent）或供体亲本（donor）。回交表达方式可以写为[（A×B）×A]×A…或 A×3/B 等，记作 BC。BC_1 表示回交一次；BC_2 表示回交两次；BC_1F_1 表示杂种一代（F_1）与亲本回交一次的后代，称为回交一代；BC_1F_2 则表示由 BC_1F_1 自交一次的后代，以此类推（图 6-11）。

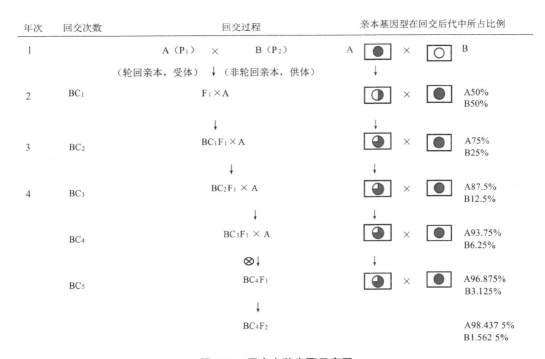

图 6-11 回交育种步骤示意图

回交育种是杂交育种的一种特殊形式，回交育种法最初在改良大麦芒的特性时收到了理想的效果，从而在作物育种上成为改进品种个别性状的有效杂交育种方法。它为育种家提供了一种较为精确地控制杂种群体、选育改良品种的方法。当品种 A 有许多优良性状，而个别性状有欠缺时，可选择具有亲本 A 所缺性状的另一品种 B 和品种 A 杂交，F_1 及以后各世代又用品种 A 进行多次回交和选择。回交育种法速度快，在改良品种个别缺点时有独特的功效。Harlan 和 Pope(1922)应用此法将光芒性状转移到优良大麦品种。同年，Briggs 开始了著名的小麦抗腥黑穗病的回交育种工作，并成功地选育出一系列优良品种，在美国西部地区大面积推广。回交育种已发展为国际上广泛应用的植物育种方法，经常被用于增强作物的抗病虫性及改进其他农艺性状。

在回交育种杂合基因群体中，回交与自交的作用相同，可使后代群体的基因型逐代趋于纯合。杂合基因型逐渐减少，纯合基因型相应地增加。纯合基因型变化的频率都是 $(1-1/2^r)^n$（n 为杂种的杂合基因对数；r 为回交的次数）。在这方面，回交群体和自交群体是一样的。

回交和自交后代群体中纯合基因型的性质不一样。自交后代基因型的纯合是多向的，通过基因的分离和组合而纯合为多种基因型。而回交后代基因型的纯合是定向的，严格受轮回亲本的控制。杂种与轮回亲本每回交一次，便使后代增加轮回亲本的 1/2 基因组成，多次连续回交后，其后代基本上回复为轮回亲本的基因组成。以一对杂合基因 Aa 为例，自交所形成的两种纯合基因型是 AA 和 aa；而回交 Aa×aa 后代群体中，纯合基因型只有一种 aa，即为轮回亲本的基因型。在相同育种进程内，就一种纯合基因型来说，回交比自交达到某种纯合基因型个体的频率快。例如，自交 S_4 中 AA 或 aa 的两种纯合基因型个体的频率各有 43.75%，而育种进程相同的 BC_3F_1 中，aa 一种纯合基因型个体的频率已达 93.75%（表 6-3），这说明回交比自交控制某种基因型比例的效果要高得多。

表 6-3 自交与回交各世代某种纯合基因型频率的变化

自(回)交代数	自交后代纯合基因型频率 杂合基因对数				回交后代纯合基因型频率 杂合基因对数			
	1	2	...	n	1	2	...	n
1	25.00	6.25	...	$\left(\frac{2-1}{2^2}\right)^n$	50.50	25.00	...	$\left(\frac{2-1}{2^1}\right)^n$
2	37.50	14.06	...	$\left(\frac{2^2-1}{2^3}\right)^n$	75.00	56.25	...	$\left(\frac{2^2-1}{2^2}\right)^n$
3	43.75	19.14	...	$\left(\frac{2^3-1}{2^4}\right)^n$	87.50	76.56	...	$\left(\frac{2^3-1}{2^3}\right)^n$
4	46.88	21.97	...	$\left(\frac{2^4-1}{2^5}\right)^n$	93.75	89.89	...	$\left(\frac{2^4-1}{2^4}\right)^n$
5	48.44	23.46	...	$\left(\frac{2^5-1}{2^6}\right)^n$	96.88	93.85	...	$\left(\frac{2^5-1}{2^5}\right)^n$
...	...	...	...	...	...	...	...	...
r	$\frac{2^r-1}{2^{r+1}}$	$\left(\frac{2^r-1}{2^{r+1}}\right)^2$	...	$\left(\frac{2^r-1}{2^{r+1}}\right)^n$	$\frac{2^r-1}{2^r}$	$\left(\frac{2^r-1}{2^r}\right)^2$	...	$\left(\frac{2^r-1}{2^r}\right)^n$

回交后代的某种基因型纯合进度大于自交。采用相同的公式计算后代纯合率，回交与自交在相同的世代求得的纯合率数值是相同的，但是两种纯合率包含的内容却不相同。自交后代纯合率是各种基因型纯合率的累积值，而回交后代纯合率只是轮回亲本一种基因型的数值。即自交后代分离为 2^n 种纯合基因型，回交后代聚合为一种纯合基因型。所以，自交后代每一种基因型的纯合率为 $(1-1/2^r)^n×(1/2)^n$，而回交后代最后只有一种接近轮回亲本的纯合基因型，故不需要乘以 $(1/2)^n$，其纯合率为 $(1-1/2^r)^n$。由此可见，在相同育种进程内，就一种纯合基因型来说，回交的纯合进度显然大于自交，或者说回交比自交达到某种纯合基因型个体的频率高。一般回交 5 代或 6 代后，杂种的基因型绝大部分已为轮回亲本的基因组成所置换。以一对杂合基因 Aa 为例，自交 5 次，AA 或 aa 两种纯合基因型个体的频率各有 48.44%；而用 aa 基因型亲本回交 5 次，aa 一种纯合基因型个体的频率已达 96.88%。

回交消除不利基因连锁的概率也高于自交。如果非轮回亲本的目标性状基因与不利的非目标基因连锁，与轮回亲本回交提供了基因重组和消除不利连锁的机会。Aiiard(1960)提出消除与目标性状基因连锁的不利基因的概率公式为：

$$1-(1-p)^{m+1}$$

式中：p 为重组率；m 为回交次数。

根据 Allard 估算，在不加选择的情况下，通过回交和自交，回交消除不利基因连锁的概率

表 6-4 自交及回交后代消除非目标性状基因的概率

重组率	消除非目标性状基因的概率		重组率	消除非目标性状基因的概率	
	回交 5 次	自交 5 次		回交 5 次	自交 5 次
0.50	0.98	0.50	0.02	0.11	0.02
0.20	0.74	0.20	0.01	0.06	0.01
0.10	0.47	0.10	0.001	0.006	0.001

远比自交高(表6-4)。例如,重组率为0.1,回交或自交5次,不利连锁基因消除的概率分别为0.47和0.1。

如果要转移的性状是由显性单基因控制,那么在回交过程中,转移的性状容易识别,回交就比较容易进行。例如,想通过回交,把抗锈病基因(RR)转移到一个具有适应性但不抗病(rr)的燕麦A品种中去。可将品种A作为母本与非轮回亲本杂交,再以品种A为轮回亲本进行回交育种,品种A含有育种家希望能在新品种上恢复的适应性和高产性状的基因。在杂种F_1中锈病基因是杂合的(Rr)。当杂种回交于A品种(rr)时,将分离为两种基因型(Rr和rr)。抗病(Rr)的燕麦植株和感病(rr)的植株在锈菌接种条件下很容易区别,只要选择抗病植株(Rr)与轮回亲本A回交。如此连续进行多次,直到获得抗锈病而其他性状和轮回亲本A品种接近的世代。这时,抗病性状上仍是杂合的(Rr),它们必须自交1~2代,才能获得稳定的纯合基因型抗病植株(RR)。本实例所说明的回交方法是比较容易实行的,因为抗锈性是由显性单基因所控制,而且每一回交后代中,抗病植株容易借人工接种加以鉴定,育种过程如图6-12所示。其育种过程与上面提及的一般回交育种的步骤相同。

如果导入的性状隐性遗传时,可将回交一代自交,在分离的自交后代中选株回交(图6-13),或在回交一代中作较多的回交,同时在回交株上自交,将回交与自交后代对应种植。凡是自交后代在目标性状上呈现分离者,说明其相应的回交后代中必有一些带有目标性状基因,那就可以在该后代中继续选株回交并自交。而自交后代不出现分离的,其相应回交后代即可淘汰。如果能筛选出与该隐性基因紧密连锁的分子标记,那么就可以借助于分子标记进行连续的回交转育。

例如,要导入的抗锈基因是隐性基因(rr),每次回交后代将分离出两种基因型RR和Rr。因为在这种情况下,含有抗性基因的杂合体(Rr)不可能在表型上与RR区分开,必须使杂种自交一代,以便在和轮回亲本回交之前,发现抗性(rr)植株,继续与轮回亲本杂交。

当导入数量性状基因时,回交工作是否成功,以及回交工作进展的难易受两种因素的影响,一是控制某一性状的基因的数目,二是环境对基因表现的作用。当控制某一性状的基因数目增加时,回交后代出现目标性状基因型的比例势必降低。为了导入目标性状基因,种植群体必须增大。所以数量性状转育的第一个问题是回交后代必须有相当大的群体。进行数量性状基因的转育,尤其要注意非轮回亲本的选择。尽可能选择目标性状比预期要求更好和更高的材料。例如,育种目标要通过回交,培育成熟期比轮回亲本提早的品种,必须选择比轮回亲本更加早熟的品种作为非轮回亲本。

6.8.2 回交育种的应用效果和优缺点

回交育种法是具有独特作用的育种技术,可作为替换基因成分的一种有效的育种手段。例

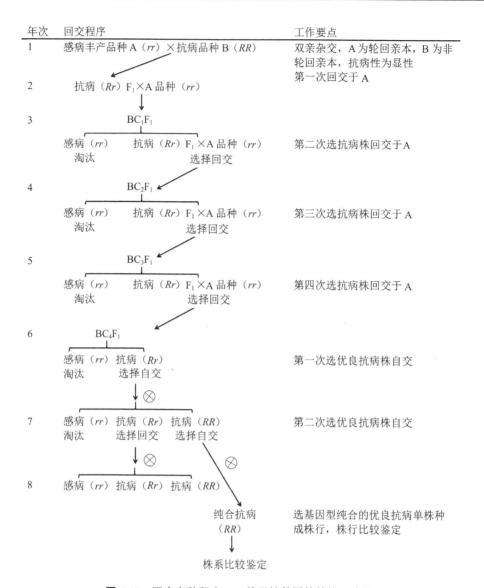

图 6-12 回交育种程序——单显性基因的转换示意图

如，某品种 A 具有综合优良性状，但有 1~2 个不良性状，从而影响了该品种在生产上的应用价值。这少数不良性状又是由少数主效基因控制的。为了保持品种 A 的综合优良性状，又要改良其少数不良性状，就可以选择 A 品种为轮回亲本，而以具有相对于品种 A 优点突出的品种 B 为非轮回亲本，进行回交。通过从 F_1 开始的连续与轮回亲本品种 A 的回交，使品种 A 的基因成分在连续回交过程中逐代替换品种 B 的基因成分。

回交法对抗病虫育种具有重要意义，已广泛用于改良现有良种的个别缺点或改造某些不符合要求的性状的有效手段，这些性状无论是属于形态特征或属于生理、生育特性方面，只要有较高的遗传力，都可以获得良好的效果。近年来，在应用回交法克服远缘杂交的不育性、选育近等基因系合成多系品种、给父本品种导入某些标志性状、细胞质雄性不育系及核不育系的转育，以及单缺体等非整倍体材料的转育等方面，都取得了可喜的进展。

与其他育种方法相比，回交育种法的主要优点如下。

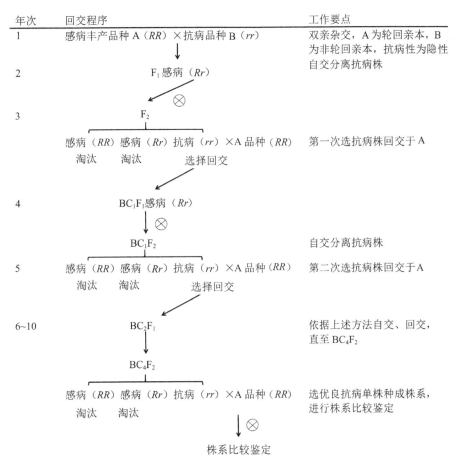

图 6-13 回交育种程序——单隐性基因的转换示意图

①遗传变异易控制　应用回交法选育品种，能对杂种群体的遗传变异进行较大程度的控制，使其向确定的育种目标方向发展，可提高育种工作的预见性和准确性。

②目标性状选择易操作　回交育种的选择，主要是针对被转移的目标性状，因此，只要这种性状得到发育和表现，在任何环境条件下均可进行，这就为利用温室、异地或异季加代培育，缩短育种年限，加速育种进程提供了有利条件。

③基因重组频率易增加　由于回交育种采取杂交和个体选择的多次循环过程，有利于打破目标基因与不利基因间的连锁，增加基因重组频率，从而提高优良重组类型出现的概率。

④所育品种易推广　回交育成的品种其形态特征、丰产性能、适应范围，以及所需要的栽培条件等与原品种(轮回亲本)相似，所以不一定要进行严格的产量试验和鉴定就可以推广，且农民易于接受。

回交育种法也有缺点和局限性。

第一，回交育种只改进原品种的个别缺点，对品种的改良不可能获得多方面的重大改进，除非与杂交育种相结合。在生产上品种更换频繁时，若轮回亲本选择不当，往往有可能在回交新品种育成之时也就是它的淘汰之日。

第二，回交改良品种的目标性状多限于少数遗传力高，又便于鉴别的主基因控制的性状。若用来改良的是数量性状，则难以奏效。

第三，从非轮回亲本转移某一目标性状的同时，由于与不利基因连锁或一因多效的缘故，可能将某些不利的非目标性状基因也一并带给轮回亲本。为此，必须进行多次回交，打破连锁。

第四，回交的每一世代都需要进行较大数量的杂交，工作量较大。

6.8.3 回交育种的育种程序

6.8.3.1 亲本的选择

亲本的选择包括轮回亲本的选择和非轮回亲本的选择两方面。轮回亲本是回交育种的对象和基础，缺点较多的品种不能用作轮回亲本。轮回亲本必须具有良好的综合性状，丰产潜力大，适应性强，只有个别缺点经回交改良后不仅能适合生产的需要，而且发展前途较大，推广使用时间较长，经数年改良后仍有发展前途的推广品种。

非轮回亲本的选择也很重要。非轮回亲本是供体，是目标性状的提供者，它必须具有轮回亲本所缺少的优良性状，而且性状的基因具有足够强的遗传传递力，最好是显性和简单遗传的，这样便于识别选择。非轮回亲本所要输出的性状必须经回交数次后，仍能保持足够的强度。在回交过程中，每一轮回交，对正在被转移的性状都必须进行选择，性状的遗传力强，选择的效果明显。而且这一性状最好容易依靠目测能力加以鉴定，这样在回交育种应用上就比较方便。同时，非轮回亲本其他性状也不能有严重的缺陷，目标性状最好不与某一不利性状的基因连锁。非轮回亲本整体性状的好坏，也影响轮回亲本性状的恢复程度和必须进行回交的次数。

6.8.3.2 回交后代的选择

在回交后代中必须选择具备目标性状的个体再做回交才有意义，这关系到目标性状能否被导入轮回亲本。为了更快地恢复轮回亲本的优良农艺性状，应注意从回交后代，尤其是在早代中选择具有目标性状而农艺性状又与轮回亲本尽可能相似的个体进行回交。为了易于鉴别和选择具有目标性状的个体，应创造使目标性状得以充分显现的条件。例如，目标性状为抗病性时，则需要创造病害流行条件。

6.8.3.3 回交次数

回交的次数关系到轮回亲本优良农艺性状的恢复和非轮回亲本目标性状的导入程度。回交育种的实践及对回交遗传效应的分析表明，在大多数情况下经过 4~6 次回交并结合早代严格选择，即可达到预期的目标。一般双亲差异小，回交次数可少；相反，亲本差异大，例如，种间杂交，需要转移的基因与不良基因之间存在连锁关系等情况时，需要适当增加回交次数。因此，回交次数取决于回交育种的目的及其他许多因素。

回交育种计划中，回交的次数与轮回亲本性状的恢复程度，非轮回亲本目标性状与不利性状连锁的程度，以及回交杂种早期世代选择严格程度等许多因素有关。

回交的次数与从非轮回亲本需要转移的基因数有关。在不存在基因连锁的情况下，如果双亲间有 n 对基因差异，则回交 r 次以后，从轮回亲本导入基因的纯合体比例可按公式 $(1/2)^n$ 计算出来。如果 $n=10$，回交 5 次，其纯合体百分率可达 72.8%，回交 6 次可达 85.5%。

在回交工作中，根据育种目标及亲本性状差异的大小，通常进行 4~5 次回交，即可恢复轮回亲本的大部分优良性状。从育种实效出发，轮回亲本的农艺性状也并不一定需要 100% 恢复。当非轮回亲本(供体)除目标性状之外，尚具备其他一些优良性状时，回交 1~2 次就有可能得到综合性状良好的植株，这类植株经自交选育后，虽与轮回亲本有一些差异，却可能结合了非轮回亲本(供体)的某些良好性状,丰富了育成品种的遗传基础。而回交次数过多则可能削弱目标性状的强度,并且不一定能获得理想结果。与此相反,如果非轮回亲本有一两个性状显著地差于轮回亲本,为了弥补效果,必须进行较多次的回交。

如果非轮回亲本目标性状与不利性状相连锁,必须进行更多次回交才可能获得理想性状的重组。在目标性状基因和不利基因连锁的情况下,必须增加回交次数。两个基因连锁得越紧密,回交次数就越多。一般情况下,在回交群体中只对非轮回亲本的目标性状进行严格选择,在回交群体早期世代中严格选择有助于轮回亲本性状的迅速恢复,可以减少回交次数。

6.8.3.4 回交所需植株数

回交所需种植的植株数量比杂交育种所需植株的数量少得多。为了确保回交的植株带有需要转移的目标性状基因,每一回交世代必须种植足够的株数,可用下式计算。

$$m \geq \frac{\log(1-\alpha)}{\log(1-\rho)}$$

式中:m 为所需的植株数;ρ 为在杂种群体中符合需要的基因型的期望比例;α 为概率水准。

不同基因对数,在无连锁情况下,每个回交世代所需要的最少植株数见表6-5。

表6-5 回交所需要的植株数

需要转移的基因对数		1	2	3	4	5	6
带有转移的优良基因的植株的预期比例		1/2	1/4	1/8	1/16	1/32	1/64
概率水准	0.95	4.3	10.4	22.4	46.3	95	191
	0.99	6.6	16.0	34.5	71.2	146	296

注:引自西北农业大学主编《作物育种学》,1979。

假定在回交育种中,需要从非轮回亲本中转移的优良性状受一对显性基因 RR 所支配,回交一代植株有两种基因型 Rr 和 rr,其预期比例为 1:1,即带有优良基因 R 的植株(Rr)的预期比例是 1/2。在这种比例下,为使100次中有99次机会(即99%的可靠性)在回交一代中有一株带有 R 基因,回交一代的株数不应少于7株。在继续进行回交时,同样要保证每个回交世代有不少于这个数目的植株数。如果需要转移的是隐性基因 r,预期回交一代植株的基因型比例为 $1RR:1Rr$,带有需要转移基因 r 的植株的预期比例同样为 1/2。由于带有 RR 和 Rr 的植株在这个性状上无法区别,因此,在采用连续回交的方式下,每代回交植株数不应少于7株,并且要保证每个回交植株能产生不少于7株后代。以后每个回交世代也应如此。

假定需要转移的基因为两对,其中一对为显性 RR,另一对为隐性 pp,轮回亲本基因型为 $rrPP$,非轮回亲本基因型为 $RRpp$,在回交一代中,基因型的比例将为 $1RrPP:1RrPp:1rrPP:1rrPp$,符合需要的基因型($RrPp$)的期望比例为 1/4。按99%的概率水准的要求,回交一代的植株不应少于16株。又由于 $RrPP$ 和 $RrPp$ 两类植株在外表上并无差别,因此都要用以进行回交,并要求每个回交植株能产生不少于16株后代。

如果要求测算的株数超过上表的范围,Sedlcole(1977)提出下列公式作为推算所需植株的方法。

$$n = \frac{[2(r-0.5) + Z^2(1-q)^2 + 4(1-q)(r-0.5)]^2}{2q}$$

式中：n 为所需植株总数；r 为所具有目标性状基因的植株数；q 为获得具有目标性状基因植株的概率；Z 为概率 P 的函数值，当 $P=0.95$ 时，$Z=1.645$；当 $P=0.99$ 时，$Z=2.326$。

例如，有一回交材料，$r=15$，$q=1/64$，$p=0.95(Z=1.645)$，BC_1F_1 群体所需的总体数可按下列公式推算。

$$n = \frac{\left[2(14.5) + 1.645^2\left(\frac{63}{64}\right)\right] + 1.645\left[1.645^2\left(\frac{63}{64}\right) + 4\left(\frac{63}{64}\right)(14.5)\right]^2}{2(1/64)} = 1\,420$$

即 BC_1F_1，群体至少要有 1 420 株，才能出现目标基因杂合的植株 15 株，其成功的概率为 95%。上述公式的推算，仅仅是在一定概率下的最小估计数，在回交育种过程中，实际应用时必须超过估计数。

6.8.3.5 回交育种程序

回交育种程序是由杂交、回交、自交和系统比较鉴定等几个部分组成。

①杂交　根据育种目标和亲本选配的原则，首先选择轮回亲本 A 与非轮回亲本 B 杂交，产生杂种 F_1。

②回交　将 A/B 的杂种 F_1 同轮回亲本 A 回交，产生回交一代（BC_1F_1）。如果回交转移的性状（如抗病性）是显性，在回交一代中应严格选择具有目标性状（即抗病）的植株，将其再同轮回亲本 A 回交，产生回交二代（BC_2F_1）。以后依照同样的方法继续进行回交。

如果回交转移的性状（如抗病性）是隐性，在回交后代中将无法含有这种隐性基因（抗病基因）的杂合体（Rr）植株在表型上鉴定出来，在此情况下可采用两种方法处理。一种方法是让每次回交的后代自交一次，然后从其分离的后代中选择具有回交转移性状（抗病）的优良植株与 A 回交；另一种方法是不管植株是否是纯合（RR）或杂合（Rr）都进行回交，但回交的株数要多一些，并且在每一回交植株上留 1~2 个自交穗。在下一代中，凡是自交后代在转移性状上发生分离的，其相应的回交后代就可以用来继续回交，而自交后在转移性状上未发生分离的，说明目标性状未转移到回交后代中，应予以淘汰。

③自交　经过必须次数的回交以后，回交后代群体的遗传型在大多数性状上已聚合成和轮回亲本相同的纯合体，但对于回交转移的目标性状来说仍然是杂合的，因此，对末次回交子代还必须让其进行 1~2 次自交，将轮回亲本的转换基因排除掉，变成含有非轮回亲本纯合目标基因所控制的优良性状及与轮回亲本性状极相似的回交新类型。

④系统比较鉴定　将综合了双亲优良性状、基因型纯合的系统混合，经过适当的比较鉴定达到育种目标要求后，即可提供生产推广应用。

思考题

1. 名词解释：杂交育种　杂种优势　体细胞无性系　体细胞无性系变异　自发融合　诱导融合
2. 杂交组合的主要方式有哪些？在育种实践中应该如何灵活运用？
3. 为什么说亲本的正确选配是杂交育种的关键？
4. 杂交育种的亲本选配应遵循哪些原则？
5. 简述杂交育种的工作流程，以及有哪些方法有可能加速杂交育种进程？
6. 杂种优势的程度如何表示？生产上利用杂种优势提高产量，应遵循哪些原则？
7. 不同授粉方式植物利用杂种优势各有何特点？
8. 为配制高纯度杂种种子，制种区通常采用哪些方法进行隔离？

9. 与农作物相比，牧草利用杂种优势有何特点？
10. 杂交制种的主要技术环节有哪些？
11. 雄性不育系有何特点？它在杂种优势利用中有何作用？
12. 什么是回交育种？回交和自交的遗传效应有什么不同？回交育种有哪些用途及有何局限性？
13. 什么是轮回亲本和非轮回亲本？在回交育种中它们各有何作用？在选用轮回亲本和非轮回亲本时要注意哪些问题？
14. 阐述体细胞无性系变异的来源及其影响因素。
15. 体细胞无性系变异的诱导和选择方法有哪些？鉴定的方法有哪些？

第 7 章 突变育种

7.1 突变原理和诱变的方法

7.1.1 突变的原理

用各种物理、化学诱变因素引起生物体的各种突变，称为诱发突变。一般认为，这种突变主要是通过细胞核内染色体结构的改变而产生的。突变的类型通常可分为染色体畸变、基因突变和核外突变三类。

7.1.1.1 染色体畸变

染色体畸变是指染色体上基因的数目或排列顺序的变化，通过染色体结构改变而产生。在大多数情况下，染色体受诱变因素的影响或高能量的辐射作用产生断裂现象。这种断裂的染色体有保持断裂状态和不同的方式黏合两种形式。当断裂的染色体断片照原样重新黏合，就看不出染色体有什么变化，植物也不发生变异；而当断裂染色体断片重新黏合时，发生差错或者与其他断片端结合，就会发生染色体的易位、倒位、重复、缺失等现象，从而形成各种染色体畸变类型。

7.1.1.2 基因突变

基因突变是指基因本身发生的变化。这种突变由遗传物质发生深刻变化所引起。例如，高能量的射线及其他有电离能力的粒子穿入细胞，使染色体内出现化学变化，其中包括辐射的直接效应(即染色体内原子和分子的电离)和间接效应(即开始引起水分子的电离，经过一连串放射化学变化，而引起染色体的化学变化)。辐射的电离作用，有足够的能量破坏基因分子(DNA)的化学键，在有氧条件下，射线引起 DNA 分子的辐射分解而形成自由基($\cdot$OH、HO$_2\cdot$等)，这些自由基经过一定的反应可引起核蛋白或核苷酸的分解作用。DNA 分子组成中存在着含氮碱基，碱基的特定排列决定着遗传信息的专一性，因此在 DNA 中所发生的任何种变化都会造成基因突变，从而导致植物性状发生变化，并能遗传下去。

7.1.1.3 核外突变

核外突变是指与染色体畸变和基因突变无关的遗传变异，即与细胞质有关的遗传性突变。由于射线也能引起质体中某种形式的 DNA 和 RNA 发生突变，这些突变的质体可以通过卵细胞从一个世代传递至下一世代。

各种射线所诱发的许多突变，大部分是不利的，但也有有益的，如早熟、高产抗病、矮秆等。我们进行诱变育种的目的，就是利用这些有益变异育成新品种。

7.1.2 诱变剂和诱变的方法

诱变育种(induced mutation breeding)是采用各种物理的或化学的手段，诱发生物体产生遗传物质的突变，经分离、选择、培育成新品种的途径，也称突变育种或引变育种。诱变育种技术是核农学的重要组成部分，对提高牧草育种效率，促进增产有着很大潜力，主要包括物理诱变和化学诱变。

7.1.2.1 物理诱变剂种类与性质

能够诱发植物发生突变的因素统称为诱变剂(mutagen)。典型的物理诱变剂是不同种类的射线，包括电磁波辐射和粒子辐射两种。电磁波辐射指能引起物质电离能量较高的射线，如γ射线、β射线、X射线等；粒子辐射是一种粒子流，能量不能将物质中的原子电离，只能起到激发作用，可分带电的(如α射线、β射线)和中子两类，它们也能引起辐射物质的离子化。在物理诱变育种中，育种工作者常用的射线是紫外线、X射线、γ射线和中子等。

(1) 紫外线

紫外线是一种波长较长(200~390 nm)、能量较低的低能电磁辐射，不能使物质发生电离，属于非电离辐射。诱变育种时诱发的波长多为253~265 nm区段，虽然紫外线的穿透能力很弱，但因与核酸的吸收光谱(260 nm)吻合，核酸吸收一定波长的紫外线能量后，呈激发态，诱变作用变强，进而引发变异。紫外线常用于花粉或微生物的辐射。

(2) X射线

X射线又称阴极射线，是一种波长介于紫外线和γ射线之间，具有较高能量的电磁辐射放射出的射线。X射线由X光机产生，X射线对组织的穿透能力和电离能力相对较弱，不适合辐射大量种子。

(3) γ射线

γ射线又称γ粒子流，由放射性同位素[如钴(^{60}Co)或铯(^{137}Cs)]产生，是一种高能电磁波，波长短于0.2Å。与X射线相比，γ射线波长更短、能量更高、穿透力更强。一次可辐射很多材料，剂量比较均匀，但危险性大，必须屏蔽(几厘米的铅板或几米厚的混凝土墙)。应用于植物育种的γ射线辐射装置有γ辐射室和γ圃场，前者用于急性辐射，后者用于较长时期的慢性辐射。

(4) 中子

中子是不带电的粒子流，在自然界里并不单独存在，可从放射性同位素、加速器和原子反应堆中获得。中子是中性粒子，按照其能量可分成热中子、慢中子、中能中子、快中子、超快中子。中子的诱变力比X射线、γ射线均强，在诱变育种中应用日益增多，应用最多的是热中子和快中子。当用中子照射组织时，由于电离密度大，常引起大的突变，在同样剂量条件下，中子辐射种子产生的突变率较高。

(5) α射线

α射线由天然或人工的放射性同位素衰变产生带电的粒子束。粒子质量较大，电离能力强，而穿透力较弱。当进入生物体内作为内照射源时，对生物有机体产生严重的损伤，诱发染色体断裂能力很强。

(6) β射线

β射线又称乙种射线，由电子或正电子组成的射线束，它可以从加速器中产生，也可以由放射性同位素(如^{32}P、^{35}S等)衰变产生。在植物育种中通常将同位素药剂配成溶液进行植物材料处理，直接深入细胞核中发生作用，即进行内照射，使之产生和X射线、γ射线相仿的生物学效应。

(7) 激光

激光器发出的一种低能的电磁辐射。它方向性好，单位面积上亮度高，单色性好。在辐射诱变中主要利用波长为 200~1 000 nm 的激光，该段波长较容易被照射物体所吸收，使生物细胞发生共振吸收，导致原子、分子能态激发或原子、分子离子化，从而引起生物体内部的变异。

上面几种常用辐射种类的辐射源和特性见表 7-1 所列。

表 7-1 常用辐射种类及特征

辐射种类	辐射源	性质	能量	危险性	透入组织的深度
X 射线	X 光机	电磁辐射，不带电以光量子发射	通常为 50~300 ke	危险有穿透力	几毫米至数厘米
γ 射线	放射性同位素为 ^{60}Co、^{137}Cs 及核反应堆	与 X 射线相似的电磁辐射	达几百万电子伏	危险有穿透力	数厘米
中子	核反应堆或加速器（如钋-铍中子源、镭-铍中子源）	不带电的粒子，比氢原子略重，只有通过它与被它通过的物质的原子核作用才能观察	从小于 1 eV 至数百万电子伏	很危险	数厘米
β 粒子快速电子或阴极射线	放射性同位素为 ^{32}P、^{35}S 或电子加速器	电子（+或-）比 α 粒子的电离密度小得多	达几百万电子伏	有时有危险	达几厘米
α 粒子	放射性同位素	氦核、电离密度很大	2~9 MeV	内照射很危险	十分之几毫米
紫外线	紫外光灯	以光量子发射	波长 253~265 nm	避免直射眼睛	很有限

7.1.2.2 物理诱变处理方法

辐射处理方法分外照射和内照射两种，目前我国诱变育种大多采用外照射。

(1) 外照射

外照射是指放射性元素不进入植物体内，而是利用其射线（X 射线、γ 射线或中子）照射植物各个器官。这新方法操作简便，处理量大，是最常用的处理方法。根据照射植物器官组织不同可分为种子照射、植株照射、花粉照射、子房照射和离体培养中的组织和细胞照射等。

①种子照射 种子是有性生殖植物辐射育种使用最普遍的照射材料，照射方法有处理干种子、湿种子、萌动种子 3 种。目前，应用最多的是照射干种子，因为处理方便，既能处理大量种子，也便于贮藏运输，受环境影响小。处理湿种子或萌动种子，虽然变异率高，变异类型多，但死亡率高，剂量较难控制，并且照射后要及时播种，因此一般只能在距辐射源较近的地区进行。种子照射过程中应该注意提供的照射种子材料应预先经过精选，保证种子的纯净、饱满，要求种子成熟度一致，含水量在 12%~13% 的种子比较适合。照射后应及时播种，过早进行种子照射处理，容易产生贮存效应，一般以不超过半个月为宜。

②植株照射 可在植株一定发育阶段或整个生长期，在钴圃内进行慢照射，也可在室内用 γ 射线、X 射线或中子等进行处理。由于钴圃照射场辐射强度极高，故必须有严格的安全防护设备和措施。

③花粉照射 一般有两种方法，一种方法是收集花粉用光洁的纸包裹或装于试管内进行照射，经照射后立即授粉，该方法适用于那些花粉生命力强的植物，可与单倍体育种结合进行；

另一种方法是照射植株上的花粉，将要处理的花卉上盆，移入钴源室，照射雄蕊部分，然后用辐射诱变的花粉进行受精。花粉照射优点是花粉一旦发生突变，雌雄配子结合为异质合子，由合子分裂产生细胞都带有突变。

④子房照射　照射子房时，射线直接作用于卵细胞引起后代较大的变异，除能引起雌性的细胞变异外，还能影响受精作用，有时可诱发孤雌生殖，产生良好的诱变效果。对于自花授粉的植物在照射前要进行人工去雄；而对于高度自交不亲和的雄性不育的材料照射子房时可不必去雄。

⑤离体培养中的组织和细胞照射　由于离体培养技术的发展，采用愈伤组织、单细胞、原生质体以及单倍体等离体培养材料进行辐射处理，已日益普遍，可以避免和减少嵌合体的形成。

(2) 内照射

内照射是指把某种放射性同位素（^{32}P、^{35}S、^{65}Zn 等）引入被处理的植物体内进行内部照射，放射性同位素通过溶液渗入处理材料，使其产生变异。该方法的优点是剂量大，持续时间长，多数植物可在生育阶段进行处理。利用内照射诱变试验过程中还需要一定的防护，预防放射性同位素的污染，处理过的材料在一定时间内带有效射性，且被吸收的剂量不易测定。

其处理方法有以下几种：

①浸泡法　将放射性同位素^{32}P、^{35}S 等配制成溶液，浸泡种子或枝条，使放射性元素渗入材料组织内部进行照射。在实际的操作中需要先进行材料吸水试验，通过测定出种子吸水膨胀后的需水量来确定所需配制放射性溶液的体积，使种子吸胀时能将溶液吸干。

②注射法　将放射性同位素^{32}P、^{35}S 溶液注入植物的茎秆、枝条、叶芽、花芽或子房内的一种方法。

③施入法　将放射性同位素施入土壤中，通过根系吸收进入植物体内。在使用这种方法时应该注意环境保护问题。

④涂抹法　将放射性同位素溶液与适当的湿润剂配合涂抹于枝、芽、叶片表面及枝、干刻伤处，由植物吸收而进入体内照射。

⑤示踪法　^{14}C 的化合物^{14}CO$_2$，通过光合作用引入植株体内，从而引起变异。

7.1.2.3　化学诱变剂的种类和性质

化学诱变剂(chemical mutagen)是指能与生物体的遗传物质发生作用，并能改变其结构，使其后代产生变异，提高生物体的自然突变率的化学物质。化学诱变剂的种类很多，应用广泛，常用的化学诱变剂有烷化剂、碱基类似物、抗生素、叠氮化物、亚硝酸、羟胺和吖啶等。

(1) 烷化剂类

烷化剂是在诱变育种中应用最广泛的一类化合物。该类药剂都带有一个或多个活泼的烷基(如—CH$_3$ 和—C$_2$H$_5$)，通过"烷化作用"的方式将 DNA 或 RNA 分子结构中的氢原置换，从而导致"复制"或"转录"过程中"遗传密码"的改变，进而发生变异。常用的烷化剂主要有甲基磺酸乙酯(EMS)、硫酸二乙酯(DES)、乙烯亚胺(EI)、亚硝基甲基脲烷(NMU)、亚硝基乙基脲(NEH)、N-亚硝基-N-乙基脲烷(NEU)、氮芥类和硫芥类等。

(2) 核酸碱基类似物

这一类化学物质具有与 DNA 碱基类似的结构，它们能够与 DNA 结合，又不妨碍 DNA 的复制。主要作用机理是在 DNA 复制的正常过程中，以"原料"的身份"冒名顶替"进入 DNA 结构中充当碱基，从而形成异种 DNA，进而导致碱基配对的差错引起点突变。常用的有与胸腺嘧啶类似的5-溴尿嘧啶(5-BU)和5-溴脱氧核苷(BUDR)，类似腺嘌呤的2-氨基嘌呤(2-AP)和5-嘌呤(5-AP)，以及尿嘧啶的异构体马来酰肼(MH)等。

(3) 其他化学诱变剂

其他化学诱变剂报道过的比较多，主要有以下药剂：

①无机化合物　叠氮化钠、过氧化氢、硫酸铜、氯化锰等。

②有机化合物　重氮丝氨酸、中性红、甲醛、乳酸、氧化乙烯、重氮甲烷、氨基甲酸乙酯、苯的衍生物、硫酸醚、三氯甲烷等。

③嵌入剂　常用的有吖啶橙、原黄素、二氨基吖啶(原黄素和吖啶黄素等吖啶衍生物)、溴化乙锭(EB)、5-氨基吖啶、吖啶黄等。

④生物碱　秋水仙碱、石蒜碱、喜树碱、长春碱等。

各类常用化学诱变剂类型与特性见表7-2所列。

表7-2　各类常用化学诱变剂类型与特性

诱变类型	常用诱变剂	诱变原理	应用特性
烷化剂	甲基磺酸乙酯、硫酸二乙酯、乙烯亚胺、亚硝基甲基脲烷、亚硝基乙基脲、N-亚硝基-N-乙基脲烷	这类物质含有1个或多个活跃的烷基，能转移到电子密度较高的分子中，置换其他分子中的氢原子而使一些碱基烷基化	甲基磺酸乙酯是最常用的诱变剂，诱变率很高 诱变小麦种子常用浓度0.4%～1.5%，作用时间5～20 h。该物质具有强烈致癌性和挥发性，可用5%硫代硫酸钠作为终止剂和解毒剂
核酸分子碱基类似物	5-溴尿嘧啶、5-溴脱氧核苷、2-氨基嘌呤、马来酰肼等	分子结构与DNA碱基相类似的化合物。渗入DNA后，导致DNA复制时产生错配，mRNA转录紊乱，功能蛋白重组，表型改变	该类物质相对毒性较小，但负诱变率很高，往往不易得到好的突变体
嵌入剂	吖啶橙、原黄素、溴化乙锭、5-氨基吖啶、吖啶黄等	分子大小正好可以嵌入生物体DNA分子双链中心的碱基之间，引起单一核苷的缺失或插入，造成遗传密码子编组的移动(移码突变)，影响正常的转录和翻译过程，导致生物体突变的产生	分子生物学比较常用的一类，诱导率较高
其他诱变剂	叠氮化钠	一种具有诱变作用的无机盐，主要对复制中的DNA发生碱基替换作用，而染色体畸变的概率很低	在酸性条件下，特别是在pH = 3时有显著作用
	亚硝酸	能使核酸、核苷酸和核苷中的嘌呤和嘧啶上的氨基转变为羟基，造成DNA复制的紊乱，从而改变遗传密码	在较高死亡率情况下，诱变效果好

7.1.2.4　化学诱变处理方法

(1) 药剂配制

通常需要先将药剂根据溶解特性和浓度要求配制成一定浓度的溶液。有些药剂(如硫酸二乙酯)不溶于水，需先用少量70%乙醇溶解后再加水配成所需浓度；有些烷化剂在水中不稳定，会发生"水合作用"，这时需要将它们加入一定酸碱度的磷酸缓冲液中使用，磷酸缓冲液浓度一般为0.01 mol/L；对于不稳定的亚硝酸，在使用前可将其加入醋酸缓冲液(pH 4.5)中生成亚硝酸。

(2) 材料预处理

植物种子作为主要的处理材料，在进行化学诱变处理前需要将其用水预先浸泡，增加细胞的活性，提高细胞的膜透性和对诱变剂的敏感性。浸泡时温度不宜过高，通常用低温把种子浸入流动的无离子水或蒸馏水中。此外，植物体的芽、插条、幼穗、花粉都可以进行处理。

(3) 诱变处理方法

根据种子、接穗、插条、植株、花粉、花序、合子等不同诱变材料、不同处理时期、不同处理部位，以及诱变材料的特点和药剂的性质而选取不同的方法。

① 浸渍法　将种子、枝条、块茎等材料预先用水浸泡，再浸入诱变剂溶液或将枝条基部插入溶液。

② 注入法　一种是直接用注射器将诱变剂注入目标材料内；另一种是将目标材料人工刻伤后用已经浸有诱变剂的棉团或者棉球置于切口处，使药液通过切口进入目标植株、花序或其他受处理的组织和器官。

③ 涂抹或滴液法　将适量的药剂溶液涂抹或缓慢滴在植株、枝条或块茎等处理材料的生长点或芽眼上；也可在处理材料的顶芽或侧芽上直接将药液用滴管滴入。

④ 熏蒸法　选取内部环境潮湿的密闭容器，将花粉、花序或者幼苗置于其中，通过诱变剂产生的蒸气进行熏蒸。

⑤ 施入法　在培养基中加入低浓度诱变剂溶液，通过根部吸收进入植物体。

(4) 诱变后处理

处理后的材料需要立刻用清水进行漂洗以降低残留，防止过度的处理造成进一步的生理损伤，使实际突变率降低。材料冲洗一般需 10~30 min 甚至更长时间。对于一些容易分解的诱变剂，只能在较短的时间内进行，如需要长时间处理，则必须更换诱变剂溶液。经过诱变剂处理的种子应该即刻进行播种，避免加剧损伤；反之，则需要将种子在 0~4℃ 的环境下进行短期贮藏，使细胞代谢处于休止状态。

(5) 诱变剂量和时间

为了获得较高的诱变效果，需要确定化学诱变剂的合适剂量，而合适的剂量取决于诱变溶剂和生物本身的特性。通常是高浓度处理时生理损伤相对增大，而在低温下以低浓度长时间处理，则诱变一代植株存活率高，产生的突变频率也高。进行诱变剂处理时需要的浓度和处理时间，必须要通过具体的试验来确定。

常用化学诱变剂的处理浓度和时间可以参考表 7-3。

表 7-3　常用化学诱变剂的处理浓度和时间

诱变剂种类	处理药剂质量分数/%	处理时间/h
甲基磺酸乙酯	0.3~1.5	0.5~3
亚硝基乙脲	0.01~0.05	18~24
N-亚硝基-N-乙基脲烷	0.01~0.03	24
乙烯亚胺	0.05~0.15	24
硫酸二乙酯	0.01~0.6	1.5~24
亚硝基甲基脲	0.01~0.05	24
叠氮化钠	0.1	2

7.1.2.5 航天诱变育种

(1) 航天诱变育种概念

航天诱变育种又称空间诱变育种,以高科技的神舟飞船、返回式卫星等为背景的新型育种方法,是指将作物种子、试管苗、组织、器官等材料送入太空,利用空间辐射、微重力、地球磁场、高真空等空间特殊环境的综合诱变作用,使其产生遗传变异,再返回地面后种植,获得有益突变体,连续多代选育,最后得到新种质、新材料,培育成新品种的植物育种新技术。

(2) 航天诱变育种机理

搭载的植物材料受空间环境各种环境因子的刺激作用,会产生形形色色的遗传变异。产生影响的空间环境因子主要包括微重力、强辐射、高能粒子、交变磁场等。

①空间辐射 空间辐射是引发诱变的最主要因素,宇宙空间存在许多太空辐射,包括宇宙射线、重离子粒子射线、紫外线等。辐射可以引起 DNA 多种类型的损伤,主要是碱基的变化、脱落、断裂和螺旋内的交联等。

②微重力 宇宙空间的微重力仅为地球的十万分之一到万分之一。植物的细胞结构受重力的影响,太空特殊的微重力对植物细胞骨架结构和功能造成影响。微重力能够引起细胞分裂紊乱、染色体畸变、核小体数目发生变化,使植物产生一系列的变异。Ueda(2014)等认为微重力破坏根尖细胞的生长和增殖。

③其他因素 航天诱变存在的诱变因素较多,除了受微重力和空间辐射,还包括多种太空环境的复合作用,如飞行舱内的温度、湿度,太空中的磁场变化,飞行器的速度变化以及长时间的真空飞行都会引起植物的变异。

(3) 航天诱变育种方法

①材料选择 空间诱变育种对植物种类没有特殊的要求,一般选择种子千粒重小、发芽率高、繁殖系数大的物种。

②预处理 主要是调整种子含水量、愈伤组织或不定芽的生长周期,使植物材料处于最佳的诱变状态。

③空间搭载 空间搭载的方式主要有高空气球、返回式卫星、宇宙飞船 3 种。

④返回材料处理 空间诱变的材料在回收后应立即播种或转接。

⑤后代选育 空间搭载回来的种子为第一代种子,播种或者无性繁殖后收获的种子为第二代种子,然后根据育种目标在第二代中进行定向选择。通过上述选择,选择第三代种子继续播种,观察目标性状是否能够稳定遗传,同时也要关注新性状的出现。通过进一步的筛选后进行群体比较试验和多点试验。

(4) 牧草品种航天育种研究现状

国内牧草品种航天育种研究已经开展了多年,已经在苜蓿、燕麦、三叶草、猫尾草等草类植物上进行了相关的试验研究(表 7-4),目前也取得了一定的成果。

中国农业科学院兰州畜牧与兽药研究所与天水市农业科学研究所及甘肃省航天育种工程技术研究中心合作,2002 年开始牧草航天诱变育种研究,至目前先后通过"神舟三号、八号、十号、十一号"飞船"天宫一号"目标飞行器和"实践十号"返回式卫星等太空飞行器 6 次搭载了 17 个苜蓿品种或材料,在我国发射的"神舟十一号"飞船上搭载的紫花苜蓿太空试管苗试验获得成功。

表 7-4 牧草航天搭载试验

搭载年份	搭载物种	搭载品种	搭载飞行器	搭载单位
1992	紫花苜蓿、无芒雀麦	—	第 14 颗返回式卫星	中国科学院植物研究所
1994	红豆草、紫花苜蓿、沙打旺	—	第 16 颗返回式卫星	兰州大学
1996	紫花苜蓿、沙打旺、红三叶、白三叶、一年生黑麦草、多年生黑麦		第 17 颗返回式卫星	中国农业科学院北京畜牧研究所
2002	紫花苜蓿	'德宝'、'德福'、'三得利'、'阿尔冈金'	"神舟三号"飞船	甘肃省航天育种技术研究中心
2003	紫花苜蓿	'中苜1号'、'龙牧803号'、'敖汉'	第 18 颗返回式卫星	中国农业科学院北京畜牧研究所
2006	紫花苜蓿	'WL232'、'WL323HQ'、'BeZa87'、'Pleven6'、'龙牧801号'、'龙牧803号'、'肇东'、'草原1号'	"实践八号"育种卫星	黑龙江农业科学院草业研究所
2006	紫花苜蓿	自己多年选配而成的 4 个新品系	"实践八号"育种卫星	中国农业科学院草原研究所
2011	紫花苜蓿	'中兰1号'、苜蓿王	"神舟八号"飞船	中国农业科学院兰州畜牧与兽药研究所
2011	燕麦	'陇燕3号'、'白燕3号'	"神舟八号"飞船	中国农业科学院草原研究所
2011	猫尾草	'岷山'	"神舟八号"飞船	中国农业科学院草原研究所
2011	红三叶	'岷山'	"神舟八号"飞船	中国农业科学院草原研究所
2011	紫花苜蓿	'中草3号'	"神舟八号"飞船	中国农业科学院草原研究所
2011	紫花苜蓿	苜蓿王	"天宫一号"目标飞行器	中国农业科学院兰州畜牧与兽药研究
2011	燕麦	'陇燕3号'	"天宫一号"目标飞行器	中国农业科学院兰州畜牧与兽药研究
2013	紫花苜蓿	'中兰1号'	"神舟十号"飞船	中国农业科学院兰州畜牧与兽药研究所
2013	黄花矶松	'陇中'	"神舟十号"飞船	中国农业科学院兰州畜牧与兽药研究所
2013	沙拐枣	'阿拉善'	"神舟十号"飞船	中国农业科学院兰州畜牧与兽药研究所
2016	苜蓿	'航苜1号'、'航苜2号'(新品系)、'中兰1号'、'HM-3号'(新材料)、'甘农1号'、'甘农3号'、苜蓿王	"实践十号"返回式卫星	中国农业科学院兰州畜牧与兽药研究所
2016	红三叶	'岷山'、'HM-1'(新材料)、'HM-2'(新材料)	"实践十号"返回式卫星	中国农业科学院兰州畜牧与兽药研究所
2016	燕麦	'陇燕3号'、'HY-1237-2号'(新材料)、'HY-1237-1号'(新材料)	"实践十号"返回式卫星	中国农业科学院兰州畜牧与兽药研究所

(续)

搭载年份	搭载物种	搭载品种	搭载飞行器	搭载单位
2016	苜蓿	'航苜1号'、'龙牧801号'、'肇东'	"神舟十一号"飞船	中国农业科学院兰州畜牧与兽药研究所
	燕麦	'HY-1237'燕麦新品系		
	中间偃麦草	'陆地'		
	冰草	野生材料		
	紫花苜蓿试管苗	'航苜1号'		

7.1.3 牧草诱变育种的特点

7.1.3.1 提高突变率，扩大突变谱

在长期的自然环境条件下，生物体自发突变频率很低，为 $10^{-8} \sim 10^{-5}$ 次，突变的频率低，范围狭窄。而采用人工理化诱变因素可使突变率提高到3%，比自然突变高出100倍以上，甚至达1 000倍。诱发突变技术能提高诱发突变频率，引起作物形态、组织、生理等方面的深刻变化，创造出新的性状、类型，丰富种质资源库和拓宽生物遗传多样性，还能诱导产生自然界稀缺或用常规育种方法难以获得的新基因类型，为选择变异提供了丰富的"基因库"，提高选择效率，从而为牧草新品种的选育提供丰富的原始材料。

7.1.3.2 适合改良品种的个别性状

现有的优良品种都或多或少的存在一些缺点，常规选育方法由于基因的分离和重组常会引起原有优良性状组合的解体或由于基因连锁引入一些不良性状。正确选择诱变材料和剂量进行诱变处理，产生某种"点突变"，可以只改变品种的某一缺点，而不致损害或改变品种的其他优良性状，特别是在株高、抗性、生育期、品质改良、花色改变等方面能够获得比较理想的突变体。

7.1.3.3 诱变处理简单，缩短育种年限

诱发的变异大多是一个主基因的改变，因此比传统育种方法稳定且较快，有利于加速育种进程，缩短育种年限。此外，诱发产生的突变多为隐性突变，隐性突变一般在 F_1 代不表现出来，只有在 F_2 代隐性基因纯合时才表现出来，并能稳定遗传，有时在 F_3 代即可获得稳定的突变株系，经3~6代即可培育出新品种。天然异花授粉或常异交植物，应注意防止种间或品种间天然杂交引起后代分离。

7.1.3.4 促进远缘杂交成功

一般难以获得杂交种子的远缘杂交，用适宜的剂量辐射花粉，可克服某些远缘杂交不亲和的困难，有助于受精结实。据研究，燕麦属和烟草属种间杂交时用射线照射花粉，对花粉管生长有刺激作用，合成更多的植物生长激素，有利于受精结实。辐照还可使某些异花授粉植物的自交不亲和变为自交亲和；反之，辐射也可以使某些正常可育的植物变成不育，而获得雄性不育系、孤雌生殖等育种材料。

7.1.3.5 诱发突变的性质和方向难以掌握

在杂交育种过程中，通过了解双亲遗传性状就可以估计到杂交后代群体中可能出现的重组

类型；而诱发突变的方向难以控制，有利突变频率尚不够高，难以在一次诱变后代出现多种性状均理想的突变体。因此，诱变处理对改良单一性状比较有效，如生育期、株高、抗性等，但同时改良多个或综合性状则较困难，必须扩大诱变后代群体，依靠精确、快速的筛选技术，用以增加选择优良变异的机会来提高选择效率，但是这样需要花费劳力和物力。

整体来看，诱变育种有诸多的优点，但是也有一些自身的缺点，所以诱变育种法要与其他育种法结合，进而达到更好的效果。

7.2 诱变育种的方法和程序

7.2.1 诱变材料的选择和鉴定

7.2.1.1 诱变材料选择

正确选择诱变处理的亲本材料很重要，诱变材料的选择是诱变育种是否能够获得成功的关键一环，需要全面考虑。

①由育种目标选择处理材料　为了实现不同的育种目标，需要选择具有不同特点的亲本材料进行诱变处理。

②综合性状优良　亲本材料必须是综合性状优良而只具有 1~2 个需要改进的缺点，而不应该是缺点很多只具有少数突出优点的材料。通常选择当地生产上推广的良种或农家品种，也可以选择具有杂种优势的 F_1 作为诱变处理的材料。在培育抗病、矮秆、早熟品种以及进行某些质量性状的育种时，运用诱变育种可以获得较好的效果。

③避免处理材料单一化　选择不同的品种或类型作为处理材料，其内在的遗传基础存在着差异，可以增加优良变异出现的机会。同时在条件许可的情况下，可以适当地增加材料种类和数量。

④选用单倍体、多倍体和原生质体作为诱变材料　选用单倍体作诱变材料，发生突变后容易识别和选择。突变筛选出后，将染色体加倍后就可以得到纯合的突变体，从而缩短育种年限。多倍体可以忍受染色体畸变的能力，减少了突变体的死亡率，使突变体的后代获得较多的变异，所以也有选用多倍体品种作诱变材料。以原生质体作为诱变材料，与细胞培养相结合，可以避免突变细胞与正常细胞的竞争，提高突变育种的效果。

7.2.1.2 突变体的鉴定

为了更好地进行诱变后代的选育工作，需要一些简单有效的措施来鉴定出优良的突变体。一般有以下 4 种措施：

①存活率的测定　诱变处理的材料无论是种子还是枝条都会在生理上有较严重的损伤，其损伤率用存活率来表示。一般在经过处理的种子播种后 4~6 周内进行统计存活率，然后和对照进行比较。

$$存活率(\%) = 种子出苗数（芽萌发数）/播种总数（芽总数）\times 100$$

②植物学性状突变观察　主要观察茎、叶、花、种子的形态特征。

③生物学特性观察　主要是对物候期、熟性、产量及品质、抗逆性的鉴定。

④细胞学的鉴定　通过镜检的方法检查细胞内染色体是否有畸变，如染色体的缺失、重复、倒位、易位等，此种鉴定更准确。

7.2.2 诱变的程序

7.2.2.1 处理群体大小确定

一般是根据突变率和 M_2 群体大小来确定处理材料群体大小，像禾谷类等小粒作物，群体应该在 10 000 株以上。突变率的高低与处理当代（M_1）所引起的损伤有关，但要求 M_2 获得特定的有益性状突变体，其频率是很低的，可能只有 1/10 000。

7.2.2.2 诱变后代的选育

①诱变一代（M_1）的种植和选择 经过诱变处理的种子或营养器官所长成的植株或直接处理的植株均称为诱变一代。大多数突变都是隐性突变，少量是显性突变，可遗传的变异在 M_1 通常不显现，M_1 所表现的变异多数是诱变处理所造成的生理损伤和畸形，一般是不遗传的。因此 M_1 不淘汰全部留种。

②诱变二代（M_2）的种植和选择 M_1 收获时采用单穗收种，然后每穗分别播种成一个小区，称为穗系区，以利于计算突变频率并容易发现各种不同的变异。为了获得有利突变，通常 M_2 要有数万株，每一个 M_1 个体的后代种植 20~50 株。要对每一个植株进行仔细的观察鉴定，标记出全部不正常的植株。对发生突变的穗行，选出有价值的突变株留种。

③诱变三代（M_3）的种植和选择 将 M_2 中入选的突变植株分株种植，分别播种一个小区（株系区），进一步的分离和鉴定突变。一般在 M_3 就可以明确突变是否发生，并确定分离的数目和比例。淘汰 M_3 不良的株系，在"优良"的株系中选最优良的单株留种。

④诱变四代（M_4）及以后各世代的种植和选择 将优良 M_3 株系中的优良单株分株播种成为 M_4，进一步选择优良的"株系"，如果该"株系"内各植株性状表现一致，便可将该系的优良的单株混合播为一个小区，成为诱变五代（M_5），便可进行品种比较试验，选出优良品种。

7.2.3 提高诱变育种效率的途径

虽然诱变产生的突变比自然界自发产生的突变频率已提高近千倍，但从诱变育种的实践来看，如何进一步提高诱发有益突变的频率，提高诱变育种的效果，仍是当前牧草诱变育种中的一个问题。

7.2.3.1 诱变与杂交育种结合

诱变育种作为育种方法之一，它和杂交育种的共同点是，利用牧草品种遗传性的改变，产生有益变异育成新品种；其不同点是引起变异的手段和方法不同。

诱变育种变异率虽高，但有益突变率仅 0.1%，而且变异性质和方向尚不能很好地控制，育各种性状都比较全面的优异品种是比较困难的，其优点是通过诱变能出现自然界稀有的突变，性状稳定较快。将诱变与杂交育种结合起来，通过诱变创造变异，再通过杂交有可能选育出一些优异的品种，可以提高诱变育种效果。

7.2.3.2 多种诱变因素综合处理

利用 γ 射线、中子、化学诱变剂等进行综合处理，能够增加染色体杂合易位的机会，提高突变率，扩大变异范围，产生的异变有一定程度的累加作用。

7.2.3.3 诱变技术与离体培养结合

利用植物离体诱变过程中出现的变异，给予一定的选择压力，选出符合育种目标的无性系。由于可在培养过程中给予培养材料一定的选择压力（如盐类、病菌毒素、除草剂等），使非目标变异体在培养过程中被淘汰，而符合育种目标要求的变异体得以保留和表现，且变异后代遗传稳定，选育出适合的优良品种，如高产、优质、早熟、抗倒伏、抗病虫害等，起到定向培育作用。

思考题

1. 突变育种的原理和方法是什么？
2. 物理诱变处理方法的主要方法有哪些？
3. 化学诱变剂主要有哪些类型？
4. 试述牧草诱变育种的特点。
5. 详述牧草诱变育种的方法和程序。
6. 我国牧草航天育种取得了哪些成就？

第 8 章
倍性育种

染色体是遗传物质的载体，染色体数目的变化常导致植物形态、解剖、生理生化等诸多遗传特性的变异。各种植物的染色体数是相对稳定的，但在人工诱导或自然条件下也会发生改变。而倍性育种就是用人工的方法诱导植物染色体数目发生变异，从而创造新的植物类型或新的植物品种的育种方法。植物的倍性育种是植物育种的重要研究内容，主要包括单倍体育种和多倍体育种。

8.1 单倍体育种

8.1.1 单倍体的概念

单倍体(haploid)是指体细胞具有配子染色体数的生物。二倍体植物产生的单倍体体细胞中仅含有一个染色体组，这种单倍体称为一倍体(monoploid)。由异源多倍体植物产生的单倍体，其体细胞中有几个染色体组，称为多元单倍体(polyhaploid)。

单倍体育种是指将单倍体植株自然地或人为地使染色体加倍，成为纯合的、性状稳定的二倍体植株，再经过鉴定和选择，培育成新品种的方法。单倍体中没有显隐性基因的干扰，在加速育种材料纯合、提高育种选择效率中具有重要作用。单倍体的自然产生频率一般在0.001%~0.01%，阻碍了其在育种实践中的广泛应用。

8.1.2 单倍体的创制及其应用

8.1.2.1 单倍体的创制

单倍体可以自发产生，也可以人工诱导产生。利用自然发生的单倍体主要有孤雌生殖、孤雄生殖或者无配子生殖等途径，但单倍体的自然发生频率是很低的，大约孤雌生殖的单倍体为0.1%，孤雄生殖的单倍体为0.01%。人工诱导产生单倍体途径较多，主要有以下几种。

(1)组织和细胞离体培养

自从Guha和Maheshwari(1964)首次成功地用毛叶曼陀罗的花药经组培诱导出单倍体以来，通过花药、花粉培育单倍体得到了迅速发展。离体培养过程中花药和花粉离体培养是目前用得最多、操作简便、诱导容易的产生单倍体的方法。无论是花药培养还是花粉培养都是利用花粉细胞中染色体数目减半的特性而产生单倍体植株。

①花药培养 是把发育到一定阶段的花药接种到培养基上，以改变花粉原有的发育程序，使其形成胚状体或愈伤组织，经过培养后形成再生植株的过程。在花药培养中，花粉的发育时期对于培养的成功与否至关重要，对于大多植物来说，单核中晚期到双核早期较为适宜。草本植物生长健壮且处于生殖生长高峰期的花药诱导频率高，而徒长或营养不良的植株花粉培养则

难以成功。培养的基本程序：取整个花药，按组培接种外植体的消毒程序进行消毒，接种于适宜的培养基上；花粉经过脱分化产生愈伤组织；再诱导愈伤组织分化出不定芽或胚状体；不定芽增殖快繁；培养壮苗生根；移植到田间成苗。目前，通过花药培养成功获得单倍体植株最多的是茄科植物；其次是十字花科、禾本科和百合科，即使在这些植物中，不同植物类型和同一类型的不同品种对花药培养反应也不一样。

②花粉培养　又称小孢子培养，是从花药中分离出花粉粒，使之成为分散或游离状态，通过培养脱分化进而发育成完整植株的过程。其程序较为烦琐，但排除了花药培养中花丝、花药壁等体细胞的干扰，因而能更好地调控雄核发育的各种影响因子。花粉培养需制备无菌且具有一定密度的花粉悬浮液，在液体培养基中进行悬浮培养，花粉愈伤组织再生植株的频率更低，禾谷类作物出现白化苗的比例更高。通过花粉培养产生单倍体的技术关键是适宜培养基的选择和培养条件的控制。

(2) 未授粉子房（胚珠）培养

子房培养技术在是20世纪70年代发展起来，包括授粉前和授粉后的子房培养，只有对未授粉的子房进行培养才能获得单倍体植株。由于在许多植物上通过花药或花粉培养诱导花粉植株频率极低，有的甚至不能诱导产生花粉植株，影响了花粉单倍体育种方法的应用，而子房培养则开辟了单倍体植株创制的另一途径。San Noeum(1976)在未授粉大麦子房首次培养出单倍体植株。接着我国成功地在小麦、烟草及黄花烟草上培养出单倍体（祝仲纯等，1980）。目前，离体雌核发育应用得最成功的植物是甜菜，其次是洋葱、非洲菊、烟草等。

(3) 远缘杂交诱导

通过不同种属间作物杂交来诱发孤雌生殖是产生单倍体的一条有效途径。亲缘关系较远的花粉一般很难使卵细胞受精，但却能刺激卵细胞单性发育，由此可产生单倍体或经核内复制形成双倍体。

(4) 延迟授粉

去雄后延迟授粉能提高单倍体发生频率。玉米延迟授粉时能提高一倍体的频率，Randolph和Chase先后曾发现此种现象。通过延迟授粉，花粉管即使到达胚囊内，卵细胞由于丧失受精能力而不能受精，从而进行孤雌生殖形成单倍体植株。延迟授粉天数对诱导效果影响最明显。延迟授粉提高孤雌生殖发生频率的原因可能是授粉促进胚乳的形成，从而保证孤雌生殖幼胚的顺利发育。

(5) 辐射

在开花前至受精的过程中，用X射线等辐照花或父本花粉，以影响正常的受精过程，或者将父本的花粉经过射线处理后给去雄的母本授粉，通过减弱花粉的活力来影响其参与受精的能力，从而诱导孤雌生殖产生单倍体。

(6) 化学试剂诱导

用植物调节剂直接刺激卵细胞，使之分裂诱发孤雌生殖，这种方法更为简便。细田友雄（1943）最先用萘乙酸诱导水稻获得纯合二倍体。目前，使用较多的诱导剂有6-苄氨基嘌呤（6-BA）、2,4-D、二甲基亚砜、马来酰肼、秋水仙碱等。其中，二甲基亚砜诱导某些植物孤雌生殖，可直接获得纯合二倍体。二甲基亚砜还能增加细胞膜化学渗透性，并能引起C型有丝分裂，使染色体加倍。不仅能启动卵细胞分裂，还是一种强烈的染色体断裂剂。

(7) 染色体消失

两个远缘的种杂交，在受精卵开始分裂、发育、形成幼胚及极核受精后的胚乳发育过程中，一个杂交亲本的染色体消失，仅留下另一个亲本的染色体，导致形成单倍体，其单倍体苗几乎都是绿苗。这一方法是由球茎大麦与普通大麦在进行种间杂交时发现的，也称 Bulbosum 法。通过这种方法获得大量单倍体植株。

(8) 半配合受精

半配合受精是一种异常的受精方式，当精核进入卵细胞后，不发生精核和卵核的结合，而是精核与卵核彼此独立分裂并发育成胚，形成代表父本和母本性状的嵌合体种子，长成的植物多为嵌合体的单倍体，加倍后即可形成纯合的双二倍体植株。这种方法产生的单倍体较花药培养简单易行，且性状稳定但频率低。

8.1.2.2 单倍体的应用

由于单倍体植株或双单倍体植株具有完全纯合的基因型，因此，单倍体培养体系的建立对于牧草育种、分子标记、遗传图谱构建、基因定位、基因克隆等均有极其重要的意义。

(1) 牧草育种

在常规杂交育种后代中，由于存在显、隐性的干扰，不但增加了育种的工作量，而且影响了选择的准确性和效果，而对于具有高度杂合性的异花授粉作物来说，要获得纯合亲本的育种材料，其难度更大。通常杂种材料必须经过 4~5 代以上的近交分离和人工选择，才能获得主要性状基本纯合的基因型，但如果获得了亲本的单倍体材料，再经过加倍便可获得双单倍体纯系，由于双单倍体中只有一种基因型和表现型，当代就可进行淘汰和选择。同时，花粉单倍体是纯合配子体，从来源于配子体的植株中选择某一种基因型的概率是 $(1/2)^n$，而从常规杂交 F_2 代群体中，选择某一基因型的概率为 $(1/2)^{2n}$，故单倍体育种的选择效率为常规育种的 2^n 倍。因此，单倍体在提高目标性状选择的准确性、加快育种进程上有不可替代的作用，特别适用于难以稳定的性状的纯合。

(2) 种质资源创新

单倍体是多倍体植物的种质资源创新的重要途径。一个单倍体个体即为一个基因型，加倍后可获得各种显、隐性纯合的材料。特别是多倍体的单倍体，可能获得在原始多倍体中不可能表达的隐性性状，从而丰富遗传种质，增加了育种亲本的种类和选择的范围。此外，在多倍体作物育种中，单倍体还是必需的中间材料。例如，二倍体(2X)与四倍体(4X)杂交难以成功，但如果把四倍体转换成单倍体(2X)后再与原有的二倍体杂交，则可能成功，从而获得更广阔的遗传背景。将单倍体技术与远缘杂交相结合，可直接产生各种异源非整倍体(如异源代换系、附加系和易位系等)，从而实现物种之间大片段基因的转移。因此，单倍体对创新种质资源具有重要的潜力。

(3) 遗传分析

单倍体只有一个单一功能的基因模式，可以排除杂合性等因素的干扰，是研究基因性质和功能的理想材料。单倍体经加倍后可得到高度纯合二倍体材料(DH 群体)，由这种纯合二倍体产生的双单倍体株系可保持群体中每个植株的基因型，便于进行多年跟踪研究，且由同一群体获得的遗传学数据可以累加。在植株表现型和分子标记方面，DH 群体被认为是 RFLP、RAPD、AFLP 等分子标记和遗传图谱研究的好材料，可以有效提高基因定位、图谱构建的准确性，并已经在多种作物的分子标记研究中起到重要作用。

(4) 遗传工程受体

利用单倍体植株的原生质体、细胞和组织作为转化受体，有利于外源基因的整合和表达。经转化后的单倍体加倍后可保证两条同源染色体上均具有目的基因，可以避免转导的外源基因在后代分离中丢失，有利于稳定遗传。因此，单倍体也是良好的遗传转化受体材料。

8.2 多倍体育种

8.2.1 多倍体的概念

多倍体育种(polyploid breeding)是指通过人工的方法将植物染色体组进行加倍，直接从自然界中选育染色体组加倍的突变体，从而获得新品种的方法。在任何植物体细胞的细胞核中，都有一定数目和形状的染色体。这些染色体的数目是由一定基数的倍数构成的。例如，普通燕麦在体细胞里含有42条染色体，染色体基数 X=7，即含有6个染色体组($2n=6X=42$)。多倍体在自然界分布是比较普遍的。据统计，在植物界里约有1/2的物种属于多倍体，而禾本科中多倍体几乎占到3/4。

在植物中，多倍体是适应性变化和物种形成的主要机制。据估计(Masterson, 1994)，世界上47%~70%的被子植物均是多倍体，在有亲缘关系的同属植物甚至在分类种的种群中也发现了不同倍性的存在。根据多倍体植物中染色体组的来源和组成不同，可分为同源多倍体(autopolyploid)和异源多倍体(allopolyploid)两大类。同源多倍体是指细胞中包含的染色体组其来源相同，表示符号 A 代表1个染色体组，如同源三倍体 AAA、同源四倍体 AAAA，依此类推。同源多倍体形成的主要原因是细胞在有丝分裂或减数分裂过程中纺锤丝失陷造成，同源三倍体会高度不育，同源四倍体部分不育而且子代染色体数出现多样性。异源多倍体由来自不同种属的染色体组构成的多倍体，或凡以远缘杂种为对象，经染色体加倍而产生的多倍体，表示符号 AABB，A、B 各代表一个染色体组，如八倍体小黑麦(AABBDDRR)。异源多倍体减数分裂行为正常，高度可育。

杂交与多倍化是植物进化的重要途径。Goldblatt 和 Lewis (1980)认为染色体数超过 $n=9$ 和 $n=10$ 的种在起源上是多倍性的，$n=11$ 或更高的种则更肯定是多倍体起源的。Goldblatt 估计单子叶植物多倍体至少为70%，可能超过80%。

Lewis 估计双子叶植物多倍体大约是70%，甚至也可能超过80%。整个被子植物中约70%的种是多倍体(Masterson, 1994)。Goldblatt 以超过 $n=13$ 为标准，对单子叶植物进行统计，有15个科没有多倍体，有10个科100%由多倍体组成。其中莎草科和禾本科中的多倍体分别为77%和55%。在园艺植物中多倍体的比例也很高，在果树、蔬菜、花卉、园林树木、茶树等被鉴定过的5 494个种和变种中，有2 451种为多倍体，占44.61%。

多倍体化在禾本科牧草物种进化中占有十分重要的地位。以包括黑麦属、偃麦草属和山羊草属牧草的小麦族为例，小麦族共包含约500个二倍体和多倍体物种，其中多倍体物种占了小麦族物种的70%~75%。小麦族物种中的多倍体类型繁多，包括同源多倍体，部分同源多倍体和异源多倍体等。禾本科之所以包含如此众多的类型和多倍体，多倍体化在其进化过程中起到了非常重要的作用。通过对异源六倍体披碱草属(Elymus)物种及其可能的亲本物种和近缘物种进行系统进化分析证明，小麦族中的多倍体物种的形成是一个网状进化的过程。一些多倍体披碱草属物种也被证明具有多重起源，并经历了周期性的杂交过程形成的。

紫花苜蓿能够与黄花苜蓿自然杂交，通常用黄花苜蓿来改良紫花苜蓿的抗逆性，是苜蓿育成品种重要的抗性基因源。采用黄花苜蓿种质资源进行种质渗入来改良紫花苜蓿还可以提高牧草产量和质量。很多研究还表明黄花苜蓿和紫花苜蓿之间存在杂种优势。在苜蓿漫长的传播和进化发展过程中，黄花苜蓿起到了非常重要的作用，苜蓿的进化发展与黄花苜蓿和紫花苜蓿间的基因交流密不可分。

8.2.2 多倍体育种的途径和方法

8.2.2.1 多倍体育种材料选择

诱发材料的选择是多倍体育种的第一环节。为了提高诱变效果，以便获得性状优良的倍体，诱变材料选择应注意以下原则：

①该植物材料的科、属、种中天然多倍体所占比例较高。

②该品种经济性状好，染色体数目少。由于染色体组数多的植物材料在进化过程中已利用了它们的特点，经过了加倍过程，进一步再加倍往往是很困难的，因此，诱变处理前要先了解染色体组数以及近缘植物中的多倍体程度。

③选择杂合程度高的材料。

④最好选用能利用营养器官进行无性繁殖的品种。

⑤选择远缘杂种，易于诱导异源多倍体。远缘杂种染色体加倍后，可形成异源多倍体，既克服了远缘杂交的不育性，又能选育出有利用价值的新物种、新作物或新品种。

⑥同时对多个品种进行处理，以减少选择周期。不同的种、品种、类型，由于遗传基础不同，多倍化后的表现不同，所以处理材料多，易于选择优良变异。

8.2.2.2 多倍体的产生途径

植物多倍体基因组主要起源于3种不同的途径，即体细胞染色体加倍、多精受精和未减数配子。

(1) 体细胞染色体加倍

在体细胞中由于特殊的条件使有丝分裂受阻，体细胞变异，染色体复制加倍而细胞核和细胞质不分裂，使染色体产生倍性变化。体细胞染色体加倍可以发生在合子、幼胚、幼年或成年孢子体分生组织中。Randolph(1932)将受粉后的谷类植物幼胚暴露于40℃的高温下大约24 h，会产生1%~8%的四倍体和0.8%的八倍体幼苗。

(2) 多精受精

多精受精是指在受精时两个以上的精子同时进入卵细胞中形成植物多倍体基因组。目前，普遍认为自然界绝大多数多倍体是通过未减数($2n$)配子的融合而产生的，多精受精并不是多倍体基因组形成的主要途径。

(3) 未减数配子

在正常情况下，生殖细胞经减数分裂形成单倍体配子，两个配子结合就恢复了体细胞染色体数目。在生殖细胞中，由于减数分裂异常，未产生正常的X配子，而产生未减数的2X配子，与正常或异常配子结合而产生了多倍体。自然界大多数多倍体被认为是这种起源方式。不同植物可以通过不同途径产生未减数配子，不同植物的生物学特性不同，未减数配子发生的频率也不一样。

8.2.2.3 人工诱导多倍体的方法

天然染色体变异的概率很低，无法满足育种要求，所以倍性育种过程中主要是依人工方式诱导多倍体的产生。自从1937年勃益克斯里证实秋水仙素可以诱导出多倍体以后，人们便开始有计划地人工诱导多倍体,这方面的研究涉及越来越多的植物,方法也在不断地改进和拓展。人工诱变多倍体可采用物理方法诱导、化学方法诱导、有性杂交、胚乳培养、细胞融合、体细胞无性系变异等。

(1) 物理方法

自然条件下,由于受射线、温度等条件的影响,植物染色体会发生变异,产生多倍体。后来人们采用高温、低温、γ 射线、β 射线、中子、激光辐射、离心、振荡、超声波等方法得到多倍体,例如,温度骤变法就是将培养了一定时间的种子、花芽等材料放置在恒温箱,在一定温湿度下处理一定时间,再取出继续培养,从中筛选多倍体。第一个合成的双二倍体是一个染色体自然加倍的六倍体普通小麦×黑麦的杂种,是通过热处理方式获得。最新的物理诱变方法是微波诱变、等离子体处理技术。运用辐射诱变育种成败的关键是选取合适的辐射剂量,其既能有较多的变异,又不致造成对植株的过分损伤。一般剂量的选择通常采用半致死剂量或临界剂量,如果使用不当,将会严重地损伤植物细胞或组织,甚至导致细胞和植物个体的死亡。

(2) 化学方法

化学方法诱导多倍体是目前应用最广泛且最有效的方法。化学诱变剂可使生物的 DNA 发生变化,从而后代产生变异。利用化学诱变剂处理后的植物材料,可以使遗传物质发生突变,从而产生特征以及特性的变异。常用的化学诱变剂有秋水仙素、异生长素、萘骈乙烷、芫荽脑、有机砷、有机汞、磺胺剂、藜芦碱等。另外,麻醉剂、除草剂、生长素等也能诱导染色体加倍。但在目前获得的多倍体植物中,绝大多数仍然是秋水仙素诱导成功的,秋水仙素仍被认为是加倍效果最好的、使用最广泛的诱变剂。

秋水仙素是从百合科秋水仙植物的鳞茎和种子中提取出来的一种剧毒生物碱,纯的秋水仙素为针状结晶体,有毒,易溶于水、乙醇而不溶于乙醚和苯。秋水仙素的作用是抑制正在分裂的细胞纺锤丝的形成,使染色体不能移向两极从而产生染色体加倍的细胞核,但对染色体却无显著影响。而且细胞处理时间过长,会发生多次分裂,产生更高的多倍体。秋水仙素是对正在分裂的细胞产生作用,因而生产上常选用萌动或萌发的种子、幼苗、正在生长的嫩梢及芽为处理材料,而且处理材料的染色体倍数以及染色体数目都较少的植物比较容易加倍成功。选择适宜的秋水仙素浓度和处理时间也是加倍多倍体的关键,一般有效浓度为 0.01%~1.0%,而以 0.2%~0.4% 应用范围最广。

秋水仙素处理方法主要有浸渍法、涂抹法、滴液法、注射法、混培法等。不同的处理材料以及同一材料的不同部位对秋水仙素的敏感度是不同的,所以选用的处理方法、处理浓度以及处理时间是不同的。近年来,随着组织培养技术的发展,通过组织培养与秋水仙素相结合的混培法在离体组织水平上(如愈伤组织、胚状体、子房、原生质体)诱导单个细胞内的染色体加倍成为可能,这一技术手段已逐渐被广泛应用。

(3) 胚乳培养

在被子植物中,胚乳是双受精的产物。胚乳是由 3 个单倍体核融合而成的,其中 1 个单倍体核来自雄配子体,2 个来自雌配子体。因此,胚乳是天然的三倍体组织,具有双亲的遗传成分,对育种后代性状有一定的预见性。而且胚乳同样具有一般细胞的全能性,我们可以在体外单独培养胚乳细胞使之分化形成新的植株,得到该物种的三倍体。

(4) 细胞融合

细胞融合法又称体细胞杂交法,是用人工的方法把分离的不同属或种的原生质体诱导成为融合细胞,然后经离体培养、诱导分化到再生完整植株的整个过程。细胞融合技术的发展是建立在组织培养和原生质体培养的基础上。随着原生质体再生体系的建立，融合研究的技术和条件的成熟，体细胞杂交法培育多倍体已切实可行。1960年，Cocking首先运用酶法去除植物细胞壁获得原生质体。此后，随着化学和电融合技术的发展，已在近百种植物种内、种间和属间原生质体融合获得了再生植株。用原生质体融合进行体细胞杂交的最大吸引力在于可以得到常规育种不能产生的植物，为作物改良开辟新途径。与有性杂交相比，细胞融合无疑可以使"杂交"亲本组合的范围大大扩大，其中某些基因可以重新组合，传统育种方法无法做到这一点。通过细胞融合生成的再生植株有以下几种：①亲和的细胞杂种，具有双亲全套染色体。②部分亲和的细胞杂种。③胞质杂种，一个亲本的染色体被全部排斥，但胞质是双亲的。④异核质杂种，具有一个亲本的细胞核和另一个亲本的细胞质。

（5）体细胞无性系变异

在植物组织与细胞培养的过程中，在再生植株及后代中将会出现各种变异，不仅含有染色体数为 $2n$ 的细胞还经常发现一些 $4n$、$8n$，甚至 $16n$ 的多倍性的细胞，这些变异称为体细胞无性系变异。在这些变异中，有些是生理上的原因造成的，不能遗传；而另一些则是可通过有性世代和无性繁殖手段稳定地遗传下去。原生质体及胚乳培养再生植株中也会出现染色体数目的变异，通过分析再生植株的染色体数目，可分离出多倍性变异。组织培养过程中的染色体倍性变异为获得一致的无性系带来一定的麻烦，但是它却为那些不容易用常规方法获得多倍体的植物提供了一个很好的途径。

思考题

1. 主要物理诱变剂的种类、辐射源和主要特征是什么？
2. 物理诱变和化学诱变的差异是什么？
3. 牧草诱变育种的程序是怎样的？
4. 诱变育种和杂交育种的差异有哪些？
5. 如何根据植株外观上的特点鉴定单倍体和多倍体？
6. 人工诱导多倍体的途径是什么？

第9章 牧草分子育种

随着生物技术的发展，牧草育种进入了基因组时代。分子技术的开发和应用将极大地推动牧草育种工作。牧草分子育种就是将现代分子生物学技术应用到牧草育种中，在分子水平上进行新品种的培育。例如，高通量功能基因的挖掘、全基因组基因表达分析、转基因新种质的创制、基因组关联分析、分子标记辅助选择和基因编辑与分子设计育种。这些分子工具和技术对基因功能鉴定和饲草生产系统领域的创新应用将产生巨大的价值和机会。目前，牧草分子育种主要包括以下几个方面：转基因育种、分子标记辅助育种和分子设计育种。

9.1 转基因育种

牧草的转基因育种(genetically modified breeding, GMB)是指通过现代分子生物学技术将一个或多个基因添加到牧草基因组中，与其本身的基因组进行重组，并在转基因株系中进行数代的人工选育，从而生产出具有目标性状的牧草育种方法。该技术使牧草产生人们所期望的新性状，用于培育符合牧草生产需求的新品种。转基因育种和传统育种的目标都是通过改变基因组成来生产具有更好特性的作物。几千年来，基因改良一直是提高农业生产力的核心支柱。传统育种主要是将具有相关性状的植物进行杂交，通过遗传自双亲的特定基因组合，选择具有所需性状组合的后代来实现这一目标的(图9-1)。传统的植物育种和转基因育种都能提供基因进行作物改良。

9.1.1 牧草基因工程概述

尽管牧草是全球最重要的作物之一，但与谷物、水果和蔬菜相比，关于牧草的基因工程研究还很有限。从模式植物和粮食作物中获得的知识也都可以应用到牧草作物中。基因组学和生物信息学的快速发展以及基因组编辑技术的出现为牧草作物的改良提供了广阔的空间。相比其他作物，牧草基因工程的侧重点主要是集中在提高牧草生物量、抗逆性和饲用品质方面的研究。考虑到牧草在全球特别是在较贫穷国家的社会、环境和经济中的重要性，牧草基因工程的研究对改善粮食安全和生态环境稳定方面具有巨大潜力。

牧草种类繁多，不同国家和地区种植的饲料作物的组合取决于当地气候和牲畜的需要，其中，多年生豆科牧草（如紫花苜蓿）是种植最广泛的。苜蓿具有广泛的生态适应性、高营养价值、适口性好和生物固氮特性，是优良的多年生豆科牧草，在各大洲都有种植，在农牧业和生态建设中起着非常重要的作用。随着现代植物育种和基因工程技术的发展，人们对紫花苜蓿进行了大量的研究。近年来，紫花苜蓿基因工程育种的研究进展比较快，包括遗传转化、品质改

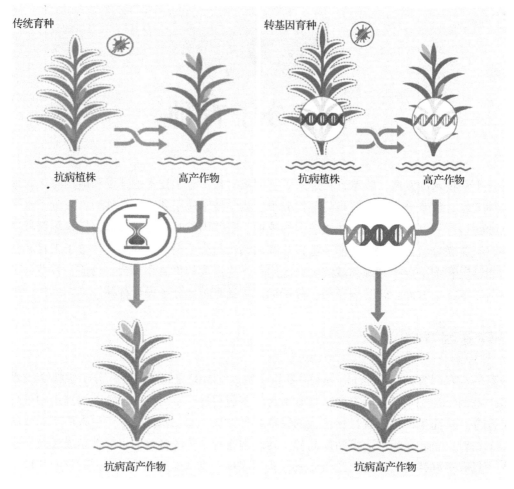

图 9-1 传统育种与转基因育种的区别(转基因种子行业研究)

良、抗逆性和生物反应器等方面。降低饲料作物中的木质素含量可以提高饲料的消化率,相应地提高动物的生产性能。目前,紫花苜蓿已成为第一种商业化的提高饲料消化率的转基因牧草。木质素改良对饲料管理产生了积极的影响,未来的发展可能会将木质素改性与其他的饲料品质性状结合起来。2020年7月1日,兰州大学草地农业科技学院选育出的4个转基因紫花苜蓿新材料,获得农业农村部农业转基因生物安全管理办公室批准,进行大田中间试验,标志着我国转基因紫花苜蓿分子育种也取得了阶段性进展。由于禾本科植物在内的单子叶植物不是农杆菌的天然宿主,所以农杆菌介导法的遗传转化效率不太高。不过随着遗传转化技术体系的不断改进和发展,禾本科牧草的转基因研究也取得了很大的进展,已经利用农杆菌介导法建立了柳枝稷、黑麦草、结缕草、二穗短柄草和高羊茅等遗传转化体系。

9.1.2 转基因牧草育种的程序

转基因牧草育种主要包括5个步骤:①目的基因的获取。②表达载体的构建。③目的基因导入受体中的表达。④转基因牧草的检测。⑤转基因牧草的田间试验与安全性评价。可参照低木质素紫花苜蓿的育种流程(图9-2)。

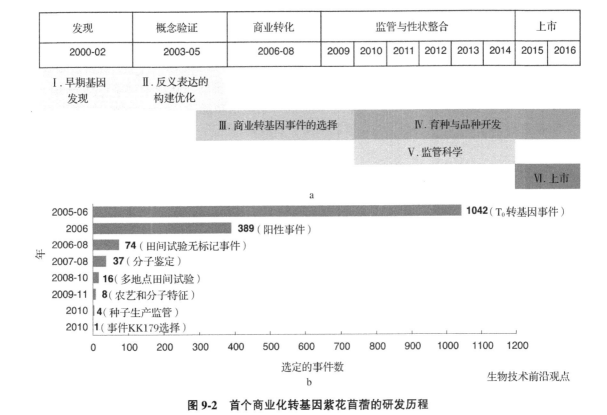

图 9-2 首个商业化转基因紫花苜蓿的研发历程

9.1.3 目的基因的获得

目的基因是指所要研究或应用的基因，通常是指已被或欲被分离、改造、扩增和表达的特定基因的 DNA 片段，一般能编码某一产物或控制某一性状。基因片段可以来自提取特定生物体基因组中所需要的目的基因，也可以是人工合成的目标序列 DNA 片段。目的基因的分离和克隆是牧草转基因育种的首要一步，依据获取方式的不同，目前基因克隆的方案选择主要采取如下方法。

(1) 直接克隆法

总的来讲，用于获得目的基因的方法有多种，如限制性内切酶直接分离法、文库筛选法、体外扩增法和人工合成法等。目前，随着大量基因组测序的完成，大量的基因序列可在 NCBI 或者相关网站获取，依据基因组 DNA 或 mRNA 序列，利用多聚酶链式反应(polymerase chain reaction，PCR)或逆转录-多聚酶链式反应(RT-PCR)体外扩增目的 DNA 片段或者直接化学合成所需基因是目前最常用的方法。

(2) 同源克隆法

由于牧草种类比较多，很多物种还没有参考基因组。对于没有参考基因组信息的牧草基因通常可以采用同源克隆法。其原理是基于不同物种的遗传物质虽然存在着遗传变异，但遗传关系较近的物种间相同基因家族的核苷酸序列及其编码的蛋白质通常具有一定的保守性。因此，在相似或相同功能基因已经被克隆出来的情况下，可以利用编码相关蛋白质的保守结构域基因序列的同源性，设计常规引物或者简并引物，从而扩增目的基因。简并引物(degenerate primer)是指代表编码单个氨基酸所有不同碱基可能性的不同序列的混合物。基于这些保守结构域的基因序列设计简并引物,扩增出目的基因的保守区序列。然后,通过进行 5′RACE(rapid amplification of cDNA ends)和 3′RACE 序列的扩增,得到编码目的基因的全长 cDNA 序列。利用基因序列同源性克隆基因的方法已被广泛应用,并成为克隆和寻找新基因的简捷、经济、有效的方法之一。如果目标物种没有完成全基因组测序,但拥有丰富的表达序列标签(expressed sequence tags, EST)数据,也可以利用生物学软件或网站检索功能,从已经获得的保守序列出发,直接进行 RACE 扩增获得编码目的基因的全长 cDNA 序列。

9.1.4 目的基因载体的构建

要将外源目的基因转移到受体植株通常需要载体的帮助。目的基因在体外重组也就是目的基因转化载体的构建。转基因育种的载体是指可以携带外源目的靶基因进入受体细胞,并实现进行扩增和表达的 DNA 分子。目的基因与载体的连接及其后续的转化过程习惯上称为克隆(cloning)。自从分子克隆基本原理阐明以后,人们已经开发改造了各种载体及其相应的克隆策略。目前,很多基因都是利用 PCR 技术获得,依据重组的方法不同可以大体归为以下三类。

(1)传统克隆

传统克隆也称 PCR 克隆,基本流程是利用目的片段和目标载体所共有的限制性内切酶识别位点对产物和载体进行酶切消化和连接。传统克隆一般是在设计 PCR 引物时就要考虑到连接方式,直接在引物末端添加与载体相匹配的限制性内切酶位点。通过 PCR 来获得感兴趣的基因,然后用限制内切酶切割目标模板和目标载体,再用 DNA 连接酶将模板和载体的黏性末端连接在一起。传统克隆允许灵活的 DNA 序列操作,有助于构建几乎任何所需的载体。

(2)TA 克隆

TA 克隆是最简单的克隆形式之一。该方法是利用含有单个胸腺嘧啶(T)3′突出端的线性化载体与带有单个腺苷酸(A)3′突出端的 DNA 片段的连接来进行克隆,称为 T/A 克隆。原理是利用了 *Taq* DNA 聚合酶具有延伸酶活性,即以不依赖模板的方式将一个核苷酸添加到已完成延伸的 PCR 产物的 3′末端。对于多数 DNA 聚合酶,这个添加上去的核苷酸通常是 A 残基。因为不需要限制性消化步骤,TA 克隆具有简单快速的优点。此外,TA 克隆试剂盒包含有预混合载体和连接酶的反应缓冲液,可将连接反应时间缩短至数分钟。不过 TA 克隆技术的缺点是克隆的不定向性,这意味着感兴趣的基因可能以有义或反义方向插入目标载体中。也就是后续转化体的一半将包含有义方向的基因,一半将包含反义方向的基因。目前,有不少商业公司都提供专门用于 PCR 产物克隆的 T/A 克隆载体。

(3)无缝克隆

无缝克隆技术是一种新的、快速、简洁的克隆方法,可以在质粒的任何位点进行一个或多个目标 DNA 的片段插入,消除了对限制酶的需求限制。近年来,"无缝克隆"逐渐受到科研工作者的欢迎。相比之下,无缝克隆操作更加简单,灵活性更强,同时几乎不受序列的限制,一次可定向组装高达 10 个片段的 dsDNA。特别是当插入片段在其序列中包含多个限制性位点时,这是很有利的。无缝克隆利用同源重组,通常该过程包括通过 PCR 向插入片段和载体添加大约 15 bp 长度的侧翼序列。核酸外切酶用于回切插入片段和载体序列,并使用重组酶或 DNA 连接酶连接 DNA。该技术有许多变体,许多公司也已经开发了包含目标载体和重组反应所需酶的专有混合物的试剂盒,使得无缝克隆得到了简化(表 9-1)。

表 9-1 传统克隆与无缝克隆的区别

传统克隆	无缝克隆
PCR 引物设计需引入载体上的酶切位点，PCR 产物需经过酶切、胶回收、连接后定向克隆到目的载体上	只需要一次反应即可完成定向克隆，不需要任何限制性内切酶、连接酶，也不需要磷酸化、末端补平等操作
需要查找合适的酶切位点，购置各种限制性内切酶	对酶切位点没有要求，可以把目的片段插入载体的设置位点
阳性率低	阳性率高
多个片段的连接通常需要分多次拼接	可以同时克隆连接多个片段

9.1.5 目的基因遗传转化

目的基因遗传转化是指将外源基因转移到植物体内并整合表达稳定遗传的过程。在这一过程中，稳定、高效的遗传转化体系是实现植物遗传转化的先决条件。不同的物种，甚至同一种植物不同基因型的遗传转化效率也会有较大差异。由于很多牧草是异花授粉，所以每个单体的基因型也会不一样。对遗传转化的响应难易也不同。目前最常用的牧草遗传转化方法是农杆菌介导法 (agrobacterium mediated transformation) 和基因枪法 (particle bombardment，PB) 等。

9.1.5.1 农杆菌介导法

农杆菌是普遍存在于土壤中的一种革兰阴性细菌，分为根癌农杆菌 (*Agrobacterium tumefucines*) 和发根农杆菌 (*A. rhizogenes*)。根癌农杆菌和发根农杆菌细胞中分别含有 Ti 质粒和 Ri 质粒，二者能在自然条件下趋化性地感染大多数双子叶植物的受伤部位，并诱导产生冠瘿瘤或毛状根。Ti 质粒上有一段 T-DNA，农杆菌通过侵染植物伤口进入细胞后，可将 T-DNA 插入植物基因组中。因此，农杆菌是一种天然的植物遗传转化体系。根据这个原理，人们将目的基因插入经过改造的 T-DNA 区域，借助农杆菌的感染实现了外源基因向植物细胞的转移与整合，并通过建立细胞组织培养技术，再生出转基因植株。Horsch 等 (1985) 首创叶盘法用根癌农杆菌感染烟草叶片外植体，获得了转基因烟草。然后许多科学家相继在不同植物上获得了一批转基因植物，截至 2020 年已超过 200 种，其中约 80% 是由农杆菌介导获得的。农杆菌介导法以其费用低、拷贝数低、重复性好、基因沉默现象少、转育周期短及能转化较大片段等独特优点而备受科学工作者的青睐。经过多年来大量的努力，该方法已经在双子叶植物和单子叶植物中成功应用，并在牧草遗传转化中得到广泛应用 (图 9-3)。

(1) 转化过程原理

农杆菌介导法主要以植物的分生组织和生殖器官作为外源基因导入的受体，通过真空渗透法、浸蘸法及注射法等方法使农杆菌与受体材料接触，以完成可遗传细胞的转化，然后利用组织培养的方法培育出转基因植株，并通过抗生素筛选和分子检测鉴定转基因植株后代。在该过程中，根癌农杆菌本身并不进入受体细胞，它是通过 Ti 质粒上的 T-DNA 执行向植物细胞传递外源基因的功能。整个转化过程涉及一系列复杂的反应，主要包括：

①受伤的植物细胞部位释放一些糖类、酚类等信号分子。

②在信号分子的诱导下，农杆菌向受伤组织集中，并吸附在细胞表面。

③转移 DNA 上的毒力基因 (*vir*) 被激活并表达，同时形成转移 DNA 的中间体。

④转移 DNA 进入植物细胞，并整合到植物细胞基因组中。

(2) 植物基因转化受体的选择

成熟的牧草转化体系需要有良好的转化受体材料。良好的受体再生系统是植物转基因育种成功的关键因素之一。受体系统通常需要满足如下条件：具有高效稳定的再生能力，不同转基因方法对受体细胞还分别有一些不同要求；具有较高的遗传稳定性，从而能够将外源基因稳定遗传给后代；具有稳定的外植体来源。因为基因转化频率低，大量外植体有利于保证遗传转化的成功。所以，用于转化的受体要易于得到而且可以大量供应，如胚和其他器官等；同时对筛选剂敏感，即当转化体筛选培养基中选择性抗生素等筛选剂达到一定浓度时，能够抑制非转化细胞和植株的生长、发育和分化，而转化细胞能正常生长、发育和分化形成完整的植株，便于淘汰非转化的细胞和植株。此外，受体有时还要求对农杆菌侵染具有敏感性。目前的许多牧草转化受体材料系统还存在如下主要问题：再生率低、基因型依赖性强，以及再生细胞部位与转化部位不一致等。这也是牧草遗传改良工作的限制性因素之一。

目前的牧草遗传转化体系中，常用的受体材料包括胚性愈伤组织、幼胚、成熟胚、胚芽、茎尖、叶片等。不同牧草植物的最适外植体的选择也不同，转化效率也会存在明显差异。在紫花苜蓿遗传转化中，以种质"SY4D"的叶片为受体材料，超过80%的侵染叶片可以获得转基因植株。在假俭草遗传转化体系中，以种质"E126"的侧芽诱导的胚性愈伤组织作为受体材料；黑麦草遗传转化过程中，成熟胚诱导的胚性愈伤组织常用来作为受体材料；柳枝稷遗传转化过程中，利用Alamo品种成熟种子或者幼穗诱导的胚性愈伤组织作为受体材料。原则上分裂能力旺盛、细胞活性高的受体细胞材料，更有利于农杆菌T-DNA整合，具有相对高的转化效率。

根据外植体的再生机制不同，牧草转基因育种中常用基因转化受体系统类型可主要分为以下两种。

①愈伤组织再生系统　是指外植体材料经过脱分化培养诱导形成愈伤组织，通过再分化培养获得再生植株的再生系统。愈伤组织再生系统又分为愈伤组织直接转化法和叶盘转化法。愈伤组织直接转化法是先将外植体在不同激素配比的培养基上诱导出愈伤，然后进行农杆菌侵染。叶盘转化法是以幼嫩叶片、子叶、胚轴、茎段等为受体先进行农杆菌的侵染，共培养后，再进行愈伤组织诱导、分化、生根获得再生植株。愈伤组织再生系统由于其外植体材料来源广泛，易于接受外源基因，方便操作和基因转化效率高，已广泛用于各种牧草的遗传转化。它的缺点是转化周期比较长，组培过程中容易发生体细胞无性系变异。

②直接分化再生系统　是指外植体（组织或者器官）不经过脱分化形成愈伤组织阶段，直接诱导不定芽，由直接分化出的不定芽形成再生植株的系统。其遗传转化主要分为4个阶段：共培养阶段、不定芽诱导阶段、不定芽抽茎阶段及生根阶段。理论上省去愈伤组织诱导过程，获得再生系统的周期短。它的缺点是生长点的侵染培养比较困难，遗传转化率比愈伤组织再生系统的低，而且易出现嵌合体。目前，在苜蓿子叶节的遗传转化中可以成功实现。

9.1.5.2　基因枪法

基因枪法是除农杆菌法外的另外一种应用广泛的植物遗传转化方法。它绕过了农杆菌介导的遗传转化的局限性，在使用时没有生物学上的限制，可以转化多类植物物种，也是迄今为止实现细胞器转化（无论是叶绿体还是线粒体）最有效的方法。随着基因组编辑技术的发展，传统的基因传递工具也正在被重新用于将靶向基因编辑试剂传递到植物中，其关键优势就是粒子轰击允许对基因组进行无外源DNA基因编辑。因此，在未来可能仍然是主要的遗传转化方法之一。

基因枪法的原理是利用高速微弹将外源DNA直接导入植物组织或细胞中。金或钨等金属粉末首先被DNA包裹，然后加速穿透细胞壁进入目标植物。当金属微粒进入细胞时，携带的DNA从微粒中释放出来，并可以瞬间表达，甚至稳定地整合到宿主基因组中。这一方法最早

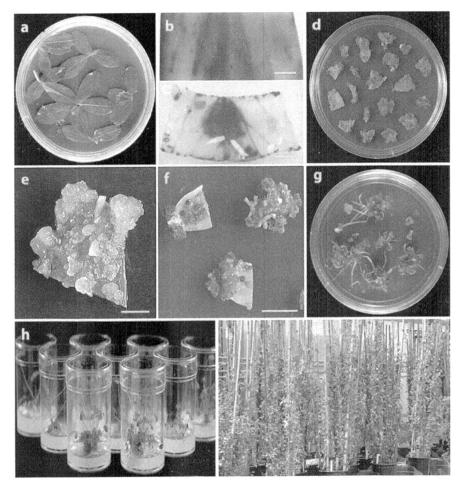

图 9-3 紫花苜蓿遗传转化流程图

a. 超声辅助农杆菌感染后的共培养；b、c. 农杆菌感染 5 d 后叶片外植体的 GUS 染色：超声处理(b)或叶片创伤处理(c)；d、e. 转化 4 周后培养基上的抗性愈伤组织；f. 抗性愈伤组织转移到再生培养基 2 周后诱导的体细胞胚和芽；g. 植株分化；h. 再生苗；i. 温室中的转基因植物

是于 20 世纪 80 年代初，Sanford 和他在康奈尔大学的同事们在研究微束在细胞壁上制造小孔的用途时开发成功。随后大豆、烟草叶片和玉米愈伤组织等也获得成功。目前，已经广泛用于各种牧草的遗传转化，特别是农杆菌难以侵染的材料。该方法目前的缺点是转化频率还比较低，嵌合体偏多，遗传定向差，使用成本较高。

除了传统的遗传转化做法外，随着植物基因组编辑领域的突破，基因枪法使通过可遗传的基因修饰生产无外源 DNA 的转基因植物成为可能。到目前为止，CRISPR/Cas9 核糖核蛋白复合体系统是最突出的靶向基因组编辑工具，其中基因组编辑试剂进入植物的方式主要是通过粒子轰击。该方法可能被用来将蛋白质(而不是编码蛋白质的 DNA)传递到植物细胞中，以产生不含转基因载体片段的植物，从而不会在基因组中添加额外的外源序列。综上所述，基因枪法由于其多功能性和广泛的适用性，很有可能继续作为植物生物技术的主要工具，在未来有更多的改进和新的应用。

9.1.6 转基因植株的筛选鉴定

9.1.6.1 转化体的筛选

通常情况下外源目的基因在植物受体细胞中的转化频率相当低，在数量庞大的受体细胞群体中，往往只有小部分获得了外源 DNA，而其中目的基因已被整合到受体核基因组并实现表达的转化细胞则更加稀少。所以为了有效地选择出那些真正的阳性转化细胞个体，必须使用特异性的选择标记基因进行转化体的筛选。

转基因育种的选择标记系统可分为标记基因和报告基因两种类型。

标记基因主要是一类编码可使抗生素或除草剂失活的蛋白酶基因，它的功能原理是在选择培养基中加入选择抗生素或除草剂，使非转化细胞不能正常增殖发育，而转化细胞因带有标记基因抗性可以继续生长发育。牧草及草坪草转基因育种中常使用的标记基因有新霉素磷酸转移酶基因(具有抗卡那霉素或 G418 特性)、除草剂转移酶基因(bar 基因，具有 Basta 和 Bialaphos 抗性)、潮霉素磷酸转移酶基因(具有抗潮霉素特性)等。但不同种类植物和不同受体系统对筛选剂的敏感性不同，所以所使用的筛选剂也不同。例如，研究人员在菊苣、白三叶、苏丹草等的遗传转化中，以卡那霉素抗性基因作为筛选基因，将卡那霉素和 G418 配合使用，可获得高频转化效果。在多花黑麦草和鸭茅原生质体的遗传转化中则用潮霉素为选择标记基因。在紫花苜蓿的遗传转化中，潮霉素和除草剂筛选效果都不错，但除草剂筛选的效果更好。转化系统报告基因，主要是通过瞬时表达和稳定遗传表达检测来确定目的基因是否已经在转化细胞中得到表达。目前，常用的报告基因有 GUS 基因(β-葡萄糖苷酸酶基因)和绿色荧光蛋白(GFP)基因等。

9.1.6.2 转化体的鉴定

通过选择压力筛选得到的再生植株只能被初步证明标记基因已经整合进入受体细胞，还需要进一步的检测来核实目的基因是否整合到受体核基因组并有效表达。转基因植物检测方法如下：

(1) DNA 水平的鉴定

DNA 水平的鉴定主要是检测外源目的基因是否整合进入受体基因组、整合的拷贝数以及整合的位置。传统的检测方法主要有特异性 PCR 检测和 Southern 杂交。特异性 PCR 反应是利用 PCR 以待检测植株的总 DNA 为模板在体外进行扩增，检测扩增产物片段的大小以验证是否和目的基因片段的大小相符，从而判断外源基因是否整合到转化植株之中。特异性 PCR 检测方法的优点是简单、迅速、费用少，但是其检测结果有时不可靠，存在假阳性，因此必须与其他方法配合使用。Southern 杂交是依据外源目的基因碱基同源性配对进行的，杂交后能产生杂交印迹或杂交带的转化植株为转基因植株；未产生杂交印迹或杂交带的为非转基因植株。一般是将外源目的基因的全部或部分序列 DNA 或 RNA 制成探针与转化植株的总 DNA 进行杂交，它是从 DNA 水平对转化体是否整合外源基因以及整合的拷贝数进行鉴定与分析的可靠方法。同时也可以判断转基因的拷贝数，缺点是操作比较复杂。

(2) 转录水平鉴定

整合到染色体上的外源基因能否表达还未知，因此必须对外源基因的表达情况进行转录水平和翻译水平鉴定。转录水平鉴定是对外源基因转录形成 mRNA 情况进行检测，常用方法主要有 Northern 杂交和 RT-PCR 检测。

① Northern 杂交　分为 Northern 斑点杂交和印迹杂交。斑点杂交的原理是利用标记的 RNA

探针对来源于转化植株的总 RNA 进行杂交通过检测杂交带放射性或其他标记信号的有无和强弱来判断目的基因转录与否以及转录水平。印迹杂交的基本原理是先提取植物的总 RNA 或者 mRNA，然后用变性凝胶电泳分离，不同的 RNA 分子将按相对分子质量的大小依次排布在凝胶上，将它们原位转移到固相膜上在适宜的离子强度及温度下，探针与膜上同源序列杂交，形成 RNA-DNA 杂交双链。通过探针的标记性质可以检测出杂交体，并根据杂交体在膜上的位置可以分析出杂交 RNA 的大小和表达量的强弱。

②RT-PCR 检测　其原理是以植物总 RNA 或者 mRNA 为模板进行反转录，然后经 PCR 扩增，若扩增条带与目的基因的大小相符，则说明外源基因实现了转录。RT-PCR 检测法具有简单迅速的优点。目前，荧光定量 PCR 技术（real-time PCR）也是应用较为广泛地用于目的基因转录水平检测的方法，可与 RT-PCR 技术结合检测。

（3）翻译水平鉴定

为检测外源基因转录形成的 mRNA 能否翻译，还必须进行翻译水平相互结合验证或者蛋白质水平的检测，主要方法为 Western 杂交。其基本原理是通过特异性抗体对凝胶电泳处理过的细胞或生物组织样品进行着色，通过分析着色的位置和着色深度获得特定蛋白质在所分析的细胞或组织中表达情况的信息。步骤如下：先将从转基因植株提取的待测样品溶解于含有去污剂和还原剂的溶液中，经过 SDS-PAGE 后转移到固相支持物上（常用硝酸纤维素滤膜）；然后，固相载体以非共价键形式吸附蛋白质，且能保持电泳分离的多肽类型及其生物学活性不变；最后，以固相载体上的蛋白质或多肽作为抗原，与对应的抗体起免疫反应，再与酶或同位素标记的第二抗体起反应，经过底物显色或放射自显影以检测电泳分离的特异性目的基因表达的蛋白成分。此外，还可以对转基因植株的表型性状（如病虫抗性、特异蛋白质、特异农艺性状）及其遗传稳定性进行鉴定。

9.1.7　转基因牧草的遗传特点及应用

转基因技术在牧草上的主要应用目标是提高牧草的抗虫、抗病、抗逆、高产和优质等性状。通常是将具有相关特殊功能的基因，通过转基因技术加入目标牧草中去，使该基因在目标牧草中表达，从而使目标牧草获得该基因的功能。通过利用这样的技术，能够克服物种间的生殖隔离，对不同物种中有用的功能基因进行聚合。从总体上来说，转基因技术是传统育种方法的延伸，只不过比传统育种目的性更强、更为高效和精确、更加容易控制。

9.1.8　转基因牧草的安全性争议

自从第一个转基因作物出现以来，关于转基因技术安全性的争论一直很激烈。许多主要的牧草是异花授粉的多年生植物，有些是主要谷物或油籽作物的近亲。转基因作物可能会改变生态环境中的种群结构，产生超级杂草等。对于人类不食用的饲料作物而言，转基因安全性则不那么重要。转基因植物是否可以商业化目前仍举步维艰。

9.2　分子标记辅助育种

植物育种的目标是尽可能快速和准确地选择理想的植物。标记辅助选择育种是利用与目标性状紧密连锁的遗传标记，对目标性状进行选择的一项育种技术。在实际育种过程中，有些性状的目标基因是已知的，可以直接作为很好的分子标记来使用。有些性状对应的目标基因是未知的，这时可以通过检测与目标基因紧密联系在一起的遗传标记（genetic marker），或者与所需性状紧密相关的遗传标记，来选择具有所需表型性状的后代，这种做法称为标记辅助选择（marker assisted selection，MAS）。这种育种方法就是通常所说的分子标记育种（marker assisted breeding），即利用分子标记与决定目标性状基因紧密连锁的特点，通过检测分子标记，检测到目的基因的存在，达到选择目标性状的目的，具有快速、准确、不受环境条件干扰等优点。分子标记技术是近年来现代生物技术发展较快的领域之一。分子标记（molecular marker）原理是以生物个体间核苷酸序列变异为基础，直接在DNA水平上检测生物个体之间差异的遗传标记，是生物个体或种群基因组在DNA水平上遗传变异的直接反映。由于DNA的遗传标记起着相关性状的作用，一旦开发出来，控制感兴趣性状的基因相关联的遗传标记就可以用于选择育种。由于遗传标记代表了植物基因组的变异，它可以在任何发育阶段和任何组织中进行分析，包括植物幼苗时期。所以，从理论上讲，这可以大大缩短选择周期，迅速加快遗传增益。分子标记技术与常规育种的紧密结合，正在为植物育种技术带来一场新的变革。遗传标记首次用于作物改良是在20世纪80年代中期，尽管它们现在被广泛应用于饲料作物的相关研究，但它们在开发改良品种方面的直接应用才刚刚开始。

9.2.1 分子标记的类型与特点

由于同一物种内不同植物的DNA序列在基因组的许多点上存在差异，基于DNA的标记物非常丰富，而且检测成本越来越低。DNA序列之间最常见的差异是特定基因组位置的变异核苷酸。依据检测方法的不同分以下几种类型：

（1）以分子杂交为核心的分子标记技术

以分子杂交为核心的分子标记技术主要包括RFLP标记和可变数目串联重复序列（variable number tandem repeats，VNTRS）标记，这类标记是利用限制性内切酶酶解不同来源的DNA后，用同位素或非同位素标记的随机基因组克隆、cDNA克隆、微卫星或小卫星序列等作为探针进行DNA间的杂交，通过放射自显影或非同位素显色技术来揭示DNA的多态性。

（2）基于限制性酶切和PCR相结合的分子标记技术

此种分子标记技术主要有如下两类：AFLP标记和CAPS标记（cleaved amplified polymorphism sequences，酶切扩增多态性序列）。

（3）以PCR为核心的分子标记技术

PCR技术是模拟体内DNA天然复制过程，它是在体外快速扩增特异基因或DNA分子序列的分子生物学技术，主要用于扩增位于两段已知序列之间的DNA区段。以PCR为核心的分子标记，只需要微量DNA待扩增样本（模板），因此具有比RFLP等以分子杂交为核心的分子标记更高的检测量。PCR技术可使目的DNA得以迅速扩增，具有特异性强、灵敏度高、操作简便、省时等特点。如SSR标记，是基于植物之间不同的短重复序列（如在一株植物中是"AATAAT"，在另一株中是"aataataataat"），仍在使用，特别是在品种鉴定中（Annicchiarico et al.，2016）。

（4）以SNP为核心的分子标记技术

SNP分子标记是指对由于单个核苷酸碱基改变而导致的核苷酸序列遗传多态性作为标记的方法。例如，在一条给定的DNA链上，一种植物可能携带核苷酸碱基序列"AGATA"，而另一种可能携带"AGGTA"。这两种植物在特定核苷酸上的差异被称为"单核苷酸多态性"或

"SNP"。这个核苷酸位点有两个等位基因，A 或 G。除了 SNPs，在特定物种的植物中也可以观察到 DNA 序列的插入或删除(indels)。基于 DNA 核苷酸序列的差异，开发了遗传标记系统来分析多态性。SNP 标记的优点是高通量、数量多、分布较广、密度高，一次可对多个 SNP 进行规模性筛选，所需起始材料也很少；操作步骤简单；遗传稳定性高。由于它们在整个基因组中的频率，SNP 标记是目前使用最广泛的 DNA 标记技术。

9.2.2 分子标记辅助选择的基本原理及优势

传统育种选择的依据是表现型而非基因型，也就是说，通过表现型间接对基因型进行选择。理论上，利用分子标记可利用与目标基因紧密连锁或表现共分离关系的分子标记对选择个体进行目标区域以及全基因组筛选，直接鉴定基因型的差异，因此，减少了连锁累赘，可高效选择个体，提高了育种效率。

如图 9-4 所示，两种亲本植物杂交产生 F_1 个体，进而产生一个分离的 F_2 群体。连锁作图的实质是在群体上筛选大量的标记，并检测其基因型之间的相关性和与性状的相关性。例如，SNP A 与株高有关：矮秆植株都是 *AA*；高秆植株是 *AG* 或 *GG*。显然，"*G*" 与 "高秆" 有关，"*A*" 与 "矮秆" 有关，控制 "高" 的等位基因是显性的，因为 "*AG*" 和 "*GG*" 基因型都属于 "高" 群体。SNP B 与 SNP A 或该特征没有关联；任何一个 SNP 等位基因都可以出现在任何一个群体中。许多遗传标记的一个特性是它们是共显性的，杂合子的表型与纯合子没有区别。

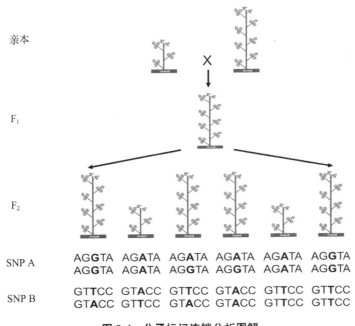

图 9-4 分子标记连锁分析图解

与传统植物育种方法相比较，MAS 的优越性可以体现在以下 4 个方面。

(1) 筛选方法相对简单

常规育种选择方法是根据植株的表型进行筛选，易受环境因素影响，且选择过程涉及多个世代，难度大，成本高，误差往往较大；MAS 是在 DNA 水平的操作，对目的基因的选择不易受外界环境因素的影响，对作物影响较小，能同时无损选择多个性状，用一小片叶子提取的

DNA足够完成分子标记分析操作，相对简单，节约时间、资源和精力，往往也能在一定程度上降低成本。

（2）筛选效率高，允许早期选择

传统育种选择方法对产量等主要农艺性状的低世代选择效果差，并且有些目标性状（如抗病性鉴定）会严重影响作物生长发育；同时如果有利基因为隐性等位基因，从一个亲本导入优良亲本中时，常规表型育种往往是通过选择保留含有隐性基因的杂合基因型，做进一步回交，而杂合基因型鉴定通常是通过考察自交后代分离状况来判断，而且当选择的是抗病性状时，还要借助烦琐的接种鉴定等，这样会延迟育种进程。分子标记辅助选择则不受上述限制条件的影响。标记辅助选择从基因水平进行选择，不受表型发育限制，不需考虑（或等待）植株生长状况或环境条件，可以在早期对幼苗（甚至对种子）进行检测，从而能快速淘汰非目标植株，从而可大大提高选择效率和准确性，节约较多的选择时间和空间，缩短育种周期。

（3）可进行单株选择，减少分离群体种植规模

在不同育种材料中，影响同一性状（如抗病、品质）的基因可能有多个，特别是在同一位点上存在不同（复）等位基因，利用表型很难鉴定出这些等位基因。常规育种方法受环境等因素干扰，单株选择不可靠，分离世代需种植较大群体；全基因组关联分析可基于基因型选择单株，在育种早期世代能去除大多数分离后代，尤其是遗传性状高度分离的后代。

（4）允许同时选择多个性状，可实现基因聚合选育

育种目标性状往往需要综合考虑，也就是说，当选单株或品系不仅要在单一的抗病、抗虫、品质、产量等方面表现优良，而且在综合性状上应该比较优良，为此，需要对育种世代群体的每个目标性状一一做鉴定筛选。标记辅助选择是对育种目标性状筛选的很好方法。标记辅助选择分为前景选择和背景选择两种基本选择方法。前景选择是指利用分子标记对一个关联的目标基因或等位基因进行的选择；背景选择是指对基因组目标基因以外的其余部分（遗传背景）进行的选择。标记辅助选择不仅能针对目标基因和背景型分别进行前景选择和背景选择，而且能进行重组选择，从而实现全基因组选择可打破目标性状与不利基因之间的连锁，避免不利或有害基因的转移（连锁累赘），提高选择精确性和速度。

9.2.3 分子标记辅助育种的应用

随着遗传学的发展，分子标记技术的出现对基因型的直接选择提供了可能，对目标性状的基因型选择更准确可靠。如果目标基因与某个分子标记紧密连锁，通过对分子标记基因型的检测，就能获知目标基因的基因型。因此，能够借助分子标记对目标性状的基因型进行选择，这就是分子标记辅助选择。自20世纪80年代以来，已经发展了许多遗传标记类型和标记分析方法，开发了平台，可以同时检测整个基因组的数千（或数百万）个位点。特定平台的使用取决于项目目标、预算和数据生成的及时性。具体用途有如下几种：

（1）利用标记进行种质多样性和品种鉴定

分子遗传标记可用来评估品种、种质资源、群体和/或物种之间的关系。了解居群间和居群内遗传变异的划分，明确不同种质之间的相互关系，有助于提高种质资源的管理和利用。例如，二倍体苜蓿种质和北美柳枝稷种质的群体遗传结构分析。品种登记和植物育种权的一个重要方面是确定新品种的特殊性。利用SSR或SNP标记进行DNA分析已被应用于许多物种，如紫花苜蓿和黑麦草。

(2) 利用标记进行亲子鉴定

由于许多饲料作物是通过风或昆虫异花授粉，因此在大多数育种计划中只保留母本的记录。基于 DNA 标记的父权分析在理论上可以提高遗传增益，因为可以确定选择的植物的双亲。

(3) 标记与基因间的关联分析

全基因组关联研究(genome-wide association study，GWAS)可用于在种质资源收集或育种群体中寻找理想的标记。例如，利用外显子组捕获技术对柳枝稷开花期的 GWAS 进行基因型 SNP 标记，利用 GBS 鉴定苜蓿对黄萎病的抗性。将试验中发现的标记-性状关联转化为育种环境中有用的标记并不总是那么简单。利用各种统计方法中的一种，育种者可以在一个群体中产生所有个体的全基因组标记，测量这些植物的表型，然后构建一个数学模型来关联基因型和表型。在没有表型的情况下，后续的选择可以基于基因型。利用阵列、GBS 或外显子组捕获生成的全基因组标记已用于苜蓿、柳枝稷和多年生黑麦草的基因组选择。

(4) 基于群体的基因分型

许多饲料作物是异交的，因此，出售的品种种子实际是合成或开放授粉的群体。由于自交系很少可用，所以被评估的植物是高度杂合的，每一株植物都是不同的。因此，基因分型个体往往不如基因分型群体重要。虽然一个群体中的一组个体可能在某些位点上携带不同的基因型(如 SNP 位点、AA、AG 或 GG)，但当比较两个或两个以上的群体时，每个个体可能同时包含两个等位基因。因此，区分种群的是它们的等位基因频率不同。估计群体等位基因频率的方法已经开发出来，这对鉴定紫花苜蓿秋季休眠相关基因的标记和黑麦草抽穗期的基因组选择非常有用。

为了使遗传标记可以代表表型性状作为筛选标准，标记需要能够与性状相关联，最常用的方法是连锁分析。当特定的标记等位基因与特定的表现型相关联时，这个标记和性状就被称为遗传上的关联。如果一个遗传标记变体实际上也是导致表型变异的原因，那么这就是一个完美的标记(Andersen 和 Lübberstedt，2003)，但很多情况标记只与性状具有相关性。自 20 世纪 90 年代中期以来，许多饲料作物的基因图谱已经开发出来。随着分子标记系统的改善，大量的标记被创建及应用在不同的牧草材料种，如紫花苜蓿(Li et al.，2014)和黑麦草(Velmurugan et al.，2016)，还有一些热带牧草，例如，臂形草(*Brachiaria eruciformis*)(Worthington et al.，2016)和紫狼尾草(*Pennisetum purpureum*)(Paudel et al.，2018)。从概念上讲，遗传图谱可用于定位控制性状的基因位点。如果一个群体中的部分植株有一个特定的标记等位基因(如一个较长的 SSR 等位基因或"G" SNP 等位基因)和一个特定的表型(如株高)，那么这个标记和这个性状是相关联的。许多重要农艺性状表现出数量遗传特性，它们受多基因控制，而这些基因的表达又受环境的影响。定位控制数量性状的基因，特别是微效多基因，需要对几个地点和年份的分离群体进行广泛的评估。总之，分子标记辅助育种的发展对于育种技术的发展意义重大。

9.3 分子设计育种

9.3.1 基因编辑

基因组编辑技术是 21 世纪初兴起的新一代生物技术，该技术的基本策略是利用序列特异性人工核酸酶(sequence specific nucleases，SSNs)在基因组靶位点内引入 DNA 双链断裂(double strand breaks，DSBs)，并通过体内非同源末端连接(nonhomologous end-joining，NHEJ)或同源重组修复(homology directed repair，HR)机制对 DSBs 进行修复(Hua et al.，2019)。到目前为止,基因编辑创新浪潮主要涉及3代6种类型:锌指核酸酶(zinc finger nuclease,ZFN)技术、类转录激活因子效应物核酸酶(transcription activator-like effector nucleases,TALENs)技术及新近发展的RNA引导的规律成簇间隔短回文重复序列CRISPR/Cas9(the clustered regularly interspersed short palindromic repeats/ CRISPR-associated protein 9)系统、通过CRISPR/Cas9改进的CRISPR/Cpf1系统、单碱基基因编辑技术(base editor,BE)和引导编辑技术(prime editors,PE)。ZFN代表第一代基因编辑系统,TALENs代表第二代基因编辑系统,CRISPR/Cas9、CRISPR/Cpf1、BE和PE为第三代基因编辑系统,第三代基因编辑都是基于CRISPR/Cas系统建立起来的。

ZFN和TALENs技术,由于需要两个重复蛋白形成二聚体来识别特异的DNA序列,存在设计烦琐、组装复杂、耗时等缺点,降低了适用性。而新一代基于CRISPR系统的基因编辑技术由于不需要设计复杂的蛋白复合物,设计简便、操作简单、靶标效率高和成本低廉等优点,一出现就引发了科研界的轰动。自2012年证实能成功编辑基因组后,多次被 Science 杂志评为年度十大科学突破。相比早先的编辑技术,其表现出的高效性迅速得到业界的青睐,在科研界引发的热潮持续不断,在各个领域的突破使该技术2015年又被 Science 杂志评为年度十大科学突破之首。随着该技术在基础研究、应用领域的研究范围不断扩大,CRISPR/Cas9技术已经在医疗、动植物育种等领域的应用表现出了巨大的价值,未来在社会经济、生物工程、粮食安全、生物医学等领域势必会产生巨大的影响。其中,CRISPR/Cas基因编辑技术目前已广泛应用于拟南芥、烟草、番茄、马铃薯、水稻、小麦、玉米等植物和主要农作物的基因功能研究和重要农艺性状遗传改良。但在草业领域的研究应用尚处于起步阶段,利用CRISPR/Cas9系统可有效地开展基因功能研究,发掘优良基因,进行代谢调控研究,进行有针对性的基因敲除和优良基因的定点整合和多个优良农业性状的聚合,将为草业领域基因遗传改良研究带来突破性进展。

9.3.1.1 CRISPR/Cas 系统的发展

(1)CRISPR/Cas

CRISPR/Cas系统是在细菌和古细菌中存在的一种适应性免疫反应,其主要作用为抵御噬菌体病毒和外源质粒DNA的入侵。早在1987年,Ishino等在研究IAP酶在大肠杆菌K12中参与碱性磷酸酶同工酶转化时发现,*iap* 基因的下游存在一种成簇的规律间隔的短回文重复序列,和大多数重复序列不同的是,这些重复序列被5个非重复序列间隔开。1993年,F. J. Mojica等在极端耐盐的古细菌中发现一段具有30个碱基并被36个碱基隔开的重复回文序列,与已知的微生物重复序列家族都不具有一致性,推测这些存在于古细菌中的重复序列结构可能具有重要功能。但这一发现在当时并没有引起足够的注意。在接下来的10年中,随着更多的微生物基因组被测序,人们发现在40%的细菌和90%的古细菌中都存在这种成簇的重复序列(Mojica V C *et al.*,2000)。直到2002年,这类重复序列才被正式命名为 Clustered regularly interspaced short palindromic repeats(CRISPR)。至2011年,其获得性免疫防御机制基本被研究清楚并迅速在众多编辑技术中脱颖而出,被广泛接受与应用。

目前,根据Cas基因和复合物的性质,CRISPR/Cas系统被分为两大类,进一步根据Cas基因的特征可将其细分为6种类型。第1类CRISPR/Cas系统包含Ⅰ型、Ⅲ型和Ⅳ型,以多亚基Cas蛋白复合物为特征,由于其涉及多个Cas蛋白,研究难度大;第2类CRISPR/Cas系统包括Ⅱ型、Ⅴ型和Ⅵ型,只含有1个Cas蛋白。由于第2类CRISPR/Cas系统仅需要1个Cas

蛋白,因此该类系统目前得到了较快的发展与更深入的挖掘。来自产脓链球菌Ⅱ型CRISPR/Cas系统只需依赖1个Cas9核酸酶及2个RNA,即crRNA(CRISPR-derived RNA,crRNA)和tracrRNA(trans-activating RNA,tracrRNA)。CRISPR系统转录生成crRNA与系统编码tracr RNA结合形成向导RNA(single guide RNA,sgRNA),再与Cas9蛋白结合形成蛋白复合物,该复合物特异性识别并整合入侵的病毒及外源DNA序列后,Cas9蛋白具有核酸内切酶的活性,可将与crRNA互补的双链DNA切割,形成双链断裂,Cas9蛋白切割基因组产生平末端,引起生物体内发生同源重组(homologous recombination,HR)或非同源末端连接(non homologous end joining,NHEJ)进行修复,造成基因组特定位点出现碱基缺失或插入进而实现对基因组的定向修饰,导致入侵病毒或质粒DNA降解,抵御入侵的病毒及外源DNA,提供免疫防御(Hsu et al.,2014)。基于以上CRISPR/Cas9系统的优良特性,该系统现已逐步改良为一个由RNA引导靶向编辑DNA的平台,广泛用于基因编辑、转录干扰和表观遗传调节等方面(图9-5)。所以,Ⅱ型CRISPR/Cas9为代表的基因组编辑技术被认为是应用前景最广阔的基因组编辑技术。目前,已在植物、动物、真菌和病毒的基因组编辑方面得到了广泛应用。与此同时,第2类CRISPR/Cas的其他系统,如CRISPR/Cas12a(Cpf1)、Cas12b(C2c1)、Cas12c(C2c3)、Cas13等也相继被发现并报道。

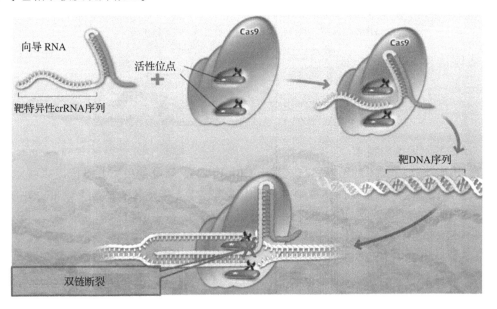

图9-5 CRISPR/Cas9系统的结构和工作原理

(2)CRISPR/Cpf1系统

2015年,张锋教授在改进CRISPR/Cas9系统方面取得了突破性的成果。在几百个来自细菌的蛋白酶中,张锋团队发现其中一个能防御病毒入侵并对核酸序列具有编辑能力的蛋白酶Cpf1(图9-6),与旧的CRISPR/Cas9系统相比较,CRISPR/Cpf1编辑靶基因序列更简单、高效且几乎没有脱靶效应。CRISPR/Cpf1系统为Type V型的CRISPR/Cas12a系统,其特异性识别5′端连续2个或3个胸腺嘧啶(T)的PAM序列(5′-TTN-PAMs),由crRNA和Cpf1两部分组成,Cpf1仅有RuvC-like结构域和推定的某核酸酶结构域,没有HNH结构域,具有5′端DNA与RNA切割能力。其作用机制与CRISPR/Cas9的作用机制大同小异。在CRISPR转录成crRNA

前体(pre-crRNA)后,由 Cpf1 切割 precrRNA 形成成熟的 crRNA,crRNA 通过识别靶序列 5′端富含胸腺嘧啶的 PAM 序列,引导 Cpf1 在 PAM 序列下游靶 DNA 链的第 23 位核苷酸和非靶 DNA 链的 18 位核苷酸处进行切割,产生 5 bp 凸出的黏性末端,引发 NHEJ 修复机制。与 CRISPR/Cas9 系统相比,CRISPR/Cas12a 系统只需在 crRNA 引导下即可对 DNA 双链进行切割,无须反式激活 crRNA 参与;Cpf1 的 crRNA 较 sgRNA 更短且其蛋白也比 Cas9 蛋白更小,有助于构建装载量小和多基因编辑的载体。

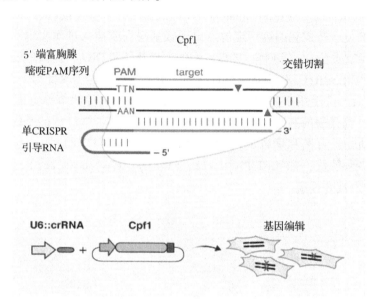

图 9-6　**CRISPR/Cpf1 系统的结构**(Zetsche et al., 2015)

(3)单碱基基因编辑技术

随着 CRISPR/Cas 技术的不断发展,基于 CRISPR/Cas 系统的单碱基基因编辑技术系统被开发出来,该技术是一种重要的精准靶向基因组编辑技术,将核苷酸脱氨酶与 nCas9-D10A 镍酶(nCas9)进行融合,在向导 RNA 的引导下可以在基因组特定的位点诱导点突变,该系统不需要引入 DSBs 或供体模板。目前的碱基编辑系统主要包含 4 种类型,即胞嘧啶碱基编辑器(cytidine base editor,CBE)、腺嘌呤碱基编辑器(adenine base editor,ABE)、糖苷酶碱基编辑器(C·G-to-G·C base editors,CGBE)和糖基化酶碱基编辑器(glycosylase base editors,GBE)。2016 年和 2017 年,刘如谦团队先后开发了胞嘧啶碱基编辑器(CBE),能够将 C·G 转换为 T·A,以及腺嘌呤碱基编辑器,能够将 A·T 转换为 G·C,这也是最初建立的两大类碱基编辑器。

①胞嘧啶碱基编辑　一种 APOBEC1(apolipoprotein B mRNA editing enzyme catalytic subunit 1)胞苷脱氨酶可以通过脱氨基将胞嘧啶的外环胺生成尿嘧啶,将胞嘧啶(C)转化为尿嘧啶(U),进而通过 DNA 复制或者修复的方式转化为胸腺嘧啶化酶抑制剂(uracil glycosylase inhibitor,UGI)及 nCas9-D10A 突变体的融合表达,该系统已成功在小麦、水稻、玉米等物种上实现安全高效的 C 到 T 的碱基替换编辑,且碱基替换与删除出现的概率很低。

②腺嘌呤碱基编辑　由来自大肠杆菌中的腺苷酸脱氨酶(tRNA adenosine deaminase enzyme,TadA)的突变体 TadA*和 nCas9-D10A 突变体组成,TadA*可将腺嘌呤(A)脱氨变为肌苷(inosine,I),肌苷在 DNA 复制时被识别为鸟嘌呤(G),最终实现 A 到 G 的转换(图 9-7)。

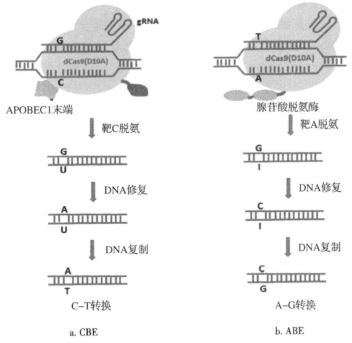

图 9-7 ABE 和 CBE 单碱基编辑系统的结构(Mishra et al., 2020)

③糖苷酶碱基编辑器 然而，对于 C·G 到 G·C 的碱基颠换突变，CBE 和 ABE 通常束手无策。2021 年年初，《Nature Biotechnology》同期发表两篇论文，报道了可实现 C·G 转换为 G·C 的碱基编辑新工具——糖苷酶碱基编辑器。同年，刘如谦团队对 CGBEs 进行了全面的改造与升级，构建出的新 CGBEs 的编辑效果有明显提升。

④糖基化酶碱基编辑器 因 CBE、ABE 和 CGBE 均有碱基颠换突变的局限性，2021 年，张学礼团队和毕昌昊团队联合攻关，设计构建了胞嘧啶脱氨酶-nCas9-Ung 蛋白复合物，创建出新型 GBE，开发了可实现 C·G 到 G·C 碱基颠换和 C·G 到 A·T 碱基颠换（图 9-8）。GBE 作为新一代碱基编辑技术，摆脱传统碱基编辑依赖多次 DNA 复制的缺点，直接将目标碱基特异性修改成目的碱基，该技术进一步完善碱基编辑系统，填补了现有碱基编辑技术的空缺，在国际上首次实现微生物基因碱基的任意编辑改造，极大提升了基因编辑和合成生物构建能力。

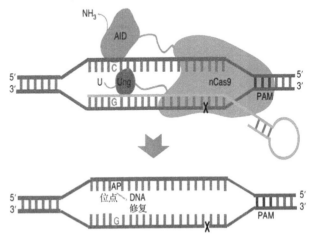

图 9-8 GBE 碱基编辑器示意图(Zhao et al., 2020)

由于作物的许多重要农艺性状是由单核苷酸多态性造成的，因此，碱基编辑系统的开发对作物的遗传改良具有重要意义与价值。高效、精准实现任意碱基替换、增添或删除的基因组定向编辑技术体系在植物育种和基因功能研究中具有推动作用。

（4）引导编辑技术

2019年，刘如谦团队在哺乳动物中开发了全新的基因组引导编辑系统。该技术的问世更是将基因编辑技术推向了新高潮。该系统由nCas9（H840A）融合逆转录酶（RT）和pegRNA（prime engineered guide RNA）两部分组成（图9-9）。pegRNA通过在sgRNA骨架的3′端引入PBS序列（primer binding site）结合到nCas9断裂的非靶标链上，逆转录酶根据其携带的RT模板逆转录出相应的含有目的突变的单链DNA。细胞进一步通过DNA损伤修复把目的突变引入基因组。2020年，高彩霞与刘如谦合作成功建立并优化了适用于植物的引导编辑系统（plant prime editing，PPE），并在重要农作物水稻和小麦基因组中实现精确的碱基替换、增添或删除。研究人员首先通过PPE系统在水稻和小麦原生质体中实现了16个内源位点的精准编辑，包括12种类型的单碱基替换、多碱基替换、小片段的精准插入和删除，编辑效率最高可达19.2%。进一步研究发现，该系统的编辑效率受到PBS和/或RT模板长度以及缺刻的sgRNA位置的影响。研究人员对PPE系统进行了一系列的优化，发现37℃条件下培养可以显著提升该系统的编辑效率（1.6倍），通过引入核酶对pegRNA进行自加工，也可以在部分位点提高编辑效率。最后，研究人员通过PPE成功获得了单碱基突变、多碱基突变及精准删除的水稻突变体植株，效率最高可达21.8%，这些突变均难以通过现有的基因编辑系统实现。虽然PPE系统在部分位点上C：G>T：A或A：T>G：C的效率低于单碱基编辑系统，但是该系统可以实现所有类型的碱基置换，以及碱基增加和删除。PPE极大地扩展了植物基因组编辑范畴，为植物基因组功能解析及实现作物精准育种提供了重要技术支撑。

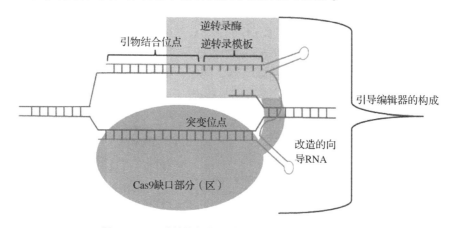

图9-9　PE碱基编辑器示意图（Zhao et al.，2020）

9.3.1.2　CRISPR/Cas基因编辑系统在牧草育种中的应用

目前，我国苜蓿等优质草种和饲草产品缺口较大，无法满足畜牧业生产的消费需要，导致苜蓿大量进口，对我国的饲料产业和畜产品安全造成严重威胁。我国牧草育种起步晚，品种少，种子产量低，传统育种周期长，而转基因技术的应用又受各种风险因素限制，无法满足我国草牧业的发展。通过分子育种与传统育种相结合，加快培育高产优质牧草新品种，对于解决我国饲料作物生产和畜产品安全等问题至关重要。

现代牧草育种的目标主要是培育高产优质抗逆性强的品种。我国草类植物资源十分丰富，长期生存于干旱、低温、土壤贫瘠和盐碱化等严酷环境下的野生植物在漫长的进化过程中，形成了独特的逆境适应机制，蕴涵着丰富的抗逆基因资源，在优良牧草和农作物抗性遗传改良方面具有潜在的应用价值。近年来，我国已在牧草分子育种方面积累了一定的成果，现已在不同植物当中鉴定并分离克隆许多与产量、品质、抗除草剂、抗虫抗病、代谢调控和抗非生物逆境胁迫相关的基因，这些基因的有效利用将推动牧草育种的快速发展。然而，由于这些野生植物生活周期长、遗传背景和生物学性状十分复杂，很难利用传统的基因突变技术对其功能基因展开系统研究。因此，CRISPR/Cas9 技术及衍生技术的发展无疑为研究野生草类植物抗逆基因的功能提供了强有力的技术支持，从而为系统阐明这些植物的逆境响应机制，并将其用于牧草的遗传改良和品种培育中。

与其他技术相比，CRISPR/Cas9 技术具有明显的优势，基因编辑育种仅用于编辑植物内源基因，该技术体系完成对靶标基因的遗传编辑后，可在后代配子形成过程中随着染色体的分离而去除，在编辑后代中无转基因的痕迹，无须引用外源基因，因此生物安全性高。Zhang 等采用瞬时表达 CRISPR/Cas9 技术，通过结合基因编辑后细胞离体培养再生获得基因编辑后代植株。用该方法在小麦中顺利培育出了一种无转基因的基因组定点编辑突变植株。Woo 等将纯化好的 Cas9 蛋白和 gRNA 直接瞬转到原生质体中，经过组织培养获得了经过基因编辑的突变体。这种非外源基因转化方法可降低公众对传统转基因的顾虑。该技术为牧草遗传改良提供了有力的技术支撑，在牧草育种方面具有广阔应用前景。

在豆科牧草育种中，2016 年 Wang 等在豆科模式植物百脉根中利用 CRISPR 技术成功实现 $LjLb1$、$LjLb2$ 和 $LjLb3$ 的多基因敲除，导致百脉根产生白色根瘤。Gao 等通过 CRISPR/Cas9 技术编辑了紫花苜蓿中的鳞状启动子结合蛋白 9 基因（$SPL9$）。Michno 等利用 CRISPR/Cas9 系统通过根毛转化使紫花苜蓿体细胞中的目标基因发生突变。Meng 等通过 pFGC5941 构建 CRISPR/Cas9 基因编辑载体，苜蓿 U6 启动子驱动 sgRNA，35S 启动子驱动 Cas9 蛋白，定点敲除紫花苜蓿的 PDS 基因，并成功获得 10.35% 的 T_0 代纯合敲除突变体。宋时洋研究发现，$Medtr3g079850$ 和 $Medtr8g089360$ 只在紫花苜蓿根瘤中特异表达，并发现利用 CRISPR/Cas9 技术敲除这 2 个基因后，紫花苜蓿的发根长度、结瘤能力、根瘤数量、有效根瘤数均有所下降。霍智慧利用 CRISPR/Cas9 技术对紫花苜蓿 $MsCAMTA1$ 基因进行编辑。2020 年，Zengyu Wang 实验室公布了一个可高效编辑紫花苜蓿的载体。上述研究工作为苜蓿等豆科植物功能基因组学研究提供了重要的研究工具，同时为 CRISPR/Cas9 技术应用于紫花苜蓿等具有复杂基因组豆科饲草作物的遗传改良提供研究思路和技术参考。

在禾本科牧草中，于东洋等利用 CRISPR/Cas9 技术对燕麦乙酰辅酶 A 羧化酶（ACCase）基因进行编辑，为培育抗除草剂燕麦奠定了技术基础。利用 CRISPR/Cas9 技术，张文静等首次在蒙古冰草中建立了瞬时转化体系，并在原生质体水平对落粒性基因 $sh1$ 进行编辑，发现突变类型主要为小片段缺失和点突变。刘瑶瑶通过 CRISPR/Cas9 系统对二穗短柄草 $Bra1$ 基因进行编辑，并获得基因编辑阳性株系，检测到单碱基缺失或插入突变，为打破农作物抗降解屏障，培育易降解的新品种，从源头提高秸秆生物质降解转化效率奠定了基础。林萌萌利用 CRISPR/Cas9 技术编辑大麦（$2n=2X=14$）乙酰辅酶 A 羧化酶基因。王梦瑶运用 CRISPR/Cas9 系统对大麦维生素 E 合成相关基因进行编辑。宋晓伟应用 CRISPR/Cas9 技术对大麦棱型皮裸基因进行编辑。2021 年，Zhang 等利用 CRISPR/Cas9 和 CRISPR/Cpf1 系统对高羊茅 $FaPDS$ 基因和 $FaHSP17.9$ 基因进行编辑，并获得了突变体。韩烈保等利用 CRISPR/Cas9 对二穗短柄草 $BdFLS2$ 基因进行了定向的基因编辑，$FLS2$ 基因为植物抗病免疫相关的重要基因，是一类在植物中保守存在的可识别细菌鞭毛蛋白并激活位于植物先天免疫反应第一层面的重要的植物模式识别受体（pattern recognition receptors，PRRs），该项研究为草坪草植物先天免疫的进一步研究奠定了基础。2020 年，姜倩倩等通过原生质体瞬时表达建立了多年生黑麦草 $LpCKX1$ 基因的

CRISPR/Cas9 靶向编辑体系。2019 年，张睿将 *ZjSGR* 基因的 sgRNA 与 Cas9 蛋白在体外于 Cas9 蛋白反应缓冲液中预混，通过基因枪法将混合液导入结缕草胚性愈伤组织中，以期获得非转基因的基因编辑植株。

可以预见，随着技术的不断发展完善，CRISPR/Cas9 系统及其相关的衍生技术将在植物关键功能基因的鉴定以及作物和优良牧草分子设计育种等领域得到广泛应用，从而造福于农业生产的可持续发展和生态环境安全。

9.3.2 全基因组选择

9.3.2.1 全基因组选择的概念及其原理

全基因组选择(genome-wide selection, GWS)又称基因组选择(genomic selection, GS)，由 Meuwissen 于 2001 年首先提出。主要是通过全基因组中大量的分子标记和参照群体(training population)的表型数据建立 BLUP 模型估计出每一标记的育种值，然后仅利用同样的分子标记估计出后代个体育种值并进行选择。是一种利用覆盖全基因组的高密度标记进行选择育种的新方法，可通过早期选择缩短世代间隔，提高育种值(genomic estimated breeding value, GEBV)估计准确性等加快遗传研究进展，尤其对低遗传力、难测定的复杂性状具有较好的预测效果，真正实现了基因组技术指导育种实践。

全基因组选择理论主要利用连锁不平衡信息，即假设标记与其相邻的数量性状基因位点处于连锁不平衡状态，因而由相同标记估计的不同群体的染色体片段效应是相同的，这就要求标记密度足够高以使所有的数量性状基因位点与标记处于连锁不平衡状态。而目前随着拟南芥、水稻、玉米等植物基因组序列图谱及 SNP 图谱的完成或即将完成，提供了大量的 SNP 标记用于基因组研究。而随着 SNP 芯片等大规模高通量 SNP 检测技术的发展和成本的降低，使得全基因组选择应用成为可能。GS 的实现主要分 3 个步骤：首先，对参与分析的所有个体，利用覆盖其全基因组范围的分子标记进行基因型分型、过滤，获得基因型数据；其次，选择合适的训练群体(training population, TP)，调查其表型，根据表型和基因型数据构建数学模型，估计每个分子标记的效应；最后，利用这些效应值对仅有基因型数据的育种群体(breeding population, BP)估计其对应的基因组育种值，并筛选出育种值较大的个体。基因组选择考虑了全基因组范围的 SNP 标记，有效地提高了选择的准确性，尤其是对低遗传力的数量性状。基因组选择不需要测量所有个体的表型，可以同时对多个性状进行选择，显著地提高了育种效率，降低成本。

9.3.2.2 全基因组选择育种在牧草育种上的应用

全基因组选择育种最初主要应用于畜禽育种，在奶牛、猪、鸡、绵羊等应用较成功。20 世纪初，全基因组选择育种方法开始在农作物上研究和应用。目前，在玉米、水稻、大豆、鹰嘴豆等作物均有广泛的应用，但在牧草中的应用主要集中在紫花苜蓿上。2015 年，Brummer 等基于基因型测序(genotyping-by-sequencing, GBS)数据对苜蓿的两个亲本进行全基因组选择，并对生物量进行了全面的评估。2018 年，王赞课题组基于基因型测序对 75 份紫花苜蓿种质的 322 个基因型分别进行了与产量和营养价值相关的 15 个农艺性状和品质性状的全基因组选择研究。结果表明，部分农艺性状(如秋季株高、花期和植株再生)具有较高的预测精度，因此在苜蓿育种中对这些性状进行基因组选择是可行的。2020 年，Yu 等利用 GWAS 和 GS 方法在同源四倍体紫花苜蓿育种群体中鉴定与耐盐性相关的位点，并利用等位基因剂量的 SNP 标记预测育种价值。对盐胁迫下的生物量和植物生长活力等农艺性状进行了田间评价。全基因组

DNA标记采用GBS开发，用于GWAS和GS，并利用8个基因组预测模型对苜蓿基因座的耐盐性进行了预测。

全基因组选择可以加快作物育种进程。经过第1代鉴定表现型，并建立基因型和表现型的关系后，接下来的全基因组选择可以在温室通过反季节加代来进行，一年可以完成3个轮回的选择。育种进程由常规的5~8年缩短到3~5年，通过全基因组选择还可以有效地降低育种成本。此外，全基因组选择可以在基础群体中对多个数量性状进行表型检测并且对各个标记的效应进行估计，在育种群体中利用相同的SNP标记对所有性状进行分析。尤其是高通量基因分型检测与分析等新型技术的出现不仅为基因的定位、表达研究提供了新的工具，而且大大降低了分子标记应用的费用。因此，全基因组选择方法在牧草育种上的应用研究必将迎来一个迅速发展的时代。

思考题
1. 试述传统育种与转基因育种的区别。
2. 试述牧草基因工程的应用现状。
3. 详述转基因植株筛选鉴定的关键技术环节。
4. 转基因育种的选择标记系统可分为哪两种类型？有什么特点？
5. 阐述转基因牧草的遗传特点。
6. 试述转基因牧草的安全性评价的必要性。
7. 说明应用于牧草标记辅助育种的分子标记的类型与特点。
8. 阐述分子设计育种与基因编辑技术应用于牧草育种的前景。
9. 简述全基因组选择的概念及其原理。

第 10 章
豆科牧草育种

我国幅员辽阔，地域生态地理条件复杂多样，植被水平分布及垂直分布差异明显，多样的草地类型及复杂的生态地理条件造就了牧草种质资源的多样性。20 世纪 80 年代，全国草地及饲用植物调查和研究表明，我国拥有饲用植物 246 科 1 545 属 6 704 种（包括亚种、变种和变型）。被子植物中可供家畜饲用的野生牧草种类非常多，饲用和经济价值大，有 177 科 1 391 属 6 262 种（包括亚种、变种和变型），其中豆科有 123 属 1 231 种。

10.1 豆科牧草种质资源

豆科（Leguminosae）来自双子叶植物纲蔷薇目，是人类和动物食物和营养来源的最重要的科。豆科植物作为重要的作物和牧草资源，为人类和动物提供了大量的蛋白质。人类蛋白质营养中 33% 由豆科植物提供。用作食用类的豆科作物有大豆、豌豆、蚕豆等各种豆类和落花生等。豆科牧草包括一些蛋白质含量高，具有优良饲草品质的重要牧草，为牲畜提供大量的蛋白质，包括苜蓿、三叶草、紫云英、毛苕子、柱花草等，也是重要的绿肥作物和蜜源植物。豆科中的油料类作物种子含油量高，是食用油脂和工业用油的重要资源，如大豆、落花生等。此外，豆科材用类乔木也很多，包括合欢、黄檀、皂荚、格木、红豆、槐等。另外，共生固氮作用是豆科的特征，豆科植物中根瘤菌共生固氮系统的生物固氮是生物圈中氮循环的主要氮源之一，豆科牧草可以固定和利用大气中的游离态氮素，对土壤的理化性质有较强的改善作用，是主要的绿肥。据联合国粮食及农业组织（FAO）1995 年估算，全球每年由生物固定的氮量已近 2×10^6 t（相当于 4×10^8 t 尿素），约占全球植物需氮量的 3/4。

豆科是种子植物的第三大科，仅次于菊科和兰科，共约 650 属 18 000 余种，广泛分布于全世界各种环境。我国有 172 属 1 485 种 13 亚种 153 变种 16 变型，各省（自治区）均有分布。豆科有草本、灌木或亚灌木以及乔木，直立或攀缘，常有能固氮的根瘤。叶常绿或落叶，花两性，稀单性，辐射对称或两侧对称，通常排成总状花序、聚伞花序、穗状花序、头状花序或圆锥花序，果为荚果。

豆科包括含羞草亚科（Mimosaceae）、云实亚科（Caesalpiniaceae）和蝶形花亚科（Papillionaceae）3 个亚科。含羞草亚科的花辐射对称，花瓣与萼齿同枚，镊合状排列，稍不相等，芽时最上的在内面，雄蕊 10 枚或少于此数，常分离。蝶形花科的花两侧对称，花冠蝶形，最外的或最上的为旗瓣，侧面一对为翼瓣，最内一对为龙骨瓣，雄蕊 10 枚，全部分离或其中 1 枚分离而其他 9 枚合生或全部合生，或有时少于 10 枚。云实亚科都是木本，有乔木也有灌木，花序总状，稍微呈两侧对称，分离，花瓣上升覆瓦状排列，5 枚左右对称的花瓣，雄蕊 10 枚或较少，多数分离。

2020 年《中国草种质资源库保存名录》收录了全国畜牧总站牧草种质中心库、中国农业科学院草原研究所温带牧草备份库和中国热带农业科学院热带作物品种资源研究所牧草备份库收集的豆科种质资源材料 97 属 401 种 6 194 份，其中野生资源 2 910 份，引进资源 2 561 份，栽培资源 723 份。豆科植物中有些作物和牧草因长期进化或者人工培育而具有了庞大和复杂的基因组，豆科不同物种的基因组大小有较大差异。如蚕豆基因组超过 13 000 Mbp，而一些扁豆属植物基因组仅有 370 Mbp。就整个豆科栽培作物而言，基因组的长度平均在 1 300 Mbp 以下，结构较为复杂。

在我国古代的本草古籍中便记载了大量的豆科植物。例如，黄芪药用历史迄今已逾 2 000 年，始见于 1973 年湖南省长沙市马王堆三号汉墓出土的帛书《五十二病方》。

豆科植物对于土壤改良和农田轮作是非常有价值的，因为这些含氮的根部增加土壤中的氮素，或将全株植物犁入土中作为绿肥，改良土壤效果显著。

豆科牧草主要来自蝶型花亚科，有 600 属 10 000 多种，分布在全世界各地。大部分为草本，也有木本植物和藤本植物。对豆科牧草而言，重要的族和属有菜豆族、车轴草族、野豌豆族、山羊豆族、岩黄芪族、百脉根族等。我国各省（自治区）均有豆科植物分布，典型的温带牧草属有苜蓿属（*Medicago* Linn.）、车轴草属（*Trifolium* Linn.）、黄芪属（*Astragalus* Linn.）、岩黄芪属（*Hedysarum* Linn.）、棘豆属（*Oxytropis* DC.）和锦鸡儿属（*Caragana* Fabr.）等。豆科牧草主要分布于我国西北干旱草原区，构成旱生的灌丛和荒漠植被。豆科牧草在我国草原上的种类不是很多，生物量一般占整个草群生物量的 3%~10%，资源价值极其重要。例如，广泛分布于内蒙古草原区的锦鸡儿属牧草具有发达的根系，可以防风固沙，保持水土，发挥良好的生态效益，是我国荒漠、半荒漠、干草原及黄土高原地区的水土保持固沙植物，而且具有饲用、绿肥、薪炭、蜜源、入药、木质纤维等资源价值。

10.2　豆科模式植物遗传基础研究

模式生物是指在人们研究生命现象过程中长期、反复作为研究材料的物种，模式生物研究中得出的许多生命活动规律往往代表了许多物种共同的规律。21 世纪以来，模式植物的基因组学研究进展迅速，为豆科牧草育种提供了理论基础。鉴于豆科植物的重要性和生物固氮研究的需要，法国等欧盟国家和美国先后以蒺藜苜蓿（*Medicago truncatula*）为材料设立了国际豆科模式植物基因组研究计划，使蒺藜苜蓿成为令人关注的豆科模式植物，也是继拟南芥（*Arabidopsis thaliana*）和水稻（*Oryza sativa*）之后第 3 个完成全基因组序列测定的模式植物。

大多数豆科栽培植物的基因组太大并且结构复杂，缺乏有效的遗传转化体系，难以进行基因组分析。由于蒺藜苜蓿具有高的遗传转化效率、生长期短、染色体组为 2×8、基因组小、自花授粉、固氮等特点，使蒺藜苜蓿成为豆科生物学和基因组学研究的模式植物。特别是蒺藜苜蓿可以建立起有效的分子遗传和反向遗传学的分析研究体系。这在豆科作物中尤为重要。属于豆科百脉根属的百脉根（*Lotus corniculatus*）也曾经被作为豆科模式植物，但是，百脉根与豆科作物之间的遗传距离较远，作为植物研究的模式植物，必须具备研究内容的代表性或典型性，同时在技术上便于研究。由于蒺藜苜蓿与苜蓿等豆科牧草的遗传关系较近，在近年的比较基因组学研究中蒺藜苜蓿发挥了重要作用。

蒺藜苜蓿作为模式植物主要有以下几个方面的特点：①生长快，生活周期短，生育期一般在 80~100 d，筛选出的最短生育期种质的生育期仅 38 d。②蒺藜苜蓿具有高的遗传转化效率。

③二倍体遗传，染色体组为 $2×8(2n=16)$。④基因组小，全基因组 470 Mb。⑤自花授粉。⑥蒺藜苜蓿固氮效率高，与根瘤菌和根际真菌有良好的共生关系，可以被目前研究最广泛的苜蓿中华根瘤菌（*Sinorhizobium meliloti*）侵染，中华根瘤菌的全序列基因组测序已经完成。因此，蒺藜苜蓿在生物固氮研究方面发挥着重要作用，也为探索植物机体积累高蛋白含量的机制提供了有效途径。⑦蒺藜苜蓿的次生代谢物质丰富，是重要的次生代谢物质的研究材料。⑧蒺藜苜蓿与苜蓿等豆科植物的遗传关系较近。

蒺藜苜蓿，豆科苜蓿属一年生牧草，原产地中海地区。因其种子荚果螺旋紧密，具有硬刺，称为蒺藜苜蓿，也有译为截形苜蓿或截叶苜蓿。豆科苜蓿属一年生牧草金花菜（*Medicago polymorpha*），俗称秧草，又称南苜蓿，在我国长江中下游地区作为绿肥和风味蔬菜食用，因其含有丰富的黄酮类物质、酚酸、萜类、皂苷、有机酸等次生代谢产物，适应性广，遗传多样性丰富，容易栽培，基因组大小与蒺藜苜蓿相当，便于开展分子生物学研究。因此，也作为豆科模式植物，成为继蒺藜苜蓿之后，第二个完成全基因组测序的豆科模式植物。

全基因组测序提供了蒺藜苜蓿结构基因组的初步信息，也为构建与其他植物的比较图谱打下了基础。通过比较作图，可以获得蒺藜苜蓿和苜蓿、大豆、豌豆以及拟南芥等植物基因组相互之间的共线性关系，构建比较图谱，为豆科基因组的深入研究提供条件。研究证明，豆科模式植物82%的基因在蒺藜苜蓿和金花菜这两个基因组上是保守的。蒺藜苜蓿基因组测序最直观的收获就是得到了大批量的表达序列标签（expressed sequence tag，EST）。同时，根据与蒺藜苜蓿基因组序列的共线性关系，我们可以对其他豆科作物克隆的基因进行作图定位。例如，在根瘤组织的结瘤因子的特异性和信号识别方面发挥功能的豌豆 *sKUZ* 基因，通过染色体步移，被定位在了蒺藜苜蓿的 BAC 上。再通过豌豆与蒺藜苜蓿序列的微共线性，也被作图定位在豌豆基因组中。已经有大量通过蒺藜苜蓿序列克隆到的基因，如铝抗性基因、种子形态相关基因和抗病性相关基因被定位在了豆科作物基因组图谱上。

10.3 豆科牧草育种

豆科牧草育种研究主要集中在苜蓿、三叶草、毛苕子等牧草中。国家草品种审定的豆科牧草种有苜蓿、三叶草等 18 个豆科牧草种，见表 10-1 所列。

表 10-1 国家草品种审定委员会 2009—2019 年审定通过的豆科牧草种类

序号	种	属	数量	序号	种	属	数量
1	紫花苜蓿	苜蓿属	24	10	饲用大豆	大豆属	1
2	杂花苜蓿	苜蓿属	1	11	圆叶决明	决明属	1
3	金花菜	苜蓿属	1	12	豇豆	豇豆属	1
4	黄花草木樨	草木樨属	1	13	硬皮豆	硬皮豆属	1
5	白花草木樨	草木樨属	1	14	白三叶	三叶草属	1
6	箭筈豌豆	野豌豆属	3	15	红三叶	三叶草属	4
7	胡枝子	胡枝子属	2	16	柱花草	笔花豆属	1
8	小冠花	小冠花属	1	17	豌豆	豌豆属	1
9	秣食豆	大豆属	2	18	紫云英	黄耆属	1

对豆科牧草的研究与利用,对维持草地健康生长和草地改良具有重要作用。三叶草属牧草起源于欧洲和地中海地区,在全球有上百年的栽培历史,是豆科牧草中分布范围最广的一类牧草,农业经济价值较高。紫花苜蓿在世界上广泛栽培种植,作为牧草之王,已经建立起全球苜蓿青干草生产和国际贸易体系。苜蓿的遗传育种研究在众多牧草中独领风骚。

10.3.1 苜蓿育种

10.3.1.1 苜蓿与苜蓿属种质资源

紫花苜蓿(*Medicago sativa*)为豆科苜蓿属多年生草本植物,简称苜蓿,美国称为 alfalfa,澳大利亚称为 Lucerne。苜蓿属牧草起源于地中海地区至中亚的广大地区,现广泛分布于世界温暖地区,应用于栽培农业系统和放牧草地,生产苜蓿青干草、裹包青贮等各种苜蓿草产品。

苜蓿属(*Medicago*)植物由瑞典植物学家林奈于 1753 年命名建立。由于苜蓿属内种间和种内具有天然频繁杂交的现象,致使其属内种间、种群间存在巨大遗传学变异和联系,造成苜蓿属植物分类的困难和纷争。1873 年,Urban 将全世界苜蓿属植物分为 11 组 46 种;1979 年,Lesins 等依据形态和染色体数目等分类方法,将苜蓿属分为 4 亚属 56 种。Quiros 于 1988 年依据杂交实验,提出了紫花苜蓿复合体的概念,将苜蓿属分为 54 种。E. Small 于 1989 年依据苜蓿蝶形花的弹粉机制,将苜蓿属植物确定在 83 种,划分为 10 组 4 亚组,其中多数为一年生,少数为多年生。通常所称苜蓿,包括多年生紫花苜蓿(*M. sativa*)以及紫花苜蓿与黄花苜蓿(*M. falcata*)的杂交种。紫花苜蓿、黄花苜蓿以及由紫花苜蓿与黄花苜蓿天然杂交形成的杂花苜蓿统称黄花-紫花苜蓿复合体。苜蓿属牧草有时也统称苜蓿。我国植物分类中有杂花苜蓿(*M. varia*),又称多变苜蓿,是苜蓿属的一个多年生种。我国是多年生苜蓿和一年生苜蓿的重要分布区,苜蓿是我国传统的栽培牧草。

全世界苜蓿的栽培面积估计达 $3\,300\times10^4\ \text{hm}^2$,约占栽培牧草总面积的 90% 以上,其中以美国栽培面积最大,达 $1\,080\times10^4\ \text{hm}^2$,约占其栽培草地面积的 44%。美国、加拿大、智利、澳大利亚和西班牙等国家为目前世界苜蓿产品的主要出口国,日本等亚洲国家则是苜蓿产品的主要进口国。2008 年后,我国苜蓿产品贸易进口量急剧增长,至 2022 年达到 $159.61\times10^4\ \text{t}$。目前我国苜蓿商品市场规模庞大,进口量和国内生产量各占 50%,成为世界第二大的苜蓿进口国。进口来源国也有所增加,包括美国、加拿大、西班牙、南非、吉尔吉斯斯坦等国家。

我国是苜蓿属植物资源分布最丰富的地区之一,已经记载的种类较多。《中国主要植物图说——豆科》记载为 7 种,《中国沙漠植物志》记载为 10 种,《中国苜蓿》记载为 12 种 3 变种 6 变型。1990 年,吴仁润、卢欣石对我国苜蓿属内的种数(包括野生、引进与栽培种)进行了统计整理,得出我国拥有苜蓿属内植物 37 种(含亚种与变种等)。

苜蓿属植物全世界 83 种,其中 25 种作为牧草和绿肥栽培利用,但只有紫花苜蓿栽培最为广泛,以"牧草之王"著称。苜蓿属牧草大多数为一年生,约占 2/3,另外 1/3 为多年生。苜蓿属种质资源倍性多样,拥有从二倍体($2n=2X=14$ 或 $n=2X=16$)到四倍体($2n=4X=32$),再到八倍体的倍性水平。栽培苜蓿基本为四倍体,也有栽培水平的二倍体。一年生苜蓿蒺藜苜蓿作为豆科模式植物被深入研究。一年生苜蓿金花菜作为风味蔬菜和绿肥被广泛利用。截至 2021 年,我国已审定通过苜蓿品种 117 个。其中,育成品种 52 个。苜蓿在我国西北、华北、东北、内蒙古等地均广泛栽培,南方各地也有栽种,是我国栽培面积最大的牧草,栽培面积大约 $377.5\times10^4\ \text{hm}^2$。

苜蓿根系发达，主根粗大，入土很深，可达 3 m 以上。根部上端略膨大处为根茎，是分枝及越冬芽着生的部位。苜蓿根茎形态与耐寒性和耐牧能力有关。茎直立，光滑，一般高 100~150 cm。根茎上一般有 25~40 个分枝，多者可达 180 个左右。叶量多，全株叶片约占鲜草质量的 45%~55%。总状花序，由 20~30 朵小花组成，花紫色或深紫色。异花授粉，虫媒花，温度达 30℃ 左右时，龙骨瓣能自行开放。荚果螺旋形，2~4 回，不开裂，每荚有种子 2~8 粒。种子呈肾形，黄色，千粒重 1.5~2 g。

据考证，紫花苜蓿公元前 700 年就已开始在古波斯（今伊朗）种植，是世界上最早的栽培牧草。因此，认为中东地区是苜蓿的起源地。苜蓿的起源一般认为是在伊朗等"近东中心"的小亚细亚、外高加索、伊朗和土库曼斯坦高地，随后通过入侵的军队、探险家和传教士等从伊朗逐步传播到欧洲、北非、阿拉伯半岛、南美等地区，逐步分布于世界各地。苜蓿产量高，品质好，适应性广，经济价值高，从欧洲的西班牙、意大利到美洲的美国、巴西，从非洲的南非到澳大利亚，从北美洲的加拿大高寒地区至非洲的热带、亚热带地区均有产业化栽培生产。世界各国均十分重视苜蓿资源的引种和研究。除美国以外，欧洲、加拿大等每年也有不少苜蓿新品种面世。我国栽培苜蓿的历史悠久，种质资源丰富。在长期的自然选择和人工栽培条件下，形成了许多适应我国各地生态条件的苜蓿地方品种，如北疆苜蓿、新疆大叶苜蓿、河西苜蓿、陇东苜蓿、陇中苜蓿、天水苜蓿、关中苜蓿、陕北苜蓿、晋南苜蓿、偏关苜蓿、沧州苜蓿、无棣苜蓿、肇东苜蓿、内蒙古准格尔苜蓿、'敖汉'苜蓿、淮阴苜蓿等。据耿华珠等在《中国苜蓿》一书中的划分，我国苜蓿品种可分为东北平原生态型、华北平原生态型、黄土高原生态型、江淮平原生态型、汾渭平原生态型、新疆大叶生态型和内蒙古高原生态型共 7 个生态型。甘肃农业大学李逸民、曹致中依据 55 个苜蓿品种的生育期试验结果，又将我国苜蓿品种划分为早熟、中熟、中晚熟和晚熟 4 个类型。并指出，早熟品种（如关中苜蓿）具有植株矮小、基生分枝少，茎细叶小，基生分枝产生花序节位低，花序紧凑，花较少等特性。晚熟品种（如新疆大叶苜蓿）具有植株高大，基生分枝多，茎粗壮，叶宽大，基生分枝产生花序节位高，花序长而花多等特性。

苜蓿为同源四倍体（$2n=4X=32$），具有很高的杂交水平，具有包括非整倍体在内的从 2X 到 8X 的倍性系列。苜蓿绝大多数种的配子染色体数（n）都是以 8 个染色体为基数的整数倍，只有 5 个一年生物种的性细胞染色体基数为 7 个。$X=7$ 的染色体是由 $X=8$ 的染色体组经过染色体重组演变而成。绝大多数一年生苜蓿是二倍体，体细胞染色体数是 $2n=16=2X$，如豆科模式植物蒺藜苜蓿。近半数的多年生苜蓿是四倍体，体细胞染色体数是 $2n=32=4X$，如紫花苜蓿，而黄花苜蓿既有四倍体，也有二倍体。其中，二倍体黄花苜蓿抗逆性强，是创新苜蓿种质的优异资源。

10.3.1.2　苜蓿育种概况与育种目标

(1) 苜蓿育种概况

苜蓿于 1850 年从欧洲传入美国加利福尼亚州后便很快在美国扩散，逐渐形成了适于美国各地生态条件的地方品种。这一类品种在美国统称普通苜蓿（common alfalfa），是一个具有优良经济性状和广泛遗传基础的群体。19 世纪中后期至 20 世纪前期，美国先后从土耳其引入了抗病力强的'土耳其'（'Turkistan'）苜蓿，从德国引入了耐寒性较好的'格林'（Grimm）苜蓿，分别从印度克什米尔和苏联哥萨克地区引入了适于寒冷干燥气候条件下生长的'拉达克'（'Ladak'）苜蓿和'哥萨克'（'Cossack'）苜蓿，分别从秘鲁、印度和埃及引入了生长和再生迅速、适应南部灌溉地区栽培的'Peruvian'苜蓿、'Indian'苜蓿和'Egyptian'苜蓿，丰富了苜蓿的种质资源。经育种家近一个世纪的努力，美国育成了许多著名的苜蓿品种。例如，从普通苜蓿中选育出了'Buffalo'、'Willianmsburg'、'Cody'等适宜在温暖湿润地区生长，生长迅速，产草量高的优良品种。从土耳其苜蓿中选育出了'Marlboough'、'Hardistan'、'Nemastan'、'Orstan'、'Lahentan'、'Washoe'等适于干旱地区栽培，且抗病和抗虫能力均较强的品种。从'格林'苜蓿、'拉达克'苜蓿和'哥萨克'苜蓿中选育出了栽培应用甚广的'Ranger'品种。当今美国苜蓿的育成品种中，有一半以上是从'土耳其'苜蓿、'格林'苜蓿、'拉达克'苜蓿和'哥萨克'苜蓿中选育出来的。丰富的种质资源为美国苜蓿育种提供了坚实基础。从2004—2015年共登记苜蓿品种733个。

自20世纪50年代以来，我国有关农业科学研究院所、高等农业院校在对我国苜蓿种质资源收集整理和鉴定评价，在引进国外育种资源的同时，开展了针对我国北方各地生态条件紫花苜蓿育种工作。中国农业科学院畜牧研究所收集了国内外苜蓿种质材料400余份，选育了丰产性、再生性和持久性较好，抗逆性和抗病虫性较强的保定苜蓿、耐盐的'中苜1号'等品种。吉林省农业科学院选育的'公农1号'和'公农2号'紫花苜蓿，内蒙古农牧学院选育的'草原1号'和'草原2号'杂花苜蓿，甘肃农业大学选育的'甘农1号'、'甘农2号'杂花苜蓿和'甘农3号'苜蓿，内蒙古图牧吉牧场选育的'图牧1号'苜蓿等品种则具有很好的耐寒性和越冬性，可以在生态环境较严酷地区种植，并有较高的产草量和种子产量。据统计，2015年6月前，我国通过全国草品种审定委员会审定登记的苜蓿品种有80个，其中育成品种37个，地方品种20个，国外引进品种18个，野生驯化品种5个。育成品种以抗寒、耐盐碱、抗病虫、耐牧和优质高产型为主，育种目标主要以适应性和产量为主（表10-2）。随着苜蓿种植面积的扩大、对产量等要求的提高及现代育种技术的应用，我国苜蓿育种工作加速发展。近年来，随着草业生产的发展，苜蓿在农牧交错区发展很快。为适应苜蓿草生产高产高效的需要，我国从国外引进了许多适于温暖地区栽培的高产品种。

表 10-2　我国苜蓿育成品种及主要特征

种	品种	学名	主要特征	适应区域
紫花苜蓿	'中苜1号'	*M. sativa* L. cv. Zhongmu No. 1	耐盐	黄淮海及类似地区
	'中苜2号'	*M. sativa* L. cv. Zhongmu No. 2	产草量高	
	'中苜3号'	*M. sativa* L. cv. Zhongmu No. 3	耐盐性好	
	'中苜4号'	*M. sativa* L. cv. Zhongmu No. 4	产草量高	
	'中苜5号'	*M. sativa* L. cv. Zhongmu No. 5	耐盐、高产	
	'中苜6号'	*M. sativa* L. cv. Zhongmu No. 6	产草量高	
	'甘农3号'	*M. sativa* L. cv. Gannong No. 3	产草量高	西北地区
	'甘农4号'	*M. sativa* L. cv. Gannong No. 4	产草量高	
	'甘农5号'	*M. sativa* L. cv. Gannong No. 5	高抗蚜虫、兼抗蓟马、高产	
	'甘农6号'	*M. sativa* L. cv. Gannong No. 6	干草和种子双高产	
	'甘农7号'	*M. sativa* L. cv. Gannong No. 7	粗纤维含量低，产草量高	
	'中兰1号'	*M. sativa* L. cv. Zhonglan No. 1	高抗霜霉病	

(续)

种	品种	学名	主要特征	适应区域
紫花苜蓿	'公农1号'	M. sativa L. cv. Gongnong No. 1	耐寒、高产	
	'公农2号'	M. sativa L. cv. Gongnong No. 2	耐寒	
	'公农5号'	M. sativa L. cv. Gongnog No. 5	抗寒、抗旱性强	东北地区
	'龙牧808号'	M. sativa L. cv. Longmu No. 1	抗寒	
	'东苜1号'	M. sativa L. cv. Dongmu No. 1	抗寒	
	'新苜2号'	M. sativa L. cv. Xinmu No. 2	高产、抗寒、抗旱	新疆地区
	'新苜4号'	M. sativa L. cv. Xinmu No. 4	抗病性强	
	'图苜2号'	M. sativa L. cv. Tumu No. 2	抗寒	内蒙古地区
	'中草3号'	M. sativa L. cv. Zhongcao No. 3	产草量高	
	'渝苜1号'	M. sativa L. cv. Yumu No. 1	产草量高	西南地区
杂花苜蓿	'草原1号'	Medicago varia Martin. cv. Caoyuan No. 1	抗寒性强	
	'草原2号'	M. varia Martin. cv. Caoyuan No. 2	抗寒性强	
	'草原3号'	M. varia Martin. cv. Caoyuan No. 3	产草量高	内蒙古地区
	'草原4号'	M. varia Martin. cv. Caoyuan No. 4	抗蓟马	
	'图苜1号'	M. varia Martin. cv. Tumu No. 1	抗寒性强	
	'赤草1号'	M. varia Martin. cv. Chicao No. 1	抗寒	
	'甘农1号'	M. varia Martin. cv. Gannong No. 1	抗寒性强	西北地区
	'甘农2号'	M. varia Martin. cv. Gannong No. 2	抗寒	
	'公农3号'	M. varia Martin. cv. Gongnong No. 3	抗寒	东北地区
	'公农4号'	M. varia Martin. cv. Gongnong No. 4	抗寒性强	
	'新苜3号'	M. varia Martin. cv. Xinmu No. 3	抗寒性强	新疆地区
	'新苜1号'	M. varia Martin. cv. Xinmu No. 1	抗寒性强	
苜蓿	'龙牧801号'	Melilotoides ruthenicus (L.) Sojak.×Medicago sativa L. cv. Longmu No. 801	抗寒	
	'龙牧803号'	Medicago sativa L. × Melilotoides ruthenicus (L.) Sojak. cv. Longmu No. 803	抗寒	东北地区
	'龙牧806号'	Medicago sativa L. × Melilotoides ruthenicus (L.) Sojak. cv. Longmu No. 806	抗寒	

我国北方地区冬季寒冷、春季干旱，需要苜蓿品种耐寒、耐旱。内蒙古农牧学院草原系及黑龙江省畜牧研究所分别利用抗寒、抗旱性很强的野生黄花苜蓿和扁蓿豆与紫花苜蓿进行种间或属间杂交，育成了'草原1号'和'草原2号'苜蓿、'龙牧801号'和'龙牧803号'苜蓿，为高寒地区栽培苜蓿提供了优良品种。'草原1号'和'草原2号'苜蓿在冬季−43℃地区越冬率达90%以上，'龙牧801号'和'龙牧803号'苜蓿在冬季有雪−45℃以下地区能安全越冬。此外，'甘农1号'杂花苜蓿、'新苜1号'杂花苜蓿以及'图苜1号'杂花苜蓿等均为北方寒冷地区种植苜蓿做出了贡献。

苜蓿霜霉病是苜蓿主要叶病之一，能使苜蓿产草量减少27%~40%。中国农业科学院兰州畜牧兽医研究所利用国内外69份紫花苜蓿品种的致病性鉴定，选育出了'中兰1号'苜蓿品种。该品种高抗霜霉病，无病枝率达95%~100%，中抗褐斑病和锈病，产草量比对照陇中苜蓿高22.4%~39.9%。

中国农业科学院畜牧研究所在耐盐苜蓿品种鉴定和筛选的基础上，以保定苜蓿、秘鲁苜蓿、南皮苜蓿、RS苜蓿及细胞耐盐筛选的优株为原始材料，种植在含盐量为0.4%盐碱地上，开放授粉，经田间混合选择4代，培育出了'中苜1号'耐盐苜蓿新品种。该品种耐盐性较强，在含盐量0.3%的盐碱地上比一般栽培品种增产10%以上，在0.4%的盐碱地上也能成活。

吉林省农业科学院以国外引进的根蘖型苜蓿为原始材料，在吉林省西部半干旱地区穴播，单株定植，将根蘖性状突出的无性系组配成综合品种育出了'公农3号'苜蓿。该品种具有大量水平根，根蘖株率达30%以上，抗寒、耐旱、耐牧。在与羊草混播放牧的条件下比'公农1号'苜蓿增产13%。甘肃农业大学也以类似的方法育成了'甘农2号'杂花苜蓿。其开放授粉后代的根蘖株率在20%以上，有水平根的株率在70%以上，扦插并隔离繁殖后代的根蘖株率在50%~80%，水平根株率在95%左右。

苜蓿单倍体和二倍体水平的栽培种(CADL)在苜蓿遗传研究和育种实践中都有重要意义。Mccoy(1989)指出苜蓿染色体操作和单倍体培育容易操作，有利于进行苜蓿的遗传分析。耿小丽、魏臻武(2008)通过花药培养进行苜蓿单倍体的培育。同时，在苜蓿的栽培群体中存在自然单倍体和多倍体。Saunders等(1972)从200株苜蓿中获得了5%的自然八倍体。Lesins(1957)、Clement等(1962)从栽培苜蓿群体中获得了苜蓿单倍体。Bingham(1986)通过组织培养从苜蓿体细胞变异中获得染色体加倍植株，还通过细胞杂交获得了单倍体苜蓿植株。在苜蓿遗传作图方面，Paterson等(1990，1991)开展了苜蓿多基因性状的基因作图。Bingham等(1979)利用来自两个CADL亲本的由80个植株组成的回交群体组建F_2分离后代用于作图。Brummer等(1998，2000)利用200个来源于二倍体黄花苜蓿和紫花苜蓿的F_1群体建立作图群体。采用RFLP标记构建了苜蓿基因组一小段连锁群的连锁图。选用的两个亲本黄花苜蓿和紫花苜蓿都是高度杂合的。这个杂交组合分离出了无数的特征，包括花的颜色、茎和叶的形态、花期、产草量、自交种子产量以及不同抗病能力等。在这个种群中，可以评估饲草产量和其他许多性状。两个亲本都提供了增加或减少产量的数量性状基因位点。

我国初步开展了紫花苜蓿基因组解析工作，建立了紫花苜蓿高效的基因编辑体系。利用循环一致性序列CCS(circular consensus sequencing)单分子测序技术，并结合Hi-C(High-throughput chromosome conformation capture)技术对同源四倍体($2n=4X=32$)紫花苜蓿(新疆大叶品种)的基因组进行测序组装，得到2.738 Gb高质量的染色体水平参考基因组序列。以蒺藜苜蓿基因组作为参考，共注释164 632个蛋白编码基因。已建立了一套基于CRISPR/Cas9技术的基因组编辑系统，通过将调控苜蓿小叶数目的 *PALM1* 等位基因进行精准突变创建无抗突变体，将三出复叶的紫花苜蓿突变为5小叶的类掌状复叶。利用基于简化基因组测序开发的44 757个SNPs位点，对322个全世界分布的紫花苜蓿基因型的9个农艺性状进行全基因组关联分析。群体结构分析表明，全世界的苜蓿可分为两个群体。由于从起源中心引入较早并经过长期驯化，我国的苜蓿表现出区别于欧美苜蓿的遗传独特性。利用全基因组关联分析对苜蓿株高等9个农艺性状进行深入研究，对发掘的部分基因进行功能验证，为苜蓿重要农艺性状遗传解析提供了新思路。

我国苜蓿育种工作近半个世纪来已取得了显著成效，苜蓿产量得到了很大的提高。随着农业产业结构调整的不断深入，我国苜蓿生产区域不断扩大。在生产实践中，苜蓿高产优质和抗逆性一直是苜蓿新品种育种的主要内容。苜蓿育种目标总的策略为通过多种途径大幅度提高苜蓿产草量，同时提高种子产量。改进牧草品质，增强苜蓿生物胁迫和非生物胁迫抗性，扩大苜蓿适应栽培范围，充分发挥苜蓿在青干草生产、青贮饲料生产、退耕还草生态保护等方面多用途特点，为国内市场提供各种优质牧草产品。

(2) 苜蓿的主要育种目标

①产量是苜蓿育种的首要育种目标　丰产性一直是苜蓿育种的主要目标。我国各地的地方品种和一些育成品种适应性好，但秋眠级较低，产量普遍不高。从美国和加拿大等国家引进的高秋眠级苜蓿品种，产草量高，在我国苜蓿商品草生产中普遍推广应用。Riday(2002)指出，苜蓿多育种目标使苜蓿单位面积产量停滞不前。相对于其他作物而言，苜蓿产草量的提高较低，几十年来平均每年仅提高0.15%~0.3%。牧草产量性状多为数量性状，受环境和栽培技术的影响大，同时，苜蓿为同源四倍体，遗传背景复杂，遗传改良有很大难度。我国对苜蓿遗传学研究的基础薄弱，在一定程度上限制了苜蓿新品种选育工作的进程。

苜蓿的产量形成受多方面复杂因素影响。从苜蓿的形态学和生物学特性来看，根茎分枝能力、植株高度、生长速度和刈割后的再生速度、年刈割次数及单位面积的茎叶密度以及春季返青的迟早，直接影响苜蓿的产草量。魏臻武(2008)研究报道，首次刈割决定全年的产草量，适时刈割可以使苜蓿刈割后具有良好的再生能力，对苜蓿的生长和产量有重要影响。不同苜蓿品种基生的分枝数量和粗细不同。稀植条件下，一般分枝较少的品种枝条较粗。而一些研究表明，分枝多而细的紫花苜蓿对产草量和品质有利；分枝节多、株高叶茂的品种也有利于高产。

目前，世界上苜蓿年鲜草产量一般可达 $21\sim22$ t/hm^2。春季返青早，晚秋生长停止晚及生长速度快的品种年刈割次数多，产草量高。我国的地方品种生长速度慢，一年只能刈割2~3次，产草量较低。高秋眠级苜蓿生长速度快，可年刈割4~5次，产草量较高。一些研究表明，一年刈割5次的品种比一年刈割4次的品种产草量高。

这些影响苜蓿产草量的形态学特征和生物学特性是可遗传的，能够相对稳定地在群体中得到保持。可以通过杂交和适当的选择方法把优良性状集中到亲本的后代中，选育出具有丰产性能的新品种。中国农业科学院北京畜牧兽医研究所以丰产型保定苜蓿和自选苜蓿为亲本材料，选择优株杂交，进行多代混合轮回选育，培育了'中苜6号'高产紫花苜蓿新品种，年均干草产量可达17.3 t/hm^2。

②苜蓿品质育种是苜蓿育种的重要内容　苜蓿饲草的品质较好，春季初花期刈割，饲草干物质中含粗蛋白质18%~27%，无氮浸出物34%~39%，粗蛋白质消化率75%~80%，苜蓿饲草品质在品种间存在较大差异。因此，近年来国内外均十分重视苜蓿的品质育种。苜蓿品质育种一方面关注可消化养分含量的提高，另一方面需要重视对畜禽生产不利影响的抗营养因子等化学成分的降低。

牧草的品质主要受茎叶比例、化学组成和消化率等方面的影响。苜蓿叶片的蛋白质含量显著高于茎，并且叶片含有比茎更高的色氨酸、组氨酸、赖氨酸等必需氨基酸。苜蓿含有皂苷、蛋白酶抑制剂、抗维生素、植物雌激素等抗营养因子。这些组分含量高低与品种有很大关系。在畜牧生产中，豆科牧草皂苷含量过高可引起反刍家畜的臌胀病，也能降低动物的繁殖能力。降低苜蓿木质素含量有助于提高牧草消化率，成为苜蓿品质育种的热点。

③耐逆性是苜蓿育种面对的重要性状　苜蓿主要在我国西北、东北等地区栽培生产，在高纬度、高海拔地区的越冬率成为苜蓿生产区域扩大的限制因素。选育耐寒性强的苜蓿品种成为

我国重要的育种目标。许多研究证明，苜蓿的耐寒性与品种的根颈形态、可溶性碳水化合物含量等有关。侧根发达、多细根的品种耐寒性强；反之，主根发达的品种则不耐寒。根系中可溶性糖、可溶性蛋白质和氨基酸含量高，呼吸速率大的品种一般耐寒性较好。我国育成的耐寒苜蓿有'甘农1号'、'新牧1号'和'图牧1号'等杂花苜蓿品种。

苜蓿为中等耐盐作物，适宜于在轻度盐碱地上种植。通过育种途径提高苜蓿耐盐能力，对于开发利用盐碱地和滩涂资源及扩大苜蓿生产都有重要意义。耿华珠等采用细胞培养和耐盐筛选技术已选育出了耐盐的紫花苜蓿品种'中苜1号'。目前，我国选育的耐盐碱品种还有'中苜3号'苜蓿和'鲁苜1号'苜蓿。

随着南方草牧业的发展，苜蓿在南方丘陵地区及草田轮作中的种植面积不断扩大。适应南方雨水多、土壤黏重、地下水位高等栽培条件的耐涝渍、耐热苜蓿品种，成为重要的苜蓿育种需求。苜蓿的耐热性主要表现为越夏性，因品种、气候条件和生长年限等条件的不同而存在差异。目前，我国选育的耐盐碱品种有'淮扬4号'、'中苜1号'苜蓿和从国外引进的休眠级较高的品种。

苜蓿对土壤酸度十分敏感，当土壤pH<5.7时，苜蓿产量会随着pH值的下降而迅速下降。在酸性土壤中铝是可溶的，根吸收了酸性土壤中的铝元素后会限制根的生长，降低根吸收水分和营养物质的能力。苜蓿对低pH值和高铝浓度的耐受性存在明显的基因型差异。全球有超过40%的可耕作土地呈酸性，选育具有耐酸性或者在酸性土壤中具有耐铝毒的苜蓿新品种，对发展酸性土壤地区的苜蓿产业具有重大的意义。

④抗病虫性是苜蓿育种需要考虑的首要抗性指标　大面积种植的苜蓿容易发生病虫害。病虫害不仅影响产量，而且影响饲草品质，缩短草地利用年限。选育苜蓿抗病虫的品种可以降低牧草生产成本，并减少农药使用量，苜蓿新品种的抗病虫害性是重要的品种特性。苜蓿主要病害有细菌性枯萎病、叶斑病、褐斑病、镰孢凋萎病、衣霉根菌病、春季黑茎病、夏季黑茎病、蕾枝孢凋萎病、炭疽病和锈病等。苜蓿尚无病害免疫品种，选育抗病品种可以增加群体中抗病植株的比例，提高植株的抗病等级。中国农业科学院兰州畜牧与兽医研究所选育出抗霜霉病的苜蓿品种'中兰1号'，无病株率可达95%~100%，并兼有抗褐斑病和锈病的特性。

昆虫危害通过损伤植株和消耗养分直接影响苜蓿的生长发育，造成苜蓿产量和品质的降低，给苜蓿生产造成很大的经济损失。苜蓿的主要害虫有苜蓿斑点蚜(*Therioaphis maculata*)、豌豆蚜(*Acyrthosipon pisum*)、苜蓿象虫(*Hypera postica*)、马铃薯叶蝉(*Empoasca fabae*)和一些草地螟(*Loxostege sticticalis*)。苜蓿对害虫的抗性包括生物体相互作用以及环境条件的影响。研究表明，许多抗性属于简单遗传，可用常规育种方法传递给后代。在自由授粉群体中，表型轮回选择对苜蓿斑点蚜、豌豆蚜、马铃薯叶蝉和苜蓿象虫抗性的选择是有效的。抗虫材料可在害虫侵袭和危害，能够维持高密度虫口的地方种植鉴定。甘肃农业大学开展抗蓟马苜蓿植株的筛选与选育，育成了我国第一个抗虫苜蓿新品种'甘农5号'，具有高抗蚜虫兼抗蓟马等特点。

⑤耐牧性　选育匍匐或半直立型的耐牧品种具有重要意义。美国对不同苜蓿品种进行连续2~3年强放牧，在存活植株中选择优秀植株杂交育成的品种表现出较其他品种高的耐牧性。洪绂曾和吴义顺的研究指出，根蘖型苜蓿具有大量匍匐根，能从母株上产生一级、二级乃至多级的大量分株，从而使单株的覆盖面积比非根蘖型苜蓿大几倍，甚至十几倍，其侵占性、竞争力都很强，具有持久耐牧特点。吉林省农业科学院畜牧分院以国外引进的根蘖型苜蓿为原始材料，育成'公农3号'紫花苜蓿，具有大量水平根，根蘖株率高达30%以上，耐牧性强，适宜在黄土高原地区用作水土保持和防风固沙。甘肃农业大学和内蒙古图牧吉草地研究所以类似方

法，分别育成了'甘农2号'杂花苜蓿和'图牧3号'、'图牧4号'根蘖型苜蓿品种，根蘖率可超过70%。

⑥秋眠性　苜蓿秋眠性（fall dormancy，FD）是指苜蓿随着秋季日照长度的变化和气温的降低而引起的生理休眠。苜蓿秋眠性表现为苜蓿秋季刈割后再生生长的差异，是与苜蓿生长习性、生产性能和抗寒性有关的遗传特性。由于秋眠性与苜蓿的越冬性和生产性能有直接关系，已在苜蓿生产中得到普遍应用。

苜蓿秋眠性的概念是 Oakley 和 Westover 在 1921 年提出的，至今已有百年。在这期间，科学家们用大量时间对秋眠性测定的方法、理论开展了研究，依据短日照条件下的秋眠反应，将苜蓿品种秋眠级分为三大类型9个水平等级，其中Ⅰ、Ⅱ、Ⅲ级属秋眠类型，Ⅳ、Ⅴ、Ⅵ级属半秋眠类型，Ⅶ、Ⅷ、Ⅸ级为非秋眠类型。秋眠类型苜蓿抗寒性强、产量低、再生慢。非秋眠类型苜蓿抗热性强、产量高、再生快。半秋眠类型介于两者之间。1998年，在此基础上将苜蓿秋眠性进一步划分为四大类型11个水平等级，并筛选出对应的标准品种。新增了10级和11级的极非秋眠型，将苜蓿品种划分为11个秋眠级和4个秋眠类型：1~3级为秋眠型，4~6级为半秋眠型，7~9级为非秋眠型，10~11级为极非秋眠型。秋眠级越高，表示秋眠性越弱。

由于苜蓿对温度、光周期的多样性反应，形成了苜蓿秋眠性的广泛差异。短日照条件下，低温决定秋眠型和非秋眠型品种的生长差异反应。秋季日照的缩短和温度的降低导致秋眠型品种比非秋眠型品种刈割后再生生长的大幅度降低。秋眠性材料一般是北方类型，非秋眠性材料一般是南方类型。

苜蓿秋眠性主要在以下三方面发挥作用。①对苜蓿品种进行分类：鉴于秋眠性的重要性，美国苜蓿种子审定委员会（CASC，INC）将秋眠性指标列为品种特性评定的第一个指标。②依据苜蓿秋眠性对苜蓿进行栽培区划：在北纬地区决定种植适宜苜蓿品种首先考虑秋眠水平，秋眠型苜蓿会因光能利用不充分而减少产量，非秋眠型苜蓿会因为抗寒性不足导致越冬死亡或持久力降低，美国农业部（USDA/ARS）将全美划分为10个气候区，为全美范围的苜蓿引种和种植提供了科学依据。③利用苜蓿秋眠性预测苜蓿品种抗寒性：利用秋季生长的强度判定苜蓿品种秋眠性，可以在当年早期鉴定越冬性和抗寒力以及其他相关性状。

我国国家审定品种和地方品种的秋眠性评定结果表明，我国苜蓿品种中大部分为秋眠型和极休眠型。非秋眠型苜蓿具有较快的生长速度，较高的生物产量和较强的再生性等优点而在生产中有较多应用。

10.3.1.3　苜蓿育种方法与技术

(1) 杂交育种

由于苜蓿为杂合体，杂交 F_1 代便可能出现分离。因此，F_1 代除按育种目标选择优良株系外，还应在株系中选择优良变异个体。判断杂种后代是否带有父母本优良性状时，苜蓿花的形态、颜色等常可用作遗传标记。

一些符合育种目标的杂种后代株系或植株被确定后，为保证新育成品种具有较广泛的遗传基础，可按混合选择法进行新品种的选育。

①混合选择法　苜蓿品种在开放传粉的情况下为一个异质杂合体（heterozygote），采用混合选择法改良品种具有良好的效果。一般情况下，按照育种目标在各品种群体中选择符合标准的个体，将这些个体的种子混合脱粒。混合脱粒获得的种子作为新的品种参与当地优良品种的比较试验。通过品种比较确认某些性状得到改善，且优于推广品种，则可进入区域试验，直至推广使用。混合选择也可以采用无性繁殖法选择优良单株，混合种植在一起，收获混合群体的种

子作为新的品系，其效果更显著。

混合群体虽然是由选择的单株构成的，但仍是一个具有广泛基因基础的群体。它可以减少近亲繁殖(inbreeding)的有害作用。因此，混合选择对一些简单的遗传性状具有明显的效果。通过自然选择和人工选择的结合，可以改善某些性状以适应当地的生态条件和社会经济发展的需要。但混合选择的改良进度较小，对提高产量和其他数量性状的效果不大。

轮回选择是大部分异花授粉植物共同使用的育种方法。苜蓿的轮回选择是一种改良的多次混合选择。选择在隔离区内进行，其选择程序如下：

第一年：在隔离区内种植 1 000 株以上的同一品种或杂种植株的群体，单株稀植以供选择。

第二年：在开花之前，根据育种目标要求的表型特征，选定符合标准的个体，清除不良个体，令其自由开放传粉。待种子成熟后，分株收获和脱粒、编号、装袋。隔离区中的当选植株继续保留。

第三年：用上年当选植株的种子进行株系产草量比较试验，选择配合力高的母株个体，淘汰配合力低的母株个体。比较试验最少连续进行两年。

第五年：根据两年的株系产草量情况，在隔离区内保留配合力高的植株，清除配合力低的植株。

第六年：让隔离区内的保留植株相互授粉。待种子成熟后混合收种。这样收集的种子就可以用于生产，看作一次轮回。轮回选择一般需六年完成一个周期，以后每一次轮回都是在前一次轮回的基础上进行。经过 3~4 次轮回，就可以收到很好效果。

轮回选择能较快地选育出优良的杂合群体，而且能够继续进行选择，逐步提高目标性状。它与混合选择的不同点是，既注意表型选择，也对各个单株的配合力进行选择。连续几次轮回，就可以使各方面的优良基因集中到选择群体内，并在选择中淘汰不良基因，同时还能避免近亲繁殖，增加重组机会。轮回选择对提高苜蓿赖氨酸的含量、抗病性和改进其特殊配合力等方面，都有良好的效果。

②苜蓿的开花特性　苜蓿为总状花序，花序一般长 4.5~17.5 cm，小花 20~80 朵。同一植株花序上的小花数，一般为基生分枝上的较多，侧枝上的较少；早期产生的较多，后期产生的较少。苜蓿的花为蝶型花，开放时旗瓣、翼瓣先张开，花丝管被龙骨瓣里面的侧生突起包住，花药不易绽开。花药在花蕾阶段便开放散粉，花粉带黏性，容易黏附到昆虫的身上便于传粉。花粉储于花药之中，其生活力可保持两周。

花序上的开花顺序由下向上，一个花序开花的持续时间，随气候、品种及花的数目而异，一般 2~6 d。苜蓿的开花时间通常可持续 40~60 d，晴天开花多，而阴天开花少或不开。晴天 5:00~17:00 都有开花，但开花最集中是在 9:00~12:00，13:00 后开花显著减少。苜蓿开花最适宜的温度为 20~27℃，相对湿度在 53%~75%。

苜蓿柱头与花粉的生活能力在田间条件下可持续 2~5 d。花粉的生活力在 20%~40% 的相对湿度下，能保持更长的时间，部分花粉甚至能达到 45 d。在温度提高时，花粉的生活能力显著下降，而相对湿度达到 100% 时，花粉的生活力最低。苜蓿花粉人工贮藏在 -18℃ 的真空干燥箱中，相对湿度保持在 20% 时，能保持活力 183 d。

在适宜条件下，苜蓿授粉后 7~9 h，花粉管伸入子房进行双受精作用，即一个精子与卵细胞融合，另一个精子与极核融合。在湿润而寒冷的气候中，可能延长到 25~32 h。授粉后 5 d 就可以形成螺旋荚果。由授粉到种子成熟需要 40 d 左右，授粉后 20 d 所结的种子即有发芽能力。

苜蓿属于异花授粉植物，其自交结实率很低，即使在隔离情况下强迫自交，自交结实率也不过14%~15%。通常情况下，苜蓿的天然异交率在25%~75%。影响苜蓿自交的主要因素来自花的形态、花粉及花粉管生长等几个方面。

一般认为，苜蓿开花时龙骨瓣没有张开的花是没有授粉的。绝大部分这样的花最后都衰败和凋谢。据观察，在高温干燥和阳光的照射下，部分花的龙骨瓣会自动张开，花药散开，柱头接受花粉，得到的种子大部分是自交种。苜蓿的传粉主要依赖丸花蜂、切叶蜂和独居型蜜蜂等一些野生昆虫。当它们采集龙骨瓣未展开的花时，往往趴在龙骨瓣上，把喙伸进旗瓣和花粉管之间采蜜，同时以头顶住旗瓣，然后在翼瓣上不断运动，引起解钩作用，使得花粉弹到蜂的腿部和腹部，最终达到传粉的作用。蜜蜂也喜欢采集苜蓿的蜜液，但常将喙伸在龙骨瓣和旗瓣之间的蜜腺处，龙骨瓣不易被撞开，以致传粉作用受到限制。

花粉中发育不良花粉的比例大和自交花粉在柱头不能萌发或花粉管生长受阻也是苜蓿自交率低的重要原因。据观察，自交花粉管只有少数能伸到子房腔基部。苜蓿授粉后30 h，自交花粉管最长能达到第4个胚珠，而杂交的就能达到8~9个胚珠。48 h后，自交花粉管达到第5~6胚珠，而杂交的则达到第10个胚珠。此外，有许多花粉管达到胚珠也不受精。一般情况下，自交和杂交的花粉管都能达到前4个胚珠，但是，能使这些胚珠受精的程度却不同，自交的只有28%，杂交的为80%。自交花粉管不进入胚珠的现象，是自交不亲和性的证明。

苜蓿自交结实的种子硬实率高，一般可达75%~80%，硬实种子经摩擦处理后发芽正常，不经处理的种子发芽率很低。自交种子长出来的幼苗生活力和生长势都弱，而且自交下一代分离比较明显，饲草和种子的产量比亲本低。自交一代的产草量只有亲本的80%~90%，自交二代为亲本的70%~80%，自交三代为亲本的50%~60%，以后就基本上稳定在一个水平上。种子产量也有同样下降趋势。苜蓿培育自交系主要用于配制杂交种。

③苜蓿杂交技术

a. 去雄杂交：选基生分枝花序上的小花。当花冠从萼片中露出一半时，花药为球状，绿色的花粉还没有成熟。用镊子从花序上去掉全部已开放和发育不全的花。用拇指和中指轻轻捏住花的基部，用镊子剥开旗瓣和翼瓣，食指将其压住；回转镊子，把龙骨瓣打开摘除雄蕊。去雄结束时，必须检查去雄是否彻底。去完花序上所有的小花雄蕊后，立即套上纸袋，以防杂交。同时系以标签，用铅笔注明母本名称及去雄日期。去雄最好在6:00左右进行，也可采用吸收法和乙醇浸泡法进行人工去雄。吸收法去雄：将橡皮球连接到吸管上，排除橡皮球中的空气，吸管尖端对准花药，轻轻放开橡皮球，花粉和花药就可以被吸去。乙醇法去雄：将整个总状花序浸在75%乙醇溶液中约10 min，然后在水中清洗几秒。乙醇法去雄比吸收法去雄容易，但是效果不如吸收法去雄。

去雄后的小花开放时即可进行授粉。根据开花的适宜条件，最好在晴天10:00~14:00进行。采集父本植株上花已开放而龙骨瓣未弹出的花粉。用牛角勺伸到父本花的龙骨瓣基部轻微下按，雄蕊就会有力地将花粉弹出，留在小勺上。将花粉授予已去雄的母本柱头，完成杂交。最后将父本名称和授粉日期登记在先前挂好的标签上。

b. 不去雄杂交：苜蓿的自交率很低，而且自交后代生活力降低，所以也可以采用不去雄杂交法。不去雄杂交方法简便，目前在实践中使用很多。在杂交之前，先收集大量已开放而龙骨瓣未开的父本花，用牛角勺取出父本花粉。用带有父本花粉的勺轻压母本小花龙骨瓣，母本柱头即可接受父本的花粉，完成杂交过程。必须注意的是，每杂交一个母本植株后，要将牛角匀用乙醇消毒一次。授粉后，为了防止其他花粉的传入，需要套纸袋隔离。授粉后，在标签上注明杂交组合名称及杂交日期，系在杂交过的花序上。

c. 天然杂交：天然杂交必须事先了解父母本选择授精(selective fertilization)的情况。只有在母本植株授以父本品种花粉，比本品种的花粉具有更大的选择性时才能采用，以保证获得高质量的杂交种子。这种方法简单易行，而且花费人力少，生产杂交种子的成本低。天然杂交需在隔离区内进行，以防止与其他品种杂交。隔离区距离不得少于1 200 m。杂交父本隔行播种，行距约为50 cm，或者在母本周围播种父本植株。

进行天然杂交时，若亲本花期不遇，可采用调节刈割期的方法解决。父本植株也可采用分期刈割的方法，以满足花粉的供应。

(2) 苜蓿回交育种

回交育种可以用于改良苜蓿的某些特性，特别在抗病育种中应用较多。它对苜蓿优良无性系或自交系以及一些优良品种的某些质量性状的改良较有效，而对数量性状的改良却不宜。

美国在20世纪50年代从加利福尼亚普通苜蓿中选择抗霜霉病和抗叶斑病植株作为轮回亲本，把抗萎蔫病的Turkistan苜蓿作为非轮回亲本进行杂交。经过4次回交后，将Turkistan苜蓿的抗萎蔫病性状转移给加利福尼亚普通苜蓿。以后在隔离条件下，再经自交和开放授粉，从后代中选出抗病植株。再将选出的这些抗病植株混合起来，育成了现在的Caliverde品种。Caliverde品种既继承了加利福尼亚普通苜蓿的优良经济性状及抗霜霉病和抗叶斑病的特性，又具有了Turkistan苜蓿抗萎蔫病的特性。值得注意的是，为了保证育成品种继承轮回亲本的优秀经济性状，轮回亲本不能少于200株。

(3) 苜蓿综合品种选育

综合品种是将由各种育种材料或品种中选出的综合性状良好，又具有某些优秀特性的优良植株组成的一个混合群体。综合品种开放授粉后，能增加群体中基因重组的机会，因而产量比开放授粉的一般品种大有改进。虽然苜蓿是多倍体，群体的后代分离不明显，但综合品种以4~12个自交系或无性繁殖系组成的产草量比较稳定。

苜蓿综合品种的组成形式较多，有的如玉米那样，由入选的数个自交系种子等量混合而成，但由于苜蓿选育自交系较困难，因此由自交系组成综合品种目前还有许多困难。当前运用最多的是由无性繁殖系组成综合品种。这在一些国家几乎已成为苜蓿育种的标准方法。另外，也可以由入选的优良植株混合组成综合品种，如通过混合选择、集团选择等育种方式来进行，也是行之有效的方法。

(4) 苜蓿远缘杂交

苜蓿属全世界约有83种，紫花苜蓿的近缘种很多。苜蓿属在我国有12种3变种6变型。苜蓿属的某些种之间可天然杂交，如紫花苜蓿和黄花苜蓿种植在一起可形成天然的杂交种，且能把紫花苜蓿的高产优质和黄花苜蓿耐寒、耐旱的性状结合在一起。我国育成的苜蓿品种'草原1号'、'草原2号'、'甘农1号'、'新牧1号'、'新牧3号'等都是采用紫花苜蓿与黄花苜蓿远缘杂交创造的新类型。

种间的远缘杂交在育种中的应用十分广泛，为了提高产草量和提高群体抗逆性，直接采用紫花苜蓿与黄花苜蓿杂交，利用杂种优势，也是一种简单可行的方法。

紫花苜蓿与扁蓿豆杂交已引起育种者的关注，黑龙江省畜牧研究所王殿魁等采用诱导扁蓿豆四倍体、杂交及辐射等方式选育紫花苜蓿与扁蓿豆的杂种，已育成'龙牧801号'、'龙牧803号'和'龙牧806号'杂花苜蓿。

(5) 苜蓿生物技术育种

1986年，Deak首次通过农杆菌介导转化法将新霉素磷酸转移酶基因 npt II 成功地导入苜蓿，获得可育的抗性转基因植株。此后，利用基因工程技术提高苜蓿抗逆性已成为苜蓿育种的重要途径。随着分子生物技术的发展，转基因技术日趋完善，利用基因工程技术在分子水平上对紫花苜蓿进行遗传改良已取得了很大的进展。主要集中在品质改良、固氮能力提高、抗逆、抗病虫和抗除草剂等方面。山东林业科学研究院梁慧敏采用农杆菌介导法将山菠菜的甜菜碱醛脱氢酶（BADH）基因成功导入'中苜1号'紫花苜蓿基因组中，经基因检测和抗逆性测定选育出了'山苜3号'耐盐新品种。转基因抗除草剂苜蓿自2005年开始在美国种植并实现商业化。2014年，一种新的转基因苜蓿在美国获批种植，其木质素减少了22%，从而具有更高的可消化性和生产率。

与传统的育种方法相比，基因工程技术具有周期短、选择精度强、育种效率高以及克服远缘不亲合性等优点，可大大加速苜蓿育种进程。但是，苜蓿基因工程育种研究也受到一些因素制约，主要有转基因的转化效率低、重复性差、随机性大、易出现基因沉默等。另外，在实际生产应用中也存在一些问题，例如，转基因苜蓿的杂草化、害虫对转基因苜蓿产生抗体、环境安全性和生物安全性等。

10.3.1.4 苜蓿育种实例

【例10-1】 '甘农3号'紫花苜蓿新品种选育

'甘农3号'紫花苜蓿的育种目标是培育适宜甘肃省河西灌区的丰产品种，是由甘肃农业大学于20世纪90年代育成的综合品种，其选育程序如图10-1所示。

'甘农3号'紫花苜蓿是采用多元杂交法，由7个优良无性繁殖系组成的利用杂种优势的"综合品种"。'甘农3号'紫花苜蓿的典型性状和主要特点是株型紧凑直立，叶片中等大小，叶色浓绿，长势健旺，返青早，生长速度快，在灌溉条件下产草量高，亩产鲜草4~6 t，干草1.0~1.3 t，比陇东苜蓿增产10%以上，是灌区丰产品种。

1979年，引种国内外14个苜蓿品种，按1 m×1 m穴播，从中筛选出78个优良的单株扦插成无性繁殖系。经目测评定，从中挑选株型紧凑直立、叶色浓绿、长势强的32个无性系，将其余的无性系挖掉。在自由传粉条件下，在隔离区内进行多系杂交，种子成熟后分系收种，再进行配合力测验，从中选出7个配合力好的无性系，形成综合种。随后进行品种比较试验和生产试验。新品种产量超过陇东苜蓿10%以上，株型紧凑、直立，叶片中等大小、叶色浓绿，花色中紫，春季返青早，生长速度快，适应灌区条件。其育种程序如图10-1所示。

【例10-2】 '草原3号'杂花苜蓿新品种选育

(1) 原始群体

'草原3号'苜蓿是在'草原2号'苜蓿的基础上由内蒙古农业大学和内蒙古乌拉特草籽场合作经过10余年时间选择育成的一个优良杂花苜蓿新品种，其选育程序如图10-2所示。

(2) 育种目标和方法

'草原3号'苜蓿选育工作最早始于1992年。先从'草原2号'苜蓿田中，选择性状优良的不同花色植株建立无性系，而后依不同花色组成杂种杂花、杂种紫花、杂种黄花3个集团，它们各自又经过连续2次混合选择，最终筛选出的各花色（集团）优良植株，所收种子以一定比例混合构成'草原3号'的原原种（图10-2）。选育工作的具体技术路线如下：

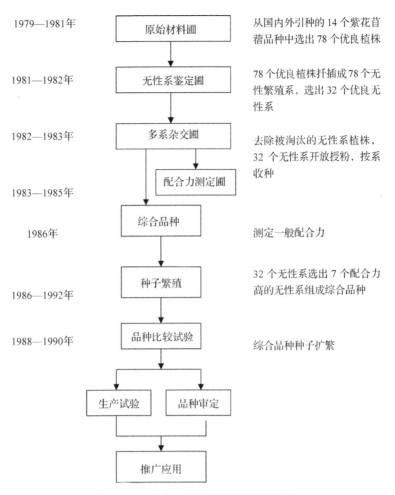

图 10-1 '甘农 3 号'紫花苜蓿选育程序

1992 年于苜蓿开花期，在位于鄂尔多斯市赛乌素村的'草原 2 号'苜蓿种子田中（500 余亩①），选择生长健壮、株型直立或半直立的紫、黄花植株各 30 株，杂花苜蓿不同花色植株（白花、黄紫花、黄绿花、褐蓝花、白黄紫花、黄绿紫花）各 10 株，挂牌标记，并观察其后期生长表现。

1993 年春季苜蓿返青后，将上一年挂牌标记的各花色植株连根挖起，运至呼和浩特市内蒙古农业大学牧草种质资源圃，进行茎段扦插，建立无系性，构成 3 个相互隔离的花色（杂种紫花、杂种杂花、杂种黄花）集团。

扦插地块均深耕细耙成小畦（面积为 2 m×5 m），铺施基肥。插条长 10 cm 左右，每插条留有 1~2 个节，除保留顶叶及腋芽外，剪除剩余的全部叶片。扦插行距 60 cm，株距 20 cm。扦插后及时灌水，并用塑料拱棚覆盖。3 周后，插条开始再生，成活率达 85% 以上。

1994 年于盛花期，在 3 个集团内分别从优良无性系内选择优良植株挂牌，并于成熟期依不同花色分别混收种子。

1995 年早春，通过温室育苗，将上一年收获的种子再次种植成 3 个不同花色集团。从苗

---

① 1 亩 ≈ 0.067 hm²。

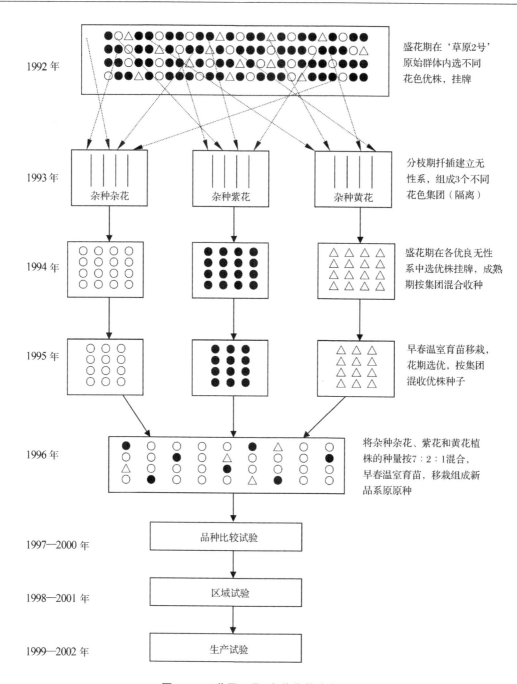

图 10-2 '草原 3 号'杂花苜蓿选育程序

期开始,对植株的生长发育表现(株高、分枝数、长势、生长速率等)及抗旱性能等进行定期观察记载。由于浇灌及时再加上精细的锄草、松土等田间管理,当年播种的这些植株大多数于7月中旬开花。花期在各个集团中再次选择优良植株淘汰(刈除)不良植株,结实期按集团混收所选全部优良植株的种子。

通过连续多年的测试分析发现,杂种杂花植株的株高、长势及抗旱性能均优于其余两个花色集团的植株,杂种黄花植株的表现较差,且株型多斜升或平卧。据此,在 1996 年早春按7∶2∶1 的种子量比例,将上一年收获的杂种杂花、杂种紫花和杂种黄花植株种子混合,组成

'草原3号'杂花苜蓿原原种,在内蒙古乌拉特草籽场进行繁殖。为了加快原原种繁殖速度,采用温室育苗、大田单株移栽的方法,在种植当年收获了部分种子。

1997—2000年在内蒙古农业大学科技开发园区,以'草原2号'苜蓿为对照进行品种比较试验。从结果来看,无论是在株高、生长速度,还是在饲草及种子产量方面,'草原3号'杂花苜蓿均显著地高于对照。主要原因在于'草原3号'杂花苜蓿生长迅速,营养生长阶段植株日增高较对照平均多伸长0.1 cm左右,致使植株高大、粗壮,具有高额的饲草和种子产量。例如,在盛花期,'草原3号'苜蓿植株垂直高度为120.7 cm,自然高度87.56 cm,分别比'草原2号'苜蓿高出15 cm和12 cm。成熟期'草原3号'苜蓿的植株也要较'草原2号'高约10 cm。'草原3号'苜蓿的饲草和种子产量与对照相比,增幅达15%以上,方差分析的结果呈显著水平。

从1998年开始陆续在呼和浩特市、巴彦淖尔市乌拉特前旗和赤峰市郊区进行为期4年的区域试验。在3个区试点上,分别于1999—2001年测定各小区鲜草及干草产量,并进行方差分析。方差分析检验表明,品种间差异均显著或极显著。其中,呼和浩特市试点的材料于1998年种植,生长第2年开始测产。'草原3号'苜蓿3年平均干草亩产803.05 kg,比对照'草原2号'增产23.94%;种子产量为45.7 kg/亩,比对照增产47.1%。乌拉特前旗试点的材料于1999年种植,因种植时间较晚,当年未测产。2000年和2001年平均干草亩产619 kg,比对照平均增产51.9%,种子产量28.7 kg/亩,比对照平均增产20.1%。赤峰市郊区试点于1999年种植,当年测产2次。3年平均亩产干草682.3 kg,比对照平均增产14.81%,种子产量为31.4 kg/亩,比对照平均增产31.9%。'草原3号'苜蓿在3试点种植3年平均亩产干草711.82 kg,平均亩产种子36.09 kg,均高于对照'草原2号'。

从1999年开始,在乌拉特前旗和呼和浩特市郊区进行生产试验。在历时3年的大田生产试验中,'草原3号'杂花苜蓿新品系生长旺盛,适应性强,表现出优良的生产性能,其生育天数约120 d。年均产鲜草3216 kg/亩,干草698 kg/亩,分别比对照'草原2号'增产21.9%和23.07%;年均种子产量24.2 kg/亩,比对照'草原2号'增产33.9%。年度间的差异表明,随生长年限的延长,干草、鲜草产量呈上升趋势,2002年达最高水平;种子产量则以2001年为最高。

通过以上程序的选育和试验鉴定,我们发现'草原3号'杂花苜蓿杂种优势显著。杂花率高达71.96%,饲草和种子产量高,品质好,初花期粗蛋白质含量达18.86%;生育期120 d左右,抗旱、耐寒,在内蒙古中西部地区生长良好,是一个适于我国北方干旱、半干旱地区种植的优良苜蓿新品种。该品种于2003年申报后,已被全国牧草品种审定委员会作为育成品种注册登记。

【例10-3】 '中苜3号'苜蓿品种选育

(1)原始群体

'中苜1号'紫花苜蓿。

(2)育种目标和方法

针对我国东北、华北、华东、西北等地区具有大面积盐碱地,缺乏耐盐高产苜蓿品种的问题,围绕培育耐盐、高产、优质苜蓿品种的育种目标,培育了耐盐苜蓿新品种'中苜3号'。'中苜3号'品种是以'中苜1号'为亲本材料,通过盐碱地表型选择,得到102个耐盐优株,通过耐盐性一般配合力的测定,将其中分枝多、叶片大、耐盐性一般配合力较高的植株相互杂交,完成第一次轮回选择。然后又经过二次轮回选择,一次混合选择获得耐盐苜蓿新品系;通过品种比较试验、区域试验、生产试验得到耐盐苜蓿新品种。2006年，经全国草品种审定委员会的审定，登记为育成品种。具体选育程序如下：

1995—1996年：在山东省德州市试验点（土壤含盐量为0.25%~0.46%），从'中苜1号'品种单株群体中，通过田间耐盐筛选及表型选择，共确定102个单株，并分别采收种子。通过盆栽试验测定耐盐性一般配合力，1996年苜蓿开花前，淘汰耐盐性一般配合力较低的植株，选出80个优株，相互杂交收获种子，完成了第一代轮回选择。

1996—1999年：1996年将耐盐材料播种于德州市试验点，通过第二年春季田间耐盐筛选及表型选择，共确定107个耐盐优株，并收获种子，收种后将这些优株移栽隔离种植。在1998年冬季，通过温室盆栽试验，测定单株的耐盐性一般配合力。1999年苜蓿开花前，淘汰耐盐性较低的植株，得到了75株耐盐性一般配合力较高的优株，相互杂交收获种子，完成了第二代轮回选择。

1999—2000年：1999年将经过二代轮回选择的材料播种于山东省德州市陵城区，该试验地盐碱较重，2000年4月，试验田返盐严重（春季含盐量达0.31%~1.02%），许多苜蓿幼苗死亡，从存活的幼苗中又选择了89株耐盐优株，全部带回研究所，植入盆栽，采用每盆1株，最终70株成活，7月收获这些耐盐苜蓿相互杂交的种子，完成了一代混合选择。

2000—2002年：2000年将经过二代轮回选择和一代混合选择获得的后代材料播种于河北省南皮（含盐量0.21%~0.38%）试验地，2001年通过表型选择得到106株耐盐单株的种子，收种后将其移栽隔离种植。同年冬季通过温室盆栽试验，测定了这些单株的耐盐性一般配合力。于2002年苜蓿开花前，淘汰配合力较低的植株，7月得到了75株配合力较高的优株间相互杂交的种子，完成了第三代轮回选择。到此共完成了3代轮回选择，1次混合选择，得到了新品系。同年9月将新品系播种扩繁，2003年7月收获种子。

2002年9月在河北省南皮开始品种比较试验，2003年在河北省中捷农场、山东省东营市开始区域试验。

10.3.2 三叶草育种

三叶草属（*Trifolium*）又名车轴草属，为豆科植物中分布最广的一个属，一年生或多年生草本植物。三叶草产于小亚细亚南部与欧洲东南部，欧洲早在3~4世纪开始栽培红三叶和白三叶，15世纪传入西班牙、意大利和荷兰，以后逐步传入英国、德国、美国。三叶草其茎叶柔软，蛋白质含量高，营养丰富，饲用价值高，适口性好，各类家畜喜食，可刈割青饲或调制干草，也可放牧利用。在生产上，三叶草常与多年生黑麦草、鸭茅等禾本科牧草混播，既可提高饲草品质，又可通过固氮每年向草地提供丰富的氮素，培肥地力。另外，三叶草花期较长，蜜汁丰富，是优良的蜜源植物。其中，白三叶还是城市、庭院绿化与水土保持的优良草种。

10.3.2.1 三叶草种质资源

三叶草属约有250种，分布在温带地区，少数为重要牧草，大多数为野生种。在农业上利用价值较高的约有25种。据初步统计，我国引种栽培的三叶草属牧草种质资源有12种，即红三叶（*T. pratense*）、白三叶（*T. repens*）、草莓三叶草（*T. fragiferum*）、亚历山大（埃及）三叶草（*T. alexandrinum*）、野火球（*T. lupinaster*）、杂三叶（*T. hybridum*）、绛三叶（*T. incarnatum*）、波斯三叶草（*T. resupinatum*）、肯尼亚三叶草（*T. semipilosum*）、地三叶草（*T. subterraneum*）、高加索三叶草（*T. ambiguum*）。其中，最重要的、栽培面积最大的有红三叶（*T. pratense*）和白三叶（*T. repens*），其他三叶草[如地三叶（*T. subterraneum*）、杂三叶（*T. hybridum*）、绛三叶（*T.*

incarnatum)、埃及三叶草(*T. alexandrinum*)、草莓三叶草(*T. fragiferum*)、野火球(*T. lupinaster*)等]在生产中也有应用。

(1)红三叶种质资源及类型

①红三叶种质资源 红三叶是三叶草属中一个重要的种,常用于以刈割为主的混播草地。它固氮能力强,营养价值高,建植速度是豆科牧草中最快的,而且能在酸性土壤上生长,但持久性稍差,一般利用期限是1~3年。但近年来也培育出了一些产量高、持久性好、抗性强的品种,如'凯瑞'、'特地'、'帕克19'等。

红三叶是多年生长日照植物,在短日照下植株分枝多,但不能开花。红三叶异花授粉,自交高度不亲和,多为虫媒花,授粉不完全时结实率较低。在红三叶中既有二倍体也有四倍体;既有刈割一次的,也有可以多次刈割的。根据生产发展的需要,通过混合选择法、轮回选择法、综合品种育种法以及多倍体育种,世界各地已选育出一大批高产、优质、抗病的优良品种。据经济合作与发展组织(OECD)的统计,60多年间,西欧诸国、斯堪的纳维亚各国、俄罗斯、美国、加拿大等20多个国家,已选育出200多个红三叶新品种,250多个白三叶品种,并在育种过程中,积累了上万种用于各种育种目标的原始材料。目前较优异的品种有'Hungaropoly'、'Teroba'、'Tetr'、'Leda';四倍体品种有英国的'Dorset'、'Marl'、'Deben'、'Red head'等,新西兰的'Grasslands Turoa'、'Grasslands Hamua'。其中'Grasslands Hamua'是著名的双刈型红三叶早熟品种,该品种开花早,出苗生长容易,叶片嫩绿色。一般生长第三年植株便开始稀疏,再生性也开始变差,所以多用于短期草场。'Grasslands Turoa'是晚花型单刈品种,开花较晚,生长缓慢,茎密集丛生,叶片深绿色被毛,茎短、叶多,易出苗,生长期较长。此外,澳大利亚选育出雌激素含量较低的'Grasslands Redwest'品种,降低了对牲畜的不良影响。

红三叶并非我国原产草种。从19世纪末陆续从欧美、印度、埃及等国家引进30余个种、60多个品种,在长江流域、西北谷地及四川省部分地区种植。我国审定的红三叶有'蒙农1号'红三叶、'鄂牧5号'红三叶、'岷山'红三叶、'甘红1号'等。'蒙农1号'红三叶(*T. pratense* cv. 'Mengnong No. 1')是由内蒙古农业大学于2012年培育的新品种,通过野生红三叶种子经过3代10余年混合选择而得到的,抗旱抗寒能力强,越冬能力强,播种当年越冬率能达到99.93%;'鄂牧5号'红三叶(*T. pratense* cv. 'Emu No. 5')是我国登记的首个红三叶育成品种,由湖北省农业科学院以野生巴东红三叶为基础,通过杂交授粉并对后代进行选择,历时11年于2015年选育而成,该品种适应性强,是南方牧草的主要当家品种,其干草亩产量600~800 kg,比对照品种提高10%以上;'甘红1号'是由甘肃农业大学培育的育成品种,于2017年经全国牧草品种审定委员会审定,耐寒性较强,适宜在西北冷凉地区、云贵高原及西南山地、丘陵地区种植;'岷山'红三叶(*T. pratense* cv. Minshan)是由岷县军马场自美国引进栽培后,并于1987年审定命名的国内著名的珍稀高原优质牧草,也是我国登记的三叶草品种中唯一能在海拔2 500 m以上地区种植的多年生豆科三叶草属牧草;'希瑞斯'是引进品种,由贵州省畜牧兽医研究所申报,于2016年审定,适宜在四川、贵州和湖北等地海拔800 m以上、降水量1 000~2 000 mm的地区种植;'丰瑞德'('Freedom')为引进红三叶品种,由四川省农业科学院土壤肥料研究所申报并于2018年审定,适宜我国西南地区年降水量1 000 mm以上,海拔500~3 000 m温凉湿润的区域种植。

②红三叶的类型 根据Merkenschlager的研究,将欧洲中部的红三叶列为3个类型。

a. 大西洋类型(Atlantic):由早熟的Brabant、Norman及Spanish型组成。

b. 中阿尔卑斯山类型(Central Alpine)：由晚花型组成。

c. 大陆类型(Continental)：包括晚熟的 Greek 及 Seyrian 型，在欧洲从北往南分布的种型，多在高原地带。

以栽培种分类，可分为 3 个类型：

a. 普通或双刈割型红三叶，早熟、生长迅速、生存期较短、耐寒性较弱。

b. 早熟与晚熟的中间型。

c. 晚熟型，多年生、单刈割型、生长缓慢、耐寒、生存力较强。

以上 3 个类型最大差别是生长期对日照的反应，单刈型需较长的日照，以促进花原体的形成；而双刈割型所需日照则较短。

在英国，红三叶通常分为大红三叶、单刈割红三叶和晚花型红三叶。一般大红三叶生育期较早，宜早期利用，而晚花型红三叶宜后期利用，且具有较强的耐牧性，适于奶牛、肉牛放牧。

在美国，红三叶通常分为早花红三叶和晚花红三叶两类。晚花红三叶也称 Mammoth 或单刈红三叶，每季仅能刈割一次，适于种植在生长季节短、海拔高的地区。早花红三叶又称双刈红三叶，每季至少可刈割两次，是美国最常见的红三叶类型。

我国一般将红三叶分为晚熟型和早熟型两类。

(2) 白三叶种质资源及类型

① 白三叶种质资源　白三叶为四倍体多年生草本植物，原产于欧洲，目前在世界温带和亚热带地区广为种植，丹麦、荷兰、德国和英国栽培较多。白三叶为虫媒花，异花授粉植物。浅根系，匍匐生长，平均寿命 7~8 年。喜温暖湿润气候，适应性强，其耐寒、耐热、耐旱能力均比红三叶强，耐牧、耐践踏，是良好的放牧型牧草。野生白三叶在我国中亚热带及暖温带地区分布较广泛。四川、贵州、云南、湖南、湖北、广西、福建、吉林、黑龙江、陕西等省(自治区)均有野生白三叶草分布。能构成草地类型的有四川、陕西、山西和吉林等省，它们分属白三叶+杂类草型和白三叶+山野豌豆型。在四川省，白三叶草分布的垂直高度在海拔 500~3 600 m，而以 1 000~3 200 m 的地带生长较好。在我国东北、华北、华中、西南、华南各省(自治区)均有栽种，尤以长江以南地区大面积种植，是南方广为栽种的当家豆科草种。齐广、王凤春等对野生白三叶种质资源调查发现，其形态学类型丰富，遗传变异范围广，有的可直接驯化选育出优良品种。毛凯等通过对我国四川省和云南省及澳大利亚、美国等白三叶的坪用性状进行比较研究，发现四川野生白三叶具有优良的草坪性状。

散生在各地白三叶野生种没有经过人工选择，大都属于小叶型，具有早熟、产量偏低等弱点，但抗病及抗热性较好。为了适应南方草地畜牧业的发展和生态环境建设的需要，从 20 世纪 70 年代开始，从美国、新西兰、丹麦、荷兰等国家引进一批三叶草优良品种，经短期试种栽培后，已成为适合我国一些地区栽培的优良引进品种或作为育种的亲本材料。例如，'海法'白三叶(*T. repens* cv.'Haifa')是以色列培育的品种，中叶型白三叶，草层稍矮、浓密，匍匐茎多，花期一致，耐热性、持久性较好，产量稳定。具有适应性广，侵占性强，病虫害少，产草量高，饲草品质好，利用年限长等优点。'川引拉丁诺'('Chuangyin ladino')白三叶，属大叶型白三叶，起源于意大利，叶片大，叶柄较粗，茎粗壮，较抗寒，不抗旱，是四川省的当家草种之一。'沙弗雷'肯尼亚白三叶(*T. semipilosum*)适于免耕或少耕条件下播种，有较强的抗病虫害能力。

我国的育成品种有湖北省农业科学院畜牧兽医研究所以美国'瑞加'白三叶为原始材料育

成'鄂牧1号'(*T. repens* cv. 'Emu No. 1')新品种，叶片较大，丰产性好，抗逆性强，适应于长江中下游及其以北的广大暖温带和北亚热带地区种植，在夏季高温干旱区其抗旱耐热性优于其他同类品种。'鄂牧2号'白三叶(*T. repens* cv. 'Emu No. 2')是我国于2016年审定登记的又一白三叶育成品种，适宜长江流域、云贵高原及我国西南山地、丘陵地区栽培种植。'贵州'白三叶由采自贵州省不同地区的野生种栽培驯化而来，茎发达，再生性强，较耐寒。

三叶草属中还有许多特色鲜明的优良牧草草种。'半纤毛'白三叶是一种品质优良、主根发达、抗旱性较强、可与高大禾草混播、耐酸性土壤肥力极强的多年生草种，可在降水充沛的亚热带或热带高原生长，品种'赛发'的消化率和蛋白质含量分别高达75%和25%。'波斯'三叶草(*T. resupinatum*)起源于较为寒冷、年降水量大于700 mm的地区，能够适应盐碱和潮湿土壤，它生长速度很快，抗病性强，是非常好的越年生饲料作物。'埃及'三叶草(*T. alexandrinum*)是一种一年生的草种，在降雨适中或有灌溉条件的大陆性气候区生长良好，它直立生长，能耐一定程度的盐碱，常作为高蛋白饲料刈割利用或饲喂肉牛。绛三叶草(*T. incarnatum*)突出的特点是萌发早，活力强，主要用于调制青饲料或混播放牧地。地三叶草(*T. subterraneum*)是可自由播种的一年生牧草，其幼苗活力高，夏秋季生长旺盛，主要作为绿肥作物和果园地被植物。'玫瑰'三叶草(*T. hirtum*)以其呈玫瑰色的花序而得名，不耐水淹和干旱，一年生，萌发迅速，耐贫瘠土壤和酸性土壤，适口性极佳。'草莓'三叶草(*T. fragiferum*)适于在湿润的温带地区生长，耐潮湿、干燥、寒冷和盐碱，在pH 5.5~9.0的碱性泥炭土上能茂盛生长，在土壤含盐率达1%~3%的地方也能存活，适于海滨和盐碱土壤上生长。'库拉'三叶草(*T. ambiguum*)是根系很深的多年生草种，其花有芬芳气味，是很好的蜜源植物，它抗寒、抗旱、抗病，持久性、适口性非常好。

②白三叶的类型　白三叶有很多天然类型，可分为3个类群，即小叶型白三叶、中叶型的普通白三叶和大叶型白三叶。

小叶型白三叶叶小、茎短、匍匐性强，适于放牧，产量较低，但抗性和持久性极佳，非常适用于放牧地和水土保持，代表品种有'百霸'、'海发'等。我国长江流域分布的逸散白三叶即属小叶型。

中叶型白三叶叶型和茎长均居大、小叶型的中间，相对于小叶型品种匍匐茎少、持久性差，适用放牧或刈割利用，它包括很多国家的地方品种或生态型，其中'蒙娜'、'茂威'等品种的产量很高。

大叶型白三叶叶大，有大的头状花序及长的匍匐茎，生长健壮，它们持久性相对较好，有直立的叶柄及穗柄，在欧洲及美洲已普遍栽培。我国从国外引进的优良品种大部分为大叶型白三叶，植株高，适于刈割利用，优秀品种有'斯文'、'爱丽丝'等。

据贵州野生白三叶资源调查组报道，白三叶类型相当复杂。从叶型看有卵圆形、倒卵形和近似心脏形；从叶片大小看，有大、中、小3个类型；叶片上有"V"形斑和无"V"形斑两类。"V"形斑多于无"V"形斑，种子的形状、颜色也有多种分化。

10.3.2.2　三叶草育种目标

根据各国当前育种状况及我国三叶草育种特点，其育种的总体目标应着重以下几个方面。

(1) 高产性

近年来三叶草育种的新方向是培育饲草产量高而且种子产量也高的品种。育种家们正在致力于培育植株高大、粗壮和花茎不弯曲的品种，以便于种子田用联合收割机收获，减少种子产量的损失。同时，还开展了缩短植株开花期和种子成熟期(收割期)的研究。国外已经对高产性有一定的研究，实践证明，四倍体红三叶比二倍体品种增产20%~30%，粗蛋白质提高1%~1.5%，并且有抗病和长寿特性，因此，选育四倍体三叶草品种是提高其产量的途径之一。

(2) 抗逆性

白三叶抗寒能力差，在北方寒冷的气候条件下不能安全越冬、无法存活，阻碍了很多具有优良性状的白三叶在北方大面积种植和推广。因此，抗寒性就成了白三叶在北方推广的主要育种目标。可采用传统育种或基因工程等方法来增强白三叶草的抗寒性。而对具有优良性状的白三叶品种进行远缘杂交，我国寒地具有丰富的白三叶野生资源，可通过将抗寒性强的白三叶作为母本进行杂交，以期获得抗寒性较强植株。

白三叶不耐阴，且不耐干旱和积水。可通过转基因技术，将抗旱基因导入三叶草品种中，得到抗旱性较强的植株，能有效提高植物对干旱环境的抵抗能力。

选育抗逆性强的品种能扩大其种植区域，在环境严酷的地区也能获得稳定的产量。我国南方草地夏季高温、秋季干旱、冬季受西伯利亚寒流影响，时有低温霜冻，雨季高温高湿、土壤酸性、贫瘠、高铝、缺磷。在长江中下游低海拔地区，夏季普遍生长缓慢，有的品种越夏困难。选育对这些恶劣气候条件及不良土壤条件具有抗性或耐性的三叶草品种，对改善这些地区的生态环境，提高产草量，发展草地畜牧业有着特别重要的意义。

三叶草在世界各国的栽培过程中，常发生多种病害，如根节线虫、镰刀菌根腐病、炭疽病、白粉病、病毒病、锈病等。在我国南方三叶草种植区的主要病害有白粉病、黄斑病、单孢锈病，较为严重的是三叶草白粉病和白绢病，如贵州省1986年红三叶白粉病大发生，干草和种子产量大幅度下降。此外，在我国南方一些省（自治区），还有危害三叶草的小绿叶蝉、小长蝽、蝗虫等多种虫害。三叶草病虫害对其栽培危害极大，不但降低产量，还影响饲草的品质，因此，培育抗病、抗虫品种已成为各国的重要育种目标。抗病虫害也是我国三叶草育种的目标性状之一。研究人员常用诱导抗病性，即通过在各种诱导因子的作用下，使植物体内与抗病有关的基因得到表达，从而产生抗病性。目前，转基因对病害研究也是一种有效手段。虫害也是影响白三叶品质和产量的主要因素之一，对白三叶虫害的控制主要是药物防除，会产生很多副作用，因此对抗虫白三叶种质的研究和抗虫新品种的选育是解决虫害及滥用农药的最有效办法。

(3) 耐刈或耐牧

建立人工草地需要耐刈性强的品种，建立放牧草地则需要耐牧性强的品种。此类品种可以提高牧草产量和草地利用率。因此在育种中应注意选育播种当年植株存活率高、发育初期生长迅速的三叶草品种，培育耐践踏和再生速度快、叶片大、植株高大、再生性强的品种等。

(4) 持久性

三叶草的持久性是通过在一定的年限内维持某种产量水平表现的，缺乏持久性将产生不规则的裸露斑，不仅易受杂草的侵袭、降低产量，且对霜害和冷害更为敏感，因此，在三叶草育种中应注意天然群体的多型性，并依此培育出长寿命类型的品种。

(5) 混播型

三叶草与禾本科草混播是建植草地的主要模式之一，稳定二者的比例极为重要。然而随着利用年限的增加，在生产上经常发生禾本科与三叶草比例失调的现象，造成草地生产力下降。因此，选育既能稳定持续生长，又能与禾本科牧草协调的三叶草品种尤为重要。

(6) 坪用型白三叶

白三叶是草坪绿地建植的主要草种之一，培育植株低矮、叶片细小、耐践踏、播种当年植株存活率高、发育初期生长迅速的坪用型白三叶，也是白三叶育种的主要目标之一。

(7) 改善品质

牧草的品质和利用价值是决定牧草优劣的重要指标。因此，提高牧草的适口性和营养价值，减少有毒物质及其含量，提高和改善牧草品种的品质是牧草育种工作者永恒的目标。三叶草营养价值较高，但也存在一些影响其品质的抗营养因子，如三叶草中含有氢氰酸，牲畜采食后易引起中毒。因此，选育氢氰酸含量低(≤3%)的三叶草品种对畜牧业安全生产和提高牧草的利用价值具有重要的意义。三叶草的一些种类(如地三叶)含有较高的异黄酮类物质和香豆雌醇等性激素，牲畜采食后易掉膘，引起母羊难产、产羔率和受胎率降低等一系列繁殖障碍，或引起牲畜不育症(又称三叶草症)。因此，在育种中降低雌激素含量也是三叶草育种的重要目标。例如，白三叶品种'Redwest'是在品种'Grasslands Hamua'的基础上选育出来的，其主要特点是雌激素产生的效应只有原始群体的1/15。

10.3.2.3 三叶草的性状遗传

(1) 三叶草的染色体组成

红三叶为二倍体，$2n=2X=16$，其核型由7对中部、1对近中部着丝点染色体组成，最长与最短染色体比值为1.37，属2A型，核型公式为$2n=2X=14m+2sm$。又据闫贵兴等(1989)对红三叶染色体数目分析后认为，该种具有2个染色体基数(X=7或X=8)，$2n=32$的正是染色体基数为8的四倍体。国外所选育的红三叶四倍体一般是$2n=4X=28$或32。

白三叶是四倍体，据张赞平等(1993)研究，其染色体数为$2n=4X=32$；该种核型由11对中部、5对近中部着丝点染色体组成，其中第6对染色体短臂具随体。最长与最短染色体比值为1.65，属2A核型，核型公式为$2n=4X=32=22m+10Sm(2SAT)$。

(2) 三叶草的数量性状遗传

很多数量性状是重要的经济性状，而数量性状是由微效多基因控制，其遗传基础比较复杂。茎的长短以及叶片的大小、复叶的多少是构成产量的重要因素。已知红三叶具5片小叶的复叶是由两个隐性基因f和n所控制的，在纯合条件下，这两个基因中的一个或两个都可形成复叶。Artmenko(1972)培育出一个群体，其植株89%都具有4~9片小叶；每个花序的种子数及粒重受多基因控制，环境对其影响较大，遗传力较小。

(3) 三叶草的质量性状遗传

质量性状与数量性状是相对而存在的，二者并没有绝对的界限。一般主基因遗传效应较强而且明显，表型划分较易确定的性状，习惯称为质量性状。

① 抗病性　红三叶对炭疽病的抗性是由几个显性基因控制的，在抗病性中等的原群体中进行表型轮回选择时，第一个选择周期抗病性即显著增强。红三叶对锈病和白粉病的抗性是由个别显性基因控制的。Heson等报道了3个抗花叶病毒类型，每个类型分别由一个不同显性基因所控制，对叶脉镶嵌病毒抗性是由一个单独的显性基因RC控制的；对茎线虫的抗性由两个显性基因所控制，其中一个与S基因连锁。Mclaughlin通过酶联免疫测定(ELISA)发现，杂种对不同病毒的抗性有差异，对于抗花生矮化病毒及三叶草黄脉病毒来说，加性遗传效应比其他效应更重要，对病毒的抗性是可遗传的。由此可见，三叶草对病毒的抗性并非由单基因控制。

② 氰化物含量　据Williams(1987)研究，多数白三叶群体含有生氰植株和非生氰植株，并且草产量和持久性均较高的群体其生氰基因型频率较高。20世纪70~80年代培育的品种生氰基因型频率属中等。氰化物主要存在于叶片中，当叶子受伤时，生氰植株释放HCN，可防止害虫，但含较多氰化物的三叶草品种，牲畜食用后可造成母畜所产羔羊患甲状腺肿。现已查

明，白三叶受伤叶片产生氰化物是由 AC（亚麻苦苷和 Lotaustralin 葡萄糖苷）和 Li（水解酶 Linamarase）位点的两个显性等位基因所控制。

③叶片斑纹　Gibson 和 Hollowell 以三叶草杂交种子和杂交植株为研究对象，对一些性状的遗传进行了研究，区分了三叶草的显性性状和隐性性状，显性性状包括红叶、红斑点、红中脉、白"V"字形；隐性性状包括红色花冠和非紫色苞片。在红三叶的叶特征中，叶斑相对无斑呈显性，黄叶斑相对红色呈显性，茎和托叶上的红色素是通过两种显性基因调节的，但区别较困难。三叶草的白花、光滑叶、叶柄和多个小叶的复叶属于简单的隐性性状。三叶草的性状遗传因不同遗传背景而比较复杂，因此，在进行控制杂交时，应对现有材料进行详细研究。

④自交不亲和性　三叶草的自交不亲和性是由一系列 S 等位基因控制的。Adeson 曾用近交同型 S 等位基因完成杂交遗传控制来产生双交杂种（图 10-3）。

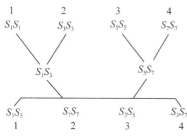

图 10-3　利用同型 S 等位基因产生三叶草双交种

（引自云锦凤，2001）

10.3.2.4　三叶草的育种方法

(1) 三叶草育种概况

三叶草育种始于 20 世纪 20 年代初，1920 年荷兰首先育出 Dutch 白三叶品种，1927 年，丹麦选育出 'Morso otofee' 白三叶，进入 20 世纪 40 年代，荷兰、英国、芬兰、瑞典、法国、美国、加拿大、比利时先后选育出 'Fres'、'Perina'、'Tammninges'、'Louisiana'、'Kenland' 等数十个白三叶和红三叶品种，这些品种大部分是通过自然选择法选育出的适应当地气候条件的生态型或通过混合法选育出比当地生态型优良的品种。

在玉米杂种优势利用的启示下，20 世纪 50 年代，美国在三叶草育种方面开始尝试杂种优势的利用，他们利用自交零代和自交一代非亲和的 S 等位基因控制杂交来配制双交杂种。

但由于选育和保持近交系较困难，成本又高，红三叶的单交和双交杂种并没有在生产上得到广泛应用，转而应用三叶草的综合品种。目前，世界各国应用的各类三叶草品种中，综合品种约占 80% 以上。

从 20 世纪 60 年代开始，用秋水仙素诱导三叶草的四倍体育种同样受到重视，四倍体产量超过二倍体达 20%~30%，粗蛋白超过 1%~1.5%。德国、波兰、瑞典等国最先培育出四倍体红三叶草。20 世纪 80 年代，在英国 41 个栽培品种中，有 12 个是四倍体，占三叶草播种总面积的 16%，晚熟品种占 21%。苏联在培育四倍体三叶草方面成果卓著，先后由全苏作物栽培研究所培育出 ВИК 和早熟越冬好的 ВИК$_{84}$ 等多个四倍体品种，并对 200 多个具有重要经济价值的四倍体材料做了进一步选育，选育出适合酸性土壤、抗铝离子的红三叶育种系列新材料，在抗铝离子红三叶育种中起到了重要作用。

1978 年，Elizabeth Williams 对高加索三叶草和白三叶的杂交胚进行离体培养，获得了能在户外大量繁殖的杂交后代再生植株。1995 年，Meredith 利用杂交胚珠离体培养技术，使白三叶与高加索三叶草和白三叶的后代进行回交，成功获得了 1 粒种子。2005 年起，国内学者通过杂交胚离体培养技术和一系列组织再生技术，获得了以 '蒙农 1 号' 三叶草为母本、白三叶为父本的杂种 F_1 代植株。

在应用秋水仙素化学药剂诱导多倍体的同时，美国学者曾于 20 世纪 70 年代应用 $2n$ 配子或 $2n$ 孢子产生了四倍体三叶草。它与用秋水仙素处理获得四倍体的成功率相近，但通过 $2n$ 配子获得的有性四倍体植株生长健壮，可育性高。

由于育种手段的不断改进，三叶草遗传改良取得了长足的进步。1985—1989年，在新西兰Pamerston North对来自24个国家的110个白三叶生态型和品种进行了改良成果的试验，它代表着60多年三叶草改良的成果。结果表明，20世纪80年代推广的品种干物质产量比1939年前推广的品种高28%，比20世纪40年代推广的品种高44%，增长最多的是20世纪50年代推广的品种。总体上三叶草干重以0.16 g/m^{2}的速率增长，相当于每年增加1.44 g/m^2，每10年的遗传改良率约为6%。根据在Rhind等（1979）在南非评价的31个品种的资料，三叶草产量以每10年6.8%的速率增加。

总之，三叶草育种工作经历了从简单到复杂、从低级到高级逐步发展过程。据不完全统计，截至2015年全球已选育出各类三叶草品种500余个。早期多采用自然选择和混合选择育种法，培育适合当地自然条件的生态型，随着育种工作的进展，生态型逐步被各种育种途径选育的优良品种所代替。进入20世纪80年代后，随着我国南方草地畜牧业的发展，重点开展了地方品种的整理和野生三叶草的驯化工作。例如，已登记注册的地方品种'巴东'红三叶、'巫溪'红三叶、'贵州'白三叶、'岷山'红三叶、天水红三叶等；野生驯化的有'延边野火球'；从国外引进的优良品种有'海法'、'胡依阿'和'川引拉丁诺'白三叶、'希瑞斯'和'丰瑞德'红三叶等。云南省肉牛和牧草研究中心2002年引进登记了肯尼亚白三叶Safari（*Trifolium semipilosum* var. *glabrescens*），在云南省海拔1 000~2 500 m，≥10℃的年积温1 600~6 000℃，年降水650~1 500 mm的广大地区以及南方中亚热带到暖温带地区均可种植。此外，湖北省农业科学院畜牧兽医研究所利用综合品种法，培育出抗旱耐热、增产14.5%的'鄂牧1号'白三叶新品种。'鄂牧2号'白三叶是以两个引进品种为亲本，通过优株系统选育、混合收种育成的新品种，具有较强的抗寒性和耐热性，适宜我国长江流域、云贵高原及西南山地丘陵地区栽培种植。甘肃农业大学利用综合品种法培育出了抗病性强、产草量高的'甘红1号'红三叶。'鄂牧5号'红三叶是湖北省农业科学院以'巴东'红三叶为育种材料，采用单株选择和混合选择相结合的方法选育而成的品种。

(2) 三叶草的育种方法

①引种驯化　目前我国已登记的品种中有相当比例是经引种驯化而来的。如'巴东'红三叶是1875年自比利时引进我国，在湖北省鄂西地区经多年栽培而成的地方品种；'岷山'红三叶是岷山种畜场从美国引进的红三叶逸散种中整理而成的地方品种；'巫溪'红三叶是1953年四川省巫溪县红池坝农场的技术员从美国友人处获得几粒种子，在巫溪红池坝种植，逐渐繁衍逸散，1986年在红池坝采集到种子，后经整理而成。

我国从美国、新西兰、丹麦、荷兰等国家引进的白三叶、红三叶优良品种在生产上发挥了重要的作用，已审定登记的品种——'川引拉丁诺'和'胡依阿'白三叶、'希瑞斯'和'丰瑞德'红三叶等，均是来自国外的引进品种。

我国野生红三叶在长江流域、西北及西南等部分地区呈野生逸散群落或逸散野生种状态分布，这些野生资源蕴藏着丰富的变异，经栽培驯化可以成为地方品种。我国野生白三叶主要分布在新疆大山北麓湿润的河滩草地、吉林省海拔50 m的珲春县的低湿草地以及黑龙江尚志县、内蒙古呼伦贝尔市、贵州、湖北、四川、湖南、山西、陕西等地。研究表明，这些野生类型大都属于小叶型三叶草，这些三叶草虽然存在早熟、产量低、不抗病及抗热性较差的特点，但经过了长期的自然选择，形成了适应于各地自然条件的生态类型，也是选育新品种的宝贵资源。我国的'延边野火球'和'贵州'白三叶均由野生种驯化而来。

②选择育种　选择育种在三叶草的早期育种中发挥了重要作用,这一方法至今仍有重要价值。三叶草品种在开放传粉的情况下是一个异质杂合体(heterozygote)。对于这样的品种,采用混合选择法来改良某些性状效果很好。按照育种目标所要求的标准,在群体中选择符合标准的个体,混合脱粒即成为一个混合群体。连续进行2~3代的选择,当群体内性状相对稳定后,即可扩大种子繁殖,用于下一年品系比较试验。如果比对照品种优越,就可推广使用。也可在混合群体中选择优良单株,用无性繁殖法迅速形成无性系,选择优良无性系混合收种,形成一个混合群体,这样效果更显著。混合选择的作用,是把群体中一些优良性状的基因累积起来,同时清除一些不良基因。混合群体虽然是由选择的单株构成,但仍是一个具有广泛基因基础的群体。混合选择对一些简单的遗传性状有明显效果。通过自然选择和人工选择相结合,可以创造出适应当地生态条件和经济性状好的类型。

③杂交育种　杂交在提高三叶草产量、改良品种和提高抗逆性等方面具有重要作用。

a. 开花特性：红三叶和白三叶均为异花授粉,虫媒花。三叶草的花由花萼、花冠、10枚雄蕊和1枚雌蕊组成。花萼管上有5个裂片并具齿。1个旗瓣、2个翼瓣和2个龙骨瓣的基部联合成花冠管。白三叶的花冠呈白色或奶油色,红三叶的花冠呈粉红色。花聚集成头状或短总状花序,花有梗或无梗,成熟时花瓣通常不裂,下弯(白三叶)或直立(红三叶)。

一般分枝期10~15 d后进入现蕾期。现蕾期7~10 d后第一个头状花序开始开花。从播种至开花需70~85 d。白三叶开花期早于红三叶。单株顶端的花序先开花,依次向下分别开放。红三叶一般有100余个头状花序,每个头状花序有几十朵到百余朵小花。就一个头状花序而言,红三叶首先从具有两个小托叶的一端开始开放,每日开花时间为10:00~17:00,开花高峰在12:00~15:00。开花后2~3 d进入高峰,开花持续期11 d左右。白三叶则由基部向顶部顺序开放。

b. 杂交技术：开花前,将每个植株的头状花序用纸袋套住,以防止昆虫传粉。杂交前需要选株和整穗,选择长势优良无病害的单株,每个头状花序只留15~20朵花。一般来说,红三叶和白三叶因具有自交不亲和性,杂交时不必去雄。但自交可育的材料杂交时则需要去雄。

白三叶可以通过去掉花冠的方法去雄,即用一把镊子夹住花萼顶端与旗瓣中间的花冠外面,去掉花冠管及附着的花药,留下未受损的雌蕊。去雄的花用纱布隔离,经2~3昼夜,用新鲜父本的花粉授粉。红三叶不宜通过去掉花冠的方法去雄,在杂交时可纵向从外面切开花冠和花萼,去掉花冠和完整的雄蕊,不要损伤柱头。

大多数三叶草的最适授粉时间在开花后不久,一天中何时授粉则影响不大。红三叶的花在半开放时进行授粉具有较高的结实率。操作时,把授粉用的牙签(牙签上黏一小块粗砂纸)插入父本花朵的旗瓣和龙骨瓣之间,并向下碰击雄蕊管,取出花粉后把牙签上的花粉授于雌株的柱头上。一次收集的花粉通常能授10~15朵小花。授粉后立即挂标签,并标明杂交组合与日期。

c. 杂交育种方法

多元杂交：多元杂交法(poly-crossing)适用于具有营养繁殖能力的多年生牧草,需要在隔离区内进行杂交和选择,具体步骤如下：

第一年：种植500~1 000株原始材料,稀植点播以供选择。

第二年：在上年单株区选择500株左右建立无性繁殖系。每株扦插20株即可。

第三年：对无性繁殖系进行评选,选出60~100个无性繁殖系。挖去其他植株,保留的无性系在隔离条件下开放传粉。当年按无性系分别收获和脱粒,供下一年进行配合力试验。当年选中的无性系继续保留。

第四年：对各无性系后代进行产量比较试验。

第五、六年：评选优良无性繁殖系、淘汰配合力低的无性系。

第七年：当选的无性系开放授粉。种子成熟后混合收获脱粒。得到的种子可用于品种比较试验。其选育程序如图10-4所示。

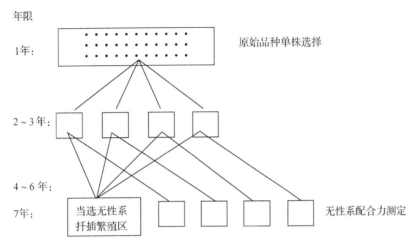

图10-4　多元杂交法示意图

多元杂交法既对三叶草的表型进行了选择，同时也测定了每个无性系的一般配合力，是改良三叶草比较好的方法。多元杂交法是轮回选择法的改进，后者是以单株进行，所得种子数量有限，前者在表型选择后改用无性繁殖法，扩大了当选植株的种子数量，增加了试验的准确性，两者选择的年限相近。

远缘杂交：三叶草远缘杂交的困难主要表现为杂交不易成功，杂种生活力弱，不育或育性低等。早在20世纪60年代，美国肯塔基大学对三叶草进行了二倍体和四倍体、多年生和一年生之间的种间杂交，但杂种不育。苏联开展的不同倍性三叶草间的杂交，除一个组合的杂种有育性外，其余均不育或部分可育（表10-3）。

表10-3　三叶草与其近缘种杂交后杂种的育性

杂交组合	杂种染色体数 $2n$	育性
T. pratense ($2n=14$) × T. diffusum ($2n=16$)	15	不育
T. pratense ($2n=28$) × T. diffusum ($2n=32$)	30	有育性
T. pratense ($2n=28$) × T. pallidum ($2n=16$)	20	不育
T. sarosiense ($2n=48$) × T. alpestre ($2n=32$)	40	部分有育性
T. medium ($2n=72$) × T. sarosiense ($2n=48$)	58~60	部分有育性
T. alpestre ($2n=16$) × T. heldreichianum ($2n=16$)	16	部分有育性
T. alpestre ($2n=16$) × T. rubens ($2n=16$)	16	部分有育性
T. sarosiense ($2n=48$) × T. pratense ($2n=14$)	31	不育
T. medium ($2n=80$) × T. pratense ($2n=28$)	54	不育

注：引自云锦凤，《牧草及饲料作物育种学》（第2版），2016。

为克服授粉后的障碍，可利用胚拯救技术，将授粉后 13~14 d 的胚进行离体培养。Meredith 在 1995 年、内蒙古农业大学在 2008—2012 年均对白三叶与高加索三叶草杂种胚的离体培养进行了研究并获得了杂种植株。

为克服三叶草种间杂交的不可交配性和杂种不实，可将二倍体种先加倍成多倍体，然后进行杂交，或以倍性高的作母本进行杂交。例如，苏联曾用加倍四倍体红三叶 'ВИК' ($2n = 28$) 与加倍的展枝三叶草（$T.\ diffusum$，$2n = 32$）杂交，获得了 $2n = 30$ 的可育双倍体杂种，其形态特征、发育速度和化学成分等均介于双亲之间。

④综合品种　世界各国种植的三叶草品种中有 80% 以上为综合品种。

配制三叶草综合品种的步骤：选择优良无性系，测定中选无性系的配合力，将 5~10 个优良无性系在隔离条件下进行多系杂交，经比较试验即可选出最为优良的品种组合。

优良无性系选择：用于综合品种的无性系应具有综合农艺性状优良、抗病、抗虫、抗寒、抗热以及利用年限长等优点。无性系的数目没有绝对限制，如白三叶综合品种 'Louisiana Syn-l'，仅用了 6 个无性系，'Regal' 是 5 个无性系的综合品种，而 'Merit' 则是由 30 个无性系组成的综合品种。一般无性系过少容易衰退，过多反而减产。

无性系配合力测验：在配制综合品种前，是否要进行无性系配合力测验因具体情况而定。一般而言，通过配合力测验选出的无性系更加稳妥可靠，用于测定配合力的测验种应是遗传性相对稳定的无性系。国外培育的综合品种多数进行了无性系配合力测验。在三叶草育种起步较晚的国家，对所选无性系很少进行配合力测定，尽管更加简便，但增产幅度不如前者。许多早期栽培的品种，如 'Kenland' 红三叶就是利用几个不同生态型混植而成的综合品种。

⑤多倍体育种　三叶草的多倍体育种开始于 20 世纪 50 年代中后期，其中最有成效的是红三叶四倍体。苏联培育的红三叶为 $2n = 4X = 28$，欧美培育的红三叶为 $2n = 4X = 32$。四倍体红三叶具有抗病、长寿、高产等诸多优点，如苏联培育的四倍体红三叶的单株平均产量提高了 62.2%~83.0%，蛋白质含量增加 1.0%~1.7%，维生素含量降低 1.0%~3.7%，胡萝卜素增加了 51.6%~133.2%。四倍体红三叶的缺点是种子产量比二倍体要低，花粉育性低是其主要原因。四倍体红三叶群体中含有 16% 左右的非整倍体，育性降低导致种子产量下降。

与四倍体红三叶草相比，白三叶草的多倍体（$2n = 8X = 64$）存在许多缺陷，开花比二倍体迟，叶柄和茎较密，种子产量也低，因此早期的八倍体白三叶并未推广。不过，利用 0.025%~0.05% 亚硝基甲基脲处理获得的白三叶八倍体，表现出抗病、产量高等特点，可作为优异种质资源使用。

a. 四倍体三叶草的产生途径：普遍采用秋水仙碱处理发芽种子或幼苗进行染色体加倍，在 0.01%~0.25% 秋水仙碱水溶液中处理 2~6 h，可获得四倍体。也可用氮的亚氧化物 N_2O 进行处理，在三叶草授粉 1 d 后，在大气压 0.6 Pa 下用 N_2O 处理 24 h，可获得 100% 的四倍体植株。美国学者采用 $2n$ 配子的方法获得了四倍体红三叶。利用 $2n$ 配子获得四倍体植株，要求产生 $2n$ 配子的频率相当高，为此，他们在温室条件下用三次轮回表型选择来提高每株产生 $2n$ 花粉的频率。用 $2n$ 卵子和 $2n$ 花粉结合产生四倍体红三叶。此法比用秋水仙素或 N_2O 处理的成功率要低，但优点是四倍体植株生长健壮，可育性高。除此之外，还可用组织培养和体细胞融合等生物工程方法获得四倍体三叶草。

用 0.05%秋水仙碱在 20℃下处理白三叶种子 10 h 或枝条 60 h，获得了 2.7%和 13.3%的八倍体白三叶；用 0.2%秋水仙碱处理白三叶生长点，每天点滴 3 次，每次 2 滴，共处理 6 d，能获得 18%的八倍体白三叶。

b. 四倍体三叶草的鉴定方法：经秋水仙碱或其他方法处理后，因诱变剂只对分生组织起作用，所以可能出现部分组织染色体加倍、而整个植株仍是二倍体的现象，这就需要对处理后的材料进行鉴定。可通过检查花粉母细胞或根尖染色体数目直接鉴定。也可通过植株形态特征进行间接鉴定。四倍体红三叶保卫细胞和叶表皮比二倍体的长 1.3 倍，宽 1.2 倍；花粉粒比二倍体宽 1.5 倍；花序比二倍体的长 39.2%，宽 39.4%。伴随四倍体花序的加大，小花也变大了；二倍体红三叶的千粒重为 1.6~1.9 g，而四倍体红三叶可达 2.6~3.4 g，四倍体红三叶的千粒重较大，成为又一个易于识别的特征。叶片宽大、数量多、植株高大，这些都是四倍体红三叶的共同特征。

c. 四倍体三叶草的改良方法：四倍体三叶草优良特性明显，不足之处是种子产量低。国内外的研究均证明，在诱发四倍体的第一代中，根据与种子产量相关的性状进行筛选，以提高其产量，如结实率、花粉生活力、生殖枝数、花序数、花冠管长度、单株粒重等。苏联为了改良四倍体红三叶结实率低的性状，用当地选育的四倍体同来自瑞典的四倍体红三叶进行地理远缘杂交，经过 3 代的选择，结实率由原来的 4.5%~6.2%提高到 45.1%~67.8%。因短管状花有利于蜜蜂传粉，他们还采用多次混合选择方法，从四倍体三叶草中选出了管状花长度接近二倍体的品种，从而提高了结实率。

10.3.3 野豌豆育种

野豌豆属(*Vicia*)是被子植物门木兰纲野豌豆族下的一个属，多为一二年生或多年生草本，大多为闭花授粉，多具有直立茎、蔓生或卷须攀缘特性，种间体态不同，差异很大，根部常膨大呈木质化块状是该属的主要特征。以地中海地域为中心，分布于北半球温带至南美洲温带和东非，为北温带(全温带)间断分布。主要种植于我国长江中下游、西北及华北诸省(自治区)。本属植物可用作牧草、绿肥、放牧及食用，为优良牧草，早春蜜源植物或水土保持植物。有些种类可嫩时食用，有些为民间草药；少数种类花果期有毒，部分种子中含有氢氰酸，作精料时需加蒸煮、浸泡等处理后再饲喂。世界上对该属染色体的研究甚多，有关染色体报道 130 余种，有 21 种具有不同数目的染色体，染色体基数有 5、6、7、9、11 等，多数种为 $n=7$。模式标本采集自欧洲，属名模式：箭筈豌豆(救荒野豌豆，*V. sativa* Linn.)。

10.3.3.1 野豌豆种质资源

野豌豆属由林奈建于 1753 年，全属 166~210 种，下分 7 组：细叶野豌豆组 Sect. *Cracca*；大叶野豌豆组 Sect. *Cassubicae*；歪头菜组 Sect. *Oroboidea*；四籽野豌豆组 Sect. *Ervum*；野豌豆组 Sect. *Vicia*；蚕豆组 Sect. *Faba*；硬毛果野豌豆组 Sect. *Lenticula*。Maxted 等则在原始的表型基础上又进一步分类，将 *Vicia* 亚属更为细致地划分成 9 大系列 38 种 14 亚种。

野豌豆属植物在我国主要分布于东北有 11 种，华东有 11 种，华中有 15 种，华北 23 种，西南有 18 种，西北有 19 种，共 43 种。其中，划分了 4 变种，6 变型，包括 4 新种（多叶野豌豆、三尖野豌豆、武山野豌豆和长齿野豌豆）；新变种（三叶歪头菜）和新等级（千山野豌豆）

各1个。在草牧业中利用最广泛和栽培面积最大的有箭筈豌豆和苕子。依据全国草品种审定委员会的公报统计，1987—2021年，我国通过审定的野豌豆属牧草品种共14个，其中箭筈豌豆品种5个(表10-4)。这些品种适应范围广泛，包括我国西南、华南、华东、北方水热条件较好的地区，以及高海拔地区。

(1) 箭筈豌豆种质资源

箭筈豌豆学名为 *Vicia sativa*，英文名为 common vetch。染色体 $2n=12$。别名：大巢菜(本草纲目)、春巢菜、救荒野豌豆、普通巢菜、野豌豆。为一年生或越年生草本植物，自花授粉，绿肥牧草。再生性强，花后刈割再生草仍可收种子，同时具有固氮、改善土壤结构的能力，被普遍用作饲料、干草、绿肥、青贮或混播牧草。箭筈豌豆种子含有多种抗营养因子，特别是对单胃动物有毒的氰基氨基酸和氰基糖苷，国外曾有用其提取物作抗肿瘤的报道。箭筈豌豆原产欧洲南部、亚洲西部，主要分布于欧洲、亚洲和美洲的温带地区。在我国的江苏、江西、台湾、陕西、云南、青海、甘肃等省(自治区)的草原和山地均有野生分布。据 GENESYS 在线平台统计数据，共有13 337份箭筈豌豆材料被收录登记，主要以俄罗斯、土耳其、西班牙、意大利、叙利亚和保加利亚等国家的地方品种为主。欧洲植物遗传资源搜索目录列出箭筈豌豆种质8 101份，其中大部分收集在德国的 Gatersleben 种质库。澳大利亚谷物种质库收集有野豌豆属的60种，1 924份种质，其中包括箭筈豌豆种质1 013份。

箭筈豌豆并非我国原产草种。从20世纪50年代开始，从苏联、罗马尼亚、澳大利亚等国家引进一批箭筈豌豆优良品种，经短期试种栽培后，已成为适合我国部分地区栽培的优良引进种或作为育种的亲本材料。20世纪60年代中期，我国开始了箭筈豌豆品种的选育工作，已针对不同育种目标培育出多个品种，如'6625'、'333/A'、'兰箭3号'、'兰箭1号'、'兰箭2号'、'润扬白'箭筈豌豆、'川北'箭筈豌豆等品种。

(2) 苕子种质资源

苕子学名为 *Vicia villosa*，英文名为 hairy vetch。二倍体，染色体 $2n=14$。别名：毛草藤、毛野豌豆、毛箭筈豌豆、苏联巢菜、冬箭筈豌豆、砂巢菜等。一年生或越年生攀缘性草本植物，喜温凉干燥气候，耐寒、耐旱、耐瘠，但不耐渍。原产于欧洲和西亚，主要分布在北半球温带地区、东欧等地。苕子主要在我国华北、西北和西南等地区栽培，栽培最多的有光叶紫花苕子(*V. villosa*)、毛叶紫花苕子(*V. villosa* var. 'glabrescens')和蓝花苕子(*V. cracca*)。苕子可在春季或秋季播种，一般用于稻田复种、麦田套种，也可用于在中耕作物行间和林果种植园中间播种，在南方主要作稻田冬绿肥。

1946年从美国俄勒冈州立试验站选出的光叶紫花苕子引入江苏，经过多年的选育，形成了东阳苕子、南宁苕子、川阳苕子等农家品种，在河南、山东、安徽、湖北、云南、四川等省份推广栽培。凉山光叶紫花苕是从引进的光叶紫花苕经过长期适应性栽培选育，后登记为地方品种。以其生长快、繁殖力强、草质优良、适口性好、青饲和干草为多种畜禽所喜食等特点，广泛用作牛、羊等家畜冬春育肥或补饲的青绿饲料。20世纪40年代从美国引入毛叶紫花苕子，60年代又引种苏联毛叶苕子、罗马尼亚毛叶苕子等，主要分布在黄河、淮河、海河流域。蓝花苕子是我国原有农家种，又称蓝花草、草藤、苕草等，主要分布在长江流域及西南、华南一带。近年又选育出藤苕选、桂早苕等新品种。

表 10-4　全国草品种审定委员会审定通过豌豆属品种情况统计（1987—2021 年）

种名称	品种名称	学名	登记年份	品种类别	适宜区域
箭筈豌豆	'6625'	V. sativa L. cv. 6625	1996	育成品种	对气候和土壤有较广的适应性，在云南、贵州、四川，在江淮以南至闽北山区和湖南、江西的双季稻的旱地、稻田、丘陵茶果园均适宜种植
	'苏箭3号'	V. sativa L. cv. Sujian No. 3	1996	育成品种	江苏、云南、贵州、江西、安徽、四川、湖北、湖南、福建等地均可种植
	'兰箭3号'春箭筈豌豆	V. sativa L. 'Lanjian No. 3'	2011	育成品种	青藏高原东北边缘地区和黄土高原地区
	'兰箭2号'	V. sativa L. 'Lanjian No. 2'	2015	育成品种	适宜黄土高原和青藏高原海拔 3 000 m 左右的地区种植
	'川北'箭筈豌豆	V. sativa L. cv. Chuanbei	2015	地方品种	适宜于年降水量 600 mm 以上，海拔 500~3 000 m 的亚热带地区作为饲草种植
狭叶野豌豆	'333/A'	V. angustifolia L. var. japonica A. Gray cv. 333/A	1988	育成品种	适宜甘肃省河西和河东各地区种植，甘肃的南部可与燕麦混种生产优质饲草
肋脉野豌豆	'乌拉特'	V. costata Ledeb. cv. Wulate	1994	野生栽培品种	内蒙古自治区境内的荒漠草原及草原化荒漠和宁夏、甘肃、新疆等地区的草原化荒漠中可以种植推广
大荚箭筈豌豆	'宁引2号'	V. macrocarpa Bertol. cv. Ningyin No. 2	1990	引进品种	华东各省及河南、陕西、辽宁、甘肃等省均可种植
光叶紫花苕	'凉山'	V. villosa Roth var. glabrescens cv. Liangshan	1995	地方品种	适宜我国西南、西北、华南山区推广种植
	'江淮'	V. villosa Roth. var. glabrescens Koch. 'Jianghuai'	2009	育成品种	适宜在江淮地区年降水量 450 mm 以上，最低温度 -10℃ 以上的地区种植
东方野豌豆	'延边'东方野豌豆	V. japonica A. Gray L. 'Yanbian'	2009	野生栽培品种	适宜于吉林省东部和南部山区、半山区草原区，吉林省西部盐碱化草原区中的轻度盐碱化地区或东北同等条件的地区种植
广布野豌豆	'公农'	V. cracca L.	2015	野生栽培品种	适宜吉林省东部山区、中部平原地区，或同等条件北方较湿润地区种植
歪头菜	'甘青'	V. unijuga A. Br.	2021	野生栽培品种	适宜在海拔 3 600 m 以下的青藏高原地区种植，可在海拔 3 000 m 以下地区生产种子
山野豌豆	'东盛'	V. amoena Fisch	2021	野生栽培品种	适宜在吉林省东西部山区及东北气候相似地区种植

10.3.3.2 野豌豆育种概况与育种目标

(1) 育种概况

野豌豆属牧草已被证实为野生驯化种。在很长的一段时间内被视为杂草，而不是一种对农业生产有用的作物。Erskine 等（1994）认为，箭筈豌豆最初是在扁豆田中发现，被当作杂草处理。经过人们长期的选择，获得了低硬实、浅休眠、高产、竞争力强的箭筈豌豆新种质，最终作为饲料作物种植。有证据表明，在英国工业化前的农业生产中，箭筈豌豆被用作绿肥。伴随着有机农业的发展，推动了优质高产箭筈豌豆选育工作的开展。Celiktas 等（2007）比较了土耳其西部野生和栽培箭筈豌豆群体的染色体数目，发现所有野生群体的染色体数为 10，而栽培群体的染色体数为 12。此外，相较于野生箭筈豌豆，栽培箭筈豌豆具有种子更大、硬实率更低、发芽率高的特性，为箭筈豌豆驯化中的选择提供了证据。1970 年，Ressler 等（1969）对 14 份箭筈豌豆种质的氰基丙氨酸含量进行了测定，均检测到了不同浓度的神经毒素。从那时开始，人们开始了低毒箭筈豌豆品种的选育。Chowdhury 等（2001）对收集自国际干旱地区农业研究中心（ICARDA）、伊朗和俄罗斯的 3 000 多份箭筈豌豆种子的毒素水平进行了测定。鉴定到两个低毒素品系（IR-28 和 IR-36），并与适应性良好的南澳大利亚品种 Blanchefleur、Cummins 和 Jericho White 杂交，将种子中的毒素浓度降低到 0.3%～0.4%，可用于饲喂家畜。但是到目前还未育成无毒素的箭筈豌豆品种，一直是阻碍其商业化的重要因素。野豌豆属牧草成熟后，裂荚是造成种子损失的重要因素，1983 年国际干旱地区农业研究中心开展了箭筈豌豆抗裂荚品种的选育工作。野豌豆属牧草已有种间杂交成功的案例，栽培箭筈豌豆（*Vicia sativa* subsp. *sativa*）作为母本与其他 5 个亚种 *amphicarpa*, Batt., *cordata*（Wulfen ex Hoppe）Asch. & Graebner, *macrocarpa*（Moris）Arcang., *nigra* Ehrh. 和 *segetalis*（Thuill.）杂交，F_1 和 F_2 代表现出高度不育性，但是结实率会随着世代增加而恢复，在 F_3 和 F_4 代可恢复 90%～95% 的生育能力。总之，以往箭筈豌豆育种工作多采用单株选择和杂交育种的方法来培育新品种。

我国于 1962 年开始推广种植箭筈豌豆和苕子。20 世纪 60 年代中期，我国开始了箭筈豌豆和苕子品种的选育工作，已针对不同育种目标培育出多个品种，如江苏农业科学院选育的'6625'，中国农业科学院兰州畜牧研究所选育的'333/A'，四川省农业科学院土壤肥料研究所等单位育成的'川北'箭筈豌豆，四川省凉山州草原工作站选育的地方品种'光叶紫花苕'，安徽省农业科学院畜牧兽医研究所育成的'江淮'光叶紫花苕等品种，栽培面积逐年在扩大。自 1998 年以来，南志标院士率领团队，以早熟、高产为目标，开展了箭筈豌豆品种选育工作，先后育成了针对青藏高原的系列品种，如生育期短、种子产量高的'兰箭 3 号'，牧草产量高，可在海拔 3 000 m 及以下地区生产种子等特点的'兰箭 1 号'；牧草和种子产量均较高的'兰箭 2 号'箭筈豌豆品种。扬州大学选育的'润扬白'箭筈豌豆，复叶小叶数量 8 对 16 片，在青藏高原地区可与燕麦混播调制青干草，在长江中下游地区用于冬闲田牧草生产和绿肥作物生产。

(2) 育种目标

野豌豆的育种目标主要集中在以下 5 个方面。

①优质高产 箭筈豌豆、苕子等野豌豆属豆科牧草的生产主要目标，包括产草量和种子产量。箭筈豌豆的子实和青草产量较普通豌豆高而稳定，但品种不同，栽培条件不同，产量变化也大。箭筈豌豆是一种一途多用的牧草，可作为牧草饲喂家畜，也可用作绿肥。箭筈豌豆用作饲料，要求生物学产量高、蛋白含量高、籽粒大而高产；绿肥用品种则应要求早发、分枝多、根瘤发达、固氮能力强等。如用作饲草的'兰箭 2 号'箭筈豌豆，干草和种子产量均较高，适

应性广，在青藏高原及黄土高原均能很好生长和完成生育期；干草产量为 3 026 kg/hm²；种子产量为 1 513 kg/hm²。

②生育期　生育期是一项重要的育种目标，它决定品种的种植地区。选育的品种必须根据当地无霜期的长短决定生育期，原则上应既能充分利用当地的自然生长条件，又能正常成熟。不同箭筈豌豆品种的生育期，在不同的自然条件下有所不同，'333/A'在西北五省（自治区）种植，其生育期在新疆最短 84 d，在青海最长是 122 d。在江苏省种植的大荚箭筈豌豆，在秋播条件下育期 230 d 左右，而春播只有 100~110 d。如甘肃高寒阴湿地区，海拔高、气候冷凉，难以达到其生产能力，更不能完成生育期、生产种子。因此，育种目标重点应该放在选育早熟、稳产性上。针对我国高山草原条件，选育的'兰箭 3 号'春箭筈豌豆，生育期为 92~106 d，比对照品种'333/A'生育期短 13 d，种子产量提高 174.9%，草产量与对照品种相近。生育期短这一优异特性适宜广大的高海拔草原区，进一步扩大了箭筈豌豆的生态适应性。然而，一般情况下早熟品种会因生育期短，产量潜力低，须注意早熟性和丰产性的选择，并根据早熟品种的特点采取合理的栽培措施，克服单株生产力偏低的缺点，从育种和栽培两方面入手，达到早熟和丰产的有机结合。

③适应性　适应性强的品种不仅种植地区广泛、推广面积大，而且更重要的是可在不同年份和地区间保持产量稳定。环境条件尤其是气温与降水对箭筈豌豆的表现有重要影响。苕子和春箭筈豌豆喜凉爽，抗寒性较强，适应性较广。生长所需活动积温 1 500~2 000℃，在 2~3℃时开始发芽。幼苗期能忍耐-6℃的春寒。生存最低温度-12℃。在甘肃省黄羊镇秋播，9 月下旬受连续霜冻仍可继续开花（不结实）、抽生新枝，至 11 月上、中旬才开始死亡，较紫花苜蓿地上部茎叶死亡约迟半月。已有研究表明，'兰箭 3 号'在西藏自治区海拔 4 500 m 的地区表现出了优异的生产性状。扬州大学选育的'润扬'白箭筈豌豆适宜甘肃境内海拔 1 800~3 200 m地区，此外，随着我国农村产业结构调整，农村劳动力的转移，植物生产也必然会朝机械化程度越来越高的方向发展。这就要求培育适宜机械化管理的新品种，要求株型紧凑，秆硬不倒，生长整齐，株高一致，成熟一致。

④抗裂荚　豆科植物普遍存在裂荚现象。裂荚是豆科植物长期进化形成的一种繁殖特性，但是在农业生产上则会导致大量的种子损失。箭筈豌豆和苕子等野豌豆属牧草均存在不同程度的裂荚特性。因此，抗裂荚品种选育是箭筈豌豆的重要育种目标之一。Abd El-Moneim 等（1993）对 900 份箭筈豌豆种质进行了裂荚特性筛选评价，发现抗裂荚种质和易裂荚种质在杂交 F_2 代中裂荚性状的分离比为 3∶1，这一现象完全吻合了孟德尔遗传学的分离定律。据此推断箭筈豌豆的抗裂荚性状是由 1 个隐性基因 *ns* 控制，而裂荚性状是由 1 个显性等位基因 *NS* 控制，可通过杂交育种实现抗裂荚品种的选育。

⑤低毒　氰氢酸是野豌豆属植物种子中特有的一种神经毒素。箭筈豌豆含有一定量的氰氢酸，其含量多少与品种特受栽培条件的影响不大，与品种有关。有研究测定了 11 个箭筈豌豆种子中的氰氢酸含量，为 7.6~77.3 mg/kg。同一品种不同部位的含量稍有差异，不同发育阶段，则以青荚期含量高。可通过育种途径，培育氰氢酸含量低的品种。例如，'333/A'是从'333'品种中的自然变异单株中选育出来的，其氢氰酸含量比原品种降低 35%。

10.3.3.3　野豌豆的育种方法

(1) 地方品种筛选与引种

我国幅员辽阔，地势复杂，气候多样，具有丰富的地方品种资源。'川北'是西南区首个箭筈豌豆国家审定地方品种。该品种是基于综合评价发掘的特异材料(VS1998),采用单株选择历时20年系统选育而成,其干草产量比主栽国家审定品种'兰箭3号'平均提高14.15%,种子产量平均提高19.22%。'润扬'白箭筈豌豆品种亲本来自青海海东地区当家品种。2002—2007年,从青海省海东地区互助县、湟中县等地农家品种青海箭筈豌豆中选择羽状复叶8对叶片以上,产量高的120个单株,混收混种,筛选产量高的单株。原种种子为麻栗色种皮和白色混合。2007年,在江苏扬州进行箭筈豌豆适应性评价。在筛选亲本过程中,发现有种皮白色,叶片数量有8对16片的单株。2010年,在扬州将混收混种的箭筈豌豆筛选皮色为白色的种子筛选单株。连续选择3年,获得'润扬'白箭筈豌豆。'润扬'白箭筈豌豆选育程序如图10-5所示。

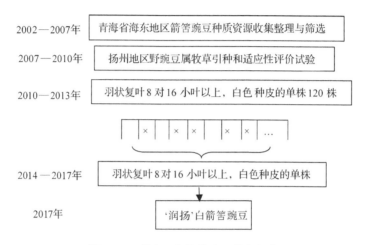

图10-5 '润扬'白箭筈豌豆选育程序

引种是一种简易有效的育种方法,从外地或外国引进若干优良的品种,在本地区多点试种至少两年,确认其产量、品质等特性明显优于当地品种时,即可以在生产上直接利用。在西藏阿里地区草原站试验基地进行了箭筈豌豆的引种试验。箭筈豌豆在该地区长势好,生长速度快,分蘖能力强,产量高,且根系发达,叶片长,叶量丰富。为高寒地区畜牧业发展开辟了广阔的饲草料途径。

(2)选择育种

单株选择与混合选择是箭筈豌豆品种选育的常用方法。单株选择在育种早期有利于淘汰不良植株,提高选育效率。混合选择则能更好地反映育种群体的性状,该方法对不容易受环境影响而且遗传力高的性状是有效的。20世纪50年代开始从国外引进,可通过混合选择在群体中选择符合育种目标的个体,进一步混合脱粒即成为一个混合体。此外,通过混合选择育种可以快速分离符合育种目标的纯系,把群体中一些优良性状的基因累积起来,同时清除一些不良的基因,能够较稳定的遗传下去。但是混合选择对提高产量和其他数量性状效果不大。

【例10-4】 '兰箭3号'箭筈豌豆的选育过程为例,说明混合选择的育种程序(图10-6)。

'兰箭3号'箭筈豌豆的育种目标是以选育在我国高山草原条件下,早熟、种子产量高的品种的春箭筈豌豆品种。1997年从设在叙利亚阿罗坡的国际干旱地区农业研究中心引进了10个箭筈豌豆品系作为育种材料。

田间初步筛选评价:1998年在甘肃省甘南藏族自治州夏河县进行了田间小区评价。根据结果,以种子产量高的'2505'作为选育对象。以早熟、抗寒、抗旱、耐瘠的'333/A'狭叶野豌豆（*Vicia japonica* cv.'333/A'）为对照品种。

新材料选育：1999—2002年在夏河县穴播，行株距均为50 cm，每年播种1 000株，从中选择成熟早、结荚数多、种荚饱满、每荚粒数多的植株100株左右，单收单打，而后将所获种子混合，用作第2年的播种材料。次年继续按此程序选择。经连续4年的选择，获得耐寒、早熟、种子产量高的植株90株。单独脱粒，分株等量种子混合，组成2505-1新品系。

品种比较试验：2003—2005年连续进行3年，小区面积20 m²，4个重复。播种量为75 kg/hm²，行距25 cm，播深4~5 cm，播后人工耙平，每年均在4月底或5月初同期播种，参试品种达到各自成熟期后收获。

区域试验：2006—2007年连续进行2年，小区面积3 m×6 m=18 m²，4次重复，区组间距为1 m，小区间距0.5 m，试验地四周设2 m宽的保护行种植燕麦。

大田生产试验：2008—2010年采用大区对比法，不设重复，种植面积为0.15~0.20 hm²。田间管理按当地生产水平进行，无施肥、灌溉、播量、播深、田间管理同前。夏河和碌曲两地均为5月上旬播种，西峰为夏播，6月底或7月初播种。

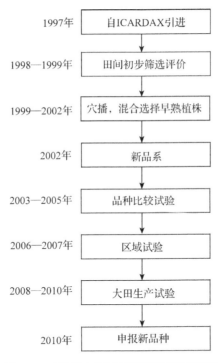

图10-6 '兰箭3号'春箭筈豌豆选育程序

(3) 杂交育种

杂交育种是豆科牧草应用最广的育种方法，箭筈豌豆为自花授粉植物，人工辅助授粉仍有较高的授粉机会。

①去雄杂交 选主茎花序上的小花，当花冠从萼片中露出一半时，花药为球状，花粉还未成熟时，用镊子从花序上去掉已开放的和发育不全的花。然后用镊子拨开旗瓣和翼瓣，把龙骨瓣打开摘除雄蕊。去雄结束时，须检查去雄是否彻底。将去除雄蕊的小花立即套上纸袋，以防杂交。同时系以标签，用铅笔注明母本名称及去雄日期。去雄最好在早晨6:00~9:00进行。去雄后的小花开放时即可进行授粉。根据开花的适宜条件，最好在晴天10:00~14:00采集父

本植株上已成熟的花粉粒。方法与去雄步骤一致。这时即可将花粉已去雄的母本柱头，最后将父本名称和授粉日期登记在先以挂好的标签上。

②杂交方式 是影响杂交育种成败的另一个重要因素。箭筈豌豆育种中的杂交可分为两类：一类是重组杂交，目的是将双亲的优良特征特性结合在一起；另一类是超亲杂交，目的是使亲本已有的优良特征特性在后代中得到加强。

重组杂交特别适于培育在密植条件下抗倒伏、抗病虫，蛋白质含量高而且氨基酸组分好的高产新品种。当简单地将产量、熟性和其他性状上互有差别的亲本杂交，不能形成所希望的基因组合时，也经常利用复交、逐步杂交或逐步回交的方法。Khvostova 提出了豌豆的 3 种回交方案(表 10-5)，在杂交育种中，能高效地将子粒大小、蜡被厚度、子叶颜色、不裂荚、矮秆、小叶数目、扁化茎、小叶大小等性状转移到一个较高产品种中。

表 10-5 豌豆的 3 种回交方案

年份	连续回交(传统方案)	通过后代评价的回交方案	利用单株选择的回交方案
第 1 年	A×B	A×B	A×B
第 2 年	F_1×B	F_1 繁殖	F_1 繁殖
第 3 年	BC_1×B	F_2 单株选择	B×F_2(选择出的植株上的花粉)
第 4 年	BC_2×B	F_3(较好的后代)×B	$F_1(BC_1)$ 繁殖
第 5 年	BC_3×B	$F_1(BC_1)$ 繁殖	B×(BC_1) 繁殖
第 6 年	BC_4×B	$F_2(BC_1)$ 单株选择	$F_1(BC_2)$ 繁殖
第 7 年	BC_5 繁殖	$F_1(BC_1)$×B	$F_2(BC_2)$ 单株选择
第 8 年	单株选择	$F_1(BC_2)$ 繁殖	$F_3(BC_2)$ 从 $F_2(BC_2)$ 较好的植株中进行单株选择
第 9 年	品系产量试验	$F_2(BC_2)$ 单株选择	$F_4(BC_2)$ 从 $F_3(BC_2)$ 较好的植株中进行单株选择
第 10 年	第二年的品系试验	$F_3(BC_2)$ 从较好的后代中进行单株选择	对选出的品系进行测验
第 11 年	品系试验	品系试验	第二年的品系试验

a. 品种间杂交育种：箭筈豌豆种间杂交表现出高度不育性，在 F_1 和 F_2 代的结实率为 12%~16%，而结实率随着世代增加而提高，在 F_3 和 F_4 代可获得 90%~95% 的生育能力。

b. 回交育种：箭筈豌豆种内杂交可采用回交育种的方法进行。例如，国际干旱地区农业研究中心，选择来自土耳其的 3 个抗裂荚基因型(756)和两个来自叙利亚的优异栽培品系(2541)为亲本材料进行杂交，选择早熟、直立生长、多叶、荚果数多和种子大的栽培箭筈豌豆为轮回亲本，抗裂荚种质为非轮回亲本，经过 4 次回交，获得了抗裂荚率为 95%~97% 的新品系。

(4) 诱变育种

使用物理方法、化学方法或者物理化学方法对选好的箭筈豌豆种子进行诱变处理，使其细胞内遗传物质发生变化，后代在个体发育中表现出各种遗传性变异，从变异中选出优良植株，创造新品种。一般采用的方法有辐射育种、化学诱变等。

人工诱变的变异材料 M_1 世代不淘汰，全部留种；M_2 世代是选择优良变异类型的重要世代；M_3 世代开始大量淘汰；M_4 世代对遗传性已基本稳定、表现优良、趋于整齐一致的品(株)，可单独收获脱粒，供下一年进一步测定其生产能力、品质、适应性、抗逆性等，以创造新品种。

①物理辐射 常用^{60}Co-γ射线、X射线和中子流处理。有研究用低剂量γ电离辐射（100 Gy）对氯化钠和聚乙二醇胁迫下的箭筈豌豆幼苗进行处理，发现γ电离辐射会导致干物质积累，过氧化氢酶、超氧化物歧化酶和抗坏血酸过氧化物酶活性显著增加（$P<0.01$），脯氨酸含量和相对含水量降低。结果表明，低剂量γ电离辐射预处理可以增强箭筈豌豆幼苗对盐和干旱胁迫的耐受性。

②化学诱变 南京农业大学以'兰箭2号'箭筈豌豆种子为实验材料，研究了EMS化学诱变剂浓度和处理时间对种子发芽率、出苗率、幼苗生长情况和植株畸形率的影响。得出'兰箭2号'EMS诱变的最适浓度和时间分别为0.1%EMS溶液处理箭筈豌豆种子9 h和12 h，或用0.5%EMS处理6 h和9 h。从EMS诱变的M_2植株中筛选出含花青素（A^+）和无花青素积累（A^-）的分离品系。抗寒性评价结果表明A^-突变体的耐冷性更强。

思考题

1. 简述豆科牧草种质资源状况。
2. 论述苜蓿属牧草种质资源及其主要育种目标。
3. 举例说明苜蓿育种方法与技术有哪些？
4. 简述国内外三叶草育种的发展历程。
5. 论述三叶草的主要育种目标。
6. 分别叙述红三叶与白三叶的类型及其特点。

第 11 章
禾本科牧草育种

11.1 禾本科牧草种质资源

禾本科(Poaceae, Gramineae)是单子叶植物纲禾本目的一个科，别称早熟禾科。禾本科下级分类有竹亚科、早熟禾亚科、黍亚科、稻亚科、画眉草亚科、假淡竹叶亚科、芦竹亚科等。已知约有 700 属，近 10 000 种，我国分布有 200 余属，1 500 种以上。禾本科是种子植物中最有经济价值的大科。是人类粮食和牲畜饲料的主要来源，也是加工淀粉、制糖、酿酒、造纸、编织和建筑方面的重要原料。除了荞麦以外，几乎所有的粮食都是禾本科植物，如小麦、稻米、玉米、大麦、高粱等。

禾本科牧草种质资源在长期自然选择的过程中繁衍生存，常常具有适应性好、抗逆性强的特性。如冰草属、雀麦属、披碱草属、鹅观草属、羊茅属等牧草具有非常强的抗旱耐瘠薄能力，可以在寒冷、瘠薄、干旱、降水量少的地区种植。碱茅(Puccinellia distans)、赖草等牧草，耐盐碱能力很强，能够在土壤碱性较高的土壤条件下生长，可改良盐碱化土地。

最原始的禾本科植物是草质，具短根茎，具相对短的叶，茎具若干节，相对简单的总状或圆锥花序，小穗具若干小花，苞叶(颖片)未分化，花为 3 基数，花被 3 或 6，雄蕊 6，二组子房 1 室，单胚珠，花柱 3，风媒花。研究证明，禾本科植物的化石最早出现在白垩纪晚期。白垩纪晚期地层中禾本科植物叶碎片和花序化石的形态分析结果推测可能为芦苇属(Phragmites)和芦竹属(Arundo)植物。第三纪地层中禾本科植物的小穗、花序、茎、叶、花粉、种子化石已大量存在，它与现代禾本科植物的针茅属(Stipa)、虉草属(Phalaris)、剪股颖属(Agrostis)、芦苇属和芦竹属植物的相应部分相似。

我国天然草原上牧草资源丰富，天然牧草分布范围广，种类多，组成复杂，其中禾本科牧草是主要草地类型的建群种和优势种。禾本科牧草是世界草原重要的牧草资源，对于维持草原生物多样性和保持草原生态平衡具有十分重要的作用。同时，许多禾本科牧草是农作物的野生祖先和亲缘种，是农作物新品种选育的基础材料。保护和利用禾本科牧草种质资源具有十分重要的意义。

禾本科牧草通常草质柔软，适口性好，但在抽穗成熟期牧草质量变差，茎叶较硬，木质化程度高。在栽培利用时，存在牧草生长发育不一致，产草量低的状况。同时，禾本科牧草常授粉不好，秕籽多，具芒，不利于播种。存在种子成熟不整齐，易落粒，种子生产较为困难等问题。这些存在的问题都是禾本科牧草育种的主要育种目标。

地球上禾本科植物分布极广，它出现在所有植被类型中，适于除海洋之外的各种生态环境。禾本科植物在长期的进化和对不同环境的适应过程中，使分类学上的亚科和主要族集中分布程度具有很强的纬度地带性和垂直地带性。禾本科植物在全球不同环境中的分布具有一定的规律性。地理分布上,黍亚科的种主要分布于热带、亚热带稀树干草原及森林地区。黍族较蜀黍族分布广,它们都是稀树干草原的主要植物,但黍族耐阴性较蜀黍族强,多出现于森林地区。狐茅亚科(早熟禾亚科)的大部分种分布在南北半球高纬度的温带和寒带地区及热带高海拔山地,亚热带地区仅在冷季生长和繁殖。地中海地区是其分布中心。该亚科的狐茅族广泛分布于温带和寒带夏季降水量集中且温暖的地区。燕麦族主要分布于西半球西欧和中欧的温带、寒带地区。剪股颖族的分布大至与狐茅族相似,在北纬50°~60°带上较为集中。小麦族分布于北半球欧亚大陆和北美洲温带、寒带地区。画眉草亚科植物主要分布于热带高温干旱、半干旱地区。其中,画眉草族集中分布在澳大利亚中部和南非冬季高温、降水量低的地区。芦竹亚科植物多数种分布在南半球的亚热带地区,并且南非和澳大利亚是两个集中分布区。竹亚科大部分植物分布于热带无霜、湿润的森林地区,集中于印度、我国南部和马来西亚地区。稻亚科适于潮湿或水渍沼泽,主要分布在热带和亚热带隐域性生境。禾本科植物广泛传播,形成了遍布全球的作物、栽培牧草、草坪草、观赏植物和杂草。因而,使禾本科植物的分布更加复杂化,很多种很难找到其原发地。

11.2 禾本科模式植物遗传基础研究

禾本科约由 10 000 个种组成,包括世界上最重要的粮食作物,如小麦、水稻、玉米、大麦、燕麦和高粱及许多牧草与草坪草。禾本科中最大的亚科是早熟禾亚科(Pooideae),有 10 个族,超过 3 000 个种,涵盖了大部分重要的冷季型谷类作物、牧草和草坪草。

二穗短柄草(Brachypodium distachyon)是一年生温带禾本科植物,起源于中东、北非、亚洲和欧洲,分布较广。它具有植株矮小、生活期短(一般为 70 d 左右)、自花授粉、繁殖力强、要求的生长条件简单且易转化、基因组小、遗传资源丰富、与禾谷类作物血源关系密切等特点。所以,成为有研究前途的禾谷类模式植物。二穗短柄草所在的短柄草属(Brachypodium)就属于这个亚科中的短柄草族(Brachypodieae)。近来一项基于叶绿体基因(ndhF)序列数据的分析表明,短柄草族与其后衍生出小麦族(Triticeae)、燕麦族(Aveneae)、雀麦族(Bromeae)和早熟禾族(Poeae)的共同祖先曾为姊妹关系(sister)。因此,短柄草属被认为与这 4 个"核心早熟禾亚族(core pooid)"(包括了大多数冷季型禾本科植物)最为亲近,因而可能拥有禾本科中与其最为接近的基因组组成和结构。

以基因组测序为基础搭建的模式植物研究平台使人类能够高效的共享和利用知识和信息资源,其意义重大而深远。对植物生物学来说,双子叶模式植物拟南芥(Arabidopsis thaliana)和单子叶植物水稻基因组序列的发表在植物遗传、进化和系统发育等方面为我们开展植物学研究提供了前所未有的信息,为其他植物家族基因组测序工作提供了策略和技术两方面的有力支撑。尽管水稻基因组序列对小麦、大麦、黑麦(Secale cereale)等的研究有所帮助,但作为研究冷季型谷类植物基因的模板仍有局限。这主要是因为水稻约在 5 000 万年前就从冷季型禾本科中进化分离出来。它们在物候学、形态学、生理学、对生物与非生物应激的敏感性和耐受性方面均有较大差异。而且水稻缺乏拟南芥所具有的株型小,生长快和易遗传转化等优势。

二穗短柄草是一种与拟南芥有类似优势且与冷季型禾本科亲缘关系较近的植物,正成为一种新的令人关注的模式植物。尤其 2006 年第一届二穗短柄草国际会议的召开和美国能源部(DOE)二穗短柄草全部基因组测序计划的启动,大大加快了研究进程。研究显示,二穗短柄草二倍体品系 Bd21 基因组大小为 272 M，是首个完成基因组测序的禾本科早熟禾亚科物种。二穗短柄草高质量全基因组的组装和注释信息为牧草基础研究提供了宝贵的遗传学资源。

11.3 禾本科牧草育种

11.3.1 燕麦育种

燕麦（*Avena* sp.）广泛分布于欧洲、亚洲、美洲、非洲和大洋洲的寒温带和中温带地区，是粮饲兼用作物。燕麦的种植历史悠久，第二次世界大战前在全世界谷物生产中仅次于小麦、玉米、水稻而居于第 4 位，战后其面积和产量分别居于第 7 位和第 8 位。1999—2004 年，世界燕麦种植面积 1 300×10^4 hm^2 左右，主要燕麦生产国家有俄罗斯、加拿大、美国、中国、澳大利亚、波兰及荷兰等。我国种植燕麦已有 2 500 年的历史，北方农区、牧区及半农半区为种植燕麦的主要区域，主要分布在内蒙古阴山南北、河北坝上草原、山西雁北和青藏高原及其周边的甘肃、青海、西藏等地。

11.3.1.1 燕麦种质资源与育种目标

（1）燕麦属种质资源类型

燕麦属内种的分类，经历了由外部形态为标准的系统分类过渡到以细胞染色体组为基础、结合形态特征分类这两个阶段。前者以美国学者 Etheridge 为代表，后者以日本学者木原均为代表。1919—1924 年，木原均等对当时掌握的 10 个燕麦种进行了远缘杂交，并对亲本及杂种的染色体做了观察分析，据此将燕麦属分为二倍体、四倍体和六倍体 3 个种群。这种以其细胞遗传基础及特点进行分类的方法，也得到了形态分类学家们的赞同。此后各国均以此作为燕麦属分种的基础。后经 Omara（1961）补充了 9 个种以及后人陆续发现新种的再补充（5 个种），现燕麦属植物共有 30 个种（表 11-1），其类型如下。

①二倍体燕麦（2 = 2X = 14） 共 12 种，加拿大燕麦（*A. canariensis*），大马士革燕麦（*A. damascena*），长颖燕麦（*A. sterilis* subsp. *ludoviciana*），异颖燕麦（*A. pilosa*），匍匐燕麦（*A. prostrata*），砂（粗）燕麦（*A. strigosa*），偏凸燕麦（*A. entricassa*），不完全燕麦（*A. caluda*），小硬毛燕麦（*A. hirtula*），布鲁斯燕麦（*A. bruhnsiana*），大西洋燕麦（*A. atlantica*），威氏燕麦（*A. wiestii*）。

②四倍体燕麦（2n = 4X = 28） 共 8 种，大燕麦（*A. magna*），细燕麦（*A. barbata*），阿比西尼亚燕麦（*A. abyssinica*），墨菲燕麦（*A. murphyi*），瓦维洛夫燕麦（*A. vaviloviana*），大穗燕麦（多年生）（*A. macrostachya*），岛屿燕麦（*A. insularis*），阿加迪尔燕麦（*A. agadiriana*）。

③六倍体燕麦（2n = 6X = 42） 共 8 种，普通栽培燕麦（*A. sativa*），普通野燕麦（*A. fatua*），裸燕麦（*A. nuda*），地中海燕麦（*A. byzantina*），东方燕麦（*A. orientalis*），南野燕麦（*A. ludoviciana*），野红燕麦（*A. sterilis*），西方燕麦（*A. occidentalis*）。

（2）国外燕麦属种质资源收集保存情况

燕麦属中大部分是野生种，栽培种较少。二倍体砂燕麦（*A. strigosa*）过去在北欧是重要的饲草，目前在南美被广泛应用和研究，巴西就有二倍体砂燕麦的育种计划。六倍体种中，普通栽培燕麦、裸燕麦和地中海燕麦是栽培种，其他均为野生种。世界范围内种植面积最大的是普通栽培燕麦。据统计，目前保存的材料中，栽培材料约 99 000 份，占 77%，包括了全部的栽培种。普通栽培燕麦保存数量最多，其中美国保存 9 378 份，加拿大 8 754 份，俄罗斯 8 729 份。

表 11-1 燕麦属分类

倍性水平	基因组	野生种 小花断节	野生种 小穗断节	栽培种
二倍体 $2n=14$	AcAc		加拿大燕麦（A. canariensis Baum.）	
	AdAd	大马士革燕麦（A. damascena Raj. Et Baum）		
	AlAl	长颖燕麦（A. sterilis subsp. ludoviciana）		
	ApAp	匍匐燕麦（A. prostrata Ladiz.）		砂（粗）燕麦（A. strigosa Schreb.）
	AsAs	威氏燕麦（A. wiestii Steud.） 小硬毛燕麦（A. hirtula Lag.）	大西洋燕麦（A. atlantica Baum.）	
	CpCp	不完全燕麦（A. clauda Dur.）	异颖燕麦（A. pilosa Scop.） 布鲁斯燕麦（A. bruhnsiana Grum.）	
	CvCv		偏凸燕麦（A. ventricosa Bal.）	
四倍体 $2n=28$	CCCC	大穗燕麦（多年生）（A. macrostachya Bal.）		
	AABB	细燕麦（A. barbata Pott.） 瓦维洛夫燕麦（A. vaviloviana Mordv.）	阿加迪尔燕麦（A. agadiriana Baum et Fed.）	阿比西尼亚燕麦（A. abyssinica Hochst）
	AACC		大燕麦（A. magna Mur. et Fed.） 墨菲燕麦（A. murphyi Ladiz.）	
	CCDD		岛屿燕麦（A. insularis Ladiz.）	
六倍体 $2n=42$	AACCDD	普通野燕麦（A. fatua L.） 西方燕麦（A. occidentalis Dur.）	野红燕麦（A. sterilis L.） 南野燕麦（A. ludoviciana Dur.）	地中海燕麦（A. byzantina Koch） 普通栽培燕麦（A. sativa L.） 裸燕麦（A. nuda L.）

我国保存大粒裸燕麦最多，为 2 033 份；加拿大 183 份，俄罗斯 154 份，美国 326 份。此外，也有人把地中海燕麦作为普通栽培燕麦的亚种（A. sativa subsp. byzantina），主要保存国家有加拿大 1 168 份（占全球 10%），俄罗斯 1 398 份（13%），美国 1 115 份（11%）。地方品种保存最多的是俄罗斯，为 5 614 份，中国 1 518 份，西班牙 1 281 份，加拿大 1 187 份，巴西 579 份，土耳其 374 份，巴基斯坦 296 份，法国 287 份，罗马尼亚 125 份，蒙古国 110 份，波兰 110 份，保加利亚 100 份，乌克兰 94 份，葡萄牙 82 份，奥地利 78 份，乌拉圭 70 份。

世界各国对燕麦野生资源的保护也非常重视，但野生种的保存和繁殖比栽培种困难得多。目前保存的野生材料约 31 000 份，占 23%。其中，加拿大保存了 15 134 份野生资源，占其全部材料的55%；美国保存了10 516份野生资源，占其全部保存材料的49%；俄罗斯保存了2 003份，占19%；以色列保存了1 544份，全部为野生种或亚种；德国保存了625份野生资源，占其保存量的15%；澳大利亚保存了545份，占3%；土耳其保存了311份野生资源，占其全部保存材料的4%；英国有261份野生资源，占11%；西班牙有244份野生资源，占6%。此外，还有一些国家或机构尽管保存的燕麦野生资源数目较小，但具有显著的多样性，如巴西国家麦类研究中心保存了9种136份野生材料，英国威尔士植物育种站保存了19种172份野生材料，这些材料具有显著的种内多样性。有些野生种只有个别基因库有保存，其中摩洛哥基因库保存的野生种材料占了全球保存数的大部分，如保存的23份 A. atlantica（占全球56%），11份 A. damascena（占全球39%），19份 A. agadiriana（占全球51%），141份 A. magna（占全球55%）和73份 A. murphyi 份（占全球85%）。另外，俄罗斯、美国、波兰和巴西保存了较多的二倍体砂燕麦，波兰拥有全球大部分的 A. macrostachya 和 A. insularis。

如何使这些野生资源在燕麦育种中发挥作用，一直是燕麦工作者努力探索的课题。考虑到目前各国的燕麦生产以六倍体燕麦为主，因此六倍体燕麦资源的研究和利用是首要任务，其中 A. sterilis 在燕麦抗冠锈病育种中非常重要，在南美燕麦育种中广泛应用。

(3) 我国燕麦种质资源收集保存情况

早在20世纪50年代末，中国农业科学院作物育种栽培所从苏联、丹麦、加拿大、法国、瑞典、蒙古国、日本等21个国家引燕麦资源489份，同时农业部组织开展国内燕麦资源的调查与收集，截至1966年共拥有国内外燕麦资源1 497份。1969年3月，中国农业科学院作物育种栽培所把全部燕麦资源移交给内蒙古乌兰察布盟农业科学研究所繁殖保存；1976年又重新移交内蒙古农业科学研究院作物所。从1973年起，中国农业科学院国外引种室恢复从国外引种工作，陆续引入200余份燕麦资源。1979—1983年，经过合并整理、鉴定，中国农业科学院作物品种资源研究所和内蒙古农业科学院组织全国18个科研、教学单位完成了《中国燕麦品种资源目录》第一册的编写任务，入编燕麦遗传资源共1 492份，其中有普通栽培燕麦768份，裸燕麦722份，二倍体砂燕麦2份，并将其保存于国家种质资源库中。"八五"期间再次组织编纂《中国燕麦品种资源目录》第二册，又入编燕麦种质1 500份。进入20世纪90年代以来，随着国家对燕麦科研工作的重视以及对外交流合作的加强，我国在收集国内燕麦资源的同时加大了从国外引种的力度，截至2020年，国家农作物种质库保存燕麦资源共5 282份，包括国内资源3 109份、国外资源2 173份。同时对所有资源进行了性状鉴定和编目工作，共编著《中国燕麦品种资源目录》四册。资源种类包括29种3变种，可分为二倍体、四倍体、六倍体3个类型。

另外，燕麦作为重要的一年生饲草，也是国家牧草种质资源收集保存的对象。从1997年国家牧草种质资源保护项目启动以来，对国内外燕麦资源进行了广泛收集和保存，截至2020年，中心库共入库燕麦资源5 157份，其中普通栽培燕麦（皮燕麦）4 716份，裸燕麦267份，野燕麦174份，全部是六倍体。

进入21世纪后，燕麦种质资源收集保存工作取得了很大成就，我国主要燕麦育种单位先后从加拿大、俄罗斯、澳大利亚、美国等国家引进了各类燕麦资源500多份，并在此基础上开展了种质创新工作，通过人工杂交、花粉培养和物理、化学诱变等手段选育出后代材料9 000多份，其中极早熟材料1 000多份，休眠燕麦材料1 200多份，为丰富我国燕麦基因库和种质创新做出了有益的探索和实践。

11.3.1.2 燕麦种质资源的鉴定

①农艺性状鉴定 主要包括生育期、形态特征、生产性能等方面的鉴定。1977—1984年中国农业科学研究院对入编的1 497份燕麦资源进行了鉴定。生育期观察结果表明，我国西南地区为弱冬性燕麦分布区，燕麦生育期一般超过200 d；华北、东北地区均为春性燕麦，大多数品种的生育期在85~100 d，少数低于85 d或高于100 d；西北地区也是春性燕麦分布区，生育期最长，多数品种在100~120 d，有的超过120 d。形态特征的鉴定主要包括根系、幼苗习性、叶色、株高、穗型、铃型、粒色、粒形、芒色、芒形等。生产性能主要包括有分蘖数、有效分蘖、再生性、成穗率、轮层数、主穗长、主穗小穗数、千粒重、种子产量、青干草产量等。

②品质鉴定 主要涉及燕麦籽粒的蛋白质、脂肪、β-葡聚糖、淀粉含量等的鉴定。国家燕麦荞麦产业技术体系连续多年对30多个国内燕麦品种进行了品质分析，发现燕麦的蛋白质含量多在13%~19%，个别品种含量超过了20%，如'远杂2号'（20.75%）、'定燕2号'（20.05%）等。脂肪含量多在3%~6%，'坝莜18号'、'白燕16号'的脂肪含量最高，分别为7.35%、7.11%。裸燕麦的脂肪含量普遍高于皮燕麦。β-葡聚糖含量多为3%~5%，其中含量最高的品种有'晋燕17号'（5.73%）、'白燕2号'（5.65%）、'远杂2号'（5.51%）。淀粉含量多为50%~60%，其中含量较高的品种有'定燕2号'（63.08%）、'张燕4号'（61.40%）和'品五'（60.65%）等。

另外，产地对燕麦籽粒的品质有显著影响，同一品种在不同地区的蛋白质、脂肪等含量差异很大。一般而言，半干旱地区生产的燕麦籽粒中蛋白质、脂肪含量高于二阴或高寒地区的，而二阴或高寒地区燕麦籽粒的淀粉含量高于半干旱地区的。

③抗性鉴定 主要包括抗旱、抗病虫、抗倒伏、耐盐碱等。我国在燕麦抗性鉴定方面做了大量工作，鉴定出一批抗性资源。如抗旱性较强的'定燕2号'、'DA92-F6'、'蒙燕1号'、'索尔福1号'、'珊福早纳2号'等；抗燕麦红叶病的资源有'QO245-7'、'白燕10号'、'白燕2号'和'NZ35'、'青永久119'、'青永久260'、'青永久420'、'科燕1号'和'青永久31'等。对坚黑穗病免疫的资源比较多，如'白燕7号'、'陇燕2号'、'Ronald'、'青永久147'、'甜燕麦'、'张燕7号'等，但燕麦对白粉病的抗性普遍较弱，至今未发现免疫资源，高抗资源也不多，甘肃农业大学对341份燕麦资源做了连续多年的田间自然发病的白粉病抗性鉴定，发现高抗资源只有7份，多数品种表现为感病甚至极感。抗蚜虫的资源有'青永久119'、'青永久420'、'农大360'、'宁莜1号'、'青永久307'、'青永久331'、'MN10253'、'MN08243'和'MN08252'等。抗秆锈病品种有'Harman'、'Russel'、'Gary'、'Gemini'、'Rodeney'等。

耐盐性鉴定方面，国内也做了大量工作，既有燕麦种子萌发期耐盐性鉴定的，也有苗期、成株期的。耐盐性较强的资源有'青永久182'、'Rigdon'、'青永久474'、'初岛'燕麦、'青永久108'、'巴燕3号'、'青引2号'、'冀引1号'等。

11.3.1.3 燕麦的育种目标

燕麦育种目标应根据各地生产发展的需要、生态条件和利用特点来确定。燕麦性喜凉爽，干旱炎热对其生长发育不利，在全球气候变暖、旱灾频发的情况下，选育抗旱性强的品种尤为重要。随着燕麦种植范围的扩展以及北方盐碱土壤的增加，燕麦的耐盐性也逐渐成为主要的育种目标之一。另外，燕麦普遍植株高大，生产燕麦饲草的区域为了提高产草量会加大播种量，春播燕麦一般在雨水较多的秋季收获，从而增加了倒伏的风险，因此除了控制播量外，也需要加强燕麦抗倒伏育种，培育株高较高但抗倒伏性强的品种，以满足生产需要。

对病虫害抗性也是燕麦主要的育种目标，北方地区普遍发生的燕麦红叶病的病原是大麦黄矮病毒，主要由蚜虫传播，因此在品种选育过程中要兼顾抗病性和抗虫性。黑穗病对燕麦种子产量的影响非常严重，培育对黑穗病免疫或高抗的品种是保证种子生产的必要手段。真菌性的叶斑病、锈病和白粉病会通过减少光合面积而降低燕麦产量与品质，选育抗性品种是防控这类病害的有效措施。

在丰产性方面应着重培育茎叶和籽实产量兼高的品种类型。燕麦均一年生植物，只能靠种子繁殖来扩大再生产，而燕麦种子既是人类保健食品，又是家畜的高能精料。燕麦草可以青刈饲喂家畜、也可制作青贮或干草，收籽后的燕麦秸秆营养价值也优于麦草和稻草。

在品质方面，要选育高蛋白质、高亚油酸、高赖氨酸和高葡聚糖的籽用燕麦新品种，对饲草而言，要培育粗蛋白含量高或水溶性碳水化合物含量高的燕麦品种，为奶牛提供优质粗饲料。

兼顾上述诸方面，培育具高产、优质、抗性强等综合性状优良的燕麦新品种，是今后国内外燕麦品种改良的主要目标。

11.3.1.4 燕麦的杂交育种

(1) 燕麦杂交亲本选配

除了遵循杂交育种亲本选配的一般原则，燕麦杂交亲本的选配原则着重体现在以下两个方面。

①注意扩大种质资源的利用范围 燕麦的种质资源比较丰富，对于亲本选配，应根据育种目标的要求，尽量避免使用少数或单一品种亲本。因为其后代将经过各地多年大规模的选育，其遗传基础变得越来越狭窄，长此下去会使积累的有利基因丢失，从而影响即将育成品种的适应性、稳定性及抗逆性等。所以在选配亲本时，应注意遗传资源(或性状)的多样性，不仅要进行种内品种间杂交组合的多亲本筛选，而且要设法扩大利用种间乃至近缘植物的基因资源。前人对燕麦六倍体、四倍体和二倍体的种间杂交工作的开展就是一个很好的范例。木原均、费蒂索夫及我国学者孙泽民、李成雄等研究表明，具有相同染色体数目的燕麦种间很容易杂交且能获得可育的种子，这就为燕麦品种改良拓宽了遗传资源的利用范围。

②保证亲本有足够的遗传变异 选择遗传差异较大的亲本杂交，能创造丰富的遗传变异，产生较多的超亲类型，提供更多的选择机会。为此，在详细观察亲本表型性状基础上，从DNA分子水平来确证亲本间的遗传差异是十分必要的。利用分子标记计算原始材料间的遗传距离，选择遗传距离大的材料作亲本，会显著提高后代的杂种优势。

(2) 燕麦开花特性与杂交技术

①开花习性 燕麦属于自花授粉植物，异交率低于1%。穗型有周散、侧散、侧紧、周紧4种类型，花序为圆锥花序，开花顺序是从花序上部依次向下开放，先露出叶鞘的小穗先开花，边抽穗边开花。每小穗小花的开放顺序是自下而上，即基部的第一小花先开。小花开放前，子房基部呈白色透明的2枚浆片吸水膨胀，使包被小花的内、外稃张开。雄蕊3枚，其花丝伸长，花药由绿变黄，顶部裂缝，成熟的花粉散落于二裂羽毛状柱头上，萌发后长出花粉管，伸入胚囊，精子与卵子结合成受精卵，极核受精形成胚乳。受精后柱头凋萎，内、外颖和护颖闭合，受精卵开始发育。

燕麦开花期长短依种类不同而有差异，一般为13 d左右，其中在第4~7天开花数量最多。每朵花开放持续时间为40~140 min，通常皮燕麦小花开放时间较裸燕麦短。一天内开花时间集中在14:00~18:00，尤其以14:00~16:00开花最盛。开花最适温度为20~26℃，最适湿度为55%±5%。

②杂交技术　有单交、复交和回交等，无论哪一种杂交方式，育种者都应掌握最基本的杂交技术环节，即选株、整穗、去雄、授粉和授粉后管理。

由于燕麦小花的内稃小、外稃大(内外稃统称颖壳)、外稃紧包内稃且较脆(裸燕麦的颖壳较柔软)，剥开颖壳去雄、采粉及授粉等操作时易损伤花器，使杂交工作难度加大、结实率降低，一般为5%左右。近年来，国内外从事燕麦育种家多改用剪颖杂交技术，使燕麦杂交结实率由传统杂交法的5%提高到50%以上，工作效率大大提高。剪颖杂交技术包括剪颖去雄和剪颖授粉。

a. 剪颖去雄：从母本行中选择刚抽出8~10个小穗的健壮植株，剪去花序基部发育不全的小穗和顶部已经开花或花药颜色变黄的2~3个小穗，保留剩余的5~7个小穗，每个小穗只留基部第1朵小花。将每朵小花的颖壳上部剪掉1/3~1/2，使花药露出，用镊子取出花药后套袋。这项工作最好在上午进行。

b. 剪颖授粉：在下午开花盛期进行。从父本行中选择抽出10~15个小穗的健壮植株，将花序剪下，留下即将开花的小穗予以剪颖，一般剪去小花颖壳上部的1/4即可，以便花粉从剪口处散出。然后将父本花粉抖落在母本小花柱头上，轻捏母本小穗促进花粉与柱头接触，然后套袋挂牌记载。还可在剪去父本小穗的颖壳后，用镊子夹取花药，直接放入已经剪颖去雄的母本柱头上。

在燕麦杂交育种过程中，有时因双亲生育期的差异造成花期不遇，影响杂交。这种情况下，就要通过调整播期来调节开花时间，早播晚熟亲本或者晚播早熟亲本，使父、母本花期相遇。

(3)燕麦杂交后代的性状遗传与选择

①杂种后代的性状遗传　不少学者对几种主要栽培燕麦，如六倍体皮燕麦、裸燕麦、二倍体小粒裸燕麦等的品种间杂种后代表型性状的遗传进行了研究。结果发现，皮燕麦散穗和侧穗型品种间杂交，其F_1穗型呈散穗，F_2则得到散穗：侧穗=15:1的比例，这种遗传现象是由于重叠基因互作引起的。

燕麦不同品种的籽粒颜色有黑色、白色、红色、黄色、灰色5种类型。其中，黑色对黄色、灰色对黄色、黑色对灰色呈显性上位遗传，而黑色对白色、红色对无色、黄色对白色及灰色对白色的F_1都是按单基因分离的，即不存在基因互作。

六倍体皮燕麦、裸燕麦种间杂交不存在杂种F_1代育性降低的现象，但有些组合的杂种后代性状分离很强，正反交F_1的籽粒表型均为混合类型，即在同一穗上并存带稃和裸粒两类籽粒，其F_2分离比例为1:2:1。

②杂交后代的选择　燕麦属自花授粉植物，品种间杂交后代的性状分离不像异花授粉植物那么强烈，一般经过4~5代就能基本上稳定下来。育种工作者可按照预定的育种目标，从杂种群体中选择理想个体，育成性状稳定的纯系品种。燕麦杂种后代的选择通常采用系谱法、混合法和衍生系统法等，这里主要介绍前两种。

a. 系谱法：该方法是从杂种第一分离世代(F_2)选单株，下一年分别种植成行，每行称为一个株行。以后各个世代都在优良株行中选优良植株，一直到优良个体表现整齐一致、性状不再分离。这样经过连续几代选择，优良株行升级为株系，优良株系升级为品系。最后把选出的理想品系与当地优良品种或原亲本比较鉴定，凡是达到选育目标的品系就可以申请品种审定。在选择过程中，各世代均进行系统编号，以便查找系统历史。

各世代的主要工作如下：

杂种一代（F_1）：F_1 的工作重点是筛选优良杂交组合。种植方法：将 F_1 种子点播，左右两侧种植父、母本品种各一行，每隔一定行数种植一区对照品种，用于比较优劣。适当加大株行距（行距 50 cm，株距 15 cm），以利杂种生长发育。根据杂种 F_1 的表现进行筛选，淘汰表现极差的组合，保留的组合在成熟时分别收获脱粒、编号记录。

杂种二代（F_2）：F_2 是性状开始分离的世代，主要工作是从优良杂交组合中选择优良单株，并继续淘汰不良杂交组合。为观察比较双亲性状在 F_2 中遗传传递力的大小及杂种表现，应种植亲本行及对照品种行，以便提高单株选择的准确性。每个组合选择的单株数一般为 5% 左右，中选单株挂牌编号。原则上从好的组合中多选，一般组合中少选，太差的组合直接淘汰。F_2 按照成熟期早晚分别收获脱粒，根据室内考种结果再淘汰一部分籽粒性状差的单株。

杂种三代（F_3）：将 F_2 当选单株点播成行，即为株系，株系仍按组合排列，种植对照品种行和亲本行以便比较。F_3 的工作重点首先是选出优良株系，这实际上是对 F_2 所选单株的进一步检查。其次才是在中选株系内选择优良单株。它是以每个株系的全行表现为主要依据，因而比 F_2 代只根据分离群体中的单株表现进行选择更加可靠性。一个杂交组合有无育成新品种的希望，从 F_3 基本可以看出苗头，因此不可放低 F_3 株系选择的标准。通常在一个中选株系内选 5~10 株即可，对不同类型的株系可以适当保留一些，以待下一年进一步考查。收获时按株系单打单收。

杂种四代（F_4）：将 F_3 中选单株种成株系，种植方法同 F_3。来自 F_3 同一株系的姐妹系性状相似，共同构成 F_4 的一个株系群。每个株系群都是 F_2 代同一中选单株的后代，所以 F 株系群可以用来检验 F_2 选株和 F_4 株系的好坏。F_4 的工作重点是先选择表现好的株系群，然后在好的株系群内选择优良株系，最后在优良株系内选优良单株。F_4 的大多数株系性状还不太稳定。如果发现有的株系表现整齐一致且性状突出，在株选后可按株系将剩余植株混收脱粒，以供下一年初步测产和稀播繁殖。

杂种五代（F_5）：该世代选择方法同 F_4。一般来说，F_5 代大多数株系的性状已趋于稳定，在中选株系内除继续选择优良单株外，其余植株可以混收脱粒成为品系，并进行测产。

株系选择到哪一代，要看具体情况而定。对表现非常优异的组合，在 F_3 就可以按株系混合收获。但在混收的同时必须继续选择优良单株和株系，直到混收后代的性状稳定为止。如果忽视了这一点，在混收后往往会出现生长不整齐，不得不重新选择，反而延长了选育时间。系谱法选择程序可参照图 11-1。

综上所述，系谱法的优点是系间亲缘关系清楚，能较早集中少数优良系进行有计划的试验繁殖，对质量性状或遗传基础较简单的数量性状选择效果明显。其缺点是从早代开始选择，使逐代遗传基础变窄，有时会遗漏优良类型，且花费人力、物力和土地较多。

b. 混合法：该方法是在杂种分离世代中按杂交组合混合种植，不选单株，使杂种群体经自交纯合，直到杂种遗传性状稳定，纯合个体数达 80% 的世代（6~8 代）才开始选择一次单株，下一代种植成株系，选出优良株系后进行升级试验。混合法要求杂种群体数量大，每个组合应保持在 2 万株以上。选择程序如图 11-2 所示。

混合法的优点是有利于保存各种优良基因，拓宽遗传基础，使得主要性状变异幅度大、性状多样化，有较多机会选择到优良系，节省人力、物力和土地面积。缺点是当选数量大，缺乏株系间亲缘关系资料，株系取舍困难。

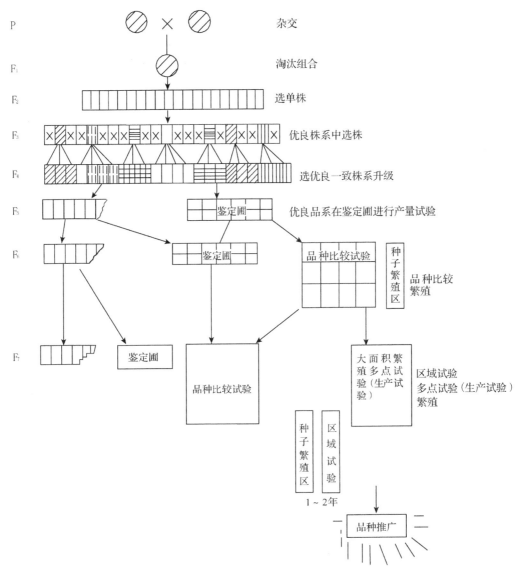

图 11-1 系谱法示意图

11.3.2 羊草育种

羊草（*Leymus chinensis*）是赖草属多年生根茎型禾草，欧亚大陆草原区东部草甸草原及典型草原的主要建群种和优势种，在不同的生境条件下，羊草的生物学特性和形态结构具有较大的生态可塑性，在个体发育和生理生态等方面均表现出趋异适应，以致产生渐变群，进而导致生态型的分化。

羊草的品质优良，适口性好，具有耐寒、耐旱、耐盐碱及耐践踏等特点，是我国的重要优良牧草之一，也是建立人工草地和治理盐碱化草地的理想草种。但在实际生产中存在"三低"问题，即"结实率低，抽穗率低，发芽率低"，严重影响羊草的推广应用。

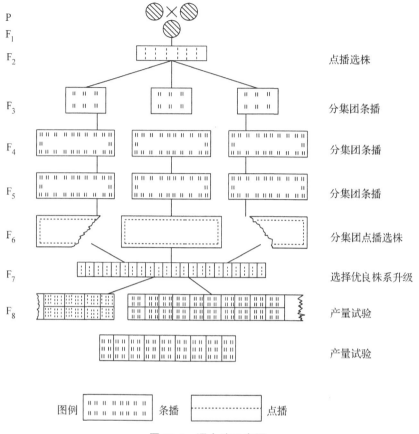

图 11-2 混合法示意图

11.3.2.1 羊草的种质资源

(1) 羊草的生物学特性

羊草的繁殖方式有两种，即有性繁殖和营养繁殖。有性繁殖产生的幼苗叫实生苗，实生苗纤细，生长缓慢。营养繁殖产生的幼苗叫分蘖苗，分蘖苗粗壮，最初由亲株供给养分，生长较快。在正常情况下，羊草在播种后 10~15 d 幼苗出土，真叶纤细针状。在内蒙古锡林郭勒盟典型草原区的人工草地，播种约 30 d，羊草生长出第 5 片真叶时开始分蘖，并产生地下根茎。羊草的营养繁殖力强，一般地上地下同步扩展，拔节期的羊草地上可形成 3~4 个分蘖株，株高 30 cm，地下可形成 2~3 条根茎，根茎长 20~30 cm。

分蘖节是重要的繁殖场所，羊草实生苗的分蘖节位于胚芽鞘节以上部位，是随着叶片的不断分化而形成的一个节间较短的区间，即拔节前基生叶片的基部。羊草分蘖苗的分蘖节在基部。如果有充分生长空间，羊草可出现 3~4 次（级）分蘖，但在相对稳定的天然草地，一个生长季仅进行一次分蘖。经过多级分蘖，羊草的分蘖节呈合轴分支型，每繁殖一个世代、分蘖节伸长一段，由此能够判断营养繁殖世代。羊草分蘖节的每个节间均可产生一个分蘖芽。

根茎是重要的繁殖器官，初生根茎呈乳白色，逐渐变为黄褐色。根茎的直径 2~3 mm，节间长 2~6 cm，分布在 5~15 cm 深的土层中。根茎节间生出不定根，每个节均可产生一个不定芽。

羊草生有分蘖节芽和根茎芽两种。分蘖节芽有两个生长方向：一个是向上生长形成新一代分蘖株，另一个是横向生长形成根茎。根茎节间芽或休眠状，或向上生长为分蘖株，或横向生长为新的根茎。在有充分生长空间的新生境、大多数节间芽均可向上生长为新的分蘖株，少部分形成横向生长的新根茎，几乎不呈休眠状。所有的根茎顶端芽均可发育为植株。在相对稳定的天然草地上，根茎节间芽很少萌发为分蘖株或新根茎，大多处于休眠状态、主要靠根茎顶端芽和分蘖节芽发育成新分蘖株不断补充更新。羊草的根茎通常呈直线型伸长，顶端芽具有较强的穿透力，可穿透其他植物的活根系。

羊草进入拔节期后，生长发育速度加快。在播种当年，实生苗的生长发育主要有 3 种类型：一是基株发育为生殖株，并在分蘖节处产生 3~4 个分蘖株，但不产生根茎（图 11-3a）；二是基株既发育为生殖株，也在分蘖节处产生 3~4 个分蘖株，同时还产生根茎（图 11-3b）；三是基株始终营养生长，在分蘖节处产生 7~8 个分蘖株，地下产生 4 条以上根茎（图 11-3c）。

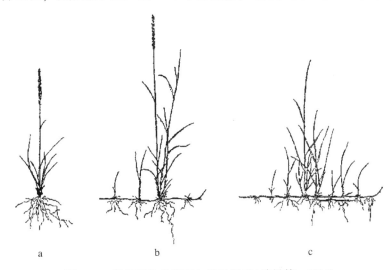

图 11-3　羊草基株的发育与繁殖类型（陈敏等，1985）

羊草是长日照植物，在东北的松嫩平原南部一般于 4 月上旬返青，5 月下旬抽穗，6 月上旬开花，7 月中旬至下旬种子成熟。在内蒙古呼伦贝尔达吉木草原站，4 月下旬开始返青，6 月上旬抽穗，6 月下旬开花，7 月中下旬种子成熟。'农牧一号'羊草在呼和浩特地区 3 月 25 日至 4 月 7 日返青，6 月 2 日至 20 日开花，7 月底完熟，生育期约为 120 d。由于早春气温低，羊草返青后生长缓慢，进入拔节期生长加快。羊草生殖枝在抽穗期生长速度达到最高，开花以后生长减缓，腊熟期以后停止生长。羊草营养枝进入雨季后生长加快，整个生长季均处于生长状态，进入秋季后，随着降水量减少和气温降低，生长速度减缓，直至秋末气温降至不适宜生长时才停止生长。

(2) 羊草的分布与分化

羊草资源主要分布于俄罗斯、朝鲜、蒙古国等国家及我国的东北三省及内蒙古、河北、山西、陕西、新疆等地。我国羊草草原面积约占世界羊草分布面积（约 42×10^4 hm²）的一半，集中分布于我国东北平原和内蒙古高原东部。羊草对生态环境条件具有广泛的适应性，不仅可以形成单一优势种羊草群落，也可以作为亚优势种和伴生种组成不同的群落类型，分布在不同的生境中。羊草是典型的无性系禾草，营养繁殖力强，在天然草地，作为优势种和亚优势种群落，主要以营养繁殖补充更新。在其他群落中，羊草实生苗一旦定居，就有了繁荣的条件，可通过营养繁殖进行种群扩展，不断改变在群落中的地位和作用，甚至导致群落向以羊草为优势种或亚优势种的方向演替。

羊草的地理分布横跨东经 92°~132°，北纬 36°~62°，分布范围内的气候、地貌、土壤和水分等生态因子差别较大。生长在不同生境的羊草，其形态结构、生理特性、营养价值以及适口性等均有明显的不同。羊草有一定的耐盐碱性，不适宜于酸性土壤，喜在偏碱性土壤条件下生长，在沙壤质和轻黏壤质的黑钙土、栗钙土、碱化草甸土和柱状碱土生境中，均可形成建群种，或以优势种、亚优势种或以伴生种出现。由于长期生长在不同的异质环境下，使羊草产生系列渐变群，乃至生态型的分化。在长期适应和进化过程中，羊草种群之间产生了趋异，羊草的叶色、穗型、花药、粒色、生育期等质量性状和穗长、小穗数、每穗结实粒数等数量性状上均存在着不同类型的分化。

根据羊草的穗型特征，王策箴从外形上把羊草分为黄绿色小穗、灰绿色小穗、黄绿色大穗、灰绿色大穗 4 种类型，这 4 种类型均为四倍体，染色体数目 $2n = 28$。在羊草的分布区内，常见两种不同表现型，一种是植株和叶片呈绿色或黄绿色，称绿型羊草；另一种是植株和叶片呈灰绿色或蓝绿色，称灰型羊草。这两种表现型羊草在耐盐碱性和耐干旱性上，已经发生了明显的分化，属于土壤生态型。两种生态型羊草没有明显的区域范围，有时在同一群落镶嵌分布。但是在小区域内的空间分布则有明显的差异。灰型羊草主要分布在黑土、碳酸盐黑钙土和盐碱化草甸土上，具有极强的耐盐碱性，在松嫩平原的低湿盐生草甸广泛生长；绿型羊草主要分布在栗钙土、沙质壤土和轻度盐碱土上，在内蒙古典型草原和西辽河平原沙地广泛生长。在同一地段的镶嵌分布中，灰型羊草的土壤含盐量总是比绿型羊草的高，一般灰型羊草可生长在总含盐量达 0.3% 以上的土壤中，而绿型羊草只能在总含盐量不超过 0.2% 的土壤中。灰型羊草是我国野生羊草资源中，品质和产量均具特色的优良野生牧草，应注意保护、开发和利用。

(3) 羊草的开花习性

羊草个体的开花期为 10~16 d，开花盛期为 6~8 d，但整个种群的开花期可达 40 d，甚至更长。干燥炎热的天气花期短，气候湿润花期长，适宜的开花温度为 25~30℃，适宜的相对湿度是 60%~70%。当阴天气温低，相对湿度高时，开花少。在温度低于 20℃，相对湿度低于 40% 或高于 80% 时，开花很少，甚至不开花。羊草的日开花时间一般在 13:00~17:00，占开花总数的 90%~95%。花序中部的小穗最先开花，开花率和结实率也高，依次为上部小穗和下部小穗。

羊草返青后 60 d 左右开花。在松嫩平原草甸草原区，羊草 6 月初开花，6 月中旬到下旬为开花盛期，7 月上旬种群中仍有开花个体，种群的开花时期超过 40 d（王玉林等，1980；李月辉，1998）。羊草种群的盛花期为 10~12 d，但个体开花时期的长短与年度间的气候有关。一般来说，开花期气温高，大气干燥，个体开花期较短，如果温度较低，大气湿润，则个体开花期较长。在内蒙古锡林郭勒盟典型草原区，羊草返青后 50 d 左右开花，开花持续期 30 d 左右，一个花序开放 16 d，以开放后第 6 天为开花的最高峰，6~8 d 最旺盛，前期较后期开放的小花多。在一天内以 15:00~16:00 开花最多，占开花小花总数的 50% 以上，16:00~17:00 开花也较多，18:00 以后几乎不开花了。在内蒙古呼和浩特地区，人工草地羊草种群 5 月 7 日开始抽穗，结束抽穗时间为 7 月 3 日。最早开花日期为 5 月 30 日，结束开花时间为 8 月 1 日，花期为 62 d。

羊草开花从整个花序的 1/3 处开始开放，然后向上向下，基部小穗最后开放。小花在适宜的温度、湿度条件下，外稃向外开展，内外稃开裂，露出花药，15~20 min 后，内外稃角度加大呈 45°~60°，柱头露出，花药下垂，散播花粉。开花后，在凉爽的气温下，一般可开放 90 min 左右。然后，外稃向内闭合，30 min 全部关闭，小花开花结束。一朵小花由内外稃开始开裂到完全闭合，时长为 160 min 左右。

羊草为风媒花，授粉受气候因子制约，微风干燥的天气有利于花粉的传播。当羊草开花时，如有微风吹动，花药散落下来形成大量像烟雾似的花粉，非常有利于羊草的授粉。羊草花药的发育，受年气温、湿度影响较大。气温高，湿度小，花药发育不良，死亡增加；气温低，湿度高，花药的死亡减少。在一个花序上，离穗轴远的花，花药死亡率高，反之，死亡率低。

(4) 羊草的结实特性

羊草结实率低是羊草生物学特征中的"三低"之一，给羊草人工草地的建设和退化天然草地的治理带来很大的阻力。羊草结实是一个复杂问题，既受其遗传、生物学特性的影响，又受其所在的生态环境的影响。天然草地和人工草地的结实率不同，不同年份的结实率也不一样。即使同一地区、同一年份的不同植株，其结实率也有明显差异。羊草是典型的异花授粉植物，自交率极低，不同生态型的羊草，自交结实率差异较大，如高型羊草的自交结实率比矮型穗约高 8 倍，羊草单株结实率有较大的差异，最高结实率为 61%，最低为 11%，黑龙江畜牧兽医研究所的调查，个体间的变异幅度为 0~70%，在内蒙古农业大学牧草试验站的调查，单株最高结实率为 83.7%，最低为 9.1%。单株间结实率差异较大的原因，是由于羊草抽穗不整齐造成的，较集中抽穗的大部分单株、开花集中、授粉充分、结实率高、抽穗较早的单株结实好，较晚抽穗的单株，由于异花授粉不充分，结实率低。

同一穗不同部位结实率也不同，中下部小穗结实率高，约占整个果穗的 90%；就一个小穗而言，以发育较早的基部小花结实较多。羊草结实率与花位有关，花位不同结实率不同，离穗轴越近的花位结实率越高，离穗轴梗越远的花位结实率越低，主要是受开花期早晚的影响，即花位离穗梗近的花先开，反之，离穗轴梗远的花后开，较早开花的，花粉数量充足，授粉条件好，种子饱满，结实率高，较晚开花的授粉条件差，结实率低，而且干瘪种子多，说明结实花在穗中的分布和花位与穗部的发育条件、营养状况、授粉迟早等密切相关。

不同年份羊草结实率不同，这与羊草不同生长年限和气候有关，水分是造成不同年份结实不同的主导因子。陈敏等的调查还发现，羊草结实率高低与植株密度有密切关系。当密度达到 1 000~2 000 枝条/m^3 时，结实率为 68%，密度是 1 200~1 400 枝条/m^3 时，结实率为 50%~60%，密度为 200~320 枝条/m^3 时，则结实率只有 20%~30%。

羊草是异花授粉植物，其异交率高达 99% 以上。羊草抽穗，开花不集中是由其野生特性所决定，如果能集中抽穗、开花，保证有充足的异花授粉，便可提高羊草的结实率。许多研究证明，改善羊草的营养状况，可使羊草结实有一定提高，但在实践上大幅度提高羊草结实率是很困难的。羊草自交结实率低，对于选育羊草的综合品种是一个有利的特性，因为自交结实率低可使所选育的综合品种有更高的杂合性，从而使杂种优势得以充分表现。

11.3.2.2 羊草的育种目标

制定羊草育种目标应该把握主攻方向，突出重点，分清主次，明确具体。羊草在实际生产中存在"三低"，即结实率低，抽穗率低，发芽率低的问题，严重影响羊草的推广应用。因此，提高结实率、抽穗率、发芽率是羊草育种主要的任务，也是重要的育种目标。为解决野生羊草生产上的"三低"难题，我国牧草育种工作者进行了多年的研究和探索。根据羊草的异花授粉特性、杂合群体特性及结实率、粒穗数、抽穗率、生殖枝比例的相关关系，今后在羊草育种工作中，选种以复生、圆锥型、表皮毛密生的灰色羊草为主，可在不增加人力、化肥、灌水等措施的前提下，增加产草量和产籽量。

稳定高产、优质、抗逆性强、适应范围广是对牧草新品种的总体要求，在制定育种目标时，应该结合当地的自然气候特点和生产需求，分清主次目标。在天然草地保护较好的地区，应以改善羊草品质为当地育种的主要目标；在天然草地退化、饲草料严重缺乏的地区，应以丰产性能为主，兼顾品质和抗性，培育植株直立、高大、晚熟、生长期长的品种，以利于获得较高的牧草产量；在土地荒芜、生态环境比较恶劣的地区，应以抗旱、耐盐碱等抗逆性为主攻方向，培育根系发达、具有抗性特征的新品种。有些地区冬季严寒，无霜期短，春霜等自然灾害经常发生，直接影响饲草产量的稳定性，制定育种目标时就应将抗寒性作为育种的主要目标。

在一些病虫害频发或病虫危害严重的地区，如培育的牧草或饲料作物品种用于建植大面积集约化人工饲草料基地时，除了追求稳产、高产、优质等育种目标外，也应将抗病虫害的能力作为选育新品种的育种目标。羊草有近30种病虫害，主要病害有羊草锈病、羊草线虫病、羊草穗病、羊草黑粉病等，主要虫害有多种蝗虫、黏虫、麦秆蝇以及一些地下害虫等。

从危害羊草的部位看，大体可分为伤叶、蛀茎、咬根、侵穗等四大类。伤叶的主要是羊草的锈病、羊草斑点病、羊草卷曲病、羊草黑粉病、黏虫等。这些病虫害轻者使叶片变形、变色，重则使叶坏死。而且在感染期间侵食叶肉、截取光合产物，导致营养不良降低结实率；蛀茎的病虫害主要有羊草线虫病、麦秆蝇等，这些病虫侵入后，吸取茎中的营养物质，最终造成枯心、坏穗，致使羊草结实严重受损；咬根的虫害主要有沟金针虫、细胸金针虫以及华北大黑鳃金龟等地下害虫，这些害虫主要取食萌发的种子，咬伤苗根，造成缺苗断垄，从而影响羊草的结实；侵穗的病虫害，有羊草线虫病、羊草麦角病、羊草蜜穗病，这些病虫害侵入穗部后，伤害雌雄蕊，有的直接侵入子房，使子房变成虫瘿，内含几千条幼虫或虫卵。在侵穗的病害中，以羊草绒虫病危害最大，严重时能使一个穗子90%的小花变成虫瘿，羊草绒虫病在我国东北和内蒙古地区的人工羊草地和天然草地均有分布，个别地段相当严重。

此外，为了便于机械化收获，还必须考虑牧草生长发育的整齐一致性、抗倒伏性等；为适应种子生产要求，还要重视对矮秆、抗落粒性等品种的培育。

11.3.2.3 羊草的育种方法

羊草的物种分化为育种工作提供了广泛的变异材料，生态型的整理分类，为育种工作提供了发挥品种间杂种优势的原始材料，明确了羊草异花授粉杂合群体的特性及其物种分化，找到了正确的育种方法。我国牧草育种工作者多年来运用常规育种的混合选择、个体选择及辐射育种等技术，羊草育种以混选、轮回选择等手段为主。

(1) 轮回选择

轮回选择是基因的累加遗传效应，在广泛利用组合变异性的基础上，连续采用轮回选择，不但发展了群体基因储备中有益基因的频率，又保持了杂合群体的遗传平衡，是适合于多年生牧草的育种方法。这种方法既能保持多年生牧草杂合群体的遗传平衡特性，又能获得很高杂种优势的羊草改良群体。

以吉生羊草品种培育为例，从1979年开始，王克平等首先对羊草野生种群资源进行了鉴定和分型工作，即在解决了羊草育种的原始材料后，开展羊草改良的育种工作。采用了一般轮回选择法和全姊妹家系轮回选择法，主要方法是以自交系为亲本材料，通过轮回选择，培育出的羊草新品种，是在遗传上平衡的异花授粉杂种，按配合力选配的杂种的组成。根据丰产性的育种目标，在品一、二、四的育种工作中采用的"一般配合力轮回选择"的育种程序，在品三育种工作中采用的"全姊妹家系轮回选育"方法的育种程序，即为了保持品三亲本抗旱性强的特性，后代是从同一种群中选择到的轮回杂种当代(S_0)植株进行杂交而形成的(图11-4~图11-7)。主要采用以下措施来完成轮回选择的育种计划：

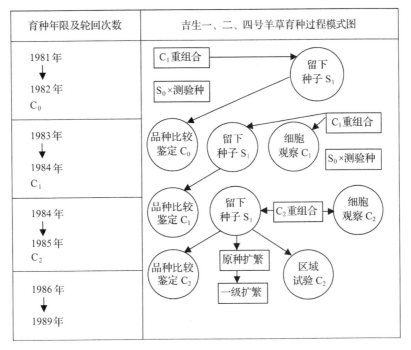

图 11-4　吉生一、二、四号羊草品种育种过程

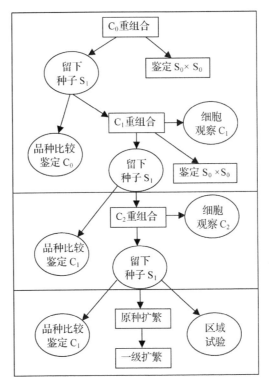

图 11-5　吉生三号羊草品种育种过程

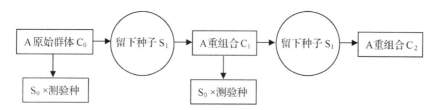

图 11-6 一般配合力轮回选择法育种模式图

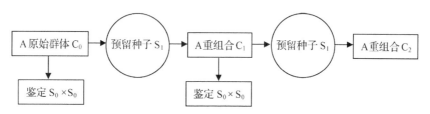

图 11-7 全姊妹家系轮回选择法育种模式图

①从杂合材料中隔离一些有益经济性状的基因型,通过自交繁殖其固有的基因储备,并发展基因储备中有益基因的频率。

②在与相应的测验种进行杂交试验的基础上,根据配合力鉴定结果,从中选择较好基因型。

③将选中的基因型(自交系)组成尽可能多的组合进行杂交,或使之自由授粉,以获得新的综合群体。这一群体应具有很高的优良基因型(重组合)比例。

④从综合体中再次隔离个别的基因型。

⑤用自交法隔离繁殖从综合群体中分离出的基因型,并测验其配合力。

⑥根据测试的结果,选择配合力较好的基因型(二环系),将其杂交获得新的综合群体,使群体富集有益基因,称为二轮综合群体,该群体又可能被用来培育三环系。

轮回选择方法的实质在于杂交和选择轮回的重复,是个体选择和混合选择基础上的发展。

个体选择的基本方法是在大田或测验小区里,选择优良个体(单株或单穗)分别脱粒、分别播种,通过与对照品种比较,淘汰不良的小区,选拔优良的小区,成为新品系。第二年起再进行1~2次的比较试验,评定新品种。因此个体选择又称为一穗传选种法或系统选育法。

混合选择法一般从种植年代较久,已形成不同类型的品种群体中,选择优良、性状基本一致,或某一性状相同的类型(即为一个集团)的单株或单穗,混合脱粒(不同集团分别脱粒)并播种在各小区内,与原始品种、对照品种进行比较,经过1次或多次选择后,评定新品种。

常规育种的个体选择法、混合选择法与轮回选择法的不同特征:

①轮回选择所选育的杂种是遗传上平衡的群体,按配合力选配杂种的组成,其遗传基础是基因的累加遗传效应。

②直接利用和培育自交系作亲本。

③进行配合力测定,确定杂交组合。

④融入不同基因型的新组合间的杂交,以获得重新组合材料。

⑤控制授粉,在人工强制套袋或隔离区内自由授粉的情况下,进行新组合间的杂交。

⑥每一轮都要进行选择和重新组合。

⑦每一轮都要将所获得的新的综合群体同原始群体做比较(品种比较鉴定)。

因而，轮回选择法与常规方法相比较的优点在于：通过综合品种避免了纯合基因位点的迅速固定，保持了群体的遗传多样性。经过2轮、7年的育种工作，即培育出4个羊草新品种，较常规方法缩短育种年限3~4年，且育种效率高。

(2) 混合选择

中国农业科学院草原研究重视羊草种质资源收集、新品种选育及栽培技术的研究，在羊草新品种培育方面取得了重要进展，建立了我国乃至世界羊草资源类型最多、规模最大、种植保存最为规范的羊草种质资源异位保存圃，截至2021年1月，该资源圃已保存不同羊草种质资源540余份。羊草资源圃以应用基础研究为主，为全国羊草应用和基础研究提供条件平台支持。

中国农业科学院草原研究所以制约羊草推广的"三低"问题为抓手，经过多年的评价和筛选，获得羊草新材料56份，育成羊草新品种3个，新品种种子亩产25 kg以上，抽穗率70%以上，结实率70%以上，发芽率80%以上，基本解决羊草"三低"问题。培育的西乌珠穆沁羊草新品种已与多家公司合作进行了成果转化，在锡林浩特、磴口、兴安盟等地建立示范基地，在生态修复、环境建设中得到推广应用。

西乌珠穆沁羊草是中国农业科学院草原研究所培育，以产自内蒙古锡林郭勒盟西乌珠穆沁草原的野生羊草为原始材料，经人工栽培驯化选育而成。该品种具有种子产量高、抗旱性强、草产量相对较高、适应性强、持久性好、耐牧等特点。叶片灰绿色，叶层高，株型紧凑，分蘖多，茎秆直立，具有发达的地下横走根茎网。通过人工驯化选育，抽穗率、结实率、发芽率均显著提高，种子产量较对照品种增产显著并且持续稳定。种子产量250 kg/hm² 左右，干草产量8 100 kg/hm² 左右。在旱作条件下，乌珠穆沁羊草表现为更强的抗旱性。种子土培发芽率在85%以上。该品种可作为退化草地补播、改良、修复，水土保持与人工草地建设的优选植物新品种。适宜在我国内蒙古及其相邻省（自治区）推广种植。

选育（驯化、引种）过程：

2004年，从全国收集20余份羊草资源，通过2005年种植观测草产量性状、种子产量性状等指标，发现产地为乌珠穆沁的种质资源在种子产量和抗旱性方面优势明显。

2006年，在产地为乌珠穆沁的羊草资源圃中，选择抽穗多、结实率高、种子产量大、种子成熟后落粒性弱，同时兼顾产草量高、株型紧凑、叶色一致、无病害等的单株，混收，脱粒收种子。

2007年，播种后形成混合群体。2008—2009年，持续观察抽穗率、穗长、穗宽、结实率、落粒性、产草量等性状，淘汰群体内种子产量表现不突出、产草量低和根茎繁殖能力差的材料，选择抽穗率高、结实率高、种子饱满、成熟期一致、产草量高，其他农艺性状稳定的单株，于2009年混收，建立新的混合群体。

2010年播种后，于2011年、2012年两个生长季对抽穗率、穗长、穗宽、结实率、落粒性、产草量等性状持续观测，发现整个群体抽穗率高、结实率高、种子饱满、成熟期一致、产草量高，叶色、株型、叶宽等性状基本稳定一致，于2012年收获后混合脱粒，作为品种比较试验的新品系。

2013—2016年，在呼和浩特进行了品种比较试验。

2015—2018年，在呼和浩特、锡林浩特、廊坊等区域开展区域试验。

2016—2018年，在呼和浩特、锡林浩特、廊坊等区域开展生产试验。

2015年以来，连续进行种子扩繁。

2018年申报并通过内蒙古自治区品种审定委员会审定，登记为野生驯化品种。

11.3.3 黑麦草育种

黑麦草属（*Lolium*）是禾本科一年生或多年生草本植物，具有分蘖力强、生长快、产草量高、饲草品质好、饲用价值高等多种优点，为各种家畜所喜食，也是养鱼的好饲料。另外，在绿肥生产、土壤改良、水土保持、庭院绿化、草坪建植等方面也占有重要地位。世界各国都十分重视黑麦草的生产，在畜牧业发达的国家栽培更为广泛。在澳大利亚、新西兰、美国、日本及西欧，黑麦草被广泛用作奶牛、肉牛和羊的干草或用于放牧。

黑麦草属植物起源于地中海地区，多分布于欧洲南部、非洲北部和亚洲西南部。多年生黑麦草所有的先锋植物都起源于地中海地区及西亚，并沿海岸线向北扩展至西欧。据考证，它是人类驯化栽培的第一种牧草，最早于17世纪在英国牛津地区种植并收获种子，因而又被称作"英国黑麦草"。我国十分重视黑麦草资源的引进及开发利用。从20世纪40年代开始引种多年生黑麦草和多花黑麦草，现主要在长江流域及以南部分地区种植，尤以华东及华中地区种植面积较大。黑麦草的抗旱、耐热及耐寒等抗逆性较差，培育抗逆性强的品种是我国育种工作者面临的重要课题。

11.3.3.1 黑麦草育种概况

（1）国外黑麦草育种概况

自1919年起，英国率先开展多年生黑麦草的选育，并由威尔士植物育种站育成了世界上最早的黑麦草品种。随后，美国、澳大利亚、新西兰、丹麦、荷兰、日本等国也陆续展开了黑麦草的育种及相关的基础研究工作。目前，美国、英国、新西兰、澳大利亚等国家的黑麦草育种工作处于世界领先水平，均已建立完整的黑麦草种子生产体系。

早期的黑麦草育种主要致力于产量的提高和品质的改良，育种手段主要是选择育种和杂交育种等常规育种技术。随着基础研究的深入和育种技术的进步，黑麦草的育种目标逐步细化、多元化。目前，育种工作的主要任务是根据畜牧业的生产经营方向，调节不同利用时间的产量，使季节性产量的分布达到最佳状态。倍性育种、远缘杂交、生物技术育种等现代育种技术也逐渐应用到黑麦草育种工作之中。

欧美国家的黑麦草种间和属间远缘杂交育种工作开展得更早一些，始于20世纪初，已取得了丰硕成果。多年生黑麦草和多花黑麦草是异花授粉植物，自交不育，但两者间的天然杂交率较高。通过两者的杂交将多年生黑麦草的强分蘖力和多花黑麦草的高产性组合到杂种黑麦草中，已培育出了产量高、持续性好、耐旱能力强，适于集约化栽培的杂种黑麦草新品种。例如，新西兰的黑麦草品种'马纳瓦'（'Manawa'）是以多花黑麦草为母本，多年生黑麦草为父本杂交育成的种间远缘杂交品种。为了改善黑麦草的抗逆性，美国育种家以一年生黑麦草与多年生黑麦草品种'曼哈顿'进行杂交，选育出了对病害、低温、高温等均有抗性的种间杂交新品种。

由于远缘杂交不实或杂种不孕，黑麦草与其他禾本科牧草的属间杂交育种常需要采用组织培养技术克服其障碍。其中，由于黑麦草与羊茅属植物染色体组部分同源，容易杂交。因此，在黑麦草与其他禾本科牧草的属间杂交育种中，黑麦草与羊茅属牧草的远缘杂交最有成效，已育成一系列的黑麦草羊茅杂种品种，如'Elmet'、'Prior'、'Johnstone'、'Kenhy'等。

（2）我国黑麦草育种概况

在我国，黑麦草育种工作起步较晚。虽然早在20世纪40年代黑麦草就引入我国，但直到

20世纪70年代才系统地进行黑麦草育种及有关的基础研究。几十年来，我国的科研工作者从引进的国外品种中筛选出了许多适合当地生态条件的品种，开展了选择育种、杂交育种、诱变育种、远缘杂交育种等工作，育成了一批具有自主知识产权的黑麦草品种。例如：江苏省沿海地区农业科学研究所育成了耐盐碱能力较强的地方品种盐城多花黑麦草；江西省畜牧技术推广站采用物理和化学诱变因素处理，育成了耐酸性和盐碱性土壤、抗病性强的四倍体'赣选1号'多花黑麦草；江西省饲料研究所利用自然突变选育出抗寒性和耐热性较好的'赣饲3号'多花黑麦草；上海农学院通过辐射诱变选育出抗性强、分蘖和再生能力好的'上农四倍体'多花黑麦草。针对黑麦草在我国北方寒冷地区不能越冬或越冬力差，在南方炎热地区不能越夏或越夏不良的问题，南京农业大学的研究人员利用高羊茅与多花黑麦草进行有性杂交，选育出了耐热性和抗寒性较好、光合效率和干物质产量得到明显改善的'南农1号'羊茅黑麦草新品种。此外，一些研究人员在改良黑麦草的蛋白质含量、种子产量和品质等方面进行了积极的探索，并取得了一些新的进展。截至2020年，全国草品种审定登记的黑麦草品种共计34个，其中，引进品种27个，地方品种1个，育成品种6个。

虽然我国的黑麦草育种工作已取得了很大的成绩，但与国外先进水平相比还有很大的差距。鉴于我国地域辽阔，在畜牧业生产、种植业结构调整以及环境绿化中，对黑麦草有各种不同的需求，我国现有的黑麦草品种及良种远不能满足。许多国外黑麦草品种涌入国内，生产上使用的黑麦草品种多数为国外品种。我们必须充分利用我国丰富的黑麦草种质资源，加快科技创新，加速开发具有自主知识产权的新品种，扩大我国自己的育成品种的市场。

11.3.3.2 黑麦草种质资源

(1) 黑麦草属植物分类与分布

黑麦草属植物多呈丛生状、叶片长而狭、叶面平展、叶脉明显、叶被有光泽、须根密集细弱，秆多数直立，高 50~70 cm。花果期 4~6 月。顶生穗状花序，细而长。小穗含数花，单生，无柄，两侧压扁以其背面对向穗轴。小穗轴脱节于颖之上和各花之间。由于其第一颖退化，通常外观上每小穗只具一颖片，因此过去一直将其列入大麦族中。但考虑到黑麦草属与羊茅属(*Festuca*)容易杂交，它们在系统发育中的关系更为相近这一事实，现在几乎所有分类学家都同意将其划入羊茅族中。

黑麦草属植物均为二倍体($2n=14$)，自然界中不存在该属植物的天然四倍体。根据花序特征，如每穗小穗数、每小穗花数、外稃是否具芒以及颖片的长短等，尤其是根据植物的授粉特性，将黑麦草属分为两个生物类型，共计8个种。

①异花授粉类型 包括多年生黑麦草(*L. perenne*)、多花黑麦草(*L. multiflorum*)和硬黑麦草(*L. rigidum*)，前二者是主要的栽培草种，其中多年生黑麦草是多年生，多花黑麦草为二年生（或一年生）草种，硬黑麦草为一年生。

②自花授粉类型 包括毒麦(*L. temulentum*)、远穗黑麦草(*L. remotum*)、波斯黑麦草(*L. persicum*)、锥形黑麦草(*L. subulatum*)和卡那利黑麦草(*L. canariense*)，均为一年生，是农田杂草。

(2) 黑麦草属资源

黑麦草属中种植利用最多的是多年生黑麦草和多花黑麦草。近年来，硬黑麦草的经济价值也逐渐被认可，在澳大利亚作为一年生牧草加以利用，但仍有许多国家将其视为杂草。目前，其余5种一年生黑麦草均被认作田间杂草，但作为遗传资源仍具有潜在的育种价值。

①多年生黑麦草 别名宿根黑麦草、牧场黑麦草、英吉利黑麦草、英格兰黑麦草，是一种

生长快、产量高、品质好、营养丰富、消化率高的多年生优良牧草，同时又是一种分蘖多、绿期长、耐踏抗压的优良草坪草，在美国、英国、法国、新西兰、澳大利亚和日本及我国均有大量种植。目前，全世界每年售销多年生黑麦草种子 $5×10^4$ t 左右。

多年生黑麦草为丛生草本，在良好的栽培管理条件下，可连续利用 4~5 年，以生活第二年生长最为旺盛。世界各地的多年生黑麦草品种主要包括晚熟和早熟两个类型。晚熟型多年生黑麦草拔节缓慢，但分蘖力很强，适于建植放牧草场；早熟型多年生黑麦草发育较快、直立、易于机械收获，适于建植刈割草场。据湖北武昌、江苏南京两地观察，早熟类型在 9 月中旬秋播，次年 4 月下旬至 5 月初抽穗开花，6 月上旬种子成熟；如在 3 月下旬春播，则 5 月下旬抽穗开花，6 月中旬种子成熟，生育期为 200~220 d。无论秋播或春播，盛花或结实以后植株大部分死亡。因此，在夏季炎热的地区，往往被作为一年生牧草栽培利用。在北京地区，通常于 3 月中下旬返青，5 月下旬抽穗开花，7 月上旬种子成熟，生育期 180~210 d。

多年生黑麦草再生能力较强，拔节前刈割或放牧后能够很快恢复生长。在南京市播种第 2 年可以刈割 3~4 次，鲜草产量 52.5~60 t/hm^2；在四川省与草木樨混播，一年可刈割 5 次，鲜草产量可达 75 t/hm^2；在武汉市鲜草产量约 22.5 t/hm^2。

多年生黑麦草耐践踏性较强，可作为运动场种植材料，也可作为受损草坪的修补草种。但不耐低剪，一般绿地留茬以 4~6 cm 为宜。耐阴性不强，喜在阳光处生长，阴处则易感病害。多年生黑麦草可与羊茅、草地早熟禾等草种按不同比例混播，建植成为具有多种用途的草坪（如运动场、庭园绿地等），或直接用于裸地（如路堤边坡、堤坝斜坡、果园、葡萄园等）的覆盖，以保持水土绿化地被。

多年生黑麦草性喜温凉湿润气候，适于年降水量 1 000 mm 左右、冬无严寒、夏无酷暑的暖湿地区生长。适宜温度为 20℃ 左右，高于 35℃ 或低于 0℃ 均生长不良。具有一定耐湿性，但排水不良或地下水位过高对其生长不利。耐旱性差，高温干旱对其生长尤为不利。对土壤要求比较严格，适宜的土壤 pH 值为 6~7，喜肥不耐瘠，适宜在排灌良好、肥沃湿润的壤土或黏壤土栽培，对氮、磷、钾三要素要求较高，尤对氮肥更为敏感。在我国东北、内蒙古地区不能越冬或越冬不稳定，而在南方遇夏季高温则会出现夏枯现象，严重的会死亡。在北京地区越冬率为 50% 左右。

②多花黑麦草 又称意大利黑麦草、一年生黑麦草。多花黑麦草的主要特点是生长快、分蘖力强、再生性好、品质优良。在意大利、英国、丹麦、日本等国广为栽培，在我国长江流域大面积种植，生产实践中适合进行粮（稻、玉米）草轮作。在西南地区一般秋季播种，据四川农业大学在雅安观察，9 月底播种，2 月下旬进入拔节期，4 月中下旬进入开花期、5 月下旬达到完熟，生育期天数为 230~245 d。据日本学者研究，多花黑麦草可划分为极早熟型、早熟型、中熟型和晚熟型等 4 个生育期类型，不同类型的营养成分含量和干物质消化率具有明显的差异。

多花黑麦草在生长季内可多次刈割。在川南地区可刈割 4~5 次，鲜草产量达 75~80 t/hm^2；在甘河西走廊水肥供应充足时可刈割 2 次，鲜草产量达 30 t/hm^2。在南京，春播可割 1~2 次，鲜草产量可达 22~30 t/hm^2；秋播后在次年盛夏前可割 2~3 次，鲜草产量可达 60~70 t/hm^2。

多花黑麦草与多年生黑麦草相似，均喜温暖湿润的环境。在昼夜温度为 27℃/12℃ 时，生长迅速，开花结实良好。但不耐寒、不抗热，不耐长期积水，在我国北方寒冷地区不能越冬，在南方炎热地区越夏不良。适于夏季不太热，年降水量 1 000~1 500 mm 的地方生长。喜欢肥沃而深厚的壤土或砂壤土，一般黏性土壤也能生长。具有一定的耐酸碱性，最适为 pH 6~7，但在 pH 5~8 的地区也能较好生长。

11.3.3.3 黑麦草的育种目标

经过几十年的遗传改良，黑麦草的产量、适口性及消化率等已不再是育种的主要目标。当前的重点工作是培育抗性强的品种，当然在抗性研究的同时，不断维持和改善原有的品质特性也是必不可少的。

(1) 抗逆性

如前所述，黑麦草普遍不耐热、不耐寒，这是制约我国黑麦草品种推广的主要因素，表现在北方寒冷地区不能越冬，南方炎热地区不能越夏。另外，其抗旱性也较差，在水资源缺乏的当今社会，抗旱性也是其主要的育种目标。

黑麦草喜光不耐阴，这一特性是其与高羊茅等草种混播后不久就被淘汰的原因之一，因此培育耐阴品种对提高草坪密度和维持合理的混播比例具有重要意义。

此外，黑麦草在多雨季节易倒伏。倒伏不仅使种子产量降低 5%~33%，影响种子品质，同时给收割带来极大不便，因此提高抗倒伏性是黑麦草种子高产优质和集约化生产的重要育种目标之一。

(2) 抗病性

黑麦草在长期大面积种植下容易发生病害，引起植物生长受阻、牧草品质下降、种子产量减少和种子质量降低。据报道，黑麦草至少受到 16 种有害真菌和 1 种有害细菌的危害，如锈病、叶斑病、枯萎病和麦角病等，其中锈病和枯萎病的危害较重，在夏季高温多雨的地区常会使黑麦草受到毁灭性的侵害。据英格兰、威尔和其他欧洲地区报道，当地的黑麦草也曾受到花叶病毒的侵害，该病可使种子和牧草产量显著降低，品质变劣。我国在黑麦草病害方面的研究报道不多，但随着农业生产结构调整的深入，种植面积的扩大，黑麦草的抗病性必将成为我国牧草和草坪草育种的重要目标。

(3) 品质改良

茎叶比、化学成分和消化率等是衡量牧草品质好坏的重要指标。黑麦草的茎叶比随着植株的成熟，特别是进入花期后会发生明显变化，此时牧草产量的构成将主要取决于生殖枝部分。这不仅影响饲草的适口性，同时其营养价值及消化率等也会明显下降。因此，适当调节植株生殖生长的时间分布，培育茎细叶茂且营养价值及消化率稳定的品种是黑麦草品质改良的重点。

(4) 稳产性

适应某一地区自然及生产条件、放牧制度，并对灾害性气候和病虫害具有抵抗能力的品种，才能充分发挥其生产潜力、实现高产稳产。黑麦草的稳产性还与其生活力的持续性密切相关。黑麦草生产性能取决于单株分蘖数和单位面积分蘖总数，其分蘖速度随着时间的延续而降低，进而影响第二年生长及随后几年干物质产量和草地更新率。因此，要尽可能培育生产年限较长、且在整个生命周期内干物质产量较稳定的品种。

(5) 草地建植

黑麦草除了进行刈调制干草及青贮饲料外，主要用于放牧。因此，需要具有适宜放牧利用的性状，如再生速度、耐践踏性、耐土壤紧密、耐家畜啃食等。同时，还要易于混播，特别是与豆科牧草的混播。

(6) 坪用性状

评价草坪品质常用密度、整齐度、弹性、色泽等指标。草坪密度、整齐度、弹性等又与草坪草的分蘖生长特性、叶量、叶片的粗细和韧性密切相关。一般来说，黑麦草在抽穗前分蘖发生较旺盛，分蘖生长均一，叶片细长，草坪品质较高；但拔节以后不仅生长点抬高，而且分蘖发生受到很大影响，分蘖的生长也出现较大差异，叶片短缩，草坪的密度和整齐度下降，弹性也受到一定的影响。因此，培育晚熟或中晚熟品种、拔节抽穗较少的品种，是黑麦草作为草坪草的主要育种目标。

11.3.3.4 黑麦草育种方法

(1) 引种

目前，引种仍然是我国黑麦草育种的重要方法。我国从 20 世纪 30 年代开始研究黑麦草，40 年代从国外引种黑麦草品种，特别是 70 年代末期以来，从国外引进了数百个黑麦草品种。许多黑麦草国外引进品种通过了全国或省级草品种审定登记。

有些国外引进品种作为重要的种质资源加以利用，选育出优良的黑麦草新品种。如江西省畜牧技术推广站以国外引进多花黑麦草品种'Birca'('伯克')为原始材料，通过优选单株，并进行化学诱变连续优选培育出多花黑麦草品种'赣选 1 号'，于 1994 年通过全国牧草品种审定登记。

(2) 选择育种

多年生黑麦草和多花黑麦草是较严格的异花授粉植物，群体在开放传粉的情况下属于异质杂合体，采用混合选择法来改良某些性状，往往会取得良好效果。在育种实践中，可根据育种目标来确定选择方法。单株选择法、混合选择法和轮回选择法均可采用。在创造新品种方面，采用单株选择法在隔离区内连续进行几代繁殖，也可选出优良的品种，许多多年生黑麦草品种就是利用多次单株选择法育成。我国育成的'长江 2 号'多花黑麦草品种，则在杂交后代选择过程中采用了多次混合选择法。

在群体改良方面，常采用轮回选择法。具体做法是在隔离区内种植杂合植物群体，次年对其进行评价，选择配合力好的优良亲本构成基本群体。再经过 2~3 个周期的天然杂交与选择，不断选出配合力高的植株，最后一年待种子成熟后混合收获，构成一个轮回。在轮回选择中，可采用"表型轮回选择法"，也可采用"半姊妹系轮回选择法"。一般而言，采用表型轮回选择法要选择合适的对照，而半姊妹系轮回选择可直接评价小区的产量与持续性。

(3) 杂交育种

① 黑麦草的花器构造及开花习性　黑麦草为穗状花序，穗长 15~25 cm，少数可达 33 cm，多年生黑麦草每穗有 12~24 个小穗，多花黑麦草每穗有 20~34 个小穗。小穗互生于主轴两侧、扁平，除花序顶端的 1 个小穗外，其余小穗仅具 1 枚颖片，近轴面的颖片缺失。多年生黑麦草每小穗含 6~9 朵小花，多花黑麦草每小穗含 7~15 朵小花，穗轴中部的小穗含小花数较多，小花外稃较长，多年生黑麦草具短芒或无芒，多花黑麦草则具长芒。

黑麦草的抽穗需要 11~20 d，抽穗速度与环境和水分条件有关，干旱时抽出慢，反之则快。多年生黑麦草抽穗较少且不整齐，多花黑麦草抽穗较多、整齐。就 1 个小穗而言，一般是靠近穗轴的小花先开，以后则交替开放。就整个花序而言，通常是中上部的小穗先开花，以后逐渐向顶部和基部发展。阴雨天开花少而迟。正常发育的花序其花期一般为 12~14 d。在一天中，开花时间集中于 7:30~10:30。开花时，花丝和花药伸出稃外。遇到风雨，花丝易被折断，影响授粉。

② 品种间杂交　无论是多年生黑麦草还是多花黑麦草，种内品种间杂交都较为容易且 F_1 杂种均可育，从 F_2 开始出现性状分离，因此需要加强杂种后代的选择，必要时可采用诱导四倍体的方法稳定杂种的优良性状。国外生产上利用的黑麦草品种多是通过品种间杂交育成的。

③种间杂交 黑麦草属于异花授粉植物，种间的杂交容易进行，而且 F_1 杂种可育。尤其是多年生黑麦草与多花黑麦草间的杂交比较容易，F_1 雄性及雌性均完全可育。早在 20 世纪三四十年代，新西兰的育种工作者就已成功地将这两个物种进行了杂交。经过几个世代的选择，从二倍体杂种中选出一些优良的重组型，作短期轮牧利用。后来通过进一步改良，育成了生产上利用的品种，如'Barcolte'、'Manawa'等。尽管这两个二倍体物种直接杂交在技术上不存在问题，但在育种的策略上存在一定的缺陷，因为杂种 F_2 代以及随后的世代遗传变异较大，强烈分离，需要经过数个世代的选择才能稳定。这在一定程度上限制了该杂种组合的应用。

为了克服二倍体杂种稳定性差的问题，英国威尔斯植物育种站从 20 世纪 60 年代开始培育四倍体杂种。具体做法是将多年生黑麦草与多花黑麦草的二倍体杂种人工加倍成四倍体；或将预先将亲本人工加倍，然后在四倍体间进行杂交。通过这种方法先后获得了如'Sabrina'、'Augusta'、'Sable'和'Siriol'等一些品种。20 世纪 80 年代，该育种站又从整个欧洲地区广泛收集多年生黑麦草和多花黑麦草原始材料进行新的杂交，目的是提高杂种品种春夏季的生长强度、干物质消化率及刈割后的再生性。通过多年努力，这项工作也取得较大进展，陆续选育出一些在生产上有潜力的品种。四倍体品种在抽穗前的生长习性与多花黑麦草相似，抽穗后开始表现多年生黑麦草强分蘖、多叶片的习性，将两个亲本的优良特性集于一体。除此之外，四倍体品种的适口性和消化率也优于二倍体。据报道，饲喂四倍体品种'Augusta'的肉牛与饲喂二倍体品种'RvP'的肉牛相比，活重可增加 15%。

④属间杂交 远缘杂交是改善黑麦草某些抗性的有效手段。由于黑麦草属与羊茅属有较近的亲缘关系，因而可充分利用这一特点广泛开展两属间的远缘杂交工作。在国外，有关两属间杂交获得羊茅黑麦草新种质的报道很多。其中，黑麦草属的异花授粉物种与羊茅属'Bovinae'组的杂交最为成功。我国南京农业大学在多年生黑麦草和苇状羊茅之间进行远缘杂交，选育出了我国羊茅黑麦草品种'南农 1 号'。多年生黑麦草、多花黑麦草与苇状羊茅（*F. arundinacea*）间的杂种以及多年生黑麦草、多花黑麦草与大羊茅（*F. gigantea*）间的杂种，均表现出完全的雄性可育性，雌性的可育性虽较低，但它们基本上可与亲本回交。然而，有些种的远缘杂交则是不易成功的。例如，黑麦草与紫羊茅（*F. rubra*）等几种羊茅属植物的杂交，其 F_1 完全不育。因此，在远缘杂交时有必要配置较多的杂交组合，探讨其杂交可交配性和杂种的可育性。

(4) 倍性育种

二倍体黑麦草经秋水仙碱处理较易加倍得到同源四倍体，因此黑麦草的多倍体育种也广为开展。从遗传角度看，同源四倍体可以遮盖二倍体不能完全遮盖的不利隐性基因的影响。假如不利的等位基因以较低的频率、较多的位点在二倍体群体中出现时，就有望在相应的四倍体群体中降低其自交衰退的程度，并减少特殊配合力的变异。其次，四倍体的遗传可减少后代性状的分离，容易使不同种群间杂交后代的性状趋于稳定。从表型效应衡量，四倍体植株的分蘖及根系的体积会增大，适应性提高，抗逆性增强。四倍体杂种品种'Sabrina'的染色体优先配对频率达 34%。从理论上讲，该配对频率足以维持杂种 7 个非连续基因位点 50% 的杂合性。进一步研究证实，四倍体杂种具有优先配对的遗传潜力，可进一步减少或降低杂合性的丢失，由此产生的结果最终可使 F_1 的杂种优势得以持续保留下来。而对于二倍体杂种来说，群体的稳定性只能采用人工控制授粉或利用自交不亲和系维持。

此外，远缘杂交后诱发异源多倍体，还可稳定目标性状的遗传，培育出优良的新品种。例如，经过多年生黑麦草与草地羊茅（*F. ovina*，$2n=28$）的二倍体杂种进行人工加倍，成功获得了稳定的双二倍体。由此育成的'Prior'新品种，不仅在英国表现高产，而且由于具有较强的抗寒性，在加拿大的生长表现也很好。为了稳定多年生黑麦草与多花黑麦草的杂种，人们也采用了倍性育种的方法，从而减少了种子繁殖期间的分离现象。

尽管如此，通过倍性育种获得的大多数黑麦草同源四倍体，也存在某些不足与缺陷。与原来的二倍体亲本相比，其茎叶的生长速度、分蘖密度、干物质含量及抗寒性等均有所降低。

(5) 诱变育种

辐射诱变是一种扩大变异范围，选育优良新品种的有效方法。例如，多花黑麦草品种'赣选1号'的选育过程中，也采用了诱变育种方法。尹淑霞等采用^{60}Co-γ射线不同辐射剂量处理多年生黑麦草品种'超级德比'('Derby Supreme')的干种子，对其植株过氧化物同工酶(POD)和酯酶(EST)同工酶酶谱进行分析的结果表明，辐射引起了植株 POD 和 EST 的差异，且不同剂量处理的种子后代植株在 POD 和 EST 酶谱特征上有所不同。严欢等以未搭载种子为对照，观察经'实践八号'卫星搭载后的多花黑麦草品种'长江2号'的标准发芽率、物候期和农艺性状，搭载后的'长江2号'种子发芽率为98.34%，高于对照；生育天数稍微增加，与对照相比无明显差异；后期生长速度比对照快，各农艺性状变异系数远远大于对照。彭丽梅利用"神舟七号'飞船搭载多年生黑麦草品种'Derby'的胚性愈伤组织经空间诱变后，从搭载再生株系(SP)群体中获得了3个抗旱变异株系。为了选育黑麦草抗旱品种，董文科等还采用不同浓度甲基磺酸乙酯对多年生黑麦草品种'首相'('Premier')种子进行了化学诱变育种研究，获得了一定进展。

11.3.4　高羊茅育种

高羊茅(*Festuca arundinacea*)又称苇状羊茅，属禾本科羊茅属(*Festuca*)多年生草本植物，是全球温带地区广泛应用的冷季型牧草和草坪草，也是我国使用量增长最快的优良草种，在我国北部及长江流域气候过渡区广泛建植。高羊茅具有抗性强、耐粗放管理的特点，广泛地应用于牧草生产、草坪绿化、运动场地建设、水土保持和生态修复等方面。

11.3.4.1　高羊茅育种概况

(1) 国外高羊茅育种概况

高羊茅原生于欧洲南部的温暖地区以及北非、东非的山间地带。国外从20世纪30年代开始进行高羊茅遗传育种研究，早期的育种目标以改良高羊茅农艺性状为主，已取得了较大的进展。目前，欧美国家高羊茅育种工作处于领先地位，尤其是美国。19世纪初，高羊茅从欧洲引种到美国，主要分布在从西北太平洋到南部各州的低洼牧场。1940年和1943年，美国相继育成了高羊茅坪用品种'Alta'('阿尔塔')、草坪与牧草兼用型品种'Kentucky 31'('肯塔基州31号')，促进了高羊茅的推广与利用，使之成为欧美重要栽培牧草之一。1954年，育成了高羊茅牧草型品种'Fawn'('小鹿')，提高了牧草和种子产量。1961年，美国开始育成矮生型草坪用高羊茅。1972年，美国 Rutgers 大学育成了第一个坪用型高羊茅品种'Rebel'，从此揭开了高羊茅育种的热潮，培育出许多新品系。随后，'Falcon'、'Olympic'、'Arid'('爱瑞')、'Arid 3'('爱瑞3号')、'Houngdog'('猎狗')及'Houngdog 5'('猎狗5号')等改良型坪用高羊茅品种相继育成。这些改良品种的叶片比'Kentucky 31'的叶片细30%~50%，分蘖多2倍，颜色深绿，在低刈割情况下仍能良好地生长，并具有更强的抗病性。因此，高羊茅逐渐被广泛用作低成本的水土保持植物及草坪草。

近年，美国、丹麦、荷兰等高羊茅育种先进国家已全面收集了世界各地的高羊茅野生植物资源，研究和开发了各种育种技术，将生物技术作为高羊茅育种的发展方向，形成了集育种、生产、销售于一体的专业种子公司。截至 2005 年 2 月，已有 508 个高羊茅品种得到美国官方种子认证协会和经济合作及发展组织的认证，其中草坪型品种 346 个。此外，丹麦、荷兰等国家也育成了许多高羊茅优良品种。

（2）我国高羊茅育种概况

与国外相比，我国高羊茅育种工作起步较晚，于 20 世纪 70 年代从国外引种高羊茅，80 年代开始比较系统地进行高羊茅遗传育种研究工作。1986 年，中国农业科学院畜牧研究所引种了 20 多个高羊茅品种。1988 年，北京农业大学畜牧系从美国引种了数十个高羊茅坪用品种。随后各单位对引进高羊茅品种的适应性及高羊茅遗传育种进行了研究，获得了一定进展。1987—2020 年，全国草品种审定登记的高羊茅品种共计 15 个（表 11-2），其中引进品种 9 个，地方品种 1 个，野生栽培品种 1 个，育成品种 4 个。

我国高羊茅育种工作虽然取得了一定的进展，但较国外而言，差距还很大，主要工作仍然停留在对国外品种的引进，其研究也停滞在对引进品种的适应性评价上，基础性研究薄弱。我国蕴藏丰富的野生高羊茅种质资源，但对这些宝贵资源的收集、评价、利用工作尚未进行系统的研究，对野生材料优良性状的发掘利用缺失，制约了高羊茅育种工作的发展。2019 年，中央一号文件明确提出"加快选育和推广优质草种"，草种业是国家战略性、基础性产业。因此，加快我国草种业发展，加强国产优良草种选育势在必行。

表 11-2　全国高羊茅品种审定登记情况统计表（1987—2020 年）

品种名称	学名	登记年份	育种单位及申报者	品种类别	生物学特性及适应区域
'法恩'	F. arundinacea Schreb. 'Fawn'	1987	湖北省农业科学院畜牧兽医研究所鲍健寅等	引进品种	抗旱、耐盐碱、耐酸、耐热、抗寒，适宜我国温带和亚热带地区种植
'盐城'	F. arundinacea Schreb. 'Yancheng'	1990	江苏省沿海地区农业科学研究所陆炳章等	地方品种	抗旱、耐热、耐盐碱，适宜我国华东地区各省以及河南、湖南、湖北等省种植
'凌志'	F. arundinacea Schreb. 'Barlexas'	2000	荷兰百绿种子集团公司中国代表处陈谷等	引进品种	抗虫、抗病，适宜我国北方及温暖湿润地区种植
'长江 1 号'	F. arundinacea Schreb. 'Changjiang No. 1'	2003	四川长江草业研究中心、四川省草原工作总站、四川省阳平种牛场何丕阳等	育成品种	抗旱、耐热，适宜长江中下游低山、丘陵和平原地区种植
'可奇思'	F. arundinacea Schreb. 'Cochise'	2004	北京林业大学韩烈保等	引进品种	抗旱、耐热、抗病，我国北方较湿润地区，华中及华东的武汉、杭州、上海等地均可种植
'北山 1 号'	F. arundinacea Schreb. 'Beishan No. 1'	2005	北京大学林忠平等	育成品种	抗旱、耐热、抗虫、抗病，适宜我国华北、东北及西部各省（自治区）种植
'黔草 1 号'	F. arundinacea Schreb. 'Qiancao No. 1'	2005	贵州省草业研究所、贵州阳光草业科技有限责任公司、四川农业大学吴佳海等	育成品种	抗旱、耐热、抗寒，适宜我国长江中上游中低山、丘陵、平原及其他类似地区种植

(续)

品种名称	学名	登记年份	育种单位及申报者	品种类别	生物学特性及适应区域
'美洲虎3号'	*F. arundinacea* Schreb. 'Jajuar No. 3'	2006	北京克劳沃草业技术开发中心、北京格拉斯草业技术研究所刘自学等	引进品种	耐酸、抗寒、抗病，适宜华北、西北、西南、华中大部地区种植
'维加斯'	*F. arundinacea* Schreb. 'Vegas'	2007	四川省草原科学研究院、百绿国际草业（北京）有限公司白史且等	引进品种	耐热、抗病，西南、华中以及华北、西北和东北较湿润地区均可种植
'沪坪1号'	*F. arundinacea* Schreb. 'Huping No. 1'	2008	上海交通大学何亚丽等	育成品种	耐热、抗寒，长江中下游地区
'约翰斯顿'	*F. arundinacea* Schreb. 'Johnstone'	2009	北京克劳沃草业技术开发中心苏爱莲等	引进品种	耐热、抗寒，适宜在年降水量450 mm以上，海拔1 500 m以下温暖湿润地区种植
'德梅特'	*F. arundinacea* Schreb. 'Demeter'	2009	云南省草地动物研究院、百绿国际草业（北京）有限公司吴文荣等	引进品种	抗旱、抗病、抗倒伏，适宜在云南海拔1 200 m以上，年降水量大于700 mm北亚热带，温带地区种植
'水城'高羊茅	*F. arundinacea* Schreb. 'Shuicheng'	2009	贵州省草业研究所、贵州阳光草业科技有限公司、四川农业大学吴佳海等	野生栽培品种	抗逆性强、密度高、均一性好，适宜我国云贵高原、长江中上游及类似生态区种植
'特沃'	*F. arundinacea* Schreb. 'TOWER'	2018	云南省草山饲料工作站、四川农业大学、云南农业大学吴晓祥等	引进品种	适宜西南地区年降水量450 mm以上，海拔600~2 600 m地区种植
'都脉'	*F. arundinacea* Schreb. 'Duramax'	2019	四川农业大学张新全等	引进品种	适宜在云贵高原及西南山地丘陵区种植

11.3.4.2 高羊茅种质资源

(1) 高羊茅的生长特性和利用

高羊茅为多年生疏丛型草本，根系深，大多数品种无匍匐茎，仅靠根基萌发分蘖向外扩展，茎直挺向上，秆成疏丛或单生，株高80~150 cm，茎粗2~2.5 mm，具3~4节，光滑，上部伸出鞘外的部分长达30 cm。叶片宽阔，叶背光亮，叶鞘光滑，具纵条纹，叶长30~50 cm，宽6~10 mm。花果期5~6月，颖果黄褐色，长约4 mm，顶端有毛茸。千粒重2.5 g左右。

高羊茅适应性较强，能在多种气候条件和生态环境中生长，性喜寒冷潮湿、较温暖的气候，夏季可耐38℃高温，但高温和干旱对高羊茅生长发育的伤害明显。冬季能在-15℃条件下安全越冬。对土壤适应性较强，可在pH 4.7~9.5土壤上正常生长，但以pH 5.7~6.0土壤为宜，有一定耐盐能力。适宜年降水量450 mm以上、海拔1 500 m以下的温暖湿润地区生长。高羊茅长势旺盛，每年生长期约275 d，寿命较长，繁茂期多在栽培后的3~4年。

高羊茅可用作长期放牧草地的优良牧草，适于人工草地建设和天然草原改良，能与其他禾本科或豆科牧草混生，能进行放牧、刈割、调制干草、青贮等。作为饲草，高羊茅较粗糙，品质中等，茎叶干物质分别含粗蛋白质15%、粗脂肪2%、粗纤维26.6%。生长季节内适宜生长刈割利用4次，干草产量166.67~266.67 kg/hm²。刈割宜在抽穗期进行，可保持适口性和营养价值。一年中可食性以秋季最好，春季居中，夏季最低，但调制的干草各种家畜均喜食。

高羊茅是最耐旱和最耐践踏的冷季型草坪草之一，为常用冷季型草坪草中周年绿色期最长的一个草种，一般用作运动场、绿地、路旁、小道、机场以及其他中低质量草坪的建植。由于成坪速度快，高羊茅能有效地用于斜坡防固。但高羊茅形成的草坪植株密度较小，叶片比任何一种常见的冷季型草坪草都粗糙，因此通常不应将其与紫羊茅、多花黑麦草等一些冷季型草坪草混播。作草坪利用时，将它与草地早熟禾（Poa pratensis）混播，形成的草坪质量优于单播。在温暖潮湿地区，高羊茅常与狗牙根混播用作一般性绿地草坪，也可与巴哈雀稗（Paspalum notatum）混播作运动场草坪。

高羊茅对受到污染的土壤有一定的修复功能，可在生态环境治理中发挥重要作用。研究表明，高羊茅对土壤中的镍、铅、锌、铬等重金属污染物都有一定的吸附和耐受能力。因此，高羊茅适合种植在工厂附近，对周围的土壤起到一定的改良作用。此外，重污染的工厂通常位于偏远地区，地形和气候条件比较恶劣，而高羊茅的生命力非常顽强，可在这样的环境中生存。

(2) 高羊茅类型与品种资源

按照植物学分类，高羊茅可分为 5 个生物学变种：F. arundinaceum var. glaucescens（四倍体蓝羊茅）、F. arundinaceum var. genuina（六倍体）、F. arundinaeeum var. atlantigena（八倍体）、F. arundinaceum var. eirtensis（十倍体）和 F. arundinaceum var. letourneuxiana。

高羊茅品种资源多种多样，目前全球上市的商业品种已经超过了 600 个。按来源地区划分，高羊茅种质资源分为大陆型（欧洲型）与地中海型两类。按用途或功能方面划分，高羊茅品种可分为牧草型和草坪型两种类型。目前，草业生产中应用的高羊茅品种，除 1987—2020 年通过全国草品种审定登记的 15 个高羊茅品种外，还从国外引进了许多品种。此外，还引进了根茎型高羊茅（rhizomatous tall fescue, RTF）品种，其根茎与草地早熟禾的根茎相似，向四周蔓延，使草丛分布均匀，能迅速填补草坪中的裸斑，同时还不会形成粗壮的株丛，影响草坪景观。无论与早熟禾家族还是与高羊茅家族的成员相比，它都是表现突出的佼佼者。

目前，常用的高羊茅品种基本上都是大陆型异源六倍体的 F. arundinaeeum var. genuina，含有 3 个染色体组（PPG1G1G2G2, $2n = 6X = 42$）。其中，P 染色体组来源于草地羊茅（F. pratensis, $2n = 2X = 14$），G1 和 G2 染色体组均来源于高羊茅变种四倍体蓝羊茅（F. arundinacea var. glaucescens, $2n = 4X = 28$）。六倍体高羊茅有着庞大的基因组，大小约为 6 000 Mbp，是水稻（Oryza sativa）基因组的 12 倍，进行全基因组测序存在着一定的困难。高羊茅是异花授粉植物，具有严格的自交不亲和性。目前，已发布的高羊茅品种都是在形态和农艺性状相对一致的异质群体。

11.3.4.3 高羊茅育种目标

育种目标适当与否是决定育种工作成败的关键。根据生态特点和耕作栽培条件，以及市场需求，高羊茅的选育应从两方面考虑：一是牧草型高羊茅选育，以抗逆性、牧草产量、饲用品质、禽畜生产性能等为选育目标；二是坪用型高羊茅选育，以坪用性状改良为育种目标。例如，选育细叶、色泽美观、矮生、高密度、耐践踏、观赏价值高等坪用品种，适用于园林绿化和运动场草坪。同时，由于高羊茅株型矮化、密度增加容易诱发病虫害，根系变浅可能导致抗旱性与耐热性减弱。因此，提高抗病虫性、抗旱性、耐阴性、耐寒性等成为坪用品质选育的重要目标。

(1) 抗逆性

高羊茅是目前我国使用量增长最快的草种，夏季的高温环境及较大的需水量已成为限制其生长的主要因素，加之我国土壤盐渍化日益严峻。因此，提高对环境的适应性是目前高羊茅育种的主要目标之一。迫切需要通过各种育种途径，发掘与开发高羊茅新种质，选育抗旱、耐寒、抗盐碱、耐践踏、抗除草剂等优良抗逆性状的高羊茅新品种，满足人们不断增长的需求。

通常冷季型草坪草的抗旱性比暖季型草坪草要差，而高羊茅是冷季型草坪草中抗旱性和耐热性较强的草种。冷季型草坪草的匍匐剪股颖具有杰出的抗寒性；暖季型草坪草的日本结缕草具有良好的抗寒性。因此，采用高羊茅与暖季型草坪草的不同类型远缘杂交育种，也是提高其坪用品种抗旱性与耐热性及抗寒性等非生物胁迫抗性的有效育种途径。

(2) 抗病性和抗虫性

高羊茅常见病害有锈病、腐霉病和线虫危害等，常见虫害有叶蝉等。高羊茅遭受病虫危害，不仅影响其饲用和坪用品质，还能降低其草产量。因此，高羊茅育种目标要求选育良好病虫抗性的品种。一般认为，高羊茅病虫抗性大多为单基因或少数基因控制的质量性状。在遭受病虫危害的高羊茅品种群体中，采用群体选择或轮回选择育种是选育高羊茅抗病虫品种的有效方法。

高羊茅是内生真菌（*Aecrmonium*）的理想寄主，它们之间是互利共生的关系，内生真菌在提高寄主抗旱性，促进根生长，提高氮吸收利用，提高病虫抗性等方面有显著作用。因此，可通过培育含内生菌品种的育种方法提高高羊茅坪用品种的抗逆性。目前，国外种子公司已经培育出了含有内生真菌的高羊茅品种'Georgia-5'、'Jesup'、'Apache II'（'强盗2号'）等。然而，由于遭受内生菌侵染的植株适口性不佳，内生真菌产生的生物碱导致家畜饲用后生产性能降低。因此，选育带有益内生真菌高羊茅新品种成为新的育种方向，即在对家畜不产生毒害作用的同时，还能保持或提高植株的抗逆性。

(3) 产量

高产一直是高羊茅品种选育的主要育种目标。高羊茅高产育种目标包括提高草产量与种子产量。种子产量是牧草型和坪用型高羊茅品种选育的共同目标。一般认为高羊茅产量性状为数量性状。因此，可采用轮回选择等育种方法改良高羊茅产量性状。

(4) 饲用品质

作为牧草的高羊茅，改善其饲用品质是选育工作的一个重要目标。育种家高度重视的品质指标有低镁症、消化率、适口性及"夏季综合症"。高羊茅直立粗糙的茎叶，不仅营养价值不高，而且，它作为饲草的适口性远不及其他禾本科牧草。因此，高羊茅牧草型品种的饲用品质改良是其重要育种目标。高羊茅牧草品质改良育种方法：一是在高羊茅群体中选择多叶且叶片柔嫩的植株类型；二是采用高羊茅与黑麦草远缘杂交育种方法，将黑麦草多分蘖、多叶片等优良牧草品质性状转移到高羊茅中。

(5) 坪用品质

高羊茅坪用品质性状主要包括色泽、密度、质地、均一性及绿期等。通常高羊茅的茎叶颜色较浅，不同高羊茅品种的叶色存在着差异，且间或属间杂种的叶色差异更大。可从提高叶绿素含量和组分入手，培育叶色深绿的高羊茅坪用品种。同时，结合社会经济发展需求，培育其他色泽的新型高羊茅坪用品种。高羊茅为疏丛型禾草，没有匍匐茎，难以形成致密草坪。但是，高羊茅具有发达的根状茎，可通过品种改良增加其密度，将极大增加高羊茅应用前景。高羊茅茎叶粗糙，质地较差，常影响草坪的质量和美观，不适宜用作建植高档次的优质草坪。因此，质地改良是高羊茅育种的重要目标。由于许多坪用高羊茅品种的均一性都较差，群内个体差异较大，形成的草坪很难均匀整齐。因此，培育高羊茅坪用品种时应注重均一性品质指标的选育。作为冷季型草坪草，高羊茅主要种植在我国北方地区，由于不耐高温，夏季容易枯黄。

因此，高羊茅坪用品种选育应将提高绿期作为重要育种目标。

（6）草坪的持久性

草坪的持久性指草坪草成坪后生存的年限。草坪草持久性长是指草坪具有较长时间的使用价值。提高高羊茅坪用品种的持久性除需要提高病虫抗性、抗旱性与耐热性及抗寒性、耐盐碱性等上述高羊茅抗逆性外，还需要采用各种育种方法提高高羊茅耐践踏性、耐阴性等。同时，草坪持久性通常与草坪草生育型密切相关。具有发达匍匐茎或者地下茎的草坪草的持久性远远超过丛生型草坪草的持久性。因此，高羊茅与黑麦草等属间远缘杂交育种也是提高高羊茅坪用品种持久性的有效育种途径。

11.3.4.4 高羊茅育种方法

（1）引种

我国20世纪70年代开始引进高羊茅，多年的引种试验表明其具有广阔的地域分布，南北各地均能栽培。在陕、甘、晋、豫、鄂、湘、滇、苏、浙、皖、鲁等省种植均表现了良好的适应性和产量。由于其产量高、品质好、抗性强，具有较高的经济及饲用价值，在多年生牧草栽培区划中，被全国多个省份列为人工草地培育和草地建设的骨干草种。例如，贵州省从引种的国外高羊茅品种中选出3个牧草型良种，'交战2代'、'法恩'和'宽叶'。这些品种的推广应用为贵州生态建设和草地畜牧业的发展做出了较大贡献。随着高羊茅育种水平的提高，引进品种的种植逐步居于次要地位。

（2）选择育种

利用从国外引进高羊茅品种与野生种质资源的异质性群体，采用选择育种方法，培育了许多优良高羊茅品种。自1991年起，贵州省草业研究所广泛进行高羊茅种质资源鉴定评价、筛选比较试验和示范，从地方高羊茅种质资源中，采用改良混合选择法，先后选育出了'黔草1号'、'黔草2号'、'水城'高羊茅、'黔草5号'4个新品种。其中，'黔草1号'品种具有广泛的适应性，对高温、高湿和干旱都有良好的耐性，同时保持了优异的抗寒性，具有耐践踏、抗病性强、耐低修剪、肥力需求低、土壤适应范围广、养护管理要求低、颜色深绿、绿期长等优良特性。牧草型品种'黔草2号'与对照品种相比，增产50%~60%。'黔草5号'具有分蘖多、生育期短的特点。

高羊茅选择育种常用方法有生态型选择和轮回选择等。生态型选择是最早的一种选择育种方法，是将高羊茅原始群体在不同生态条件下进行种植，通过对环境条件的适应性差异进行选择，最终筛选适宜的种质成为新品种。如高羊茅品种'Kentucky 31'就是采用该方法育成。轮回选择是选择符合一个或多个目标性状的植株进行互交，从互交后代选择符合育种目标的植株，多次循环直至获得目标性状明显改良的品种。

（3）杂交育种

①高羊茅花器构造及开花习性　高羊茅为圆锥花序，长20~30 cm。每穗节有1~2个小穗枝，小穗呈椭圆形或矩圆形，长10~18 cm，每小穗具3~10朵小花，常呈淡紫色，小穗轴节间粗糙；下部颖片狭披针形，长3~6 mm，具脉；上部颖片披针形至狭披针形，长4.5~7 mm，具3脉；外稃狭椭圆形或披针形，长6~10 mm，具5脉，无芒或具短芒，芒顶生或由裂齿间生出；内稃与外稃近等长；雄蕊3枚，花药长2~4.5 mm；颖果矩圆形，由外稃和内稃紧密包裹。小花由内稃、外稃和雄蕊、雌蕊组成。

花序从叶鞘中抽出后约1周开始散粉，每花序散粉时间平均可持续9 d，散粉速度随温度升高而增加，从10:00~18:00均可散粉，但散粉高峰期一般为13:00~18:00。虽然可采用人工去雄进行授粉杂交，但由于高羊茅小花较小，操作较为困难。大多数小穗含3朵小花，且小花排列紧密，人工去雄杂交前需整穗，除去每小穗中间的小花后，另两朵小花的去雄就较容易。用镊子将雄蕊小心除去，然后将去雄的花序与母本植株一同套在羊皮或牛皮纸袋中授粉。授粉后3~6周种子即可成熟。去雄授粉的结实率一般为50%~70%。由于高羊茅高度自交不孕，通常杂交可省去去雄操作，将两个亲本套于纸袋中便可相互授粉杂交，从中产生一定量的杂种种子。

②品种间杂交　通过品种间杂交可选育高羊茅优良品种。如'沪坪1号'（又名'沪青矮'）是上海交通大学采用品种间杂交育种方法培育出的矮生型高羊茅品种。它是由两个矮生的无性系'上农矮生高羊茅'和'98-19'间隔种植，使之天然异交，混收种子，获得品种群体。'沪坪1号'矮生、质地细腻、色泽深绿、抵抗夏季逆境胁迫能力强，在上海地区能够周年常绿，于2008年通过全国草品种审定登记。

国外，高羊茅品种间杂交育种通常采用欧洲型与地中海型的杂交育种方式，这两种类型的高羊茅植株容易杂交。两种类型杂交后先产生单杂交种，而后人工将杂种染色体加倍形成双二倍体。其杂种一般表现生活力较强但不育，因而可通过无性繁殖利用。由此获得的双二倍体可用于新品种培育。双二倍体的染色体数目不稳定，为75~91。其染色体数目越少，育性恢复程度越高。但其育性也比亲本的低，由于其杂种每小穗的小花数会增加，因而其每花序结实数与亲本的相当。

③种间杂交　羊茅属不同多倍体物种的染色体组之间存在着一定的同源关系，因而其属内不同物种的远缘杂交相对较容易，羊茅属的其他植物种可广泛用作高羊茅育种的种质资源。目前，已对高羊茅×草地羊茅、高羊茅×大羊茅、高羊茅×其他羊茅种间远缘杂交育种进行了系统研究。利用羊茅属不同种间的远缘杂交获得杂种，已选育了许多高羊茅种间远缘杂交品种，如低矮型品种'Regiment'、'Seine'、'Summerlawn'等。但是，羊茅属的许多种间远缘杂交并不成功，原因是其杂种胚的败育和种子不能萌发。通常认为种间远缘杂交亲本的染色体数目越少，杂交成功的可能性就越大，且用染色体数目较少的物种作母本杂交容易成功。杂交一般采用人工去雄控制授粉方法，但高羊茅是典型的异花授粉植物，自交结实率低，因此也可不经过去雄直接进行杂交。

④属间杂交　羊茅属与黑麦草属牧草及草坪草农艺性状的特点呈互补关系，因此，羊茅与黑麦草的属间远缘杂交育种研究早在20世纪40年代就率先开始，此后，许多育种家都致力于把羊茅与黑麦草互补的优点结合于一体。该两个属间远缘杂交育种研究主要集中于多花黑麦草、多年生黑麦草与高羊茅及草地羊茅的杂交，至今国内外已经培育了许多高羊茅与黑麦草属间杂交品种。例如，南京农业大学用高羊茅（'Kentucky 31'）和黑麦草（'Manawa'）杂交获得了羊茅黑麦草杂种'南农1号'，兼具黑麦草生长迅速、饲用品质优良和高羊茅生育年限长、抗逆性强等优点，在我国西南山区、长江流域以及部分沿海地区均适宜种植。Buckner等(1977)利用回交育种方法，把高羊茅×多花黑麦草杂种与羊茅进行反复回交，培育出具有某些多花黑麦草性状、遗传上稳定的高羊茅栽培品种'Kenhy'（'肯基'）。该品种的产量、消化率、适口性、颜色、抗旱性等方面都要优于过去育成品种'Kentucky 31'。

此外，江苏省中国科学院植物研究所和江苏琵琶景观生态公司合作，获得了高羊茅×狗牙根远缘杂交后代，对其F_1进行自交，获得的F_2和F_3后代在形态上既具有母本高羊茅的分蘖能力，又具有父本狗牙根匍匐茎特性，且在南京地区初步表现为四季常绿。杂交后代抗寒性也显著性增强，表现出明显的超亲遗传特征和母性遗传现象。

(4) 综合品种育种及杂种优势利用

由于高羊茅是异花授粉植物，选配综合品种便成为其一种有效的育种方法。目前，生产上所利用的高羊茅品种一般为综合品种。高羊茅组配综合品种的原始材料可以是无性系、自交系和杂交种等。但用作综合品种的原始材料除了它们自身具有优良的农艺性状外，还应有较高的配合力，且容易杂交。如果用生产上利用的品种作原始材料，通常至少需隔离繁殖 3 个世代。

综合品种育种方法较为简单，但其育种过程中需建立无性系，有时还需大量人工去雄杂交。并且，综合品种的培育仅仅是通过天然授粉保持典型性以及可达成一定程度的利用杂种优势，如要继续提高育成品种的生产能力，需要研究利用雄性不育系实现控制杂交，利用杂交优势更强的"三系法"或"两系法"杂交种品种取代综合品种。1998 年，贵州省草业研究所吴佳海等在高羊茅原始群体在国内首次发现雄性不育株，并开展了相关形态学、细胞学与遗传学研究，为今后高羊茅雄性不育系的选育和利用奠定了基础。

(5) 诱变育种

目前，高羊茅诱变育种主要对其辐射育种进行了许多基础研究。张彦芹等(2006)以高羊茅品种'爱瑞 3 号'为材料，以 ^{60}Co-γ 射线照射种子和分化苗，筛选出 3 个具有强耐寒性的突变株系。随后，又继续对辐射变异株系进行抗旱性比较研究，鉴定出 3 个变异株系的抗旱性显著提高。这些突变株系可作为新的抗性种质利用。此外，贵州省草业研究所将高羊茅品种'黔草 1 号'搭载"实践八号"卫星进行空间诱变育种研究，已取得一系列进展。航天诱变使得高羊茅在形态学和 DNA 分子水平上均发生了变异，为新品种的培育提供依据。随着新型搭载工具的出现以及草业的发展，空间诱变育种的研究日益受到重视。

(6) 生物技术育种

利用细胞工程和基因工程技术改良高羊茅是一种便捷而有效的途径。高羊茅的遗传转化始于 20 世纪 90 年代初，Ha 等(1992)首次成功获得了高羊茅转基因植株。通过遗传转化技术，将优良外源基因导入高羊茅中，实现了单靠传统方法无法实现的遗传重组，提高抗逆性成为转基因育种的研究重点和目标。Tian 等(2006)在高羊茅中过表达拟南芥液泡膜 Na^+/H^+ 逆向转运蛋白基因 AtNHX1，使转基因高羊茅抗盐性增强。赵汝等(2010)研究表明转 DREB1A 基因能够提高高羊茅对铅的富集能力及耐性。

基于 CRISPR/Cas 系统的基因编辑技术可以精准定向地对植物的基因组进行编辑来获得目标突变体，已经成为基础研究和精准育种的重要工具，具有重要的理论研究价值和生产实践意义。由于高羊茅是异源六倍体植物，庞大的基因组使其在遗传修饰和改良方面具有巨大的挑战。因此，能够同时针对几个同源基因进行编辑的高效基因组编辑工具，是解决这一瓶颈问题的关键。中国科学院武汉植物园科研团队(2021)利用 CRISPR/Cas9 和 CRISPR/Cas12a(Cpf1)系统获得了高羊茅基因的 3 个同源等位基因的稳定转化突变体，成功地实现了对异源六倍体高羊茅的基因编辑。这一工作开启了利用基因编辑工具进行高羊茅分子育种序幕。

国内外进行了许多高羊茅转基因育种研究，但还未采用生物技术育种方法培育出高羊茅商业用品种。转基因技术对高羊茅的遗传改良发挥着重要作用，是繁育牧草型及坪用型新优品种的主要手段之一，加之与其他生物技术及传统育种方法的有机结合，将对畜牧业及草坪业的发展产生巨大的推动作用。

11.3.5 冰草育种

冰草属(Agropyron)植物是一类重要的牧草资源，广泛分布于欧亚大陆温带草原区，具有重要的饲用价值及生态价值，属于草原旱生植物类群，具有十分广泛的生态幅度。分布于温带和亚极带地区，主要出现在欧亚大陆草原区，集中分布于苏联、蒙古国和中国等一些欧亚国家。在北美洲的美国和加拿大没有天然野生种分布，但在北美西部干旱、半干旱地区，有大面积的冰草种植区，冰草已成为当地重要的植被组成成分。

冰草属牧草具有极强的抗寒、耐旱性，抗病性强，适应性广，喜沙质和覆沙土壤，耐瘠薄。春季返青早，青绿持续期长，枯黄期晚，越冬率高。茎叶柔软、营养成分含量较高，适口性好，各种家畜均喜食。冰草可以在早春和晚秋放牧利用，在草地畜牧业生产中具有重要意义。冰草对气候和土壤条件要求不严格，种子和鲜草产量比较高，种子也易于收获，冰草的根系发达，是理想的水土保持植物，在草原、荒漠草原及半荒漠地区的天然草场改良和人工草地建设中发挥重要作用。

11.3.5.1 冰草的种质资源

（1）冰草属的分类

冰草属是禾本科小麦族中的一个多年生草本植物属。在植物分类学的研究历史上，不同学者间曾存在极大的分歧与争议，带来了分类上的混乱和不稳定性，到目前仍有狭义冰草属和广义冰草属之分。

冰草属是小麦族中最大的一个属，含100多个种，包括所有每节1小穗的种。北美大部分植物学家仍沿用广义冰草属的分类观点。1933年，S. A. Nevski把传统的广义冰草属分成3个属，即冰草属、鹅冠草属（*Roegneria*）和偃麦草属（*Elytrigia*）。冰草属（狭义）仅包括冰草（*A. cristatum*）、沙生冰草（*A. desertorum*）及西伯利亚冰草（*A. sibiricum*）在内约15种冰草，均是疏丛型根茎和异花授粉。20世纪60年代以来，由于积累了大量的细胞遗传学方面的资料，用细胞遗传学方法论述和划分小麦族牧草的属界成为可能。其方法是分析种（属）间杂交的能力、种（属）间杂种F_1染色体配对水平及其杂种育性。细胞遗传学方法能反映出牧草种间的生物学关系及亲缘关系，其代表人是 Löve 和 D. R. Dewey。根据染色体组分析，冰草属中存在着3个染色体倍数水平，即二倍体、四倍体和六倍体，所有种都含有相同的基本染色体组P，多数种为同源或近似同源的多倍体。细胞学资料进一步验证了狭义冰草属观点的正确性。

（2）冰草的种类和分布

狭义冰草属中包括的15种，集中分布在俄罗斯、土库曼斯坦、乌兹别克斯坦、乌克兰、哈萨克斯坦、蒙古国和中国等国家。俄罗斯分布13种，主要分布在俄罗斯欧洲部分的整个草原和南部森林草原地带、西西伯利亚、伏尔加河中下游、远东和高加索地区。蒙古国有3个种，除荒漠植被外，几乎出现在所有天然植被当中。

据《中国植物志》记载，我国有5种、4变种和1变型，主要分布于东北、华北和西北，黄河以北的干旱地区种类最多。冰草属遍布于12个省（自治区），以内蒙古地区分布的种类最多，拥有全部的国产冰草种及种以下单位，且分布密度大。

冰草属中分布较广，经济价值较高的种如下：

①冰草（*A. cristatum*） 穗形宽，小穗呈篦齿状，小穗与穗轴间成45°~90°，两颖之间约为120°以上，颖与外稃尖端渐尖，芒长3~5 mm。二倍体、四倍体或六倍体，其中以四倍体（$2n=28$）分布最为广泛。

②沙生冰草（*A. desertorum*） 穗型为长椭圆形，小穗向上斜升，小穗与穗轴之间成30°~45°，稃与外稃尖端渐尖，两颖之间约60°，颖的压扁方向与小花相反，颖与外稃无芒或具小于3 mm的短芒。沙生冰草全部为四倍体。

③西伯利亚冰草(A. sibiricus)　又称 A. fragile。穗型为线形，穗长可达 15 cm 左右，小穗在穗轴上排列紧密，两颖之间夹角约为 45°，颖和外稃无芒或具短芒尖。绝大多数为四倍体($2n=28$)。

④蒙古冰草(A. mongolicum)　分布范围狭窄，亚洲东部偶尔可见。穗型近似于西伯利亚冰草，有人把它作为 A. fragile 的亚种处理，但二者还是有明显区别。穗状花序(宽 4~6 mm)比西伯利亚冰草(宽 10~15 mm)窄，小花数(含 3~8 朵花)比后者(含 9~11 朵花)少，颖具 3 脉(后者 5~7 脉)，外稃具 5 脉(后者 7~9 脉)。蒙古冰草是冰草属中抗旱性最强的物种，同时，又是稀有的二倍体植物，因而具有很高的遗传学研究和育种价值。

⑤米氏冰草(A. michnoi)　植株具横走根茎，而其他冰草多为疏丛型。穗状花穗宽扁，呈矩圆形；小穗紧密地排列成复瓦状(近于篦齿状)，外稃先端具芒，长约 2 mm 左右。四倍体($2n=28$)。

(3)冰草品种资源

截至 2012 年，美国和加拿大共培育出 16 个冰草品种。其中，冰草的品种有 7 个('Fairway'、'Parkway'、'Ruff'、'Kirk'、'Ephraim'、'Douglas'和'Road Crest')，沙生冰草品种有 2 个('Nordan'和'Summit')、西伯利亚冰草品种有 4 个(P-27、'Vavilov'、'Vavilov Ⅱ'和'Stabilizer')、杂种冰草的品种有 3 个('Hycrest'、'Hycrest Ⅱ'和'CD-Ⅱ')。

①冰草(A. cristatum)　'Fairway'二倍体($2n=14$)，叶量丰富，茎叶纤细，株丛矮，高度约 60 cm，穗短而宽，种子小，可用作干旱地区补播以及草坪品种。

'Parkway'由'Fairway'中选出，在植株活力、高度及叶量上进行了改良，优于原始群体，具有扩展特性，建议用作放牧和植被恢复。种子产量高。

'Ruff'二倍体，选自'Fairway'群体，株丛大，在北美大平原上用作土壤保持，在降水较少的地区，适于作为路边、公园和运动场低维护草坪，也可用于放牧地补播和植被恢复。

'Kirk'四倍体($2n=28$)，具有 Nordan 冰草株高较高和 Fairway 穗宽的特点，干草产量和种子产量均较 Nordan 和 Fairway 高，种子活力高，成熟后种子在植株上宿存性好。芒较短，利于播种。在湿度适宜的条件下，适合早春放牧和干草利用。

'Ephraim'四倍体($2n=28$)，一种持久性草皮型禾草品种，在良好的土壤水分条件下形成根茎，对水分要求较高，适于土壤保持及生态治理。能够适应包括扰动土壤和矿山破坏土壤在内的大范围的草原区，具有较高的耐盐碱性。

'Douglas'六倍体($2n=42$)，种子较大，种子活力强，植株生长旺盛，草产量与其他冰草品种相比较低，抗逆性(干旱、病虫害)强。适宜作为边坡绿化，不宜作为草坪草。

'Road Crest'四倍体，是冰草中稀有的根茎型品种，植株低矮，生物量少，叶片纤细，适用于边坡绿化和低维护草坪。在幼苗活力和抗旱性方面优于'Hycrest'、'CD-Ⅱ'、'Fairway'和'Nordan'。与其他草坪草及低维护草坪，如草地早熟禾、粗穗披碱草'Sodar'、高羊茅和硬羊茅相比，Road Crest 更易于建植，春季返青早。

②沙生冰草(A. desertorum)　'Nordan'四倍体，抗旱性强，种子较大，无芒，穗型紧凑，幼苗活力强，易立苗，植株直立而整齐，在春季和秋季适口性好，夏季较差。能够持久地保持较高的产草量，适合于建立饲料基地和刈割干草。

'Summit'和'Nordan'相比，在种子产量和品质上进行了改良。

③西伯利亚冰草(A. sibiricum)　'P-27'四倍体，西伯利亚冰草类型，穗窄且无芒，茎叶纤细，适于沙质土壤播种，青绿期保持较长。

'Vavilov'四倍体，由采集于俄罗斯和土耳其的材料以及冰草品种'P-27'的无性繁殖系育成。具有很强的幼苗活力，比其他冰草品种易于建植；叶量丰富，夏末营养体仍保持绿色，抗性(干旱、寒冷和病虫害)强，种子和干草产量较高。主要用于土壤保持和温带牧场，特别是干旱沙质地区家畜及野生动物的放牧。

'Vavilov Ⅱ'选自原始群体'Vavilov'，由50个无性系综合而成。主要特点是特别抗寒、耐旱、耐牧及耐交通车辆碾压。通常用作干旱地区的草地建植，也可作为军事训练基地草地。

'Stabilizer'与其他西伯利亚冰草相比，植株较矮，建植快，持久性好，种子产量高，具短柔毛，草产量低，适合在半干旱地区草地和路边建植，可作为防火隔离用品种。

④杂种冰草($A.\ cristatum \times A.\ desertorum$)

a. 'Hycrest'：四倍体，诱导四倍体冰草和天然四倍体沙生冰草的远缘杂交种。抗干旱和病虫害能力强，有明显的杂种优势，对不良环境条件适应性强，有较高的鲜草和种子产量。群体内单株间变异大，有进一步选择潜力。

b. 'Hycrest Ⅱ'：是'Hycrest'原始亲本之一，由10株'Fairway'诱导四倍体的种间杂交后获得。'Hycrest Ⅱ'在被侵扰土地的幼苗建植率高于'Hycrest'和'CD Ⅱ'。

'CD Ⅱ'四倍体，选自'Hycrest'群体，叶量丰富，在寒冷条件下干草产量和种子活力优于'Hycrest'。与'Fairway'、'Nordan'和'Ephraim'等冰草品种相比，在水分缺乏和存在一年生杂草竞争的严峻生长环境中，'CD-Ⅱ'能够更加稳定的生长和建植。

我国冰草属牧草有一定的播种面积，但绝大多数是未经改良的野生冰草材料。部分是引自北美的冰草品种，如'Nordan'、'Fairway'等。截至2015年，我国审定登记的冰草品种有6个，即'内蒙沙芦草'、'蒙农'杂种冰草、'蒙农1号'蒙古冰草、'诺丹'沙生冰草、'杜尔伯特'扁穗冰草和'塔乌库姆'冰草。

'内蒙沙芦草'($A.\ mongolicum$ cv. Neimeng)是采集野生沙芦草(又称蒙古冰草)种子，经多年栽培驯化而成。其特点是抗逆性很强，抗寒冷、干旱和病虫害，耐瘠薄，叶量少而纤细内卷。在干旱草原区(降水量250～400 mm)无灌溉条件下，其抗旱性优于国外任何引进冰草品种。此外，可用短根茎进行无性繁殖，种子成熟后落地萌发能力强，可延长草群的寿命，适用于天然退化草地的改良。

'蒙农'杂种冰草($A.\ cristatum \times A.\ desertorum$ cv. Mengnong)由内蒙古农业大学育成。用'Hycrest'作原始群体，经二次单株选择和一次混合选择育成。植株整齐，生长旺盛，和原始群体比较，植株平均增高10～15 cm，干草产量和种子产量提高10%～15%。种子成熟后，茎叶仍保持鲜绿，营养丰富，适口性好。

'蒙农1号'蒙古冰草($A.\ mongolicum$ cv. Mengnong No.1)由内蒙古农业大学育成。保持了原始群体抗性强，返青早，青绿期长的优点。和原始群体相比，株丛直立、整齐、高大，分蘖数增多，叶量增大，干草和种子产量提高20%以上，营养成分含量略有提高，适口性好，消化率高。适宜在我国北方干旱、半干旱地区种植。可用于退化草场改良、人工草地建设及水土流失区和矿区植被恢复。

'诺丹'沙生冰草($Agropyron\ desertorum$ cv. Nordan)由内蒙古农牧学院、内蒙古包头市固阳县草原站和内蒙古伊克昭盟畜牧研究所注册登记，属于引进品种。多年、多点的引种试验表明，适应在我国北方降水量为250～400 mm的干旱及半干旱地区推广种植。如内蒙古中、西部，宁夏、甘肃、青海及新疆等省(自治区)。

杜尔伯特扁穗冰草($Agropyron\ cristatum$ cv. Duerbote)由黑龙江省畜牧研究所育成。从大庆市齐家地区采集野生种子，经 15 年引种、栽培驯化而成。抗寒，在我国东北寒冷干旱区 $-45\sim-35℃$ 条件下越冬率达 98%；抗旱，在年降水量 $220\sim400$ mm 地区生长良好；土壤要求不严，耐瘠薄，较耐盐碱，土壤 pH 值达 7.9，生产性能稳定。适合在我国东北寒冷气候区，西部干旱、半干旱区，以及西北、华北地区种植。

塔乌库姆冰草(*Agropyron cristatum* cv. Tawukumu)由新疆维吾尔自治区畜牧科学院草业研究所育成。刈割-放牧兼用型草原良种，具有抗旱、耐寒、耐盐、栽培生态幅度宽、生育期短、高产、营养丰富、适口性好、饲用价值高等优良特性，是建植优质高产人工草地和改良大面积退化天然草地首选的旱生草种之一，适宜新疆年均降水量 300 mm 以上的干旱及半干旱地区种植。

11.3.5.2 冰草的育种目标

冰草品种可作为退化草地的补播改良，也可作为人工草地刈制干草，既可用于弃耕地的植被恢复和土壤改良，也可用作水土保持、抗风蚀及美化环境。制定育种目标，首先应明确品种的用途。不同的用途，对品种特性的要求各不相同，育种目标也各有侧重。

(1) 高产

冰草的产量性状包括饲草产量和种子产量。随着天然草场改良和人工草地建设力度的加大以及生态环境治理需求的增加，提高冰草(干草和种子)产量，始终是育种的主要目标。

产量包括有灌溉和无灌溉旱作条件下的青、干草产量和种子产量。在育种实践中，饲草产量和种子产量往往达不到同步提高。但也有二者兼顾的育种先例。

植株高度、单位面积株数、每株分蘖数、刈割后再生速度、牧草含水量等是构成干草产量的主要因素。

每株有效分蘖数、每穗小穗数、每小穗可育小花数是构成种子产量的主要因素。制定育种目标时，可将产量性状落实到具体的产量因素构成上。

(2) 优质

冰草品质改良主要包括改善和提高叶量、粗蛋白质含量和干草可消化率等方面。

冰草的化学成分和营养价值高低主要与种和品种、气候土壤条件、栽培条件、生育时期、收获技术和贮藏方法等因素有关。在过去的牧草育种实践中，主要通过提高冰草叶量和粗蛋白质含量以改善冰草品质。从目前的研究看，提高饲草消化率也应该纳入品质育种的目标中。

(3) 抗逆性

冰草属植物非常抗旱，但不同种和生态型之间抗旱性有明显差别。

在干旱地区无灌溉条件下，播种后能迅速萌发，并可以获得较好产量的冰草品种，在广大干旱地区生产中具有重要价值。

冰草原产于干旱环境，随着冰草的栽培化，其水、肥条件得到改善，如果管理不当，会出现倒伏现象，所以抗倒伏也成为冰草生产中不可忽视的因素。

(4) 根茎性

多数冰草属于疏丛型禾草，但有个别种具有短根茎。选育具短根茎的优良冰草品种，对于干旱地区的草坪建植、边坡绿化和水土保持具有特殊意义。

美国已经推广的'Road Crest'冰草品种，是一个草坪品种，该品种根茎发育好、生物量低、植株低矮、茎叶纤细。适于边坡绿化和低维护草坪。在我国北方干旱及半干旱地区，这种节水、低管护、粗放型的草坪，具有广阔的发展前景。

11.3.5.3 冰草的育种方法

(1) 引种驯化

①国产野生冰草的栽培驯化研究——'内蒙沙芦草' 自1975年起,为了选育适宜在内蒙古中、西部地区退化干旱草场、沙地草场补播及撂荒地种植的冰草品种。内蒙古农业大学以内蒙古巴彦淖尔盟乌拉特中旗巴音哈太地区的野生蒙古冰草(A. mongolicum cv. Keng)为材料,开展了野生冰草的栽培驯化研究。原始群体自然分布的生境条件为河岸沙地,草场类型为短花针茅+冷蒿+中间锦鸡儿+丛生禾草草场。经过近10多年的栽培驯化研究,选育了'内蒙沙芦草'新品种,1991年通过国家牧草审定委员会的审定,并登记为国家牧草新品种,登记号096。多年来,'内蒙沙芦草'在内蒙古中西部、甘肃、青海、宁夏、新疆等省(自治区)的沙化退化草地改良、飞播及水土流失区植被恢复中发挥了重要的作用。

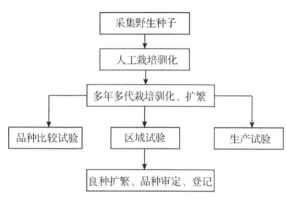

图11-8 '内蒙沙芦草'栽培驯化育种程序

【例11-1】 1975年采集野生冰草种子,1976年开始栽培驯化,逐渐扩大面积。1986—1990年进行品种比较试验和多点区域试验及生产试验,'内蒙沙芦草'栽培驯化育种程序如图11-8所示。

新品种的特征特性:经过多年多代栽培驯化形成的'内蒙沙芦草'栽培品种,株型为疏丛型,根须状,具沙套。茎秆直立且细弱,高50~100 cm,具2~3节,茎基节常膝曲。叶鞘短于节间,光滑无毛,叶片灰绿,内卷,叶量少,叶长7~10 cm,宽2~4 cm,无毛。穗状花序直立,长10~18 cm,较疏松,每小穗含3~8朵小花。颖果椭圆形,灰褐色,长约4 mm,光滑,顶端具长约2 mm的短尖头,千粒重2.0~2.4 g。二倍体,$2n=2X=14$。

'内蒙沙芦草'的主要特性是植株寿命较长,适应性强,抗寒、耐旱、耐风沙、耐瘠薄。春季返青早,秋季枯黄晚,牧草青绿期长。茎叶柔软,营养价值高,适口性好。但叶量少,苗期生长缓慢,再生性一般,刈割可调制优质青干草。'内蒙沙芦草'初花期的营养成分见表11-3所列。

从品种的特征特性来看,虽然经过了多年多代的栽培驯化,但由于选育过程中人工选择的压力很小,栽培驯化的新品种在植物学形态和抗性方面没有明显的改变,仍然保持了野生种的形态和优良抗性。

品种的栽培与利用:'内蒙沙芦草'品种对土壤要求不严格,适于在干旱区的浅复沙地栽培。在风沙大的退化草场可进行免耕补播,最好与豆科牧草混播。在降水量200 mm以上,冬季最低气温-35℃以上的区域生长良好,可安全越冬。

表11-3 '内蒙沙芦草'营养成分分析

物候期	营养成分含量/%							胡萝卜素/(mg/kg)
	粗蛋白质	粗脂肪	粗纤维	粗灰分	无氮浸出物	钙	磷	
抽穗期	15.14	3.94	33.26	6.83	37.34	—	—	—
开花期	10.52	3.54	35.78	5.35	40.59	—	—	—
初花期	10.59	4.07	36.95	5.03	40.86	0.42	0.22	139.15

②国外冰草品种的引种驯化——'诺丹'冰草　1984年，为了满足国家对冰草品种的迫切需求，加快我国冰草育种进程，内蒙古农业大学从美国引进'诺丹'冰草（A. desertorum cv. Nordan），这是美国北达科他州1958年登记的沙生冰草品种。目的是通过引种驯化的方法，快速选育适宜内蒙古中、西部及我国西北地区种植的冰草品种。经过多年的引种驯化和试验，通过国家牧草审定委员会的审定，并登记为国家牧草新品种。

育种方法与程序：1984年引进在内蒙古呼和浩特地区栽培，1986年开始在呼和浩特地区进行品比试验，同时，在内蒙古中西部不同自然气候条件下进行多点区域试验和生产试验，在不同试验阶段对其植物学特征、生物学特性和适应性等进行系统研究。

品种特征特性：多年生丛生禾草，株高70~80 cm，茎较粗，直立，株间变异小，群体生长整齐。叶片深绿，常为2片，叶长5~7 cm。宽3~4 mm，叶鞘短于节间，光滑无毛。穗状花序较紧密，长5~10 cm，小穗斜上升，不呈篦齿状排列，长0.8~1.5 cm。颖果舟形，黄褐色，具短芒尖。种子较大，千粒重为2.2~2.6 g，表面光滑，流动性好。四倍体，$2n = 4X = 28$。

'诺丹'冰草的适应性强，抗寒、耐旱、耐风沙、耐瘠薄。春季返青早，幼苗生长势强，青绿生长期长。草质柔嫩，叶量较多，营养价值高，适口性好。初花期的粗蛋白质含量占风干草的10.58%，粗灰分5.99%，粗脂肪4.07%，粗纤维33.36%，无氮浸出物42.18%，钙0.41%，磷0.30%，胡萝卜素174.76 mg/kg。各种家畜均喜食，用于放牧、青刈和调制干草，适口性和消化率较好。由于返青早，幼苗生长快，春季放牧利用具有特殊意义。抽穗至初花期刈割可调制优质青干草。

品种注册登记　'诺丹'冰草是内蒙古农业大学冰草课题组1991年选育的我国第一个冰草国外引进品种。主要特点是适应性和抗性较强，抗寒、耐旱、耐风沙、耐贫瘠和抗病虫。春季返青早，青绿持续期长，营养成分含量较高，草质柔嫩，适口性和消化率较好。株型直立，群体生长整齐，种子粒大，幼苗生长势强，叶量较多。

(2) 远缘杂交育种

①冰草的花器构造、开花习性及授粉方式　冰草为较紧密的穗状花序，不同冰草种的穗长各异，冰草为5~7 cm；沙生冰草为8~10 cm；蒙古冰草为10~14 cm，少数可达18 cm。小穗无柄，每小穗含3~8朵小花甚至更多。每小花含3枚雄蕊，1枚雌蕊，柱头2枚呈羽毛状。

冰草在返青后70~80 d达到开花始期。在呼和浩特地区，3月底至4月初返青，6月中旬进入始花期，7月底成熟。

小花的开放，就整个花序而言，中、上部的花先开放，之后逐渐向上、向下开，基部的小花最后开放。小穗的小花开放顺序与此相反，先从基部开始，直至顶花。

冰草小穗的开花时间持续11~13 d。开花的高峰期是在初花后的第4~6天，此时约有80%的小花开放。

一日内，在晴朗无风的条件下，开花时间可从11:00持续到18:00，大量开花集中在14:00~17:00。开花最适的温度为28~32℃，相对湿度在40%~60%。阴雨天不开或很少开花。

小花开放时，首先是内、外稃开裂，露出黄绿色的花药，15~20 min后，内、外稃夹角加大到45°时，柱头露出，花药下垂，散出花粉，花朵正式开放。一朵小花由内、外稃开始开裂到完全闭合，约需120 min。

冰草花药较大，长约 4 mm，属异花授粉植物，高度自交不育。其自交不育程度因种而异，在个别种的种群内，也可能有个别植株表现出相当的自交可育性。据报道，二倍体扁穗冰草的自交结实率通常为 0.1%~1%，四倍体及六倍体冰草略高一些，一般均达不到 4%。

②冰草的属间杂交　冰草不仅是优良的牧草和水土保持植物，而且可以作为优良抗性的基因库，改良与它近缘的大麦、小麦和黑麦等禾谷类作物。

为了将冰草的抗病性及耐旱性导入小麦，不少人进行了小麦属与冰草属的杂交尝试，结果表明，冰草的 P 染色体组与普通小麦的 A、B、D 染色体组，特别是 D 染色体组存在有一定的同源性，从而使冰草与小麦之间的基因流动成为可能。

冰草属与大麦属（*Hordeum*）、黑麦属（*Secale*）间的杂交，有不少报道。

此外，冰草属与小麦族内其他属，如披碱草属、偃麦草属、拟鹅冠草属等的杂交也有许多研究。

③种间杂交和诱导多倍体　冰草适合采用种间杂交和诱导多倍体的方法进行改良。原因在于：第一，本属内大多数种是多倍体，在种的形成过程中，多数经历了种间杂交。第二，冰草是异花授粉植物，亲本遗传基础丰富，杂交后杂种优势高。第三，冰草是可以进行无性繁殖的多年生牧草，可利用无性繁殖特性保持不育的远缘杂种后代，同时可有效地利用杂种优势。第四，种子产量和绿色体（茎叶）产量均为冰草生产的收获对象，远缘杂交可明显提高生物产量。

　　a. 二倍体种间杂交　这种杂交比较容易成功，F_1 杂种部分可育。如蒙古冰草和 'Fairway' 的杂交，可获得具显著杂种优势的 F_1 代。

　　b. 诱导四倍体　在冰草中同源（或近似同源）的多倍体比较普遍，因而人工加倍二倍体物种自然是一个合乎逻辑的策略。

　　c. 诱导四倍体与天然四倍体的杂交　这是冰草中最有前途的远缘杂交策略。把诱导的四倍体扁穗冰草与天然的四倍体沙生冰草杂交可获得很高的杂种优势。用这种方法育成了冰草杂种品种 'Hycrest'。

（3）选择育种

国内外大量的育种研究表明，选择育种是冰草育种中较为传统和有效的方法之一。从冰草育种的历史和成就来看，选择育种的贡献较大。而且选择育种在其他育种方法的应用中也是必不可少的重要技术手段和育种环节。

群体选择法操作简单易行，育种时间短，效果较好。美国学者从自由异花授粉的两个世代中选择优良单株，将选出的 7 个植株的自由异花授粉后代扩大繁殖，作为品系进行测定，经品种比较及区域试验后成功选育了 'Nordan' 沙生冰草品种。

轮回选择法在许多牧草育种中普遍被采用，在冰草育种中也有采用。美国学者采用轮回选择法，经过二次轮回选择育成了草坪型冰草品种——'Road Crest'。

①'蒙农 1 号'蒙古冰草的选育　在内蒙古干旱草原区的自然条件下，'内蒙沙芦草'比'伊菲'、'航道'、'苟克'、'帕克维'等引进的冰草品种更易于建植，而且建植效果受播种期水分条件影响小，适宜我国北方年降水量 200~400 mm 的干旱、半干旱地区种植。但是，'内蒙沙芦草'作为饲用牧草存在的主要问题是牧草和种子产量低，在灌溉条件下的干草产量仅为 3 000 kg/hm² 左右。其田间株丛形态差异较大，在植株高度、茎秆直立程度、株丛大小和颜色等方面均表现出明显的株间变异，存在着很大的育种潜力。为了选育表型更为整齐一致，牧草和种子产量都有明显改善，并且能够保持原始群体较强的抗旱、耐寒特性和饲用品质的蒙古冰草新品种，内蒙古农业大学以'内蒙沙芦草'（内蒙古农业大学 1991 年登记）为原始群体选育了

'蒙农1号'蒙古冰草新品种，2005年通过国家牧草审定委员会的审定，并登记为国家牧草新品种，登记号305。

②'蒙农'杂种冰草的选育　众所周知，由于气候变化和人类干预等原因，我国北方天然草地，退化、沙化和盐渍化程度十分严重，草地生产力的下降，直接阻碍了畜牧业生产和区域经济的发展。冰草属牧草耐旱、耐寒、抗病虫害，青绿期长，茎叶柔软，营养丰富，适口性好，是饲用价值较高的放牧型禾草，也是我国北方干旱及半干旱地区建立人工饲草料基地和改良天然草场的重要牧草。然而，我国虽然在冰草品种选育方面取得了一些成就，但真正在生产上大面积推广的草种较少，当家品种更为缺乏，品种单一化严重，难以满足天然草地改良和人工饲草基地建设的需要。因此，加速选育抗逆性强、优质高产的牧草新品种尤为重要。

1985年，内蒙古农业大学云锦凤教授引进美国的杂种冰草品种'Hycrest'在呼和浩特地区进行试种，发现该品种生长势强，适应性好，但品种的整齐性不理想，群体内株间变异很大。为此，确定以植株整齐高大、分蘖数多为育种目标，选育在产草量及种子产量上较其原始群体显著提高，适宜我国北方干旱、半干旱地区天然草地改良及人工饲草料基地建设的冰草新品种。经过12年的育种研究，成功选育了'蒙农'杂种冰草新品种，2002年通过国家牧草品种审定委员会的审定，并登记为国家牧草新品种，登记号200。

1987—1991年，用杂种冰草'Hycrest'作原始群体，经过二次单株选择和一次混合选择育成，原代号为8791—冰草新品系。

1992—1994年，在呼和浩特进行品种比较试验。

1994—1996年，进行区域试验。

1996—1998年，进行多点生产试验。

1999年，扩繁种子。

(4) 综合品种

综合品种法在冰草育种中采用较多。如'Parkway'、'Hycrest'等品种的育成，均采用此法。

由美国多家单位合作育成的杂种冰草'Hycrest'，育种过程是远缘杂交并结合综合品种选育方法的范例，育种时间长（约22年），效果好。育种程序大致如下：

1962—1967年，对亲本二倍体冰草'Fairway'进行染色体加倍。采用秋水仙碱处理幼苗的方法使其加倍，并进行诱导四倍体的分离和鉴定。用加倍成功的纯合四倍体'Fairway'与天然四倍体沙生冰草进行有性杂交。同时采用正、反交，均获得育性较高的杂种F_1。

1974年，建立7 000株的原始材料圃，材料来自295株F_3的开放授粉后代无性系。

根据植株活力、叶量及对病虫害的抗性等性状进行为期2年的评价，选出103个无性系。

将选出的无性系在多次重复下开放授粉，按系收获种子。

在两个草原区试验点对无性系进行后裔试验，测定其种子和干草产量及其他一些性状。

根据后裔测验资料，筛选出18个优良无性系，在杂交圃中隔离繁殖种子，称为综合一代品系(Syn-1)。

在5个区域试验点上进行品种比较试验，以亲本作对照。新品种有突出的杂交优势，根系发育好，植株苗壮。播种后发芽快，生长迅速，在干旱环境易建植，抗旱性强，种子产量比亲本'Nordan'和'Fairway'高约20%。

(5) 分子育种

利用基因工程技术对冰草属植物进行遗传改良一直是国内外的研究空白。我国率先在冰草转基因育种方面开展了一系列的探索研究并取得了重要进展。内蒙古农业大学以冰草属中的一个优质种间杂种'蒙农'杂种冰草(*A. cristatum*×*A. desertorum* cv. Mengnong)为材料，首先以幼穗为外植体建立了冰草组织培养再生体系，在此基础上以调控脯氨酸合成关键酶的突变体基因 *p5CS* 为目标基因，*bar* 基因为筛选标记基因进行共转化，成功获得了冰草转基因植株。此后，通过 PCR、Southern 和 RT-PCR 等方法检测，表明外源基因 *p5CS* 已整合到冰草的基因组 DNA 中，并已在冰草转基因植株的转录水平表达，进一步对转基因植株的耐盐性检测也表明目的基因已在冰草转化植株体内表达，转基因提高了冰草的耐盐性，该项研究获得了阶段性成果。

11.3.5.4 冰草育种实例

【例 11-2】 '蒙农 1 号'蒙古冰草品种选育

(1) 原始群体

'蒙农 1 号'蒙古冰草选育程序如图 11-9 所示。选育的原始群体是'内蒙沙芦草'。'内蒙沙芦草'为多年生疏丛型禾草，须根系发达，具沙套，茎秆通常直立或斜生，株高一般 50~100 cm，叶片一般 2~3 片，多数呈灰绿色。春季返青较早，秋季枯黄较晚，青绿持续期较长，茎叶细软，营养价值高，适口性好，抗寒、耐旱，适应性强，寿命长。

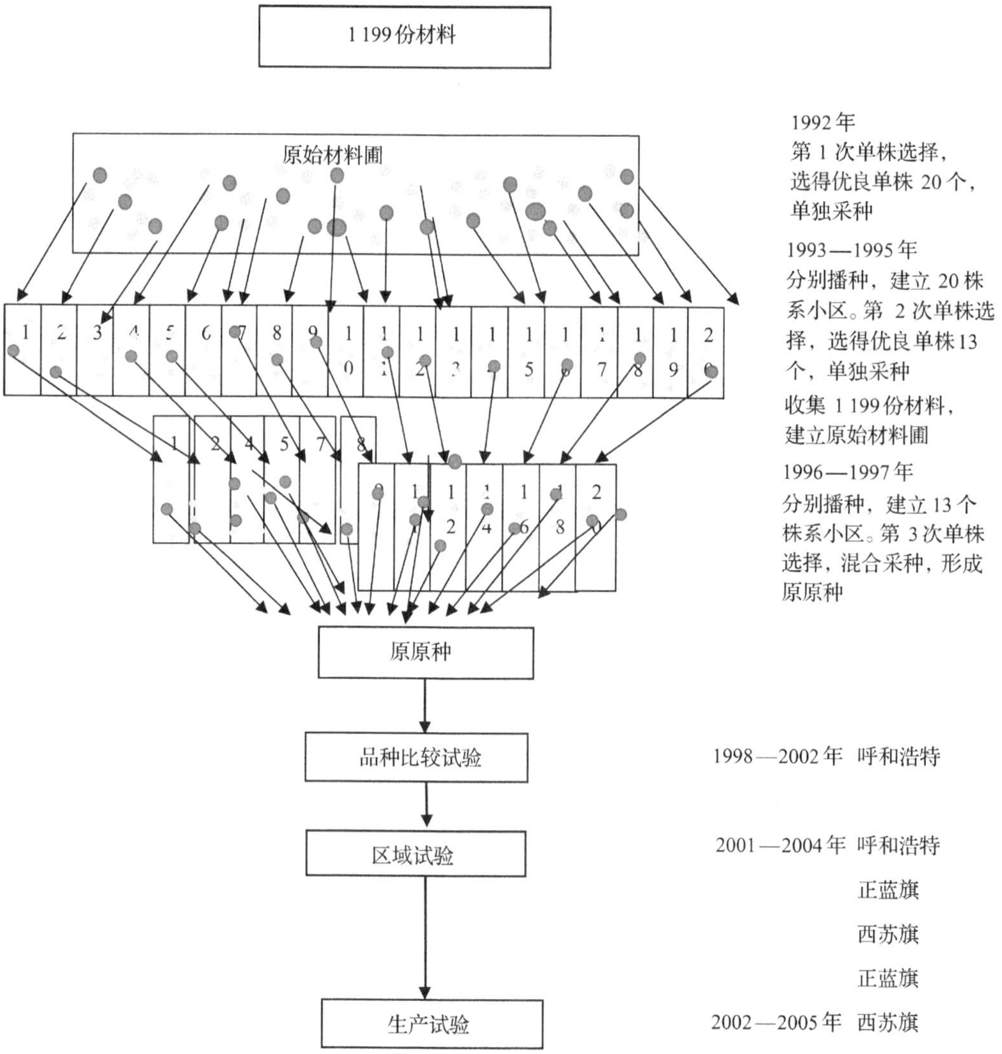

图 11-9 '蒙农 1 号'蒙古冰草选育程序

(2)育种目标和方法

'内蒙沙芦草'在生产中表现出的主要问题是牧草和种子产量低,在北方多年生禾草中处于中下等水平,即使在灌溉条件下干草产量也只有 3 000 kg/hm² 左右。其田间株丛形态差异较大,在植株高度、茎秆直立程度、株丛大小和颜色等方面均表现出明显的株间变异,存在着很大的选择育种潜力。

'内蒙沙芦草'为严格的异花授粉植物,为了改善其生产性能,提高牧草及种子产量,采用单株-混合选择法进行选育。育种目标是在保持原有抗性的前提下,提高其牧草和种子产量。具体的选择标准是返青期:返青早,株丛深绿,生长旺盛;开花期:株丛直立、高大(株高 90 cm 以上),分蘖数多,叶量丰富;整个生长期无病虫害。

1992 年,在原始材料圃中进行了第一次单株选择,获得符合条件的优良单株 20 个,分别收籽,1993 年单独播种 20 个株系小区。

1995 年进行第二次单株选择,共选得优良单株 13 个,单独收获种子,1996 年分别种植 13 个株系小区。

1997 年进行第三次单株选择,选得优良单株丛 260 个,进行单株混合收籽,共获得种子 1.4 kg,形成了原原种。

1998 年开始在呼和浩特进行新品系扩繁和品比试验,当年种植面积 600 m²,次年收获种子约 20 kg。

2001 年开始在呼和浩特、锡林郭勒盟正蓝旗和苏尼特右旗开始进行区域试验、生产试验及原种扩繁。

近年来种植面积不断增加,到 2005 年,已在呼和浩特内蒙古农业大学科技园区牧草试验站、土左旗海流基地、内蒙古锡林郭勒盟正蓝旗牧草种籽繁殖场、苏尼特右旗牧草试验站及巴彦淖尔盟乌拉特中旗包钢二机厂试验场等地建植品比试验、区域试验、旱作生产试验及种子良繁田共计 800 余亩,每年可收获种子逾 2 000 kg,为进一步生产试验和推广应用奠定了基础。

思考题

1. 论述我国禾本科牧草种质资源状况和利用价值。
2. 试述燕麦杂交育种亲本选配应遵循的原则。
3. 试述羊草的开花习性和结实特性。
4. 试述黑麦草的主要育种目标和育种方法。
5. 试述高羊茅的主要育种目标和育种方法。
6. 我国冰草属资源丰富,试述其种类。
7. 结合所在地区,试述冰草的育种目标。
8. 根据冰草的授粉方式,举例说明种间、属间杂交育种的可行性。
9. 如何运用倍性育种方法进行冰草属牧草育种?

第12章 品种审定与良种繁育

植物品种试验、审定工作是育种的最后环节，同时又是植物新品种推广过程中的一个重要环节，是联系新品种选育和推广的桥梁，是种子工程和种子产业化的基础。《中华人民共和国种子法》实施后，国家已颁布了相应的配套法规，对植物品种区域试验、审定推广做出了详细的法律规定。《中国人民共和国草原法》中也规定，新草品种必须经全国草品种委员会审定，由国务院草原行政主管部门公告后方可推广。我们必须深入了解品种区试、审定的一系列程序和法律要求，才能保证试验审定工作的公正性、公平性、科学性，使育种家培育出优良品种得以在最佳时间、最佳区域、最大限度地发挥其增产、增效作用。草品种审定之前必须通过品种区域试验。

12.1 区域试验

12.1.1 区域试验的概念与组织体系

草品种区域试验是指新育成品系(组合)经试验表现优良，由育(引)种者申请，国家或省级种子管理部门统一组织，在不同生态区域内选有代表性的若干地点，采用同一试验设计，对若干参试品系(组合)的丰产性、适应性、抗逆性、生育期和品质等统一进行的多年多点联合比较试验。为保证试验的科学性，采用双育试验，即育种者不知试验点，试验人员不知试验品种。

2008年，农业部开始启动农业技术试验示范财政专项《国家农作物区域试验草品种区域试验项目》，区域试验由全国草品种审定委员会统一安排，确保试验的客观性和公正性。截至2015年7月，全国28个省(自治区、直辖市)已设置55个国家区域试验站(点)，基本涵盖了我国主要的生态区域，满足了草品种区域试验要求。

12.1.2 品种区域试验的任务与方法

12.1.2.1 区域试验的任务

(1) 客观鉴定新品种(系)的主要特征特性

区域试验在自然条件、栽培条件有代表性、技术条件较好的地方进行，试验结果代表性强、精确性高，有利于更客观、公正地对新品种的丰产性、稳定性、适应性、综合抗性和品质等特征特性进行评价。

(2) 为因地制宜选择良种提供科学依据

新品种的适应性越广，应用推广范围越宽，开发前景越好。但品种的适用性广只是相对的，任何品种的适应性又有地域性和一定的适宜范围，越过这个范围，就可能失去其优良特性。育种实践证明，在同一农业区域内，经常同时选出多个具有不同特点和产量水平的同一植物品种。若不组织统一的区域试验，就无法确定哪个品种最适合在哪些地区种植。区域试验在不同的生态区域进行试验，然后根据多年多点区域试验的丰产性、稳产性和适应性分析结果，可确定优良品种的最适推广地区，为因地制宜选择良种，合理搭配品种，以及品种专业化种植提供科学依据。

(3) 了解新品种的适宜栽培技术，做到良种良法配套

同一牧草的不同品种由于主要特征特性的差异，可能对栽培技术的要求不同。通过在不同生态区域相对不同的自然、栽培条件下进行区域试验，可探讨和了解各品种适宜的栽培技术，便于做到良种良法配套。

12.1.2.2 区域试验的方法

(1) 试验区、试验组的划分和试验点的选择

国家草品种区域试验主管部门应科学地划分国家各草品种区域试验的试验区、试验组。品种区试点必须合理布局、科学选点，试验结果才有意义。区域试验应根据牧草分布、自然区划、耕作制度和参试品种特性，划分成不同的生态区，并在各生态区内选择若各个有代表性且具有相应的技术、设备条件的单位进行。区试点的选择方法，可以用聚类分析来确定，即依据温度、雨量、光照等气候因素，或是牧草产量水平种植方式、土壤类型、施肥浇水等生产因素，用一定的聚类方法，将准备设点的地区分为若干类别，再从每个类别里挑选需要数量的试验点。也可用历年的区试资料，进行不同试验点间的相关性分析，用以比较试验点的相似性，作为选点的参考。试验点的土地具有大田代表性和 10 亩以上的面积，并具有排灌条件，试验地周围无高大树木和建筑。

(2) 对照品种的设置

为保证试验的可比性，一般应以试验组内已经审定推广的主栽品种或已在生产上大面积推广的优良品种作为共同对照品种，对照品种应保持相对稳定。各试验点根据需要，可加入一个当地当家品种作为第二对照。对照品种的种子应是原种或一级良种。为了减少边际效应，试验地周围应设置保护行。保护行种对照品种或第一重复各小区相同的品种。

(3) 区域试验的设计

为了提高品种区域试验的可靠性，全国畜牧总站制定了《草品种区域试验规范》《国家草品种区域试验承担单位考核方法及标准》和 61 类草品种区域试验技术方案。一般参试品种不宜太多，采用随机区组设计，重复不少于 3 次。小区面积视牧草种类、品种特定而定，一般矮秆窄行条播牧草试验小区面积为 15~20 m^2；高秆宽行条播牧草试验小区面积为 30~40 m^2；草坪草和观赏草试验小区面积为 4~8 m^2；种子产量试验小区面积为 15~20 m^2。试验地要选择地力均匀一致，有代表性的地块，栽培措施也要力求一致，以提高试验的准确性。试验植物生长期间要及时观察记载，定期组织专业人员检查，收获前进行田间鉴评。

(4) 试验资料的统计分析

品种区域试验结束后，各试验点应及时整理试验资料，写出书面总结，上报主持单位。主持单位则要对多点区试结果进行统计分析，以客观评价参试品种的丰产性、稳产性、抗逆性、适应性等，为品种审定和推广范围提供科学依据。

一年生和二年生品种的试验时间不少于 2 个生产周年；多年生草本品种的试验时间不少于 3 个生产周年；饲用灌木品种的试验时间不少于 4 个生产周年。

12.2 品种审定

12.2.1 品种审定的任务与意义

牧草新品种通过区域试验和生产试验后,还应经省级或国家级草品种审定委员会审定通过后才能推广。我国农业部2006年3月1日正式颁布的《草种管理办法》中明确规定:国家鼓励单位和个人从事草品种选育、鼓励科研单位与企业相结合选育草品种,鼓励企业投资选育草品种。国家实行新草品种审定制度,新草品种未经审定通过的,不得发布广告,不得经营、推广。草品种审定是品种选育至推广过程中的必须环节。实行品种审定制度,有利于加强草品种管理。

品种审定的主要任务是根据区域试验和生产试验的情况,准确地评定新育成或新引进的植物品种在生产上的利用价值、经济效益;确定其推广价值、适应地区及相应的栽培技术;对新品种的示范、繁育、推广工作提出建议。通过审定,可以较好地了解新品种的形态、生理乃至经济性状,确定其推广价值的有无、大小及推广范围;可以因地制宜推广良种,最大限度地发挥良种的作用,加速育种成果的转化和利用。同时,可避免无计划地盲目引种、推广所造成的生产用种"多、乱、杂"现象,是实现生产用种标准化、品种布局区域化的重要措施。

12.2.2 品种审定的组织体制

1987年7月,农业部正式成立全国牧草品种审定委员会,负责新草品种审定工作。2005年,全国牧草品种审定委员会更名为全国草品种审定委员会,扩大了草品种审定种类和范围,负责新草品种审定工作。另外,国家林业和草原局也设立了国家级草品种审定委员会,承担在全国适宜的生态区域推广的草品种审定工作。草品种审定委员会的职责是:

(1)负责组织起草或修订有关草品种审定的技术标准、规范等技术文件。

(2)评审国家级草品种区域试验站(点)。

(3)组织全国草品种审定会议。对各单位或个人申报的新草品种进行审定,并确定适宜推广的区域。

(4)对通过审定的新草品种颁发证书并予以登记,对未通过审定的,书面通知申请人并说明理由。

近年来,随着草地畜牧业快速发展和国家重大草原建设工程实施,内蒙古、甘肃、山东、云南等省(自治区)相继成立省(自治区)级草品种审定专业机构,开展省级草品种审定工作。

12.2.3 品种审定的程序

12.2.3.1 品种审定申请

申请单位和个人直接向全国草品种审定委员会提出申请,对没有固定居所或营业场所的外国企业、其他组织或外国人申请草品种审定时,应委托具有法人资格的中国种子科研、生产、经营机构代理。

申请审定的品种必须具备下列条件:

(1)育成品种

①经过人工选育或发现并经过改良的新品种;与现有品种(全国草品种审定委员会已受理

或审定通过的品种)有明显区别;遗传性状相对稳定;形态特征和生物学特性相对一致;并与相同或者相近的植物属或者种中已知品种的名称相区别。

②一年生品种应有2个生产周年的品种比较试验,多年生品种应有3~4年的品种比较试验,并具有完整的区域试验和生产试验的资料。

③新品种产量应高于当地同类型的主要推广品种10%以上,经统计分析(方差分析及多重比较)增产显著者;杂种优势利用的杂交种要求增产15%以上。

④新品种产量不高于当地同类型的主要推广品种,但品质、成熟期、抗病抗虫性、抗逆性等一项或多项指标表现突出。

⑤提供申报品种的植物彩色照片和种子样品。

(2) 引进品种

①具有完整的区域试验和生产试验资料。

②经国家种子检疫机构检验,不带有《中华人民共和国进出境动植物检疫法》中规定的检疫性病虫害及恶性杂草种子。

③栽培面积达 100 hm² 以上。

④引进品种应采用原有名称报审,不能另立新名作为新品种报审。

⑤应提供原所在国或组织审定通过的品种证明及相关资料。

(3) 地方品种

①在当地栽培历史达30年以上的农家品种。

②该品种对当地气候、土壤条件适应性强;有较好的经济价值。

③栽培面积在 100 hm² 以上。

④一年生品种应有2个生产周年的品种比较试验,多年生品种应有3~4年的品种比较试验,并具有完整的区域试验和生产试验的资料。

(4) 野生栽培品种

①野生草人工栽培成功。

②对当地气候、土壤条件适应性强,有较高的经济价值,栽培面积达 100 hm² 以上。

③一年生品种应有2个生产周年的品种比较试验,多年生品种应有3~4年的品种比较试验,并具有完整的区域试验和生产试验的资料。

④可用原种名作为栽培品种报审,命名时应在原种名前冠以原采集地名以区别不同的生态型。

(5) 草坪草品种

①草坪草育成品种应提供能建植 5×10^4 m² 以上的草坪草种子或种苗。一年生品种应有2个生产周年的品种比较试验,多年生品种应有3~4年的品种比较试验,并具有完整的区域试验和生产试验的资料。

②引进品种建植面积在 10×10^4 m² 以上。一年生品种应有2个生产周期的品种比较试验,多年生品种应有3~4年的品种比较试验,并具有完整的区域试验和生产试验的资料。

③地方品种和野生栽培驯化品种建植面积在 10×10^4 m² 以上,一年生品种应有2个生产周年的品种比较试验,多年生品种应有3~4年的品种比较试验,并具有完整的区域试验和生产试验的资料。

④品种坪用性状的评价,依据草坪质量性状综合评价方法执行。

⑤草坪草品种试验的综合评分及专门机构的抗性鉴定可作为品种审定的依据。

(6) 转基因草品种

①转基因草品种为育成品种之一，其品种报审应具备育成品种报审条件的各项要求。

②转基因草品种的审定要特别注意其生物安全性，应按《农业转基因生物安全管理条例》执行。

③引进国外育成的转基因草品种，其品种报审应具备引进品种报审条件的各项要求及转基因草品种报审条件的第 2 条的要求。

12.2.3.2　品种审定受理

经审查同意受理的品种，按规定交纳试验费和提供试验种子，由全国草品种审定委员会秘书处安排区域试验。

区域试验完成后，由秘书处组织专业委员会（专业组）初审，其结果报全国草品种审定委员会及申请单位和个人。

12.2.3.3　审定和公告

申请草品种审定应向全国草品种审定委员会秘书处提交申请书，并依据各类品种报审条件的规定要求提交完整的品种比较试验、区域试验和生产试验报告。秘书处在收到申请书 2 个月内进行形式审查，作出受理或不予受理的决定，并通知申请者。

申报审定的品种在全国草品种审定委员会每年例行的年会上予以审定。到会委员人数应达总人数 2/3 以上，采用无记名投票表决，赞成票达到到会委员人数的 2/3 以上时，审定通过。品种审定实行回避制度。与申报审定品种有直接关系的评审委员应予回避。

审定通过的品种，由全国草品种审定委员会编号登记、颁发证书，由农业部主管部门公告。审定未通过的品种，由全国草品种审定委员会秘书处，在审定结束后的 30 日内通知申请者，并说明缘由。

12.2.4　植物新品种保护

12.2.4.1　植物新品种保护的意义和发展

1930 年，美国以无性繁殖植物为对象，在专利法中设立了"植物专利"。欧洲各国也对植物新品种采用了专利法的有关条款。1938 年，育种学家们成立了"国际植物新品种保护育种家协会"。1957 年，由法国政府倡议在巴黎召开了由 11 国参加的"植物新品种保护的国际会议"。1961 年，比利时、法国、联邦德国、意大利和荷兰共同在巴黎签署了《国际植物新品种保护公约》（以下简称《UPOV》公约），随后分别于 1972 年、1978 年和 1991 年 3 次进行修改。根据这一公约建立了国际植物新品种保护联盟（UPOV）的政府间机构。至 1999 年，全球有 39 个国家加入《UPOV》公约，对所有植物进行保护。在该联盟的成员国中，有 21 个国家制定了专门的植物品种保护法。截至 2012 年 4 月 27 日，UPOV 成员国已经达到 65 个，其中，只有比利时和西班牙 2 个国家受 1972 年补充公约文本修正的 1961 年公约文本的约束；有 25 个国家受 1978 年公约文本的约束；丹麦、日本、以色列、荷兰、瑞典、保加利亚、俄罗斯及德国等 33 个国家受 1991 年公约文本的约束。我国于 1997 年 3 月 20 日正式颁布了《植物新品种保护条例》，1999 年 4 月 23 日正式加入了《UPOV》公约（1978 年文本），成为 UPOV 第 39 个成员国，从而使我国的植物新品种权保护走上了法制轨道。

《UPOV》公约（1991 年文本）对植物新品种的定义："植物新品种是指已知植物最低分类单元中单一的植物群体，不论授予植物育种者的权利的条件是否充分满足，该植物群可以以某一特定基因型或基因组和产生的特性表达来确定；至少表现出一种特性以区别于任何其他植物群；并作为一个分类单元，其适用性经过繁殖不发生变化"。根据该定义，植物新品种实际上就是已知植物最低分类单元中单一的植物群体，它有区别于任何其他植物群的确定的基因特性，并有经过繁殖不发生变化的适用性。《UPOV》公约（1991年文本）还规定了一套审查植物新品种的特异性、一致性和稳定性的总原则，并为约170种植物的属和种制定了具体的指南。成员国间合作最多的领域是根据协议审查植物品种，审查结果及作为决定是否授予育种者权利的依据。通过这种合作协议，成员国可将其维持其保护体系运作的费用降到最低。育种权人也能已相对低的成本使其特有的品种，同时在多个国家获得保护。

我国采用的是狭义的定义。《中华人民共和国植物新品种保护条例》（以下简称《保护条例》）第二条将植物新品种定义为："植物新品种，是指经过人工培育的或者发现的野生植物加以开发，具备新颖性、特异性、一致性和稳定性并有适当命名的植物品种。"该定义特指通过生物学或非生物学的方法人工培育的植物品种和从自然发现经过开发的野生植物。这些植物品种形态特征和生物学特征相对一致，这样就把不具备一致性和稳定性的一些品系，以及没有加入人工劳动的野生植物品种排除在外。

12.2.4.2 授予品种权的条件

申请品种权的植物新品种应属于国家植物品种保护名录中列举的植物属或者种。授予品种权的植物新品种应当具备新颖性、特异性、一致性和稳定性。申请品种权的授予品种权的植物新品种应当具备适当的名称，并与相同或者相近植物属或者种中已知品种的名称相区别。该名称经注册登记后即为该植物新品种的通用名称。《保护条例》规定，下列名称不得用于品种命名：①仅以数字组成。②违反社会公德的。③对植物新品种的特征、特性或者育种者身份等容易引起误解的。

植物新品种保护与品种审定的区别有以下几个方面。

①本质特征不同　植物新品种保护的本质特征是对申请人知识产权即财产权的保护；品种审定的本质特征是对申请人生产秩序化限制的管理。

②范围不同　品种审定的新品种可以是新育成的品种，也可以是新引进的品种；植物新品种保护的新品种，既可以是新育成的品种，也可以是对发现的野生植物加以开发所形成的品种。

③特异性要求不同　品种审定突出品种的产量、品质、成熟期、抗病虫性、抗逆性等可利用特性；植物新品种保护主要从品种的外观形态上进行审查，如植株高矮、种皮或花的颜色、叶片宽窄、株型等一个或几个方面，明显区别于递交申请以前的已知品种。品种审定区试时所选的对照品种仅是当地主要推广品种；植物新品种保护所选的对照品种（近似品种）则是世界范围内已知的品种，并在审查测试时需将申请品种、标准品种、近似品种种植在一起进行比较。

④新颖性要求不同　品种审定不管在申请前是否销售过，而植物新品种保护则要求在申请前销售未超过规定时间。

⑤审查机构和层级不同　品种保护的受理、审查和授权集中在国家一级进行，由植物新品种保护审批机关负责；品种审定实行国家与省两级审定，由品种审定委员会负责。

⑥推广使用有差别　审定品种可以推广应用；而授权品种不一定能全部通过品种审定。

12.2.4.3 植物新品种权的授予程序

（1）申请和受理

中国的单位和个人申请品种权的，可以直接或者委托代理机构向审批机关提出申请，即提交符合规定格式要求的请求书、说明书和该品种的照片。请求书中申请者填写的内容主要包括品种暂定名称；品种所属的属或种的学名；申请者的姓名或名称、国籍、地址，联系人姓名、电话；培育人；品种的重要培育地，培育起止日期；品种新颖性；有无可供现场考察的植株等。说明书则主要介绍申请品种与国内外同类品种对比的背景资料，品种的培育过程、方法、销售情况，品种的特异性、一致性、稳定性，品种适宜种植的区域、环境及栽培技术。

委托代理机构申请的，应同时提交代理委托书，写明委托权限。代理委托书应当使用审批机关统一制定的格式，写明代为办理的品种的名称、代理人姓名和委托权限。代理委托书不符合规定的，代理机构可以在审批机关规定的期限补正，期满未补正的，视为未委托代理机构。

中国的单位和个人申请品种的植物新品种涉及国家安全或重大利益须保密的，应按国家有关规定办理。外国人、外国企业或者其他组织在中国申请品种权的，应当按其所属国和中华人民共和国签订的协议或者共同参加的国际条约办理。

审批机关收到品种权申请文件之日为申请日。申请人自在国外第一次提出品种权申请之日起12个月内，又在中国就该植物新品种提出品种权申请的，依照该外国同中华人民共和国签订的协议或者共同参加的国际条约，或者根据相互承认优先权的原则，可以享有优先权。申请人要求优先权的，应当在申请时提出书面说明，并在3个月内提交经原受理机关确认的第一次提出的品种权申请文件的副本。对符合《保护条例》第二十一条规定的品种权申请，审批机关应予以受理，明确申请日、给予申请号，并自收到申请之日起1个月内通知申请人缴纳申请费。申请人可以在品种权授予前修改或者撤回品种权申请。

（2）审查与批准

申请人缴纳申请费后，审批机关对品种权申请的下列内容进行初步审查：①审查品种权申请是否符合《保护条例》第二十七条规定，即是否属于植物品种保护名录列举的植物属或者种的范围。②是否符合《保护条例》第二十条的规定。③是否符合新颖性规定。④植物新品种的命名是否适当。

审批机关应当自受理品种权申请之日起6个月内完成初步审查。经初步审查合格的品种权申请，审批机关予以公告，并通知申请人在3个月内缴纳审查费。

申请人按照规定缴纳审查费后，审批机关对品种权申请的特异性、一致性和稳定性进行实质审查。

对经实质审查符合《保护条例》规定的品种权申请，审批机关应当作出授予品种权的决定，颁发品种权证书，并予以登记和公告。对经实质审查不符合《保护条例》规定的品种权申请，审批机关予以驳回，并通知申请人。

审批机关设立植物新品种复审委员会。对审批机关驳回品种权申请的决定不服的，申请人可以自收到通知之日起3个月内，向植物新品种复审委员会请求复审。植物新品种复审委员会应当自收到复审请求书之日起6个月内作出决定，并通知申请人。申请人对植物新品种复审委员会的决定不服的，可以在接到通知之日起15日向人民法院提起诉讼。

12.2.4.4 品种权的权限和转让

完成育种的单位或个人对其授权品种，享有排他的独占权。任何单位或个人未经品种权所有人(以下称品种权人)许可,不得为商业目的生产或者销售该授权品种的繁殖材料,不得为商业目的将该授权品种的繁殖材料重复使用于生产另一品种的繁殖材料。

申请被批准后,品种权属于申请人。委托育种或者合作育种,品种权的归属由当事人在合同中约定;没有合同约定的,品种权属于受委托完成或者共同完成育种的单位或者个人。

一个植物新品种只能授予一项品种权。两个以上的申请人分别就同一个植物新品种申请品种权的,品种权授予最先申请的人;同时申请的,品种权授予最先完成该植物新品种育种的人。

植物新品种的申请权和品种权可以依法转让。中国的单位或个人就其在国内培育的植物新品种向外国人转让申请权或者品种权的,应当经审批机关批准。国有单位在国内转让申请权或品种权的,应当按照国家有关规定报经有关行政主管部门批准。转让申请权或者品种权的,当事人应当订立书面合同,并向审批机关登记,由审批机关予以公告。

品种权的保护期限,自授权之日起,藤本植物、林木、果树和观赏树木为20年,其他植物为15年。品种权的终止,由审批机关登记和公告。

12.3 牧草良种繁育

12.3.1 良种繁育概述

12.3.1.1 良种繁育的意义和任务

牧草及饲料作物主要依靠种子进行繁殖,生产足够数量及品质优良的种子,是建立人工草地,改良天然草场,增加绿肥,保持水土,建植草坪和美化环境以及国土治理的必要条件。草籽数量的多少,品质的优劣,直接影响着人工种草的面积、速度和效果。因此,牧草及饲料作物的种子生产是当前草原工作中一项基本建设,其重要性已日益为人们所认识。

不是任何类型和品质的种子都能在生产中使用。为了提高农牧业生产效益,保护种子使用者的利益,种子生产的任务本身要求生产有价值的优良品种的优质种子,这就是进行良种繁育(seed increase)的依据。

优质的牧草品种要满足优质、高产、稳定的要求。为了实现这些目标,必须重点把握好种子生产关键环节。种子的质量是根本,种子的产量是关键。根据国家的质量标准,对于高质量种子,先要满足"合格标准"的要求。具体指标包括种子的净度、纯度、发芽率、含水率4项基本指标。其中,种子的净度、发芽率和含水率主要用于反映牧草种子的商品价值属性;种子的纯度主要用于反映牧草种子的生产价值属性,对于牧草杂交种的产量有较大影响。此外,标准中还有其他关于种子品质的要求,包括种子的千粒重、容重、色泽、成熟度、饱满度等各项基本指标。

一个优良品种,应该尽可能地具备下列优点:①对某一地区气候、土壤等自然条件与栽培条件的适应性。②合乎要求的农艺性状。③较高的生产能力。④品种的纯度好。⑤对病害和虫害的抵抗性较强。⑥特定性状的品质,如蛋白质等营养成分含量、可消化性、适口性、食用率等都较好。

作为优良种子,在下列性状方面必须是优越的:①良好的发芽能力。②本品种固有的种子色泽和种子质量,即成熟度和饱满度。③种子整齐度。④没有传播的病虫害。⑤没有恶性杂草种子。⑥没有损伤。⑦不夹杂其他品种或其他作物的种子。

具备以上条件的品种的种子，才可以认定是优良品种的优质种子。

良种繁育在牧草育种中起着承前启后的作用，是品种选育的继续和品种推广的准备与实施。良种繁育的基本任务有两个：

第一，大量繁殖优良品种种子。繁殖现有优良品种以及繁殖被确定推广的优良品种种子，以满足生产对良种种子的需求，迅速扩大良种种植面积，从而保证优良品种得以推广，很快地运用新的优良品种代替旧的品种，这就是品种更换。

第二，保持品种的纯度和种性。这就需要采用专门技术繁育种子，提纯复壮，以高质量的种子供应生产，使正在推广的优良品种在较长时间内持续发挥增产作用，这就是品种更新。如果只重视育种而忽视良种繁育，优良品种就迟迟不能推广开来，发挥不了增产效益；已经推广的品种，也会很快退化变劣而丧失其使用价值。所以说，育种、良种繁育和推广是种子生产不可缺少的3个环节。

总之，良种繁育的主要任务是有计划地、系统地进行品种更换和品种更新，防止退化，保持种性，以满足生产对种植优良品种种子的需求。

12.3.1.2 种子生产方针和良种繁育体系

种子生产长期以来一直都是草业发展的重点领域，优质高产的种子是草地建设的基础物质保障。20世纪50年代初期，我国是"家家种田、户户留种"，是一种自给自足的小农经济形式。后来，为了适应农业合作化的需要，各地逐步建立了以县良种场为骨干、公社良种队为桥梁、生产队种子田为基础的县、社、队三级良种繁育体系，种子工作实行自繁、自选、自留、自用，辅之以国家调剂的"四自一辅"的方针。20世纪70年代末期，我国牧草种子生产技术的研究开始起步，通过观测多年生牧草结实特性、播种时间等研究种子产量的变化，关注提高单株种子产量的技术措施。1978年国家决定实行"种子生产专业化、加工机械化、质量标准化和品种布局区域化，以县为单位统一组织供种"的种子工作方针，简称种子"四化一供"。到20世纪90年代末期，我国种子生产技术研究进入快速发展阶段，利用种子产量组分研究确定提高种子田单产水平的管理措施。种子生产实践过程中，管理粗放，多为大田留种，人工收获清选，种子贮藏条件简陋，严重制约了牧草种子生产潜力的发挥。2011年后，随着草地建设所需草种和品种类型增加，多种种子生产高效管理技术研究开始受到重视。牧草种子生产技术聚焦于草产业发展的需求，围绕着播种密度、施肥、灌溉、植物生长调节剂等管理环节以及综合管理措施的应用，同时围绕种子发育成熟、落粒等种子产量相关限制因素进行了种子产量形成的生理和分子机制研究。现代高新技术为种子生产技术和理论研究带来了巨大发展空间和潜力。2021年我国提出"解决种子的卡脖子问题"，并将种业发展提升到国家战略安全的高度，这也为现代草种业的发展创造了历史机遇。

种子生产专业化，就是根据各种作物的用种量，确定专门的单位、耕地、人员、配备专门的设备，专业进行种子生产。种子加工机械化，就是把专业化生产出来的半成品种子，从烘干、清理、精选分级到拌药消毒等，全部采用机械加工处理。种子质量标准化，就是供大田生产用的种子，必须符合国家原种、良种规定的等级标准，并保证定期更新种子。品种布局区域化：就是按照分级品种不同的区域适应性，合理安排品种的布局，确定其适宜的种植区域范围，使在一个自然区域内，一种作物只有一两个当家品种种植。以县为单位统一组织供种，就是要改变过去农民种田又制种的"小而全"的种子生产方式，种子全部由县种子公司统一组织供种。这种方针，对当时落后的种子生产现状起到了一定的促进作用，但在农业现代化、全球化、商品化、信息化、集约化生产的新形势下，仍有很大的局限性。

近年来，随着市场经济的发展，牧草种子业也在发生着一些新的变化。第一是各类牧草种子公司成立较多，有的以专营国外进口草籽为主，如经营草坪草种子、热带牧草种子等。他们的种子质量普遍较好，对缓解国内某些草种缺乏起到了一定的作用。第二是一些专业化种子公司相继成立，有的还具有种子生产基地。第三是种子公司和一些农业企业为了自身的发展，对种子生产日益重视，除了注意从国内外引进一些当地适用的新品种外，还能投入一定的资金和人力开展牧草育种工作，一些做法日益与国际通行的方法相衔接。这些都对发展我国牧草良种繁育工作有着积极意义。另外，国外一些大的种子公司为在中国开拓市场，也在积极寻求合作，在中国境内生产本公司的一些品种，用于国内使用和出口，近年来，国家投入了大量资金，在全国建立了多个牧草种子生产基地，扶持了一批种子生产骨干企业，配备了相应的、先进的、成套的种子清选设备，促进了我国草种生产和质量提高。这些都为我国牧草种子业发展提供了机遇。

12.3.2 品种的混杂退化及其防止措施

12.3.2.1 品种混杂、退化现象及其原因

品种混杂是指品种在栽培过程中纯度降低，不同品种（或类型）混杂在一起生长的现象。即品种的优良性状在经过几代以后，表现逐步减弱以至变劣，甚至有时出现某些预料不到的不良性状。品种混杂是品种退化的重要原因之一。品种退化主要表现在植株生长发育不整齐、抗逆性减弱、产量和品质等有关的经济性状变劣，丧失了品种固有的典型性，即失去了品种固有的优良性状。

品种退化的原因主要有下列几种。

(1) 机械混杂

优良品种在生产应用中，常由于播种前的种子处理（如浸种、拌种、擦破种皮等）、播种、收获、装运、脱粒、晾晒、贮藏、运输等作业过程中人为的疏忽和条件的限制，造成机械混杂。另外，在连作和不合理的轮作以及田间管理条件下，前作和杂草种子的自然脱落，以及施用混有异种种子的未腐熟的农家肥等，也会造成机械混杂。

机械混杂中，一是混进同种牧草的其他品种种子，使品种间混杂；二是混进其他牧草、作物和杂草种子，使种间混杂。由于同种的不同品种在形态上比较相似，在田间去杂时难以区分，所以品种间混杂比种间混杂更难消除。

(2) 生物学混杂

主要是在种子繁育过程中，未将不同品种进行适当隔离，发生天然杂交造成的。由于天然杂交，使后代产生各种性状分离，出现不良的个体，破坏了品种的一致性和丰产性，失去了本品种的典型性。

异花授粉和常异花授粉植物，由于机械混杂增加了生物学混杂的机会，在机械混杂和生物学混杂的双重影响下，良种将很快变劣。

(3) 品种本身遗传性发生变化

一般来说，自花授粉牧草的优良品种是一个纯种。但完全的纯是没有的，在一个群体中，自然突变是常有发生的。天然杂交频率虽然不高，但开花数量极大，经过长年累月后，也能达到可观的数量。加上多数品种是由人工杂交育成，虽然经过多次自交选择，纯合化程度较高，但总有一些杂合型的基因继续存在，继续分离并进一步纯合化，其结果会导致出现一些预想不

到的退化株系。因此，天然杂交、自然突变和杂合型基因的分离与进一步纯合化，是自花授粉牧草品种退化的主要原因之一。

异花授粉和常异花授粉牧草与自花授粉牧草不同，为了保持品种的固有特性，在种子繁殖过程中应该始终注意防止与其他品种串粉杂交。反过来，长期进行隔离种植，纯合化程度增大以及由此而引起的自交劣势，使退化也很明显。一方面，自然选择作用促使对牧草生存有利的性状（如抗逆性状）的发展，这是好的一面；另一方面，自然选择也可能促使一些对人有利，但对生物生存不利的优良经济性状的消失，从而使有利于其在自然界生存的某些野生性状逐渐在群体中发展起来，即退化。

(4) 不正确选择的影响

良种繁育中，由于不了解选择的方向，不掌握被选品种的特点，进行不正确的选择，也会造成品种退化。例如，对多年生牧草不是选择生活力强和产量高的植株及其后代，只是从保持品种的纯度与典型性的角度进行选择，久而久之，品种的抗逆性和丰产性就会逐渐降低。

12.3.2.2 防杂保存和防止退化的方法

良种繁育过程中，为了预防混杂，保持品种纯度，防止品种退化，并使已经发生退化的品种达到复壮的目的，就必须对品种退化的原因，采用一系列的措施和方法，主要有防止机械混杂、采用隔离措施、去杂去劣、人工选择和建立品种复壮制度等。

(1) 防止机械混杂

防止机械混杂是保持品种纯度和典型性的一个重要环节，它贯穿于从种子准备、播种到收获贮藏的全部过程，应该切实按照各个牧草的良种繁殖技术规程，从各个环节上严格杜绝混杂的产生。

要合理安排种子田的轮作和耕作，不可重茬连作。因为有些牧草落粒性很强，上季落下的种子在下季出苗，会造成混杂。还应注意进行适当的耕作，消灭杂草，不施用未腐熟的粪肥。

在种子发放和接收时，应检查种子袋内外标签是否相符，要严格检查种子纯度。播种前的种子处理、药剂拌种等必须做到不同品种、不同等级的种子分别处理。种子袋、运输工具、场地及其他用具都要在处理完一个品种后严加清扫。

播种时，应预先检查播种机箱内有无残留的异品种种子，应做到彻底清除。

注意收、运、脱、晒、藏等工作环节。种子田必须单种、单收、单打、单晒、单藏。先收获高级种子的田块，并且先将周围不作用种的植株收割运走。各系品种收获后不要堆放得太近，尽量不要在同一场地上脱粒，若场地不够可使不同品种各占场地的一角，每脱完一个品种都要认真清扫。晒种时不同品种之间要有隔离，贮藏时按规格装入结实的口袋（最好是布袋），袋内外各放标签，写明名称、产地、等级、年份、质量等。

从种子出库、播种、收割、打场，到入库等各项工作都要有专人负责，经常检查，严防混杂。

(2) 采用隔离措施严防生物学混杂

许多重要牧草和饲料作物是异花授粉植物，种子繁殖田必须进行严格的隔离，预防天然杂交。首先，要注意机械混杂而引起的天然杂交，注意田间去杂去劣。其次，可依不同牧草种类选择不同的隔离方式。例如，采用合理安排种植地段，使不同品种种子田有一定间隔距离，从而防止串粉的空间隔离方式；也有利用刈割、采用分期播种来调节花期不相遇的时间隔离方式；以及在不同品种间种植高秆作物作为屏障等进行隔离等方式。

(3) 去杂去劣

对种子田已经出现的杂株、劣株，要及时去除。去杂是指去掉非本品种的植株，去劣是指去除生长不良、感染病虫害的植株。田间去杂去劣年年都要进行，在牧草不同生育时期分 3~4 次进行，这是保纯的重要措施。对品种混杂严重的地块，则应坚持舍弃，不作种子田用。

(4) 人工选择种子田

进行人工选择不仅起到去杂去劣的作用，并有巩固和积累优良性状的效果，选择的过程也就是提纯复壮的过程。良种繁育中经常采用的有混合选择法和改良混合选择法。

混合选择法中最简便易行的是片选法。在生产良种的种子丰产田中，划片去杂去劣后，混合收获脱粒留种。这种方法只能获得比较纯的种子，对进一步提高纯度或种性效果不大，宜在品种混杂不严重的情况下使用。

株选法（混合选择法）是在种子田中选择具有本品种典型性状、健壮无病的优良植株，混合脱粒留种。这种方法效果比片选法好，连续进行多次混合选择，具有良好效果，所以目前仍然广泛采用作为品种提纯复壮的方法。

改良混合选择法是把单株选择法和混合选择法结合起来的一种方法，纯度高、质量好，在生产原种时普遍采用。

(5) 利用原种定期更新种子田的普通种子

每隔一定年限（一般为 3~4 年）用纯度高、质量好的原种更换种子繁殖田使用的普通种子，也是防止混杂退化和长期保持品种纯度和种性的一项重要措施。由于原种量小，可以精选，从而获得纯而优的原种。而且在选优提纯生产原种过程中，由于人工选择的作用，有利变异的积累，还会使品种的某些性状有所改进和提高。所以，用原种定期更新种子田的普通种子是保证品种纯度和种性的根本措施。

12.3.3 牧草良种繁育程序

12.3.3.1 建立品种纯度的分级繁育体系

品种纯度的分级繁殖体系又称世代分级体系和种子系谱制度，国外分为 4 级种子繁育体系和 3 级种子繁育体系两种，它表示种子基因纯度的不同级别或档次。

育种家种子（breeder seed）又称原原种、核心种，是由育种单位或育种家育成新品种时的核心种子，其长成的植株代表着该品种的典型性状和固有特征特性。一般由育种单位和育种家保存和繁殖。

基础种子（fundation seed）又称原种、基础原种，是用育种家种子繁殖而来的纯良种子，几乎完全保持该品种特定的遗传一致性和纯度。一般由良种繁育基地或国家农业试验站、良种繁殖场组织生产，采用 3 年 3 圃制（选择优株、分株比较、株系比较、混系繁殖）或 2 年 2 圃制（选择优株、分株比较、混系繁殖）繁殖原种。

登记种子又称注册种子（registered seed），由原种扩繁而来。一般由牧草种子公司、良种繁殖场、种子生产专业农场和专业户承担。多采用混合选择法或片选法（选择好的种子田，淘汰异株、病株后收种）进行生产。

认证种子（certificated seed）又称合格种子、检验种子、商品种子（commercial seed）、生产用种子，由登记种子扩繁而来，是销售到农牧民手中进行生产用种子。一般由种子生产专业场（户）等生产，需经种子审定部门进行田间检验和实验室检验合格方能流通。按其播种品质又可分为一、二、三级及等外品。

各国根据具体情况实行 4 级种子制或由基础原种直接生产合格种子的 3 级种子制(表 12-1 和表 12-2)。

表 12-1 世界有关机构及其国家审定种子等级

OECD[1]	AOSCA(美国)[2]	EEC[3]	加拿大	新西兰	瑞典[4]
前基础种子 (pre-basic seed)	育种家种子 (breeder seed)	前基础种子 (pre-basic seed)	育种家种子 (breeder seed)	育种家种子 (breeder seed)	A (=pre-basic seed)
		精选种子 (select seed)			
基础种子 (basic seed)	基础种子 (foundation seed)	基础种子 (basic seed)	基础种子 (foundation seed)	基础种子 (basic seed)	B (=basic seed)
		登记种子 (registered seed)		登记种子 (registered seed)	
审定一代种子 (certified seed, 1st generation)	审定种子 (certified seed)	审定一代种子 (certified seed, 1st generation)	审定种子 (certified seed)	审定一代种子 (certified seed, 1st generation)	C_1 (=certified seed, 1st generation)
审定二代种子 (certified seed, 2nd generation)		审定二代种子 (certified seed, 2nd generation)		审定二代种子 (certified seed, 2nd generation)	C_2 (=certified seed, 2nd generation)
		商品种子 (commercial seed)			H (=commercial seed)

注：1. OECD：联合国经济协作与发展组织；2. AOSCA：北美官方种子审定机构协会；3. EEC：欧洲经济共同体；4. 瑞典在前基础种子之前有一级为育种家种子。

表 12-2 审定种子标签或包装袋的颜色所代表的审定种子等级

种子类型	美国(1970)	新西兰(1994)	瑞典(1989)	联合国经济协作与发展组织(1988)
育种家种子 (前基础种子)		绿色(包装袋)	白色(标签)(育种家种子) 白色带蓝紫色斑点(标签) (前基础种子)	白色带紫色斜条(标签)
基础种子	白色(标签)	棕色(包装袋)	白色(标签)	白色(标签)
登记种子	紫色(标签)			
审定种子	蓝色(标签)			
(审定一代种子)		蓝色(包装袋)	蓝色(包装袋)	蓝色(标签)
(审定二代种子)		红色(包装袋)	红色(包装袋)	红色(标签)
商品种子			棕色(包装袋)	

12.3.3.2 制种原理

制种就是种子生产。育成的品种在一代一代的种子生产过程中，品种特性很容易发生变化，这种变化在不同牧草及饲料作物中幅度虽有差别，但原封不动的情况却绝无仅有。由此可见，制种同样担负着品种保纯、防止退化的任务。制种是育种工作的继续，它与选择技术有着不可分割的联系。

(1) 自花授粉植物制种

自交繁殖的植物，自交代数越多，等位基因的纯合化进程也越加快，最终变成为各种纯系的混合系群。在育种方案中，用周密的方法所选育的品种，作为一个纯系可以看作是稳定的。但实际上，随着自交代数增加，由隐性基因纯合化而产生的表现型性状中间，会出现降低作物经济价值的性状，偶而也会出现有用的性状，前者属于淘汰范围，后者经选择即成为改良系统。所以，制种本身即是人工选择。选择制种的结果，原种得以保纯甚至可以得到某些改良。

(2) 异花和常异花授粉植物的制种

异交繁殖性植物制种的地位更加重要。这些植物的品种除了与品种特性有关的相对基因必须为纯合态之外，其余大量的相对基因应尽可能使之处于杂合状态，以免丧失杂种优势。当将一个品种进行旨在防止串粉的隔离制种条件下时，会导致大量等位基因发生纯合化。要克服这一点，除注意特定性状外，尽量防止个体群的均一化（同质化），必须适当增加异质性，对制种群体的亲本进行必要的挑选配置。

(3) 杂种一代制种

杂种一代制种是根据杂种优势有关原理而进行的。其制种技术，一是要提高与杂种优势有关的显性基因之间的相互作用，二是要有利于支配杂种优势的复等位基因的相互作用。前者是利用品种或自交系之间的一般配合力，后者是利用其特殊配合力。因此，杂种一代制种要进行配合力测验，使之合理地搭配，以确保生产高性能的杂种一代。

12.3.3.3 制种程序

(1) 原种种子生产

主要包括选择单株、分株比较和混系繁殖3个程序。

① 选择单株 从原种第一、二代种子田，或本品种纯度较高，典型性状明显的种子田或大田中，选择具有本品种典型性状、植株健壮无病、丰产性好的典型优良单株（穗），分别收获，再根据一些性状（如分蘖、穗部特性）进行决选，淘汰杂劣，分别脱粒，装袋晒干，妥善保存，供下年株（穗）进行比较鉴定。选择优株的标准要严，数量要大，使之包含有较多的原始单株并生产足够的种子。

② 分株比较 将上年当选的单株（穗）分别种在株（穗）行圃，每10或20个株（穗）行中种植1行原品种典型种子作为对照。随时注意去杂去劣。生育期间逐行观察比较，鉴定每个株（穗）行的性状优劣和典型性与整齐度，对不符合要求的株（穗）行作出标记，收获前淘汰。对特别优异的个别株（穗）行也要作出标记，最后单独保存作为选育新品种的材料。最后，将剩下的典型、优良、整齐一致的株（穗）行全部混合收获。

③ 混系繁殖 将上年当选株（穗）行的混收种子种在原种圃，扩大繁殖。原种圃要安全隔离，土壤肥沃，采用优良的农业生产技术，生长期间注意去杂去劣。这样生产出来的就是原种。

以上这种通过选择单株、分株比较和混系繁殖的程序，通过株行圃，原种圃提纯复壮生产原种的方法，称为二级提纯法，又称二年二圃制。有些情况下为了保证制种质量，在株（穗）行比较后，再将当选（穗）行各种一小区，称株系圃，再从中选优良株系，然后混系繁殖生产原种。这种制种方法称为三级提纯法，或称三年三圃制。

(2) 登记种子生产

原种种子数量比较少，不可能直接用于大田生产，必须进一步繁殖、扩大数量，然后供应生产单位使用。

(3) 认证种子繁殖

大田生产用种子应当由种子田供给。种子田有两种繁育程序。

① 一级种子田的繁育程序 即种子田繁育的种子直接供应大田播种之用。具体做法是，第一年种子田播种种子或株选种子，从中选择优良单株(穗)混合作为下一年种子田播种的种子，其余的经去杂去劣，收获后全部作为下一年大田播种之用。这样连续3~5年，直至种子田更换原种。

② 二级种子田的繁育程序 当某种牧草繁殖系数低或用种量大时，则可采用二级种子田繁殖种子。即由一级种子田繁殖的种子，再经二级种子田扩繁，然后供大田播种之用。具体做法是，第一年将原种种子或株选种子播种在一级种子田，成熟时进行株选和穗选，当选株(穗)作为下一年一级种子田播种用的种子。其余经去杂去劣后，留作下一年二级种子田播种之用。而下一年二级种子田的全部植株，经去杂去劣后，全部种子供给第3年大田播种之用。这样连续进行，直到一级种子田更换原种(图12-1)。

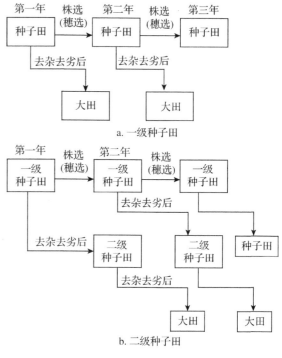

图 12-1 制种田留种程序

12.4 品种推广

12.4.1 品种推广的概念和意义

积极推广种植良种是提高草业、畜牧业生产，加速农业现代化建设的有效措施，是农业推广的重要内容。品种推广的含义，是指在品种区域试验和生产试验的基础上，因时、因地、因用途制宜选用合适的审定品种，使其在大面积生产上充分发挥增产、优质、增效作用。

植物新品种推广是由育种到生产，最终产生经济效益的必不可少的中间环节，是良种产业化工程的重要内容。实际上，育种工作虽是科技创新，但本身并不能产生经济效益和社会效益。只有通过在生产上大面积推广，才能生产出量多、优质的草畜产品，改善人民生活，从而产生良好的社会效益；而在市场经济条件下，新品种则更多地作为商品，进入国内国际市场，获取较大的经济效益。推广优良品种获取的经济效益，反过来又为育种工作提供经济支持。一个良种，若推广不力，即使其已通过审定并具有许多优良的特征特性，也不能使其在生产上大面积种植，其应用价值会大大降低，从此意义上讲，推广又是育种中重要的后续工作。因此，必须重视品种推广工作，实行育、繁、推一体化，才能实行从育种到生产的良性循环，从成果到效益的合理转换。因此，在社会化大生产条件下，特别是我国加入世界贸易组织后，良种推广工作越显得重要。

12.4.2 品种推广的体系与方式、方法

实行社会主义市场经济以来，我国的植物品种推广体系产生了很大变化。在过去多年的计

划经济条件下，我国实行的是从国家到省、地(市)、县、乡镇乃至村、队多级系列农技推广体系，而植物良种推广是各级农技推广中心(站)的重要项目。1978年改革开放以后，我国制定执行"四化一供"的种子工作方针，省、地、县级种子公司是品种推广的主体，育种单位较少参与良种推广。在整个这一阶段，种子工作基本处于科研单位搞育种、种子单位搞繁育、推广的育、繁、推脱节状态。

1995年，我国开始实施良种产业化工程，其主要宗旨是育、繁、推一体化。自种子工程实施以来，尤其伴随着植物新品种保护条例的执行，我国的良种推广体系也发生了很大变化，主要是育种单位、民营种子企业越来越多地参与良种推广中去，形成了除行政渠道以外的又一条植物良种推广体系，由此也激发了种子企业搞育种的积极性。现在，大多数育种的科研单位(如农科研、农科所、农业大专院校)，还有一些较大型的民营种子单位，大都配备了很多专职或兼职的良种推广技术人员，在植物新品种推广中发挥着越来越大的作用。行之有效的推广方式和科学的推广方法，是品种推广成功的基础。

12.4.2.1 品种推广的基本方式

在长期的品种推广实践中，各地探索出了许多有效的推广方式，归纳起来主要有以下4种。

(1) 以项目形式进行推广

选择研究基础好、品种选育有成果、有特色的项目，经过论证，报上级批准立项；按推广项目要求，把品种、栽培技术、推广地区、推广措施组装配套。这种方式能得到政府资金和行政支持，影响大、收效快，有许多成功的经验，如山东农业大学与聊城市的优质小麦项目。耐盐碱、耐旱等植物新品种的推广，也可借鉴这种形式。

(2) 以合同形式推广

以合同为纽带，联系和约束参加推广工作的各方，实现合同推广，是近年来新品种推广中常用的形式。植物新品种权的转让，审定品种生产、经营权的转让等，都可以用这种方式进行。审定品种的生产、经营权，可以转让给一方，也可以转让给多方。这种方式可以使育种者尽快获利，又可以加快品种的推广，使新品种在生产上尽快发挥作用。

(3) 以服务组织形式推广

以服务社会为宗旨成立存在的社会化服务组织，如各级政府组织的农业顾问团、顾问组、农技推广咨询机构，还有近年来兴起的各种形式的农民协会，都可以作为新品种推广的组织形式，为用种户推荐适宜的新品种，提供良好的技术咨询。

(4) 育种者上门推广

育种者或育种单位组织自己的营销人员，到适合自己品种种植地区的用种大户、种子公司、农业基层组织或农业企业等，宣传推广自己育成审定的新品种及相应种植技术，这种形式已越来越多地被许多育种大户所采纳，因其利益直接，推广效果显著。

12.4.2.2 品种推广的常用方法

品种推广中采用的方法很多，主要的有如下5种。

(1) 召开会议

通过召开新品种发布会、观摩会等，可以使多人一次性了解多个品种，且可使技术交流、看样定货同时进行，推广效率高。

(2) 样板示范

育种者单独或与各地农户尤其是科技示范户联合种植新品种示范田、样板田，在关键时期组织用种户或行政机关的农技人员参观，以实例为依据，说服力强，能解除用种户的种种顾虑，增加对推广人员的信任感。一些种子公司在各国推销种子，也常用这种方法。

(3)宣传媒介

利用各种宣传媒介，如电视、幻灯、录像、有线广播、报纸、杂志等进行新品种特征特性、栽培技术等的广泛宣传，能迅速扩大影响面，加快新品种推广速度。

(4)技术培训

对许多特色植物品种或需要特殊栽培技术的植物品种，组织举办各种形式的培训班、讲座，对农户进行技术指导，对新品种推广也很有利。

(5)展览评比

举办植物新品种展示、展览，进行优良品种品赏、评比等，对果树、花卉等植物品种推广尤其重要，对许多特色农作物、蔬菜品种也是一种很好的推广方法。

每一种推广方法都有一定长处和短处，且都有一定的适宜条件，在实际推广活动中，应因地、因种、因条件制宜，巧妙地运用多种方法，扬长避短，相得益彰。同时，要注意实事求是，一切依科学试验为依据，切忌弄虚作假，伤害用户利益，也降低了自身的信誉，为今后的推广工作带来隐患。

12.4.3 品种区域化合理布局及良种良法配套

12.4.3.1 品种区域化合理布局

优良品种只有在适宜的生态环境下，才能发挥其优良特性，而每一个地区只有选择并种植合适的品种，才能获取良好的经济效益。这是良种推广中必须考虑的两个方面，也是品种推广所必须坚持的适地适种的原则，否则将给生产造成损失。尤其是多年生植物，因品种选择不适合造成生产损失，持续时间长、更改困难；而大田作物则影响面广，与农民的生存密切相关。品种区域化适实现适地适种的主要途径，其内容和任务主要有以下两方面。

(1)品种合理布局

品种合理布局(adequate localization of cultivars)是指在一个大的范围内，合理配置和选用不同特点的植物品种，使生态条件得到最好的利用，将品种的生产潜力、特征特性充分发挥出来，从而保证丰产、稳产、优质，获得最佳经济效益。

任何品种都是在一定生态条件下，通过不断培育选择而成，故有其相应的生态特点，适应一定的生态条件，而我国幅员辽阔，地形、气候、土壤等条件复杂。因此，根据品种要求的生态环境，做好品种的合理布局，非常重要。

品种的合理布局，主要是根据气候(如温度、降雨)和地形、土壤等生态条件，先划分大的自然区域，如牧草可以分为暖季型牧草和冷季型牧草。各个不同地区，则要根据当地的生态条件、种植习惯、市场需求，确定发展哪些牧草种类和品种，以满足提高人民生活水平和发展经济的需求。

(2)品种的合理搭配

品种的合理搭配(adequate arrangement of cultivars)是指在同一生产单位或生产条件相似的地区内，有主有次地分别搭配种植各具一定特点的几种良种。搞好品种的合理搭配，可以克服品种单一遇灾害性天气或病虫害危害的不利影响，又可避免品种"多、乱、杂"现象发生，不利于规模化、专业化生产。

品种搭配应有主有次。首先根据当地自然、耕作等条件以及品种在当地的表现，加上市场的需求，选择1个或2个品种作为主要品种或称为当家品种，再选择2个或1个作为搭配品种。各具特色的品种搭配恰当，有主有次，各得其所，可以充分发挥良种的作用。但选用的品种不宜过多，一般以1个主要品种2个搭配品种或2个主要品种1个搭配品种为宜。易混杂的作物则最好实行一地一种。

品种合理布局和搭配是两个相互区别又相互关联的概念，是从不同层次研究品种的合理利用问题。

12.4.3.2 良种良法配套

良种优良特性的表现，是品种内在遗传性和外界环境条件共同作用的结果。不同品种具有不同的遗传性，各有其自身的生长发育规律，表现出各自的特征特性。但其品种性状的形成和表现，还需一定相应的外界条件。因此，要做好品种推广工作，充分发挥良种的增产潜力，必须注重良种良法相配套，即推广良种时，要做到良种良法配套、良种良法一起推广。要做到良种良法配套推广，必须在品种试验、示范中或通过专门试验，根据不同品种的生长发育特点及其对环境的要求，有针对性地对各品种采取相应的栽培管理措施，使品种的生长发育处于最适条件下，使其优良性状充分发挥，并注意克服其弱点，从而获得优质、高产及最大经济效益。将能充分发挥品种优良特性的栽培方法(如地力水平、肥料配比、适宜播期、合理密度、管理措施等)进行归纳总结，作为经验或制定成规范化技术，在品种推广时一并搭配发放，可避免盲目引种或盲目管理造成的生产损失。

思考题

1. 举例说明你所在地区最适宜哪些牧草的种子生产？
2. 异花授粉牧草种子生产中应注意哪些问题？
3. 说明品种混杂退化的原因和防杂保纯的措施。
4. 如果让你承担建设一个牧草种子生产基地，你将如何做？试述基本思路。
5. 我国牧草种子业和国外先进国家的主要差距有哪些？如何改进？

参考文献

蔡旭，1988. 植物遗传育种学[M]. 北京：科学出版社.

陈斐，魏臻武，李伟民，等，2013. 基于SSR标记的苜蓿种质资源遗传多样性与群体结构分析[J]. 草地学报，21(4)：759-768.

陈宝书，2015. 红豆草[M]. 南京：江苏科学技术出版社.

陈晖，匡柏健，王敬驹，1995. 羊草抗羟脯氨酸细胞变异系的筛选及其特性分析[J]. 植物学报，37(2)：103-108.

陈火英，柳李旺，任丽，2017. 现在植物育种学[M]. 上海：上海科学技术出版社.

陈笑，冯献忠，2021. 基因组编辑技术在大豆遗传改良中的应用[J]. 农业生物技术学报，29(4)：789-798.

程金水，2000. 园林植物遗传育种学[M]. 北京：中国林业出版社.

戴思兰，2006. 园林植物育种学[M]. 北京：中国林业出版社.

杜尔宾 H B，等，1980. 植物细胞质雄性不育系的遗传学原理[M]. 袁妙葆，俞志隆，李桃生，等译. 北京：农业出版社.

伏兵哲，2021. 牧草与草坪草育种学实验实习指导[M]. 北京：中国农业出版社.

伏兵哲，兰剑，2019. 宁夏牧草种质资源[M]. 北京：科学出版社.

盖钧镒，2006. 作物育种学各论[M]. 北京：中国农业出版社.

巩振辉，申书兴，2013. 植物组织培养[M]. 2版. 北京：化学工业出版社.

郭才，霍志军，2006. 植物遗传育种及种苗繁育[M]. 北京：中国农业大学出版社.

哈特曼 H T，凯斯特 D E，1985. 植物繁殖原理和技术[M]. 北京：中国林业出版社.

郝建华，强胜，2009. 无融合生殖——无性种子的形成过程[J]. 中国农业科学，42：377-387.

洪绂曾，2009. 苜蓿科学[M]. 北京：中国农业出版社.

侯向阳，2013. 中国草原科学[M]. 北京：科学出版社.

胡尚连，尹静，2018. 植物细胞工程[M]. 北京：科学出版社.

胡延吉，2003. 植物育种学[M]. 北京：高等教育出版社.

姜倩倩，陈磊，李正男，等，2021. 多年生黑麦草原生质体制备及瞬时表达体系的建立[J]. 分子植物育种，19(9)：2941-2948.

解新明，2009. 草资源学[M]. 广州：华南理工大学出版社.

孔令繁，2006. 植物数量遗传学[M]. 北京：中国农业大学出版社.

李德炎，1976. 小麦育种学[M]. 北京：科学出版社.

李婧瑶，刘龙飚，丁兵，等，2023. 植物原生质体分离及培养研究进展[J]. 分子植物育种，21(2)：13.

李宪彬，方波，2001. 植物繁殖方式与育种的关系[J]. 种子科技(2)：91-92.

刘定富，1992. 植物显性核不育恢复性遗传的理论探讨[J]. 遗传，14(6)：31-36.

刘福平，2010. 植物体细胞无性系变异的遗传基础及主要影响因素[J]. 基因组学与应用生物学，29(6)：1142-1151.

刘公社，齐冬梅，2004. 羊草生物学研究进展[J]. 草业学报(5)：6-11.

刘后利，2001. 农作物品质育种[M]. 武汉：湖北科学技术出版社.

刘欢，孟颖颖，牛丽芳，等，2017. 基因编辑技术研究进展及其在苜蓿等豆科饲草作物中的应用[J]. 生物工程学报，33(10)：1733-1743.

刘慧莲，薛峰，2017. 细胞工程核心技术[M]. 北京：科学出版社.

刘瑶瑶，2018. 二穗短柄草（*Brachypodium distachyon*）Bra1基因的克隆、表达特征分析及其基因编辑体系的建立[D]. 镇江：江苏大学.

刘忠松，官春云，陈社员，2001. 植物雄性不育机理的研究及应用[M]. 北京：中国农业出版社.

刘忠松，罗赫荣，2010. 现代植物育种学[M]. 北京：科学出版社.

卢兴桂，顾铭洪，李成荃，等，2001. 两系杂交水稻理论与技术[M]. 北京：科学出版社.

吕林有，魏臻武，赵艳，等，2009. 苜蓿自交亲和性、授粉方式及后代性状分离的研究[J]. 草业科学，26(4)：33-36.

吕兴娜，2016. 小麦航天诱变抗病突变体筛选与评价[D]. 杨凌：西北农林科技大学.

罗玉鹏，2008. 红豆草原生质体分离与培养研究[D]. 乌鲁木齐：新疆农业大学.

罗玉鹏，张博，陈爱萍，等，2008. 不同酶解条件对普通红豆草下胚轴原生质体分离的影响[J]. 新疆农业科学，45(5)：880-884.

马伯艳，刘长喜，李雨庭，等，2015. 淮扬金花菜（秧草）不同生长期苜蓿嫩芽干粉营养成分的分析与评价[J]. 营养学报，37(1)：102-104.

马鹤林，索培芬，2006. 对羊草细胞生物学研究的回顾[J]. 内蒙古草业，18(3)：1-3.

马鹤林，宛涛，孙启忠，1983. 羊草抽穗特性及穗分化过程的观察[J]. 内蒙古草原(1)：7-24.

马鹤林，宛涛，王凤刚，1984. 羊草结实特性及结实率低的原因[J]. 中国草原(3)：15-20.

马晖玲，赵小强，白小明，2010. 草地早熟禾午夜Ⅱ号原生质体培养及植株再生[J]. 草地学报，18(1)：103-107.

马岩松，刘章雄，文自翔，等，2018. 群体构成方式对大豆百粒重全基因组选择预测准确度的影响[J]. 作物学报，44(1)：43-52.

母锡金，蔡雪，孙德兰，等，2001. 被子植物的无融合生殖和它的应用前景[J]. 作物学报，27：590-599.

穆平，2017. 作物育种学[M]. 北京：中国农业大学出版社.

牛奎举，马晖玲，2016. 禾本科牧草及草坪草原生质体培养与融合技术研究进展[J]. 草地学报，24(4)：738-746.

潘家驹，1994. 作物育种学总论[M]. 北京：中国农业出版社.

秦泰辰，1993. 作物雄性不育化育种[M]. 北京：中国农业出版社.

全国草品种审定委员会，2008. 中国牧草登记品种集[M]. 北京：中国农业出版社.

全国草品种审定委员会，2008. 中国审定草品种集（1999—2006）[M]. 北京：中国农业出版社.

全国草品种审定委员会，1999. 中国牧草登记品种集[M]. 北京：中国农业大学出版社.

全国畜牧总站，2017. 中国审定草品种集（2007—2016）[M]. 北京：中国农业出版社.

任海龙，魏臻武，陈祥，2017. 蒺藜苜蓿、天蓝苜蓿、金花菜基因组SNP穿梭标记开发[J]. 草业学报，335(1)：188-195.

邵丽达，2014. 耐铜沟叶结缕草体细胞变异筛选及其生理特性研究[D]. 杭州：浙江大学.

宋灿，刘少军，肖军，等，2012. 多倍体生物研究进展[J]. 中国科学，42(3)：173-184.

宋晓伟，2017. 应用CRISPR/Cas9技术对大麦棱型皮裸基因进行基因编辑的初步研究[D]. 武汉：华中农业大学.

孙慧慧，王力军，闫晓红，等，2010. 植物原生质体培养技术及应用[J]. 河南农业科学，7(1)：118-122.

唐嘉，魏臻武，胡志峰，2017. 多叶苜蓿自交二代农艺性状分析[J]. 草地学报，25(2)：344-350.

王克平，1985. 羊草物种分化的研究Ⅱ. 试验地种群对比1. 羊草授粉特征的测定[J]. 中国草原(2)：50-54.

王克平，罗璇，1988. 羊草物种分化的研究 Ⅴ. 羊草种内分化的四个生态型[J]. 中国草地学报(2)：51-

王梦瑶, 2015. 运用 CRISPR/Cas9 系统对大麦 VE 合成相关基因进行编辑的研究[D]. 杭州: 浙江大学.

王荣焕, 王天宇, 黎裕, 2007. 关联分析在作物种质资源分子评价中的应用[J]. 植物遗传资源学报, 8(3): 366-368.

王睿, 韩烈保, 2022. CRISPR/Cas9 介导的二穗短柄草 *bdfls2* 敲除突变体的获得[J]. 生物技术通报, 38(1): 38-43.

王子玥, 常智慧, 2020. 苇状羊茅育种研究进展[J]. 草地学报, 28(2): 298-304.

魏臻武, 符昕, 曹致中, 等, 2007. 苜蓿生长特性和产草量关系的研究[J]. 草业学报, 16(4): 1-8.

魏臻武, 符昕, 耿小丽, 等, 2007. 苜蓿遗传多样性和亲缘关系的 SSR 和 ISSR 分析[J]. 草地学报, 15(2): 118-123.

魏臻武, 盖钧镒, 2006. 豆科模式植物蒺藜苜蓿(*Medicago truncatula* Gaertn.)及其基因组研究进展[J]. 中国草地学报, 24(7): 56-59.

魏臻武, 盖钧镒, 2008. 豆科模式植物蒺藜苜蓿[J]. 草业学报, 17(1): 114-120.

武自念, 魏臻武, 赵艳, 等, 2010. 多叶苜蓿自交一代遗传关系的 SSR 分析[J]. 中国草地学报, 32(6): 27-32.

武自念, 魏臻武, 郑曦, 2013. 多叶苜蓿花药培养技术体系的建立[J]. 中国农业科学, 46(10): 2004-2013.

席章营, 陈景堂, 李卫华, 2014. 作物育种学[M]. 北京: 科学出版社.

夏光敏, 向凤宁, 周爱芬, 等, 1999. 小麦与高冰草属间体细胞杂交获可育杂种植株[J]. 植物学报, 41(4): 9-12.

向凤宁, 夏光敏, 周爱芬, 等, 1999. 普通小麦与无芒雀麦不对称体细胞杂交的研究[J]. 植物学报, 41(5): 9-13.

新维广, 2007. 大豆高光效育种[M]. 北京: 中国农业出版社.

徐庆国, 2020. 牧草及草坪草育种学[M]. 北京: 中国林业出版社.

徐云碧, 2014. 分子植物育种学[M]. 北京: 科学出版社.

徐子勤, 贾敬芬, 2001. 红豆草与苜蓿原生质体融合过程中小泡的形成[J]. 应用与环境生物学报, 7(5): 403-407.

许操, 2021. 从 0 到 1: 异源四倍体野生稻从头驯化创造全新作物[J]. 遗传, 43(3): 199-202.

杨光圣, 员海燕, 2009. 作物育种学原理[M]. 北京: 科学出版社.

杨红善, 2018. 航天诱变多叶紫花苜蓿新品种选育研究[D]. 兰州: 兰州大学.

杨小红, 严建兵, 郑艳萍, 等, 2007. 植物数量性状关联分析研究进展[J]. 作物学报, 33(4): 523.

杨艳婷, 魏臻武, 乔志宏, 等, 2016. 多叶苜蓿回交群体遗传结构分析[J]. 中国草地学报, 38(2): 34-40.

杨颖, 康兰, 耿新, 等, 2021. 植物原生质体再生细胞壁研究进展[J]. 中国农学通报, 37(4): 25-30.

杨占花, 魏臻武, 张丽芳, 2008. 两类 SSR 对苜蓿属种质遗传多样性和亲缘关系的比较研究[J]. 草地学报, 16(5): 432-438.

杨震, 彭选明, 彭伟正, 2016. 作物诱变育种研究进展[J]. 激光生物学报, 25(4): 302-308.

于东洋, 王凤梧, 融晓萍, 等, 2019. 利用 CRISPR/Cas9 技术对燕麦乙酰辅酶 A 羧化酶(ACCase)基因的编辑[J]. 分子植物育种, 17(19): 6356-6362.

于智勇, 2009. 长穗偃麦草与小麦体细胞杂种的遗传与基因组研究[D]. 济南: 山东大学.

袁学军, 廖丽, 李艳丽, 等, 2011. 假俭草体细胞抗寒突变体的筛选及其鉴定[J]. 山东农业大学学报(自然科学版), 42(1): 6-10.

云锦凤, 2016. 牧草及饲料作物育种学[M]. 2 版. 北京: 中国农业出版社.

翟凤林, 1991. 作物品质育种[M]. 北京: 中国农业出版社.

张坤普,徐宪斌,吴儒刚,等,2006.抗旱耐盐小麦品种'山融3号'及其栽培技术[J].山东农业科学,2:86-87.

张凌云,2013.苜蓿原生质体分离与体细胞融合条件的研究[D].兰州:甘肃农业大学:1-49.

张梦娜,柯丽萍,2018.基因编辑新技术最新进展[J].中国细胞生物学学报,40(12):2098-2107.

张睿,2019.CRISPR/Cas9介导无外源DNA日本结缕草 ZjSGR 基因编辑技术研究[D].北京:北京林业大学.

张天真,2011.作物育种学总论[M].3版.北京:中国农业出版社.

张文静,融晓萍,田青松,等,2019.利用CRISPR/Cas9技术对蒙古冰草落粒相关基因 $sh1$ 的编辑[J].分子植物育种,17(15):5021-5025.

张相春,朱志辉,1990.中国作物的收获指数[J].中国农业科学,23(2):83-87.

张新全,2004.草坪草育种学[M].北京:中国农业出版社.

张彦芹,贾炜珑,杨丽莉,等,2006.高羊茅耐寒突变体的诱发与鉴定[J].草地学报(2):124-128.

张彦琴,曲俊民,贾永林,等,2012.钴60辐射高羊茅变异株系抗旱生理指标比较[J].山西农业科学,40(11):1155-1159.

赵汝,韩烈保,曾会明,2010.铅胁迫下转DREB1A高羊茅对铅的吸收与耐受性研究[J].中国草地学报,32(2):54-60.

赵团结,盖钧镒,李海旺,等,2006.超高产大豆育种研究的进展与讨论[J].中国农业科学,39(1):29-37.

赵小强,马晖玲,林栋,等,2010.草地早熟禾新格莱德胚性愈伤组织原生质体培养及植株再生的研究[J].草业学报,19(2):55-60.

郑曦,魏臻武,武自念,等,2013.不同燕麦品种(系)在扬州地区的适应性评价[J].草地学报,21(2):272-279.

朱成松,顾和平,陈新,1997.轮回选择的原理及其在大豆育种中的应用[J].大豆通报(5):24-25.

朱红艳,2016.作物遗传育种[M].重庆:重庆大学出版社.

朱平华,魏臻武,乔志宏,等,2015.多叶型和三叶型苜蓿杂交 F_1 代遗传关系的SSR分析[J].草地学报,23(5):1039-1047.

祝廷成,2004.羊草生物生态学[M].长春:吉林科学技术出版社.

ABUDAYYEH O O, GOOTENBERG J S, ESSLETZBICHLER P, et al., 2017. RNA targeting with CRISPR-Cas13a[J]. Nature, 550(7675): 280-284.

ACQUAAH G, 2007. Principles of plant genetics and breeding[M]. Oxford: Blackwell Publishing.

ACRECHE M M, SLAFER G A, 2009. Grain Wight, natation interception and use efficiency as affected by sink-strength in Mediterranean wheats relented from 1940 to 2005[J]. Field Crops Research, 110: 98-105.

ALLARD R W, 1960. Principles of plant breeding[M]. New York: John Wiley & Sons, Inc.

ANNICCHIARICO P, NAZZICARI N, LI X H, et al., 2015. Accuracy of genomic selection for alfalfa biomass yield in different reference populations[J]. BMC Genomics, 16: 1020.

ANZALONE A V, RANDOLPH P B, DAVIS J R, et al., 2019. Search-and-replace genome editing without double-strand breaks or donor DNA[J]. Nature, 576(7785): 149-157.

ATANASSOV A, BROWN D C W, 1984. Plant regeneration from suspension culture and mesophyll protoplasts of *Medicago sativa* L[J]. Plant Cell Tissue Organ Culture, 3(2): 149-162.

AUSTIN R R, 1999. Yield of wheat in the United Kingdom: recent advances and prospects[J]. Crop Science, 39: 1604-1610.

BAKER N R, 2008. Chlorophyll fluorescence a probe of photosynthesis union[J]. Annual Review of Plant Biology, 59: 89-113.

BARROS J, TEMPLE S, DIXON R A, 2019. Development and commercialization of reduced lignin alfalfa[J].

Current Opinion in Biotechnology, 56: 48-54.

BAYLES M B, VERBALEN L M, JOHNSCN W M, et al., 2005. Tends over times among cotton cultivars released by the Oklahoma agricultural experiment station[J]. Crop Science, 45: 966-980.

BOROJEVIC S, 1990. Principles and method's of plant breeding[M]. Amsterdam: Elsevier Science Publishers B V. John Wiley & Sons, Inc.

BRETAGNOLLE F, THOMPSON J D, 1995. Gametes with the somatic chromosome number: mechanisms of their formation and roie in the evolution of autopolyploid plants[J]. New Phytologist, 129: 1-22.

BRUMMER E C, WANG Z Y, 2020. Biotechnology and molecular approaches to forage improvement[M]. New York: John Wiley & Sons, Ltd.

BUCKNER R C, BURRUS P B, BUSH L P, 1977. Registration of Kenhy tall fescue[J]. Crop Sci, 7: 672-673.

CALENGE F, LEGARRA A, BEAUMONT C, et al., 2011. Genomic selection for carrier-state resistance in chicken commercial lines[J]. BMC Proceedings, 5(4): S24.

CARLSON P S, SMITH H H, DEARING R D, 1972. Parasexual interspecific plant hybridization[J]. Proceeding of the National Academy of Science of the United States of America, 69(11): 2292-2294.

CLEVELAND M A, HICKEY J M, 2013. Practical implementation of cost-effective genomic selection in commercial pig breeding using imputation[J]. Journal of Animal Science, 91(8): 3583-3592.

CONG L, RAN F A, COX D, et al., 2013. Multiplex genome engineering using CRISPR/Cas systems[J]. Science, 339: 819-823.

CONSIGLIO F, MONTI L M, CONICELLA C, et al., 2007. Meiotic mutations and crop improvement[J]. Plant Breeding Reviews, 28: 163-214.

DAVEY M R, ANTHONY P, POWER J B, et al., 2005. Plant protoplast technology: Current status[J]. Acta Physiol Plant, 27(1): 117-129.

DUCHEMIN S I, COLOMBANI C, LEGARRA A, et al., 2012. Genomic selection in the French lacaune dairy sheep breed[J]. Journal of Dairy Science, 95(5): 2723-2733.

FASOULA V A, FASOULA D A, 2002. Principles underlying genetic improvement for high and stable crop yield potential[J]. Field Crops Res, 75: 191-209.

FEHR W R, 1987. Principles of cultivar development. Vol I Theory and Technique[M]. New York: Macmillan Publishing Company.

FU C, HERNANDEZ T, ZHOU C, et al., 2015. Alfalfa (*Medicago sativa* L.)[J]. Methods Mol Biol, 1223(2): 213-221.

GAO P, LYU Q, GHANAM A R, et al., 2021. Prime editing in mice reveals the essentiality of a single base in driving tissue-specific gene expression[J]. Genome Biology, 22(1): 83.

GAO R, FEYISSA B A, CROFT M, et al., 2018. Gene editing by CRISPR/Cas9 in the obligatory outcrossing Medicago sativa[J]. Planta, 247(4): 1043-1050.

GAUDELLI N M, KOMOR A C, REES H A, et al., 2017. Programmable base editing of A·T to G·C in genomic DNA without DNA cleavage[J]. Nature, 551: 464-471.

HARRINGTON L B, MA E, JANICE S, et al., 2020. A scout RNA is required for some type V CRISPR-Cas systems[J]. Molecular Cell, 79(3): 1-9.

HSU P D, LANDER E S, ZHANG F, et al., 2014. Development and applications of CRISPR-Cas9 for genome engineering[J]. Cell, 157(6): 1262-1278.

HUA K, ZHANG J S, JOSE, et al., 2019. Perspectives on the application of genome-editing technologies in crop breeding[J]. Molecular Plant, 12: 1047-1059.

ISHINO Y, SHINAGAWA H, MAKINO K, et al., 1987. Nucleotide sequence of the iap gene, responsible for alkaline phosphatase isozyme conversion in *Escherichia coli*, and identification of the gene product[J]. Journal of Bacteriology, 169(12): 5429-5433.

JAMILENA M, MARIOTTI B, MANZANO S, 2008. Plant sex chromosomes: molecular structure and function[J]. Cytogenet Genome Research, 120: 255-264.

JANSEN R, EMBDEN J D A V, GAASTRA W, et al., 2002. Identification of genes that are associated with DNA repeats in prokaryotes[J]. Molecular Microbiology, 43(6): 1565-1575.

KAUL M L H, 1988. Male Sterility in Higher Plants[M]. Berlin: Springer-verlag.

KOLTUNOW A M, 1993. Apomixix: embryo sacs and embryos formed without meiosis or fertilization in ovules[J]. Plant Cell, 5: 1425-1437.

KOMOR A C, KIM Y B, PACKER M S, et al., 2016. Programmable editing of a target base in genomic DNA without double stranded DNA cleavage[J]. Nature, 533: 420-424.

KRISHNA R M, RUMA D, ARUNDHATI, 1990. Applications of genie male sterility in plant breeding[J]. Plant Breeding, 105: 1-25.

KURT I C, ZHOU R H, LYER S, et al., 2021. CRISPR C-to-G base editors for inducing targeted DNA transversions in human cells[J]. Nature Biotechnology, 39: 41-46.

LAMKEY K R, LEE M, 2006. Plant Breeding: the Arne R Hallauer international Symposium[C]. Ames: Blackwell Publishing.

LI X, WEI Y, ACHARYA A, et al., 2014. A saturated genetic linkage map of autotetraploid alfalfa (*Medicago sativa* L.) developed using genotyping-by-sequencing is highly syntenous with the *Medicago truncatula* genome[J]. G3: Genes Genomes Genetics, 4 (10): 1971-1979.

LIN Q P, ZONG Y, XUE C, et al., 2020. Prime genome editing in rice and wheat[J]. Nature Biotechnology, 38: 582-585.

MA H, 2005. Molecular genetic analyses of microsporogenesis and microgameto-genesis in flowering plants[J]. Annual Review of Plant Biology, 56: 393-434.

MASTERSON J, 1994. Stomatal size in fossil plants: evidence for ployploid in majorty of angiosperm[J]. Science, 264: 421-424.

MEDINA C A, HAWKINS C, LIU X P, et al., 2020. Genome-wide association and prediction of traits related to salt tolerance in autotetraploid alfalfa (*Medicago sativa* L.) [J]. International Journal of Molecular Sciences, 21: 3361.

MENG Y, HOU Y, WANG H, et al., 2017. Targeted mutagenesis by CRISPR/Cas9 system in the model legume *Medicago truncatula*[J]. Plant Cell Reports, 36(2): 371-374.

MEUWISSEN T H, HAYES B J, GODDARD M E, 2001. Prediction of total genetic value using genome-wide dense marker[J]. Genetics, 157: 1819-1829.

MICHNO J M, WANG X B, LIU J, et al., 2015. CRISPR/Cas mutagenesis of soybean and Medicago truncatula using a new web-tool and a modified Cas9 enzyme[J]. GM Crops and Food, 6(4): 243-252.

MING R, WANG J, MOORE P H, et al., 2007. Sex chromosomes in flowering plants[J]. Amer J Bot, 94: 141-150.

MISHRA R, JOSHI R K, ZHAO K, 2020. Base editing in crops: current advances, limitations and future implications[J]. Plant Biotechnology Journal, 18: 20-31.

MOJICA F J, FERRER C, JUEZ G, et al., 1995. Long stretches of short tandem repeats are present in the largest replicons of the archaea haloferax mediterranei and haloferax volcanii and could be involved in replicon partitioning[J]. Molecular Microbiology, 17: 85-93.

MOJICA F J, JUEZ G, RODRIGUEZ-VALERA F, 1993. Transcription at different salinities of haloferax mediterranei sequences adjacent to partially modified PstI sites[J]. Molecular Microbiology, 9: 613-621.

MOJICA F J, DIEZ V C, SORIA E, et al., 2000. Biological significance of a family of regularly spaced repeats in the genomes of Archaea, Bacteria and mitochondria (letter)[J]. Molecular Microbiology, 36(1): 244-246.

OARD J H, HU J, RUTGER J N, 1991. Genetic analysis of male sterility in rice mutants with environmentally influenced levels of fertility[J]. Eupbytica, 55(2): 179-186.

OLIVARES-FUSTER O, DURAN-VILA N, NAVARRO L, 2005. Electrochemical protoplast fusion in citrus[J]. Plant Cell Reports, 24(2): 112-119.

POEHLMAN J M, 1979. Breeding Field Crops[M]. 2nd ed. Westpost. Connecticuf: Aripublishing Company, Inc: 13-27.

PRYCE J E, DAETWYLER H D, 2011. Designing dairy cattle breeding schemes under genomic selection: a review of international research[J]. Animal Production Science, 52(3): 107-114.

RAMANNA M S, JACOBSEN E, 2003. Relevance of sexual polyploidization for crop improvement[J]. Euphytica, 133: 3-18.

RANDOLPH L F, 1932. Some effects of high temperature on polyploidy and other variations in maize[J]. Proceeding of the National Academy of Science of the United States of America, 18(3): 222-229.

RESENDE R M S, CASLER M D, DEON V D R M, 2014. Genomic selection in forage breeding: accuracy and methods[J]. Crop Science, 54(1): 143-156.

RIEDELSHEIMER C, CZEDIK-EYSENBERG A, GRIEDER C, et al., 2012. Genomic and metabolic prediction of complex heterotic traits in hybrid maize[J]. Nature genetics, 44(2): 217.

ROORKIWAL M, RATHORE A, DAS R, et al., 2016. Selection of appropriate genomic selection model for yield related traits in chickpea[J]. Frontiers in Plant Science, 7: 1666.

SHMAKOV S, ABUDAYYEH O O, MAKAROVA K S, et al., 2015. Discovery and functional characterization of diverse class 2 CRISPR-Cas systems[J]. Molecular Cell, 60: 385-397.

SIMMONDS N W, SMARTT J, 1999. Principle of Crop Improvement[M]. 2nd ed. Oxford: Blackwell Science.

SLEPER D A, POEHLMAN J M, 2006. Breeding Field Crops[M]. 5th ed. Ames: Blackwell Publishing.

SOCIETY T R, 2016. GM Plants: Questions and Answers[J]. The Royal Society, 5: 1-37.

TENG F, CUI T T, FENG G H, et al., 2018. Repurposing CRISPR Cas12b for mammalian genome engineering[J]. Cell Discovery, 4: 63.

TIAN L, HUANG C, YU R, et al., 2006. Overexpression *AtNHX1* confers salt-tolerance of transgenic tall fescue[J]. African Journal of Biotechnology, 5(11): 1041-1044.

UEDA J, MIYAMOTO K, UHEDA E, et al., 2014. Close relationships between polar auxin transport and graviresponse in plants[J]. Plant Biology, 16(S1): 43-49.

VELMURUGAN J, MOLLISON E, BARTH S, et al., 2016. An ultra-high density genetic linkage map of perennial ryegrass (*Lolium perenne*) using genotyping by sequencing (GBS) based on a reference shotgun genome assembly[J]. Annals of Botany, 118 (1): 71-87.

WANG L X, WANG L L, TAN Q, et al., 2016. Efficient inactivation of symbiotic nitrogen fixation related genes in *Lotus japonicus* using CRISPR/Cas9[J]. Frontiers in Plant Science, 7: 1333.

WANG Q M, WANG L, 2012. An evolutionary view of plant tissue culture: somaclonal variation and selection[J]. Plant Cell Reports, 31: 1535-1547.

WANG X, LI L, ZHENG X, et al., 2016. Predicting rice hybrid performance using univariate and multivariate GBLUP models based on North Carolina mating design II[J]. Heredity, 118(3): 302.

WATTERS K E, FELLMANN C, BAI H B, et al., 2018. Systematic discovery of natural CRISPR-Cas12a inhibitors[J]. Science, 362: 236-239.

LI W, ZHANG X, DONG W, et al., 2012. A two-dimensional electrophoresis protocol suitable for *Medicago truncatula* leaf proteome[J]. African Journal of Biotechnology, 12(3): 233-237.

LI W, WEI Z W, QIAO Z H, et al., 2013. Proteomics analysis of alfalfa response to heat stress[J]. Plos One, 8(12): e82725.

WOLABU T W, CONG L L, PARK J J, et al., 2020. Development of a highly efficient multiplex genome editing system in outcrossing tetraploid alfalfa (*Medicago sativa*)[J]. Frontiers in Plant Science, 11: 1063.

WOO J W, KIM J, KWON S I, et al., 2015. DNA-free genome editing in plants with preassembled CRISPR-Cas9 ribonucleo proteins[J]. Nature Biotechnology, 33(11): 1162-1164.

XIA G M, CHEN H M, 1996. Plant regeneration from intergeneric somatic hybridization between *Triticumae stivum* L. and *Leymus chinensis* (Trin.)Tzvel.[J]. Plant Science, 120(2): 197-203.

XIA G M, LI Z Y, WANG S L, et al., 1998. Asymmetric somatic hybridization between haploid common wheat and UV-irradiated *Haynaldia villosa*[J]. Plant Science, 137(2): 217-223.

XIA G, XIANG F, ZHOU A, et al., 2003. Asymmetric somatic hybridization between wheat (*Triticum aestivum* L.) and *Agropyron elongatum* (Host) Nevishi[J]. Theoretical and Applied Genetics, 107: 299-305.

XU S Z, ZHU D, ZHANG Q, et al., 2014. Predicting hybrid performance in rice using genomic best linear unbiased prediction[J]. Proc. Natl. Acad. Sci. USA, 111(34): 12456-12461.

ZETSCHE B, GOOTENBERG J S, ABUDAYYEH O O, et al., 2015. Cpf1 is a single RNA-guided endonuclease of a class 2 CRISPR/Cas system[J]. Cell, 163(3): 759-771.

ZHANG L, WANG T, WANG G Y, et al., 2021. Simultaneous gene editing of three homoeoalleles in self-incompatible allohexaploid grasses[J]. Journal of Integrative Plant Biology, 13(8): 1410-1415.

ZHANG Y, LIANG Z, ZONG Y, et al., 2016. Efficient and transgene-free genome editing in wheat through transient expression of CRISPR/Cas9 DNA or RNA[J]. Nature Communications, 7: 12617.

ZHAO D D, LI J, LI S W, et al., 2021. Glycosylase base editors enable C-to-A and C-to-G base changes[J]. Nature Biotechnology, 39: 35-40.

附　录

附录 I　常见牧草的染色体数目

种名	学名	倍性	染色体	基因组大小	蛋白编码基因	参考文献
蒺藜苜蓿	*Medicago truncatula* Gaertn.	2n = 16	8	390 Mb	50, 894	Young *et al.*, 2011
紫花苜蓿	*Medicago sativa* spp. *caerulea*	2n = 4X = 32	32	2.738 Gb	164, 632	Chen *et al.*, 2020
		2n = 4X = 32	8	816 Mb	49, 165	Shen *et al.*, 2020
		2n = 2X = 16	7	793.2 Mb	47, 202	Li *et al.*, 2020
金花菜	*Medicago polymorpha* L.	2n = 14	7	457.53 Mb	36, 087	Cui *et al.*, 2021
扁蓿豆	*Medicago ruthenica*	2n = 2X = 16	8	904.13 Mb	50, 162	Wang *et al.*, 2021
地三叶	*Trifolium subterraneum* L.	2n = 16	8	471.8 Mb	42, 706	Hirakawa *et al.*, 2016
鹰嘴豆	*Cicer arietinum* L.	2n = 2X = 16	8	738 Mb	28, 269	Rajeev *et al.*, 2013
白羽扇豆	*Lupinus albus* L.	2n = 50	25	451 Mb	38, 258	Hufnagel *et al.*, 2020
构树	*Broussonetia papyrifera* (Linnaeus) L' Heritier ex Ventenat	2n = 2X = 26	13	386.83 Mb	30, 512	Peng *et al.*, 2019
象草	*Pennisetum purpureum* cv. Purple Schum	2n = 4X = 28	14	1.97 Gb	65, 927	Yan *et al.*, 2020
柳枝稷	*Panicum virgatum* L.	2n = 4X = 36	9	1.130 Gb	45, 045	Lovell *et al.*, 2021
鸭茅	*Dactylis glomerata* L.	2n = 14	7	1.84 Gb	40, 088	Huang *et al.*, 2019
无芒隐子草	*Cleistogenes songorica* Roshev. cv Tenggeli Ohwi	2n = 4X = 40	20	540.12 Mb	54, 383	Zhang *et al.*, 2020
狗尾草	*Setaria viridis* (L.) Beauv.	2n = 18	9	397.03 Mb	37, 908	Thielen *et al.*, 2020
二穗短柄草	*Brachypodium distachyon* (L.) P. Beauvois	2n = 2X = 10	5	272 Mb	25, 532	The International Brachypodium Initiative, 2010
稗草	*Echinochloa crusgalli* (L.) P. Beauv.	2n = 54	27	1.27 Gb	108, 771	Guo *et al.*, 2017
燕麦	*Avena sativa* L.	2n = 14	7	3.53 Gb	34, 928	Li *et al.*, 2021
青稞	*Hordeum vulgare* L. var. *coeleste*	2n = 2X = 14	7	3.89 Gb	36, 151	Zeng *et al.*, 2014
黑麦	*Secale cereale* L.	2n = 2X = 14	7	2.8 Gb	27, 784	Bauer *et al.*, 2016
黑麦草	*Lolium perenne* L.	2n = 14	7	1128 Mb	28, 455	Byrne *et al.*, 2015
芒草	*Miscanthus sinensis* Anderss.	2n = 38	19	1.68 Gb	67, 967	Zhang *et al.*, 2021
藜麦	*Chenopodium quinoa* Willd.	2n = 4X = 36	18	1.39 Gb	44, 776	Yasui *et al.*, 2016
黄花菜	*Hemerocallis citrina* Baroni	2n = 2X = 22	11	3.25 Gb	54, 295	Qing *et al.*, 2021
连翘	*Forsythia suspensa* (Thunb.) Vahl	2n = 2X = 28	14	737.47 Mb	33, 062	Li *et al.*, 2020
小蒿草	*Kobresia pygmaea*	2n = 58	29	373.85 Mb	23, 136	Can *et al.*, 2020

(续)

种名	学名	倍性	染色体	基因组大小	蛋白编码基因	参考文献
忍冬	*Lonicera japonica* Thunb.	$2n=18$	9	843.2 Mb	499,064	Pu *et al.*, 2020
碱茅	*Puccinellia distans* (L.) Parl.	$2n=14$	7	1.50 Gb	38,387	Zhang *et al.*, 2020
豌豆	*Pisum sativum* L.	$2n=14$	7	3.92 Gb	2,225,175	Kreplak *et al.*, 2019
苦荞	*Fagopyrum tataricum* (L.) Gaertn.	$2n=2X=16$	8	489.3 Mb	33,366	Zhang *et al.*, 2017
矮牵牛	*Petunia axillaris* N	$2n=14$	7	1.4 Gb	32,928	Bombarely *et al.*, 2016
	Petunia inflate S6	$2n=14$	7	1.4 Gb	36,697	
结缕草	*Zoysia japonica* Steud.	$2n=4X=40$	10	334 Mb	59,271	Tanaka *et al.*, 2016
画眉草	*Eragrostis pilosa* (L.) Beaw.	$2C=2n=4X=40$	20	672 Mb	107,683	Cannarozzi *et al.*, 2014
木豆	*Cajanus cajan* (L.) Millsp.	$2n=2X=22$	11	605.78 Mb	48,680	Varshney *et al.*, 2011
百脉根	*Lotus lcorniculatus* L.	$n=6$	6	472 Mb	19,848	Shusei *et al.*, 2008
黄花菜	*Hemerocallis citrina* Baroni.	$2n=2X=22$	11	3.77 Gb	54,295	Qing *et al.*, 2021
杜鹃	*Rhododendron simsii* Planch	$2n=2X=26$	13	650.8 Mb	23,559	Soza *et al.*, 2019
红花	*Carthamus tinctorius* L.	$2n=2X=24$	12	1.17 Gb	33,343	Wu *et al.*, 2021
景天	*Sedum album* L.	$2n=4X=68$	17	302 Mb	—	Wai *et al.*, 2019
豇豆	*Vigna unguiculata* (L.) Walp.	$2n=22$	11	519 Mb	29,773	Lonardi *et al.*, 2019
黄芩	*Scutellaria baicalensis* Georgi	$2n=18$	9	408.14 Mb	28,930	Zhao *et al.*, 2019
黍	*Panicum miliaceum* L.	$2n=4X=36$	18	923 Mb	55,930	Zou *et al.*, 2019
青蒿	*Artemisia caruifolia* Buch.-Ham. ex Roxb.	$2n=2X=18$	9	1.74 Gb	63,226	Shen *et al.*, 2018
独叶草	*Kingdonia uniflora* Balf. F. et W. W. Smith	$2n=18$	9	1004.7 Mb	43,301	Sun *et al.*, 2020
籽粒苋	*Amaranthus caudatus* L.	$n=17$	17	370.9 Mb	25,477	Ma *et al.*, 2021
芒苞草	*Acanthochlamys bracteata* P. C. Kao	$2n=40$	20	197.97 Mb	23,509	Gao *et al.*, 2021

附录Ⅱ 中华人民共和国主要草种目录(2021 年)

科	学名	序号	属	种名	学名
百合科	Liliaceae	1	山麦冬属	山麦冬	*Liriope spicata* (Thunb.) Lour.
鸢尾科	Iridaceae	2	鸢尾属	马蔺	*Iris lactea* Pall. var. *chinensis* (Fisch.) Koidz.
禾本科	Gramineae	3	芨芨草属	芨芨草	*Neotrinia splendens* (Trin.) M. Nobis, P. D. Gudkona & A. Nowak
		4	芨芨草属	醉马草	*Achnatherum inebrians* (Hance) Keng
		5	冰草属	冰草(扁穗冰草)	*Agropyron cristatum* (L.) Gaertn.
		6	冰草属	沙芦草(蒙古冰草)	*Agropyron mongolicum* Keng
		7	剪股颖属	西伯利亚剪股颖(匍匐剪股颖)	*Agrostis stolonifera* L.
		8	看麦娘属	大看麦娘	*Alopecurus pratensis* L.
		9	芦竹属	芦竹	*Arundo donax* L.
		10	燕麦属	燕麦	*Avena sativa* L.
		11	地毯草属	地毯草(大叶油草)	*Axonopus compressus* (Sw.) Beauv.
		12	雀麦属	无芒雀麦	*Bromus inermis* Layss.
		13	野牛草属	野牛草	*Buchloe dactyloides* (Nutt.) Engelm.
		14	隐子草属	无芒隐子草	*Cleistogenes songorica* (Roshev.) Ohwi
		15	狗牙根属	狗牙根	*Cynodon dactylon* (L.) Pers.
		16	狗牙根属	杂交狗牙根	*Cynodon transvaalensis* Burtt Davy × *C. dactylon* (L.) Pers.
		17	鸭茅属	鸭茅	*Dactylis glomerata* L.
		18	发草属	发草	*Deschampsia cespitosa* (Linnaeus) P. Beauvois
		19	披碱草属	短芒披碱草	*Elymus breviaristatus* (Keng) Keng f.
		20	披碱草属	垂穗披碱草	*Elymus nutans* Griseb.
		21	披碱草属	老芒麦	*Elymus sibiricus* L.
		22	披碱草属	麦薲草	*Elymus tangutorum* (Nevski) Hand. -Mazz.
		23	偃麦草属	长穗偃麦草	*Elytrigia elongata* (Host) Nevski
		24	偃麦草属	中间偃麦草	*Elytrigia intermedia* (Host) Nevski
		25	偃麦草属	偃麦草	*Elytrigia repens* (L.) Nevski
		26	蜈蚣草属	假俭草	*Eremochloa ophiuroides* (Munro) Hack.
		27	羊茅属	苇状羊茅(苇状狐茅、高羊茅)	*Festuca arundinacea* Schreb.
		28	羊茅属	紫羊茅	*Festuca rubra* L.
		29	大麦属	短芒大麦草(野大麦)	*Hordeum brevisubulatum* (Trin.) Link
		30	以礼草属(仲彬草属)	糙毛以礼草(糙毛仲彬草)	*Kengyilia hirsuta* (Keng) J. L. Yang, et al.

(续)

科	学名	序号	属	种名	学名
禾本科	Gramineae	31	以礼草属（仲彬草属）	硬秆以礼草（硬秆仲彬草）	*Kengyilia rigidula* (Keng) J. L. Yang, *et al.*
		32	赖草属	羊草	*Leymus chinensis* (Trin.) Tzvel.
		33	赖草属	赖草	*Leymus secalinus* (Georgi) Tzvel.
		34	黑麦草属	多花黑麦草	*Lolium multiflorum* Lam.
		35	黑麦草属	黑麦草（多年生黑麦草）	*Lolium perenne* L.
		36	黑麦草属	羊茅黑麦草	*Lolium perenne* L. ×*Festuca arundinacea* Schreb.
		37	荻属	荻	*Miscanthus sacchariflorus* (Maximowicz) Hackel
		38	芒属	芒	*Miscanthus sinensis* Anderss.
		39	雀稗属	海雀稗（夏威夷草、海滨雀稗）	*Paspalum vaginatum* Sw.
		40	狼尾草属	狼尾草	*Pennisetum alopecuroides* (L.) Spreng.
		41	狼尾草属	象草	*Pennisetum purpureum* Schum.
		42	虉草属	虉草	*Phalaris arundinacea* L.
		43	猫尾草属	梯牧草（猫尾草）	*Phleum pratense* L.
		44	早熟禾属	草地早熟禾	*Poa pratensis* L.
		45	早熟禾属	华灰早熟禾	*Poa arartica* subsp. *ianthina* (Keng ex Shan Chen) Olonova & G. Zhu
		46	早熟禾属	冷地早熟禾	*Poa arartica* Trautv.
		47	新麦草属	新麦草	*Psathyrostachys juncea* (Fisch.) Nevski
		48	碱茅属	星星草（小花碱茅）	*Puccinellia tenuiflora* (Turcz.) Scribn. et Merr.
		49	碱茅属	朝鲜碱茅	*Puccinellia chinampoensis* Ohwi
		50	碱茅属	碱茅	*Puccinellia distans* (L.) Parl.
		51	鹅观草属	鹅观草	*Elymus kamoji* (Ohwi) S. L. Chen
		52	甘蔗属（蔗茅属）	斑茅	*Saccharum arundinaceum* Retz. / *Erianthus arundinaceus* (Synonym)
		53	甘蔗属	甜根子草（割手密）	*Saccharum spontaneum* L.
		54	狗尾草属	狗尾草	*Setaria viridis* (L.) Beauv.
		55	高粱属	苏丹草	*Sorghum sudanense* (Piper) Stapf
		56	针茅属	克氏针茅	*Stipa capillata* L.
		57	结缕草属	结缕草（日本结缕草）	*Zoysia japonica* Steud.
		58	结缕草属	沟叶结缕草（马尼拉草、半细叶结缕草）	*Zoysia matrella* (L.) Merr.
		59	结缕草属	中华结缕草	*Zoysia sinica* Hance
		60	结缕草属	细叶结缕草（台湾草）	*Zoysia pacifica* (Goudswaard) M. Hotta & S. Kuroki
		61	结缕草属	杂交结缕草	*Zoysia japonica* Steud ×*Z. tenuifolia* (L.) Merr.

(续)

科	学名	序号	属	种名	学名
莎草科	Cyperaceae	62	薹草属	灰化薹草	*Carex cinerascens* Kukenth.
		63	薹草属	大披针薹草	*Carex lanceolata* Boott
		64	嵩草属	嵩草	*Kobresia myosuroides* (Villars) Fiori
马鞭草科	Verbenaceae	65	牡荆属	荆条	*Vitex negundo* L. var. *heterophylla* (Franch.) Rehd.
旋花科	Convolvulaceae	66	马蹄金属	马蹄金	*Dichondra repens* Forst.
菊科	Asteraceae	67	蒿属	黑沙蒿	*Artemisia ordosica* Krasch.
		68	蒿属	圆头蒿（白沙蒿）	*Artemisia sphaerocephala* Krasch.
		69	菊苣属	菊苣	*Cichorium intybus* L.
		70	苦荬菜属	苦荬菜	*Ixeris polycephala* Cass.
夹竹桃科	Apocynaceae	71	罗布麻属	罗布麻	*Apocynum venetum* L.
		72	白麻属	白麻	*Apocynum pictum* Schrenk
豆科	Leguminosae	73	黄芪属	沙打旺（斜茎黄芪）	*Astragalus laxmannii* Jacquin
		74	黄芪属	黄花黄芪	*Astragalus luteolus* Tsai et Yv
		75	黄芪属	草木樨状黄芪	*Astragalus melilotoides* Pall.
		76	黄芪属	紫云英	*Astragalus sinicus* L.
		77	锦鸡儿属	中间锦鸡儿	*Caragana liouana* Zhao Y. Chang & Yakovlev
		78	锦鸡儿属	柠条锦鸡儿	*Caragana korshinskii* Kom.
		79	锦鸡儿属	小叶锦鸡儿	*Caragana microphylla* Lam.
		80	锦鸡儿属	狭叶锦鸡儿	*Caragana stenophylla* Pojark.
		81	羊柴属（岩黄芪属）	蒙古山竹子（羊柴、杨柴）	*Corethrodendron fruticosum* var. *mongolicum* (Turczaninow) Turczarinaw ex Kitagawa
		82	岩黄芪属	华北岩黄芪（华北岩黄芪）	*Hedysarum gmelinii* Ledeb.
		83	甘草属	甘草	*Glycyrrhiza uralensis* Fisch.
		84	木蓝属	马棘	*Indigofera bungeana* Walp.
		85	胡枝子属	胡枝子	*Lespedeza bicolor* Turcz.
		86	胡枝子属	兴安胡枝子（达乌里胡枝子）	*Lespedeza davurica* (Laxm.) Schindl.
		87	胡枝子属	多花胡枝子	*Lespedeza floribunda* Bunge
		88	胡枝子属	尖叶胡枝子	*Lespedeza juncea* (L. f.) Pers.
		89	胡枝子属	牛枝子	*Lespedeza potaninii* Vass.
		90	百脉根属	百脉根	*Lotus corniculatus* L.
		91	苜蓿属	野苜蓿（黄花苜蓿）	*Medicago falcata* L.
		92	苜蓿属	天蓝苜蓿	*Medicago lupulina* L.
		93	苜蓿属	南苜蓿（金花菜）	*Medicago polymorpha* L.
		94	苜蓿属	花苜蓿（扁蓿豆）	*Medicago ruthenica* (L.) Trautv.
		95	苜蓿属	紫苜蓿（紫花苜蓿）	*Medicago sativa* L.
		96	苜蓿属	杂花苜蓿	*Medicago varia* Martyn

(续)

科	学名	序号	属	种名	学名
豆科	Leguminosae	97	草木樨属	白花草木樨	*Melilotus albus* Desr.
		98	草木樨属	草木樨（黄花草木樨）	*Melilotus officinalis* (L.) Pall.
		99	含羞草属	无刺含羞草	*Mimosa diplotricha* var. *inermis* (Adelb.) Verdc.
		100	驴食草属	驴食草（红豆草、驴食豆）	*Onobrychis viciifolia* Scop.
		101	棘豆属	蓝花棘豆	*Oxytropis coerulea* (Pall.) DC.
		102	田菁属	田菁	*Sesbania cannabina* (Retz.) Poir.
		103	柱花草属	圭亚那柱花草	*Stylosanthes guianensis* (Aubl.) Sw.
		104	车轴草属	野火球	*Trifolium lupinaster* L.
		105	车轴草属	红车轴草（红三叶）	*Trifolium pratense* L.
		106	车轴草属	白车轴草（白三叶）	*Trifolium repens* L.
		107	野豌豆属	广布野豌豆	*Vicia cracca* L.
		108	野豌豆属	救荒野豌豆（箭筈豌豆）	*Vicia sativa* L.
		109	野豌豆属	歪头菜（野豌豆、歪头草、偏头草）	*Vicia unijuga* A. Br.
		110	野豌豆属	长柔毛野豌豆（毛苕子、毛叶苕子、柔毛苕子）	*Vicia villosa* Roth
		111	野豌豆属	光叶紫花苕（稀毛苕子、光叶苕子）	*Vicia villosa* Roth var. *glabrescens* Koch.
蔷薇科	Rosaceae	112	地榆属	地榆（黄爪香、山地瓜、猪人参、血箭草）	*Sanguisorba officinalis* L.
藜科	Chenopodiaceae	113	沙蓬属	沙蓬（沙米、登相子）	*Agriophyllum squarrosum* (L.) Moq.
		114	藜属	藜麦	*Chenopodium quinoa* Willd.
		115	梭梭属	梭梭	*Haloxylon ammodendron* (C. A. Mey.) Bunge
		116	地肤属	木地肤	*Bassia prostrata* (L.) Beck.
		117	地肤属	地肤	*Bassia scoparia* (L.) A. J. Scott.
		118	驼绒藜属	华北驼绒藜	*Ceratoides arborescens* (Losina-Losinskaja) Czerepanov
		119	碱蓬属	碱蓬	*Suaeda glauca* (Bunge) Bunge
石竹科	Caryophyllaceae	120	瞿麦属	瞿麦	*Dianthus superbus* L.